REGARDS
SUR P.K. DICK

LE KALÉDICKOSCOPE

ENCRAGE
dirigé par ALFU

Dans la même collection:

Si vous souhaitez être tenu au courant de nos publications,
veuillez adresser vos coordonnées à :
Encrage Edition, B.P. 0451, 80004 Amiens cedex 1,
ou consulter le site Internet :
www.encrage.fr

TRAVAUX
collection dirigée
par Alfu

Hélène Collon

REGARDS
SUR PHILIP K. DICK

LE KALÉDICKOSCOPE

**Anthologie de témoignages
et de textes critiques,
entretien avec Philip K. Dick
et bibliographie**

2e ÉDITION REVUE ET AUGMENTÉE

encrage
— 2006 —

TEXTES CHOISIS, PRÉSENTÉS ET TRADUITS PAR HÉLÈNE COLLON*

SOMMAIRE

Pour Jacques Chambon

"Basically, I am not serene". (Philip K. Dick)

[…] Une fois persuadé que j'écrivais ma propre histoire, je me suis mis à traduire tous mes rêves, toutes mes émotions, je me suis attendri à cet amour pour une étoile fugitive qui m'abandonnait seul dans la nuit de ma destinée, j'ai pleuré, j'ai frémi des vaines apparitions de mon sommeil. Puis un rayon divin a lui dans mon enfer; entouré de monstres contre lesquels je luttais obscurément, j'ai saisi le fil d'Ariane, et dès lors toutes mes visions sont devenues célestes. Quelque jour j'écrirai l'histoire de cette «descente aux enfers», et vous verrez qu'elle n'a pas été entièrement dépourvue de raisonnement si elle a toujours manqué de raison.

— Gérard de Nerval, "À Alexandre Dumas", in *Les Filles du Feu*.

Nous tenons à remercier tout particulièrement: Joseph Altairac, Jacques Chambon, Gilles Goullet, Yvonne Maillard, Daniel Riche, Nathalie Serval, Paul Williams.

Le monde que je décris

par Philip K. Dick

Ce qui me préoccupe dans mes écrits, me semble-t-il, c'est la croyance, la foi, la confiance... et l'absence de ces trois éléments. «Un univers où règnent le cynisme et le chaos», ai-je déclaré un jour à propos de mon premier roman, *Loterie solaire*. Pour moi, le doute, ou plutôt le manque de confiance, de foi, grandit avec chacun de mes romans. L'écart se creuse, ce fossé béant dans la terre où peut s'engloutir tout ce qui compte. Et dans mes romans, encore que moins ouvertement, j'explore la possibilité qu'ait lieu une renaissance de la foi. Ce fossé béant, c'est la question ; la réponse, c'est la foi renouvelée.

L'Univers se désintègre un peu plus dans chacun de mes romans, mais la foi qu'on peut investir en un être particulier, ou en plusieurs êtres, cette foi-là touche certains êtres humains bien précis : Molinari dans *En attendant l'année dernière*, Runciter dans *Ubik*, Leo Bulero dans *Le Dieu venu du Centaure*, et ainsi de suite. Le rédempteur existe, il existe réellement. Il se trouve généralement quelque part dans le roman, au centre de la scène ou un peu à l'écart. Dans certains de mes romans, il ne fait que rôder alentour. Il est implicite. Mais je crois sincèrement en lui. Il est l'ami qui finit toujours par venir... à point nommé.

Au fond, il est au centre de la vie des hommes. En réalité, il *est* la vie des hommes. Il est le plus vivant d'entre tous. Au cœur de la vie, là où règnent les jacasseries, chamailleries, tribulations, résolutions, préoccupations et machinations... moi, j'ai la conviction qu'il existe et qu'il va se montrer et contrecarrer le processus entropique, cette dégénérescence qui, de plus en plus, sape la base de l'univers lui-même. Les étoiles s'éteignent, soufflées ; les planètes meurent dans la nuit et le froid ; mais quelque part là-bas, sur la place du marché de quelque petite lune, il s'active à concocter un plan d'attaque — contre la force noire, celle que j'ai représentée sous les traits de Palmer Eldritch mais qui peut endosser toutes sortes d'abominables manifestations.

Dans *Le Maître du Haut château*, c'est M. Tagomi, petit fonctionnaire dans un San Francisco sous domination japonaise. Dans un moment d'emportement qui lui fait prendre conscience de l'asphyxie qui le guette, M. Tagomi refuse de signer le formulaire autorisant le placement de certain Juif sous autorité allemande ; une vie sera sauvée. Petite vie sauvée par une autre petite vie, certes ; mais la formidable progression du déclin s'en trouve quelque peu freinée. Suffisamment pour que la différence soit sensible. Le geste de M. Tagomi fait une *réelle* différence. En un sens, il n'y a rien de plus important au monde que ce mouvement de colère.

Pour ce qui est de mes romans, je ne suis sûr que d'une chose. Ils mettent toujours en scène un homme sans envergure qui, inlassablement, s'affirme dans tout son potentiel — potentiel acquis dans la précipitation et à la sueur de son front. Dans les ruines des cités de la Terre, il s'affaire à construire une petite usine de cigares, de cartes géographiques ou de modèles réduits (genre : « Bienvenue à Miami, paradis des loisirs »). Dans *Le Bal des schizos*, cet homme dirige une fabrique d'orgues électroniques ringards, puis de robots humanoïdes qui deviendront davantage source d'irritation que de réelle menace. Tout se passe à petite échelle. Si l'effondrement est colossal, la minuscule figure positive qui se détache sur fond de décombres généralisés a, à l'instar de Tagomi, Runciter et Molinari, un rayon d'action digne d'un insecte ; ses moyens sont très limités... Pourtant, en un sens il est grand. J'ignore sincèrement pourquoi. Il y a simplement que je crois en lui, que je l'aime. Il saura s'imposer. Rien d'autre n'existe. Tout au moins rien d'important. Rien dont on doive s'inquiéter. Car s'il est là, telle une toute petite image de père, alors c'est que tout va bien.

Certains commentateurs ont cru déceler de l'« amertume » dans mes écrits. Je m'en étonne, car c'est au contraire vers la confiance que je tends. Peut-être sont-ils gênés par le fait que cette confiance s'investisse en un si petit être. Ils préféreraient quelque chose de plus vaste. Eh bien, j'ai une mauvaise nouvelle à leur annoncer : il n'y a rien de plus vaste. Rien de *plus,* tout court, devrais-je dire. Mais au fond, avons-nous vraiment besoin de plus ? M. Tagomi ne suffit-il pas amplement ? Et ce qu'il fait, n'est-ce pas assez ? Moi, je sais combien cela compte. Et je m'en contente.

TEXTES I

Dans le monde qu'il décrivait :
la vie de Philip K. Dick

par Jeff Wagner

La première parution française de ce texte, dans une traduction de P.-P. Durastanti révisée par l'auteur, figurait dans le numéro spécial de Science & Fiction *que les Editions Denoël avaient consacré à Dick en 1986. Nous le reproduisons ici avec des modifications et complété par son texte de présentation et ses notes[1].*

Le texte que voici est plus qu'une simple biographie de Philip K. Dick. Comme l'a souligné à juste titre la revue anglaise Foundation, *qui l'a publié dans son numéro 34 (1985), il s'agit avant tout d'une œuvre d'amour. C'est aussi une thèse de fin d'étude de journalisme que l'auteur a présentée à Berkeley devant un jury où figurait Paul Williams, l'exécuteur testamentaire de Dick, fondateur de la «Philip K. Dick Society», que ce travail a, paraît-il, beaucoup impressionné. Jeff Wagner, né en 1960 à Londres, possède la double nationalité britannique et française. Il a vécu en Angleterre jusqu'en 1982, puis est parti en Californie pour suivre des cours de journalisme et rencontrer Dick, dont l'œuvre le fascinait depuis longtemps. Malheureusement, l'écrivain est mort juste avant son arrivée. Son biographe et lui ne se sont donc jamais vus. Ses études terminées, Jeff Wagner a décidé de s'installer à Paris, où il est resté quelque temps avant de s'envoler pour Hong Kong, puis de réintégrer enfin son Angleterre natale.*

---

[1] On trouvera une étude biographique plus détaillée mais aussi plus «personnelle», dans les ouvrages respectifs de L. Sutin et G. Rickman [cf. Bibliographie secondaire]. *(N.d.l'Anth.)*

« La recherche instinctive du *sens* est notre principal besoin, notre pulsion la plus forte », écrit Philip K. Dick dans une lettre (1977[2]). « Le sens est pour nous ce que la nourriture et l'eau sont aux animaux. Nous l'enlever, c'est nous enlever la vie. Nos actions passées, nos convictions, nos buts et nos valeurs, tout ce qu'il y a de noble ou au contraire de vil en nous, nos bons et nos mauvais côtés, nos faiblesses et nos forces — tout ça disparaît d'un coup. »

En mars 1982, quelques mois avant la sortie du *Blade Runner* de Ridley Scott (première adaptation à l'écran d'une de ses œuvres), Philip Dick meurt des suites d'une hémorragie cérébrale. Âgé de cinquante-trois ans, il reste, selon tous les témoignages, aiguillonné par sa quête du sens, pareil en cela au personnage de Garson Poole qui, dans « La Fourmi électrique », paiera de sa vie sa recherche de « la réalité ultime et absolue, durant une micro-seconde. Après, cela n'aura plus d'importance puisque tout me sera connu ; il ne restera plus rien à entendre ou à voir ».

> — Et pourquoi pas ? [dit Poole]. Je tiens une chance d'expérimenter la totalité. D'un coup. De connaître l'univers dans son intégralité, d'être momentanément en rapport avec toute la réalité. Ce qui est impossible aux humains. Ce serait comme si une partition de symphonie, avec toutes ses portées, pénétrait dans mon cerveau en dehors du temps, toutes les notes, tous les instruments à la fois. Et non pas *une,* mais *toutes* les symphonies! Vous comprenez ?
> — Vous allez griller », dirent les deux techniciens en chœur.
>
> (« La Fourmi électrique »)

Le monde phénoménal, Philip K. Dick l'a exploré dans l'espoir de trouver ce qui se dissimulait peut-être derrière, en coulisses. Son œuvre de fiction — une quarantaine de romans et quelque cent vingt nouvelles — est drame métaphysique. Le littéral et la métaphore s'y mêlent pour peindre des tableaux souvent cauchemardesques, des mondes oniriques régis par des puissances incommensurables. Le pouvoir s'y appuie sur l'ambiguïté et le flou du réel. Pour survivre, les êtres humains, faibles mais jamais sans ressources, doivent cesser d'ajouter foi aux apparences superficielles ; plus on ôte les couches successives de la réalité, plus les hommes approchent de la découverte de la Vérité, base réelle de leur condition. La nature de l'illusion varie : parfois les puissances responsables ne ressortent qu'au politique ; d'autres fois, elle touchent au transcendant, et le doute aussi bien que la foi s'imprègnent d'une portée religieuse. Mais pour réussir, les hommes doivent sans exception apporter la preuve de leur humanité, dont la qualité première demeure la propension à la gentillesse et l'empathie.

> — Encore une chose, dit Hamilton. Ensuite, on pourra tout oublier.
> — Quoi ?
> — Merci de m'avoir tiré de ces escaliers.
> Laws eut un sourire fugitif.
> — Ce n'est rien. Vous aviez l'air triste, replié sur vous-même. Je crois que

---

[2] « Lettre à Joan » [cf. Bibliographie secondaire] *(N.d.l'Anth.)*

je serais descendu même sachant que je ne pourrais pas remonter. Vous n'étiez pas de taille à affronter ce que j'ai vu en bas.

(L'Œil dans le ciel)

S'il existe une certitude unissant toutes les réalités de l'univers dickien, c'est bien que la réalité elle-même se révèle subjective. Comme l'ont remarqué plusieurs critiques, les contradictions et les conclusions boiteuses qui entachent les intrigues de l'écrivain constituent, en un sens, des extensions du sujet même, de cette incohérence qui caractérise les multiples niveaux de perception. Et c'est cette incohérence qui nous vaut ici une vraisemblance absente de la science-fiction conventionnelle.

«Il exprime les choses comme il les *voit*, » écrit Tom Disch dans son introduction à *Loterie solaire*, le premier roman de Dick, «et c'est la qualité et la clarté de sa vision qui font de lui un grand écrivain. Il embrasse le monde d'un regard étrange et innocent, celui-là même que posait sur Londres un William Blake abasourdi devant l'horrible et immuable gâchis humain dans toute sa splendeur fatiguée… Les vérités de la science-fiction (sous sa forme platonicienne) et de Philip K. Dick sont des vérités prophétiques au sens où on l'entend dans l'Ancien Testament, des vérités d'ici, de maintenant et de toujours.»

> — Un de ces jours, fit Joe avec colère, les gens comme moi se dresseront pour vous renverser, et la fin de la tyrannie par les machines homéostatiques sera venue. Le temps de la chaleur humaine et de la compassion reviendra, et ce jour-là, quelqu'un comme moi — qui sort d'une rude épreuve et a grand besoin d'un café chaud pour se remettre — pourra se le faire servir même s'il n'a pas de poscred[4] à donner en échange.

(Ubik)

Un humour primesautier, presque mélancolique, affleure sous la noirceur surréaliste; c'est l'absurde qui caractérise cette société technologique, ainsi que le mal que doivent se donner les honnêtes gens pour ne pas lâcher prise. «Cet univers devenu fou», écrit Stanislas Lem dans «Un visionnaire parmi les charlatans[5]», «avec son écoulement du temps spasmodique et son réseau de causes et d'effets qui se tortille comme s'il avait la nausée, cet univers de physique frénétique est indiscutablement *son* invention, et constitue une inversion totale de la norme habituelle selon laquelle *nous, nous* pouvons sombrer dans la psychose, mais certainement pas notre environnement.»

Quand le monde sombre dans la folie, il reste peu de place pour les conventions (futurs plausibles, par exemple, ou véracité scientifique) propres à la science-fiction. Comme le note Barry N. Malzberg, dans leur majorité, les lecteurs du genre s'étaient si bien accoutumés à tenir ces postulats pour acquis que les USA mirent près de vingt ans à apprécier l'œuvre de Dick dans sa dimension surréaliste et non seulement spéculative.

Dick a toujours été plus populaire en Grande-Bretagne, en France et en Allemagne, pays où l'on accueille sa vision oblique de l'Amérique avec le respect dévolu aux séries B hollywoodiennes: le public le vénère car,

---

[4] Unité monétaire du futur.

[5] Cf. Bibliographie secondaire.

au sein d'un genre spécifiquement américain, il rejette l'*establishment* de cette nation. En France, ses ventes dépassent celles de Robert Heinlein ou d'Arthur C. Clarke, ce qui n'est certes pas le cas aux États-Unis[6], où sa popularité paraît avoir crû au fil de sa reconnaissance par les éditeurs, ses confrères et la critique ; ses tirages ont augmenté régulièrement ces dernières années, mais sans atteindre les sommets d'un Robert Silverberg ou d'une Marion Zimmer Bradley[7]. Beaucoup de critiques affirment qu'aux yeux d'un public américain épris d'évasion, le réquisitoire implicite qu'il dresse contre la société contemporaine balaie trop près de sa porte.

Pour pallier l'insécurité financière inhérente au marché des *pulps*, Dick avait recours à une écriture accélérée qui, non seulement produisit quelques romans médiocres, mais l'amena aussi à dépendre des amphétamines. Pourtant, cet aspect de sa vie ne le découragea guère : il aimait le genre, et son métier d'écrivain. Selon la formule de Malzberg, Dick *était* son œuvre ; sa condition sociale comme sa mort elle-même découlent de sa fiction. « Ce qui m'importe », disait-il, « c'est l'écriture, l'art de manufacturer le roman, car tant que j'écris, je suis dans le monde que je décris. A mes yeux, ce monde est réel ; complètement réel. »

L'acte d'écrire dramatisait son monde intérieur et éclairait en profondeur celui qui l'entourait ; la conjonction de ces deux domaines ouvrait, pour lui tout au moins, une fenêtre sur la nature de l'univers. « C'est l'*idios kosmos*, le rêve privé, qui s'oppose au rêve que nous partageons tous, le *koinos kosmos* », écrit-il dans « La fille aux cheveux noirs ». La nouveauté de notre époque, c'est que nous commençons à percevoir ce *koinos kosmos* malléable et frémissant qui nous effraie par son insubstantialité, cette hallucination qui prend corps. Comme dans la SF, une troisième réalité se crée à mi-chemin entre les deux. »

Dans l'œuvre de Dick, l'homme est vulnérable ; et cette fragilité, c'était la sienne : une sensibilité parfois artificiellement exacerbée, et colorée par un profond sentiment d'empathie à l'égard des faibles et des opprimés. Toujours plus sensible aux phénomènes où il voyait des vérités cachées, il sombrait, tels ses personnages, dans de graves crises d'angoisse et de doute. Il cherchait refuge dans les amitiés intimes, le plus souvent féminines ; il se maria cinq fois. Comme il l'explique dans une lettre datant de 1977, la *Lettre à Joan*, il s'était lancé dans la recherche active de sa contrepartie « isomorphe » : « [...] Pas du père cosmique secourable, mais de *l'être humain* secourable, de l'autre partie de moi, de ma moitié manquante qui, en me rejoignant enfin, ferait de nous deux un être complet. »

Tandis que sous nos propres yeux, les couches de la réalité s'effritaient

---

[6] Russell Galen, son agent [américain], n'a pas pu me fournir les chiffres, mais m'a affirmé que la grande popularité dont jouit l'auteur en Europe était « bien connue ».

[7] En 1984, le meilleur tirage de Dick aux USA était *Les Androïdes rêvent-ils de moutons électriques ?*, réédité lors de la sortie de *Blade Runner* : trois cent vingt-cinq mille exemplaires en édition de poche. *Siva* (1981) s'est vendu autant que le lauréat du prix Hugo, *Le Maître du Haut château* (1962) : cent quarante mille exemplaires (Source : la succession Dick). En comparaison, les *Chroniques de Majipoor* de R. Silverberg se sont vendues à deux cent vingt-cinq mille exemplaires en guère plus d'un an (Source : le magazine *Locus*). L'avance la plus forte jamais consentie à Dick fut de 22 000 $, pour un roman qu'il est mort sans avoir écrit ; A.C. Clarke est réputé avoir reçu un million de dollars.

les unes après les autres, Dick découvrait le fardeau qu'il allait devoir supporter.

D'abord, c'est la valeur de huit heures d'information détaillées en provenance de sources inconnues que vous dégustez sous forme de phosphènes flamboyants, en quatre-vingts couleurs disposées comme sur un tableau abstrait ; après quoi vous vous mettez à rêver d'êtres à trois yeux dans des bulles de verre, et avec du matériel électrique ; et puis c'est votre appartement qui s'emplit d'une énergie plasmatique pareille à un feu de Saint-Elme, mais vivant et capable de pensée ; vos animaux meurent, vous vous sentez envahi par une autre personnalité qui pense en grec, vous rêvez de Russes ; et pour finir vous recevez deux lettres d'Union Soviétique en l'espace de trois jours — des lettres dont on vous a d'avance annoncé l'arrivée. Toutefois, l'impression d'ensemble que cela vous laisse n'est pas mauvaise, car certaines de ces informations ont permis de sauver la vie de votre fils. Ah oui, une chose encore : Fat a vu la Rome antique en surimpression sur la Californie de 1974. Eh bien moi, je dis ceci : Fat n'a peut-être pas rencontré Dieu, mais c'est sûr qu'il a rencontré *quelque chose*.

(Siva)

L'information changeante qu'est le monde tel que nous l'éprouvons est un récit qui se déploie. Il nous parle de la mort d'une femme. Cette femme, morte voici longtemps, était l'un des jumeaux primordiaux. Elle était l'une des moitiés de la divine syzygie. Le propos du récit est d'évoquer son souvenir et celui de sa mort.

(Siva)

Philip Kindred Dick et sa sœur jumelle Jane naissent six semaines avant terme, chez leurs parents, à Chicago, le 16 décembre 1928. Jane meurt quarante-et-un jours plus tard. Cette perte sèmera les germes d'une discorde durable entre Phil et sa mère Dorothy (de son nom de jeune fille Kindred) qui, selon Kleo, deuxième épouse de Dick, « lui faisait toujours sentir que c'était la meilleure des deux qui était morte. »

Contrairement à certains autres aspects de sa vie privée, Dick n'évoque pas facilement ses relations avec Dorothy. Les allusions à sa mère demeurent vagues, ainsi dans cet « Autoportrait » de 1968 (qui ne fait aucune mention de Jane) : « Ma mère [...], écrit dans l'espoir d'obtenir le succès littéraire. Elle a échoué. Mais elle m'a appris à révérer l'écriture... tandis que pour mon père, le football transcendait tout. »

Kleo dépeint Dorothy (décédée en 1978) sous les traits d'une femme au caractère extrême, « un personnage de Grant Wood[8] remis au goût du jour, jolie mais d'une maigreur impressionnante, et ne manquant jamais une occasion de rappeler la dure existence qui avait été la sienne. »

Phil a deux ans quand la famille Dick s'installa à Berkeley, quatre ans lorsque ses parents se séparent ; Edgar, le père, part habiter Reno. Phil reste à Berkeley, où il partage la maison de sa mère avec sa tante et ses grands-parents. Pendant l'hiver 1935, Dorothy et lui déménagent, destina-

---

[8] Peintre de l'Amérique rurale (1891-1942), auteur du célèbre *American Gothic*. *(N.d.l'Anth.)*

tion Washington, où elle a trouvé un emploi au ministère du Travail. Dick se rappellera qu'au long de ces trois ans demi passés dans la capitale, ils n'ont guère eu de domicile fixe ; la plupart du temps, ils logent chez des amis. On inscrit Phil dans une pension quaker.

Dorothy et Phil retournent à Berkeley en juin 1938. Phil quitte le domicile familial dix ans plus tard ; il a dix-neuf ans. En 1953, Dorothy épouse Joe Hudson, veuf de sa sœur et père de deux jumeaux.

« Phil n'a jamais rien connu d'autre que cette famille incomplète », dit Kleo. « Sur le plan psychologique, ça lui a été très néfaste durant son enfance et son adolescence. »

Phil affirmera un jour (en privé, sur une bande magnétique) que Dorothy a tenté de l'empoisonner quand il était petit. Au lycée de Berkeley, au début des années 40, il affronte de graves troubles mentaux ; il fera aussi référence à une « dépression nerveuse » survenue à dix-neuf ans. Quand il rencontre Kleo en 1949, il manifeste, selon celle-ci, tous les symptômes de l'agoraphobie : « peur de la foule », « problèmes pour prendre le bus », etc.

Il souffre aussi d'une tachycardie chronique qui, selon Anne, sa troisième femme, prenait pendant son enfance la forme de sévères crises d'asthme. Il dépend bientôt des médicaments qu'on lui prescrit. « Sa mère, très hypocondriaque », dit Anne, « faisait des médicaments et de la maladie un véritable mode de vie. Phil aussi, me semble-t-il. Il possédait une énorme pharmacopée. On se serait cru dans une officine. »

L'acte d'écrire, tel que Dick en retrace l'évolution, prend naissance à la pension de Washington sous forme de poèmes sur la souffrance : un chat mange un oiseau, une fourmi traîne les restes d'un bourdon mort[9]. Puis Phil apprend à taper à la machine et achève son premier roman, *Retour à Lilliput*, dès l'âge de treize ans. A l'origine, il voulait devenir paléontologue, mais un jour il achète un numéro de *Stirring Science Stories* au lieu de *Popular Science*, son magazine habituel.

Quant il obtient son diplôme de fin d'études secondaires, en 1947, il écrit déjà « de petites vignettes littéraires [qu'il espère vendre] au *New Yorker* » et lit Proust, Joyce, Kafka, Pound, Dos Passos, Stendhal et Flaubert. Il habite à Berkeley un immeuble situé dans McKinley Street, et vit avec les poètes d'avant-garde Robert Duncan, Jack Spicer et George Haimsohn.

L'écriture ne constitue qu'un passe-temps ; il continue à travailler à la boutique de vente et de réparation de télés et au magasin de radio et de disques qui l'emploient depuis ses premières années d'université. Son but dans la vie est de gérer — et à long terme de posséder — son propre magasin de disques. La musique, classique surtout, est (et restera) sa grande passion. « A quatorze ans », se vante-t-il dans son « Autoportrait », « je pouvais reconnaître n'importe quel opéra ou symphonie, identifier n'importe quel air classique fredonné ou sifflé devant moi. »

Il est rare de ne pas trouver quelque part, dans ses romans, une allusion à la musique. Avec l'omniprésence du chat, animal auquel Dick voue un respect et une admiration sans bornes, elle reste un des éléments mineurs mais essentiels du paysage dickien. Même en 1978, Dick peut en-

---

[9] « I Killed the Bumble Bee » [cf. Bibliographie primaire] *(N.d.l'Anth.)*

core écrire: « La musique est l'unique élément qui apporte une certaine cohérence à mon existence. »

> La musique est le plus précaire des arts, le plus fragile, le plus délicat, le plus facilement anéanti.
>
> Cette perspective inquiétait beaucoup Labyrinth, car c'était un fervent mélomane, horrifié à la pensée qu'un jour Brahms et Mozart n'existeraient plus, qu'il ne resterait plus rien de cette douce musique de chambre qui le faisait rêver de perruques poudrées, d'archets enduits de résine et de longs et fins candélabres dont la cire perlait à l'infini dans la pénombre…
>
> Quel monde poussiéreux et sans âme qu'un monde sans musique! Comme la vie y serait insupportable!
>
> C'est ainsi que lui vint l'idée d'inventer une Machine à Préserver.
>
> ("La Machine à Préserver")

L'environnement professionnel auquel Dick est confronté tôt dans son existence, avec ses lois simples, sa routine et ses valeurs humaines sans prétention, façonnera dans une large mesure la réalité quotidienne qu'il intégrera à ses œuvres de science-fiction. « Mon principal intérêt est toujours l'être humain en tant qu'artisan », dit-il en entretien (1980), « celui qui produit, qui façonne. Au lycée, je travaillais dans un atelier de réparation de radios, et j'étais fasciné par cette mentalité…"

L'usage le plus évident que fait l'écrivain de cet environnement reste le décor de *Dr. Bloodmoney* (1965), qui symbolise un monde innocent et inconscient, au bord de la destruction.

> … Stuart McConchie balayait le trottoir devant «*Modern TV*, Vente et Service après-vente.» Il entendait ronronner les voitures dans Shattuck Avenue et cliqueter les hauts talons des secrétaires qui se hâtaient vers le bureau; il percevait toute l'agitation, toutes les bonnes odeurs de la semaine qui s'annonçait, comme une ère nouvelle apportant la réussite aux bons vendeurs.

Jusqu'au début des années 70, ce monde — le quotidien du petit commerçant et de l'artisan adroit — vont constituer le point d'ancrage de Dick au sein d'un « progrès » qu'il juge dépersonnalisé et, au bout du compte, entropique. Car ce quotidien reflète une humanité fondée sur les « vieilles » valeurs de loyauté et de dévouement.

> Franchement, il était satisfait. Il était même ravi de cette chaleur humaine. Il existait à ses yeux quelque chose d'horrible dans l'activité des puissantes corporations *geheimlich*, dans ces activités inhumaines aux relations hiérarchiques complètement réifiées. Le fait que Maury fût un petit industriel l'attirait. C'était un morceau du monde ancien, de XXe siècle, qui subsistait… pour quelque temps.
>
> (*Simulacres*)

En 1947, Dick s'inscrit à l'université de Californie à Berkeley pour étudier l'allemand et approfondir ses connaissances en philosophie. Il doit abandonner ses études au bout de quelques mois, après avoir refusé d'intégrer le ROTC[10], mais les questions qu'il commence déjà à se poser le préoccuperont toute sa vie. « C'est là que j'ai entrevu une mystérieuse

---

[10] « Reserve Officer Training Corps » (Corps d'entraînement des officiers de réserve).

qualité de l'univers qui pouvait être abordée dans la science-fiction», se souvient-il en entretien avec Charles Platt (1979). «Je m'en rends compte à présent: ce que je distinguais vaguement était une sorte de monde métaphysique, un royaume invisible de choses à peine entrevues, ce que les gens du Moyen Age percevaient comme le monde transcendant, l'au-delà.»

En 1948, Dick épouse une jeune fille nommé Jeannette Marlin dont il divorce presque aussitôt et à laquelle il se référera désormais (c'est-à-dire très rarement) par un simple numéro d'ordre: ce sera «la première» [ex-femme]. En juin 1950, il épouse Kleo Apostolides, étudiante à l'université de Berkeley. «Je lisais beaucoup de philo, à l'époque», dit-il en entretien. «Rien ne m'encourageait à écrire de la science-fiction, ni à vendre mes textes.»

Il fait alors la connaissance d'Anthony Boucher, rédacteur en chef du *Magazine of Fantasy and Science Fiction*, mélomane avide et critique éclairé. «J'ai découvert», écrit Dick dans son «Autoportrait», «qu'on pouvait être un adulte cultivé *et* adorer la S-F.".

A. Boucher devient le mentor de Dick, qui suit plusieurs ateliers d'écriture chez lui et, à l'automne 1951, lui vend une première nouvelle (de fantastique): «Roug», qui dépeint la terreur d'un chien face aux éboueurs et met en scène, de façon assez fantaisiste, une des premières théories qui sous-tendent la vision dickienne du monde, alors à peine ébauchée: «La projection selon Jung — ce dont nous faisons l'expérience comme réalité extérieure —, pourrait bien n'être en fait qu'une projection de notre inconscient.»

Dick écrit alors du fantastique et de la science-fiction à une allure débridée, et, parallèlement, des textes de littérature générale contenant les mêmes idées jungiennes; mais c'était la science-fiction qui se vendait... et qui se vendait bien.

Ses premiers succès coïncident avec les difficultés qu'il rencontre dans le magasin de disques, dont il est devenu gérant. Les deux boutiques où il travaille depuis son adolescence appartiennent à Herb Hollis, petit commerçant qui, selon tous les témoignages, traitait ses employés comme les membres d'une grande famille. D'après Kleo, on voit Dick parler au magasin à un ancien employé de Hollis, licencié pour avoir insulté un client, et il est bientôt renvoyé à son tour.

> Tout en rangeant sa voiture, Jim Fergesson, propriétaire de *Modern TV*, s'aperçut que son vendeur Stuart McConchie, appuyé sur son balai devant la boutique, rêvassait au lieu de balayer.
> Puis, suivant la direction de son regard, il constata que le vendeur n'était distrait ni par une jolie fille, ni par une voiture un peu originale — Stu aimait les filles et les bagnoles, ce qui était parfaitement normal —, mais qu'il examinait les malades entrant dans le cabinet du médecin, de l'autre côté de la rue. Ce qui n'était pas du tout normal.

> (*Dr. Bloodmoney*)

Il trouve un emploi équivalent dans un magasin de disques plus chic, mais le quitte au printemps 1953. «Il n'a pas gardé ce boulot bien longtemps», dit Kleo. «Il n'y arrivait plus. Il souffrait d'agoraphobie. Il lui était impossible de travailler, et de toute façon, il écrivait de plus en plus.»

Devenu auteur à plein temps, il travaille jusqu'à quatre heures du matin, poussé par son enthousiasme pour son nouveau métier, mais aussi par la pauvreté. Le tarif moyen pour une nouvelle fantastique s'élevait à trois cent cinquante dollars[11]. Dick affirmera par la suite que choisir la science-fiction comme carrière «relevait de l'autodestruction» et racontera presque en se vantant que Kleo et lui devaient parfois, pour subsister, manger de la viande de cheval destinée à la consommation animale.

«Nous étions pauvres», confirme Kleo, «mais nous ne désirions pas grand-chose. Nous avions une grande maison, un beau jardin, des chats. C'était formidable. Il avait sa merveilleuse collection de disques et un monceau de livres. Il pouvait faire ce qu'il voulait, et je travaillais à temps partiel — ce qui le contrariait, d'ailleurs.»

Fin 1954, Dick a déjà publié soixante-deux nouvelles (en tout juste trois ans de métier) et achevé son premier roman de SF, *Loterie solaire*. «En 1954, lors de la convention mondiale de science-fiction», écrit-il modestement dans son «Autoportrait», «on me reconnaissait, on me montrait du doigt... Je me rappelle qu'on m'a pris en photo aux côtés d'A.E. Van Vogt et que quelqu'un a dit: "Voilà l'ancien et le nouveau".»

Dès lors, et pendant les quatre années suivantes, l'œuvre de Dick relève d'une dystopie aux accents de guerre froide, un peu à gauche des œuvres de science-fiction sociale qu'écrivaient Isaac Asimov et Ray Bradbury. On pressent déjà son intérêt pour le transcendent, mais il privilégie encore la conscience humaine par rapport aux environnements instables, et son angoisse reste plus existentielle que métaphysique. Avant d'écrire *Loterie solaire*, il a achevé un manuscrit «hors genre» de cinq cent cinquante pages, *Voices from the Street,* influencé par Flaubert et Stendhal; il écrit plusieurs autres romans dans cette veine durant cette première période, mais il restent inédits[12].

«*Loterie solaire* et la plupart des livres qui suivirent, écrit Tom Disch dans «Le premier roman de Dick», peuvent être lus comme un ensemble cohérent d'allégories sociales à tendance plus ou moins marxistes. En cela, ils sont uniques dans les annales de la science-fiction américaine, dont les porte-drapeaux ont toujours été soit de purs réactionnaires, comme Heinlein, soit des libéraux inoffensifs tels qu'Asimov ou Bradbury — les autres ayant fait marche arrière une fois oubliées les ardeurs de la jeunesse

Dick n'aurait pas accepté cette étiquette «marxiste.» Farouche adversaire du communisme dès la fin des années 40, il le décrie cependant pour les mêmes raisons qu'il critique le capitalisme moderne — qu'il considère

---

[11] Voir aussi l'entretien avec D.S. Apel & K.C. Briggs dans le présent ouvrage. *(N.d.l'Anth.)*

[12] Cette précision n'est plus valable car, outre *Confessions of A Crap Artist* (1975), six romans dits de «littérature générale» ont été publiés depuis en langue anglaise sous l'impulsion de P. Williams: *The Man Whose Teeth Were All Exactly Alike* (1984), *In Milton Lumky Territory* (1985), *Humpty Dumpty in Oakland* (1986), *Mary and the Giant* (1987), *Puttering About in A Small Land* (1987), *The Broken Bubble* (1988; ils deviennent peu à peu disponibles en français [cf. Bibliographie primaire]. *(N.d.l'Anth.)*

comme un système contraignant — il est, semble-t-il, inquiété au début des années 50 à cause de la nature «subversive» de ses récits. «J'ai mauvais esprit», écrit-il en 1978. «Pour résumer, l'autorité m'inspire à la fois de la crainte et de l'irritation (cette dernière étant dirigée à la fois contre l'autorité et contre ma propre peur), alors je me révolte... A Berkeley, je m'emportais contre les agents du FBI qui venaient me rendre visite chaque semaine (George Smith et George Scruggs, de la «Red Squad»), mais aussi contre certains de mes amis membres du Parti communiste.»

> Un jour, quand il n'y aurait plus la guerre, les hommes agiraient peut-être autrement ; ils n'enverraient pas leurs semblables à la mort parce qu'ils en avaient peur. Mais pour le moment, tout le monde avait peur. Tout le monde était prêt à sacrifier l'individu à la panique collective.
>
> («L'Imposteur»)

Toutefois, la tyrannie qui perturbe Dick est plus complexe, voire plus intime, car elle inclut les contraintes psychiques imposées par l'agoraphobie qui, selon Kleo, l'enferment dans la solitude. «A cause d'elle», dit-elle, «les choses les plus simples — inviter des amis à dîner, par exemple — devenaient presque impossibles.»

Dans *L'Œil dans le ciel* (1957), huit personnes se retrouvent prises au piège d'une espèce d'état onirique pour avoir été exposées à un rayon magnétique déréglé ; quatre d'entre elles prennent successivement le contrôle de ce rêve partagé et infligent leurs fantasmes aux autres. Le mal ne réside plus de manière flagrante dans la sphère politique, mais dans celle, psychologique, des relations interpersonnelles.

> Je veux vous observer. Vous êtes très intéressants. Je vous ai regardés faire longtemps, mais pas comme je le souhaitais. Je veux vous observer de plus près. Je veux vous observer à chaque minute. Je veux voir tout ce que vous faites. Etre auprès de vous, au dedans de vous, pour pouvoir vous atteindre quand il le faut. Je veux pouvoir vous toucher. Vous manipuler à ma guise.

Si Dick mène une existence assez solitaire, c'est aussi en raison de son rythme d'écriture, proprement éreintant. Ses premiers romans, exception faite du *Temps désarticulé*, paraissent chez Ace Books, l'une des rares maisons d'édition à publier de la SF, et ce au tarif approximatif de mille dollars par livre ; il est prisonnier de ce que Tom Disch appelle la «roue dans la cage de l'écureuil, où l'on écrit en accéléré pour respecter la date limite, un roman après l'autre, sans aucun répit.»

Par la suite, il recourra à de puissants stimulants pour abattre sa besogne ; Kleo affirme cependant que lorsqu'il vivait avec elle, elle ne l'a jamais vu prendre, outre les médicaments prescrits pour sa tachycardie, qu'une unique aspirine chaque soir. Il vit relativement en paix avec son entourage, malgré l'agoraphobie et son prétendu «mauvais esprit.» «A maints égards», écrit-il avec nostalgie, «ce fut la plus belle période de ma vie, surtout au début des années 50, au commencement de ma carrière d'écrivain.»

Souvenirs et photos tracent le portrait d'un homme robuste de vingt et quelques années, mince, bien proportionné pour son mètre quatre-vingts, blond, les yeux perçants ; la lèvre inférieure, renflée, n'est pas encore protégée par la barbe. Il est un peu négligé, réservé mais très drôle. Kleo a toujours beaucoup de mal à imaginer Philip K. Dick tel qu'il deviendra quelques années après leur séparation : déchiré par la paranoïa, enclin aux excès de toutes sortes. Peut-être est-ce l'écrivain lui-même qui a le mieux résumé cette métamorphose en évoquant ces années 50 dans la postface d'un de ses recueils de nouvelles[13]. « Ma vie était plus simple, et elle avait un sens. Je pouvais encore faire la différence entre le monde réel et mes histoires. »

> Il savait convaincre n'importe qui de n'importe quoi. Cet homme pouvait changer le noir en blanc. Il avait un charme incroyable, et ça restait complètement inconscient. On ne peut pas vraiment le traiter de manipulateur ; il écrivait des histoires et croyait totalement à ce qu'il disait. Avec l'aura de puissance qu'il dégageait, il changeait la réalité autour de lui. Heureusement qu'il n'a pas fait de politique : il aurait pu devenir maître du monde.
>
> *(Anne Dick)*

Philip Dick et son épouse Kleo s'installent à Point Reyes Station, une petite communauté de Marin County, en septembre 1958. Dick relit alors les épreuves de son sixième roman de SF, *Le Temps désarticulé*, que Lippincott, un éditeur de « hardcovers » (livres grand format), lui a payé sept cent cinquante dollars — soit deux cent cinquante de moins que la somme reçue pour son premier livre. Le marché de la science-fiction traverse une mauvaise passe et Dick ne touche pratiquement pas de droits en plus de l'à-valoir consenti, pourtant peu élevé.

Avant de déménager à Point Reyes, il écrit en moyenne deux romans de SF et deux de littérature générale par an ; par la suite, il consacrera tous ses efforts à ses romans hors genre, bien qu'il n'ait jamais réussi à en vendre un seul.

Puis il tombe amoureux d'Anne Rubenstein qui, rencontrée au mois d'octobre, joue un rôle important dans sa décision. Agée de trente ans, veuve d'un poète, elle entretient des liens avec plusieurs revues littéraires. Elle a trois enfants, habite une grande maison à Point Reyes où elle élève des animaux, et lit Freud et Jung.

« A la seconde où j'ai rencontré Phil », se souvient-elle, « j'ai su que c'était un être à part, doué d'un magnétisme formidable et dont il était, je crois, tout à fait inconscient à l'époque. Il se voyait au contraire comme un pauvre type incapable de gagner sa vie, un peu crasseux, un peu toqué, bizarre. »

Dick divorce de Kleo. La procédure achevée, il épouse Anne au Mexique, en avril. Pendant leur lune de miel, il écrit *Confessions d'un barjo* (ou *Portrait de l'artiste en jeune fou*) ; ce roman, qui ne paraît qu'en 1975, raconte l'histoire de Nat Anteil, un homme apparemment heureux en ménage qui s'installe à Point Reyes et devient l'amant de Fay Hume, une femme vive mais manipulatrice, dont la grande maison évoque celle d'Anne.

Le mari de Fay se suicide, et Nat doit en passer par une procédure de divorce pénible avant de se décider enfin à épouser Fay.

> Je n'ai plus aucun espoir de m'en tirer, songea-t-il. Et ça n'est même plus

---

[13] *The Best of Philip K. Dick*, Del Rey, 1977.

terrible; peut-être est-ce même comique. Ou embarrassant, voilà tout. Oui, c'est un peu embarrassant de se rendre compte qu'on ne contrôle plus sa vie, que les décisions capitales ont déjà été prises sans qu'on ait conscience du changement qui s'opérait.

« C'est un curieux livre », dit Anne. « Autobiographique par certains côtés, et par d'autres, totalement fictif. Difficile de tracer une frontière entre les deux. Le plus étrange, c'est qu'il a écrit ce roman pendant notre lune de miel; c'était un amant merveilleux, un excellent père pour mes jeunes enfants; il lavait par terre, il écrivait des livres pour moi, c'était un amour, un compagnon de rêve. Il savait aussi bien écouter qu'être un causeur formidable; et il a fallu qu'il écrive ce bouquin! »

Au cours des trois premières années de leur mariage, affirme Anne, Dick «fonctionne» très bien; son agoraphobie ne lui pose plus de problèmes. « Je ne savais même pas qu'il en souffrait. Il sortait, tenait son rôle dans la vie sociale; il allait dans les soirées, nous recevions. Il menait une vie bien remplie. »

De plus, pour s'«intégrer à la vie de famille», il adopte une journée de travail classique du type neuf heures-six heures, bien que sa méthode générale, décrite en 1960 dans une lettre à un éditeur, n'ait pas varié : « Mon travail tend à m'imposer son propre rythme; j'écris quotidiennement quarante à soixante pages pendant plusieurs jours d'affilée, jusqu'à épuisement total, puis j'oublie la machine pendant des mois. Mais l'"inspiration" ne joue aucun rôle là-dedans; c'est plutôt que je refuse de m'embarquer dans un travail inutile. J'attends d'être sûr de ce que je vais coucher sur le papier, puis je me lance. »

Mais les quatre romans de littérature générale qu'il mène à bien ne trouvent pas acquéreur. « Je crois que ma faiblesse vient de ce que je reste trop proche de mes écrits », commente-t-il alors. « A mes yeux, ils sont trop réels. Trop convaincants. Pas assez "fictifs". »

Découragé, il cesse un temps d'écrire, en 1961, pour aider Anne à monter une bijouterie; mais une certaine insatisfaction se fait bientôt sentir. « J'étais pitoyable », se souvient-il dans son « Autoportrait »; « incapable de m'épanouir : son instinct créatif à elle était trop fort. »

En guise de thérapie, il s'enferme dans la resserre de son jardin pour écrire *Le Maître du Haut château*, fruit de sept années de recherches intermittentes, à l'en croire. L'action de ce roman se déroule dans une Amérique vaincue à l'issue de la Seconde Guerre mondiale; le Japon détient le contrôle de l'Ouest du pays, l'Allemagne nazie celui de l'Est, et une mosaïque d'Etats tampons les sépare. « L'écriture de ce livre a été une véritable catharsis », dit Phil Dick en entretien (1976). « C'est surtout le travail de documentation qui a été très pénible. Je croyais haïr ces types [les Nazis] avant d'effectuer ces recherches, mais après, je m'étais fait un ennemi que j'allais abhorrer pour le restant de mes jours… Le fascisme, où qu'il surgisse, est mon ennemi. »

Dans *Le Maître du Haut château*[14], un écrivain, Hawthorne Abendsen, est l'auteur d'un roman censuré dès sa sortie : il y dépeint un autre uni-

---

[14] Prix Hugo 1963 à la convention mondiale de science-fiction.

vers, où l'Amérique n'a *pas* perdu la guerre. Une jeune femme, Juliana Frink, guidée par le yi-king (l'oracle confucianiste écrit plus de mille ans avant Jésus-Christ et partout en usage dans les Etats du Pacifique) découvre que le roman d'Abendsen dit vrai.

> — ... Ecoute. Un de ces Zippo se trouvait dans la poche de Franklin D. Roosevelt quant il a été assassiné. Et l'autre non. L'un est sacrément chargé d'historicité. Et l'autre non. Tu le sens? (Il lui donna un coup de coude.) Non. Tu ne vois aucune différence...

Dick déclarera par la suite avoir, comme Abendsen, utilisé le yi-king pour écrire son roman. Derrière la symétrie de l'intrigue transparaît un message ambigu qui va bien au-delà du contenu sociopolitique, certes courageux. Pour la première fois dans l'œuvre de science-fiction de Dick, les hommes n'ont plus le contrôle ultime de la réalité ; la nature des puissances qu'ils doivent appréhender touche au métaphysique.

Il écrit ensuite *Glissement de temps sur Mars*. « Avec *Le Maître du Haut château* et *Glissement de temps sur Mars* », explique-t-il en entretien (1974), « je croyais avoir relié les deux bords de l'abîme entre science-fiction et roman expérimental. Tout à coup, j'avais trouvé ma liberté d'écrivain. J'avais en projet une série de livres, un nouveau genre de science-fiction qui aurait émergé de ces deux romans. »

Dans *Glissement de temps sur Mars*, comme dans *Le Maître du Haut château*, la science-fiction s'enracine dans la sociologie. On y trouve Manfred Steiner, petit autiste vivant sur Mars mais égaré dans le royaume des archétypes, où tout se réduit à son noyau entropique en décomposition. Son repli sur soi est si puissant qu'il affecte même la réalité tangible de son entourage.

> Il vit le psychiatre sous l'aspect de la réalité absolue: une chose composée de câbles et d'interrupteurs sans âme ; rien à voir avec un être humain fait de chair. Sa carapace charnelle fondait, devenait transparente ; Jack Bohlen découvrit alors le mécanisme sous-jacent.

Bien que la vision de Dick s'apparente à celle de R.D. Laing (le repli sur soi peut être une réponse pertinente au sein d'une société répressive), il perçoit la réalité sous-jacente comme un « monde-tombe. » Pour la société, la seule issue passe par le changement.

Glissement de temps sur Mars est refusé par tous les éditeurs. Le temps qu'il paraisse enfin en magazine (fin 1963), Dick est revenu à un style de science-fiction plus sensationnaliste. Cette période reste toutefois jalonnée de romans tels que *Dr. Bloodmoney*, *La Vérité avant-dernière* et le terrifiant *Dieu venu du Centaure*, ce qui, de l'avis général, en fait la plus brillante, la plus inventive de sa carrière.

Les paysages allégoriques de la guerre froide qui peuplent ses romans des années 50 se voient désormais imprégné d'une ambiguïté métaphysique qui aggrave encore les tensions politiques et psychologiques. « Non seulement l'illusion en venait à dominer totalement la réalité », écrit Brian Stableford dans la revue *Foundation*, « mais l'objectif fondamental se perdait. Au lieu de fournir la trame essentielle des mésaventures déconcertantes et déroutantes que vivent les personnages, la réalité leur glisse entre les doigts. »

Dick donne au moins neuf romans — tous de SF — dans les deux années qui suivent *Glissement de temps sur Mars*. Il écrit vite, avec une sorte de rage : il est à nouveau motivé par le souci d'assurer sa stabilité financière ; depuis la naissance de sa fille Laura (1960), l'argent pose un problème qui va finir par saper son mariage.

> « J'étais si peu payé pour chaque livre que je devais en écrire beaucoup. J'avais une femme dépensière, des enfants... Elle voyait une nouvelle voiture dont la ligne lui plaisait et hop ! elle l'achetait... Alors j'écrivais comme un fou... Mon rythme était de soixante pages définitives par jour, et le seul moyen d'y arriver était de prendre des amphétamines — qui m'étaient d'ailleurs prescrites. »

Mais il souffre des effets secondaires : des périodes de dépression toujours plus longues, paranoïa accentuée par le sentiment de la présence du mal. Fin 1962, raconte Anne, le ménage se fissure. Les discussions et les disputes se font plus violentes, les humeurs changeantes de Dick de plus en plus éprouvantes. « Je croyais que c'était à cause de nous », dit Anne, « mais avec le recul, je dirais qu'il y avait surtout chez lui un trouble profond sans rapport avec moi. »

Comme il s'en rendra compte quelques années plus tard, il lui arrive quelque chose de très semblable à ce que vit Manfred dans *Glissement de temps sur Mars* — et à ce que vivent une infinité de personnages dickiens : leur vision personnelle de la réalité se disloque, leur esprit est envahi par la substance même de l'univers, contre laquelle n'existe aucune défense possible. Dans le cas de Dick, cette situation culmine, en 1963, avec une expérience mystique.

« Je me promenais », se souvient-il face à Charles Platt en 1979. « J'ai levé les yeux au ciel, et il y avait là un visage qui me regardait, un visage géant avec des yeux en forme de fentes... C'était quelque chose de néfaste, d'horrible à voir. Je ne l'ai pas vu clairement, mais il était là. »

Cela dure près d'un mois. Dick est sûr que cette vision révèle la présence du mal inhérent à l'univers. « A cause de ce que j'ai vu dans le ciel, j'ai trouvé refuge dans le christianisme. Percevant là une divinité malfaisante, je voulais être rassuré par l'existence d'une divinité bienveillante plus puissante. »

Anne et lui rejoignent l'Eglise épiscopale (ce que le Philip K. Dick de Berkeley, dans les années 50, n'aurait jamais envisagé) et sa vision sert de base au *Dieu venu du centaure*, un roman aux images hallucinatoires d'une intensité telle que certains lecteurs en sont sortis persuadés (à tort) que Dick avait pris du LSD pour l'écrire. Palmer Eldritch y est un trafiquant de drogue doté d'yeux en forme de fentes, de dents en acier et d'une main artificielle.

> [Cette chose est] parmi nous. Sans qu'on l'y ait invitée. De plus, nous ne disposons d'aucun sacrement intercesseur propre à nous protéger ; non, nous ne pouvons pas la contraindre — via nos sacrements antiques et laborieux, tout ingénieux qu'ils soient —, à se retirer dans certains éléments

bien précis tels que le pain et l'eau, ou bien le pain et le vin. Elle est là, au vu et au su de tous, et elle s'étend dans toutes les directions. Elle nous regarde dans les yeux, et elle regarde *par* nos yeux.

Anne espère que l'Eglise sauvera leur couple, mais les motivations de Phil vont bien au-delà de la paix conjugale; sa santé mentale le tourmente. «Nous devons avoir un *idios kosmos* pour rester sains d'esprit», explique-t-il dans une lettre (1969). «La réalité doit nous parvenir soigneusement filtrée par les mécanismes qui régissent le cerveau. Nous ne pouvons pas l'affronter directement; or, c'est justement ce qui m'est arrivé, je crois, quand j'ai vu Palmer Eldritch planer, jour après jour, au-dessus de l'horizon. Un phénomène aurait dû s'interposer entre lui et moi, et l'Eglise anglicane n'y a pas suffi (pas plus que la psychiatrie, inutile de le préciser).»

Selon son ami Ray Nelson, il sait que les amphétamines lui «flinguent la tête», mais il continue d'en dépendre et ne fait pas consciemment le lien avec sa paranoïa. Le caractère de plus en plus insaisissable de la réalité dans ses livres, reflète la confusion grandissante qui règne dans son existence.

Il regagne Berkeley pour fuir Anne qui, affirme-t-il, a essayé de l'écraser avec sa voiture et l'a poursuivi armée d'un revolver (Anne l'a toujours nié.) Lorsqu'il finit par la quitter, en 1964, après beaucoup d'allées et venues, pour s'installer dans une maison d'East Oakland, lui aussi fait l'acquisition d'une arme.

Nelson, alors membre du cercle d'intellectuels qui entoure l'auteur, se souvient de sa terreur sincère: «Il appelle Anne et lui dit qu'il veut se remettre avec elle. Elle prend sa voiture, mais le temps qu'elle arrive (avec Laura), il a changé d'avis et refuse de la laisser entrer. Alors elle essaie d'ouvrir la porte, qui n'est pas fermée à clef, et se retrouve nez à nez avec Dick qui braque son arme sur elle en lui disant: «Va-t'en, laisse-moi tranquille.»

Nelson affirme que le revolver était chargé. «Je n'arrive toujours pas à croire qu'il m'ait fait ça», dit Anne. «Je ne suis jamais retournée le persuader de revenir. Par la suite il m'a dit: "Mais pourquoi ne viens-tu pas me voir à Oakland?". »

Il a conscience de ses besoins affectifs et cela exacerbe son sentiment d'insécurité. «Il était très aimant», se rappelle son amie Miriam Lloyd, «et parfaitement incapable de se protéger. Il était ouvert et fragile; entre autres, c'est pour cela qu'il se droguait, et qu'il vivait en reclus. Il était foncièrement incapable de se différencier des gens dont il se souciait.»

> Dans la sphère médiane des affaires humaines, on risquait perpétuellement la chute. Et pourtant, la possibilité de s'élever n'était jamais refusée aux humains. N'importe quel aspect, n'importe quelle séquence de réalité était à chaque instant, en puissance, l'une ou l'autre des deux possibilités. L'enfer et le paradis, et pas après la mort, mais tout de suite! La dépression, toutes les maladies mentales, voilà la chute. Et l'autre terme de l'alternative... comment y accédait-on?
>
> Par l'empathie. En se raccrochant les uns aux autres, non pas de l'extérieur, mais de l'intérieur.

(Le Dieu venu du Centaure)

Dick a toujours été très sensible à son environnement. Mais dans ce cas, il aggrave sa vulnérabilité naturelle par l'usage immodéré des amphétamines ; en outre, il s'est mis à boire beaucoup — surtout du scotch, — et cette tendance, combinée aux médicament, provoque de sévères dépressions.

En même temps, il tâche de rendre le mal moins crédible en faisant comme s'il s'en jouait. Pendant des jours, raconte Nelson, Dick affirme que la litière de son chat est sur table d'écoute ; ou bien, d'après Miriam Lloyd, il fait semblant de voir des Nazis partout. Un temps, il se persuade que le FBI va abattre quelqu'un à Tahoe.

« Phil avait une telle façon de parler de lui », commente Ray Nelson, « qu'on ne savait jamais si ce qu'il racontait lui était réellement arrivé ou s'il l'avait imaginé. Il aurait fait un comédien de premier ordre. »

Cependant, derrière Palmer Eldritch et la paranoïa générale de Dick, il reste une bonne part de sagesse intuitive. Comme le remarque Tom Disch dans sa postface à *La Vérité avant-dernière*, la crise des missiles de Cuba (1962) et l'assassinat de Kennedy (l'année suivante) ont plongé le pays dans l'anxiété ; Dick, dans son attitude et dans son œuvre, transforme cette anxiété en véritable angoisse.

> Vos vies sont incomplètes, au sens où l'entendait Rousseau quand il disait que l'homme naissait à une certaine condition, qu'il venait au jour libre, pour se retrouver partout enchaîné [...] et cela dans un but que vous ignorez : accroître la suite dont nous nous entourons, nous qui sommes ici, dans les hautes sphères — augmenter l'importance de notre escorte, ceux qui nous servent, nous accompagnent, creusent et bâtissent pour notre compte, ceux qui grattent la terre et s'inclinent devant nous... Vous avez faits de nous des barons dans leurs baronnies, leurs châteaux, et vous êtes les Nibelungen, les nains au fond des mines ; vous travaillez pour nous[15].
>
> *(La Vérité avant-dernière)*

Lorsqu'il reçoit de chez Doubleday les épreuves du *Dieu venu du Centaure*, Dick ne trouve pas le courage de les relire : son expérience est encore trop réelle. Durant une courte période, il souffre aussi d'un blocage de l'écrivain.

Ce n'est pas le meilleur moment pour prendre du LSD, mais certains de ses amis en absorbent régulièrement et rapportent des récits de voyages empreints de mysticisme. Dick y trouve la suite de sa première révélation. « Ma première expérience sous LSD... » [il en prit deux fois, et la deuxième dose était faible] « a confirmé ma vision de Palmer Eldritch », écrit-il dans une lettre (1969). « Je me suis retrouvé en enfer, et il m'a bien fallu deux mille années (subjectives) pour m'en sortir — en rampant. »

Ray Nelson, coauteur avec Dick des *Machines à illusion* (1967), aurait été son « baby-sitter » tout au long de l'expérience. « Au départ, ça s'est très, très bien passé », se souvient-il, « et puis ça a mal tourné. Il a décrit ses impressions pendant et après. Le pire, c'est quand il s'est retrouvé dans un amphithéâtre romain et qu'il a reçu un coup de poignard, apparemment mortel. La moitié du temps, il a péroré en latin ; il le lisait, mais

---

[15] Voir à ce sujet M. Abrash : « Dick, Rousseau and *The Penultimate Truth* », [cf. Bibliographie secondaire]. *(N.d.l'Anth.)*

c'était la première fois qu'il le parlait. Au début, tout se ramenait à la quête d'un noyau de paix intérieure et à ses rapports spirituels avec ses amis et ses connaissances. Il se visualisait comme faisant partie d'une immense toile d'araignée unissant tous les êtres, et il aimait bien cette situation. »

« Toutes les choses horribles que j'avais écrites semblaient être devenues réalité sous l'influence de l'acide », explique Dick dans son entretien avec Platt. « Le décor s'est figé, il y avait d'énormes blocs rocheux, le jour de colère était venu et Dieu me jugeait pour mes péchés. »

Ce « voyage » renforça encore un des aspects les plus particuliers des écrits de Dick. Des fragments de l'expérience sont décrits en détail dans *Au bout du labyrinthe* (1970), mais en substance, elle transparaît aussi dans le ton hallucinatoire des textes situés entre le milieu et la fin des années soixante.

> Soudain il devint, en même temps que les autres invités, une limace convulsée, tandis que la créature se vautrait sur un tapis grouillant de limaces abattues, savourant, prenant son temps, mais sans cesser de venir droit sur lui. *A moins que ce ne soit une illusion? Si c'est une hallucination,* se dit-il, *je n'en ai jamais vécu de pire. Sinon, c'est une réalité diabolique, un être démoniaque qui tue et mutile.* Il contempla le sillage de corps piétinés, réduits en bouillie, qui essayaient de se reconstituer, de se mouvoir encore, de parler.
>
> ("La Foi de nos pères", 1967)

> J'éprouve en ce moment même […] l'impérieux besoin d'exorciser par l'écriture l'angoisse qui agite les profondeurs de mon être en la distillant mot après mot dans les profondeurs du papier. Peut-être pourrai-je ainsi me réapproprier par la suite ce que j'y aurai couché[16].
>
> Franz Kafka, *Journal* (8 déc. 1911)

Fin 1964, Philip K. Dick, alors âgé de trente-cinq ans, rencontre Nancy Hackett, une jeune femme fragile qui sort d'une dépression nerveuse. A vingt et un ans, elle est l'antithèse parfaite d'Anne. Instable, elle ne se sent jamais en sécurité; Phil se retrouve dans la position du protecteur. Comme le remarque Miriam Lloyd, ce qu'il préférait c'était se porter au secours d'autrui. « Phil comprenait ce qui m'arrivait », se rappelle Nancy. « Il avait enduré les mêmes épreuves. C'est une des choses qui nous ont rapprochés. »

Nancy vient vivre chez lui et commence par tirer Dick de son cercle fermé de bouddhistes zen et d'adeptes du yi-king. De son point de vue à elle, il a autant besoin d'elle qu'elle de lui.

Une fois installés à San Rafael (pour faciliter les fréquents séjours de Nancy en clinique psychiatrique), ils se marient en juillet 1966. Une fille, Isa, naît au printemps 1967, et quelques mois plus tard ils emménagent dans une grande maison en dehors de la ville, à Santa Venetia. Pour Dick, la vie domestique reprend, mais cette fois-ci le rôle de soutien de famille pèse sur ses seules épaules, et il écrit dans l'urgence. Par bonheur, ses avances ont doublé après son prix Hugo (1963).

---

[16] Trad. Claire Duval. *(N.d.l'Anth.)*

Il prend toujours autant d'amphétamines. Il en a plus besoin que jamais, puisque son plan de travail le tient à nouveau éveillé jusqu'à l'aube. D'après Nancy, ses accès de paranoïa sont moins fréquents depuis son départ d'Oakland, mais il traverse toujours de graves périodes de dépression. « Il restait parfois trois ou quatre jours sans dire un mot. Il semblait tenaillé par la peur de devenir fou. Alors il allait voir des psychiatres. Tous lui affirmaient qu'il allait bien. Mais il avait besoin de se l'entendre dire. »

« Et me voilà à trente-neuf ans », écrit Dick en 1968, « pas mal mangé aux mites et plutôt hirsute ; je prise du tabac, j'écoute des mélodies de Schubert sur mon électrophone. "Malgré sa barbe, son âge mûr et sa corpulence, il ne rate jamais une occasion de regarder les filles", a-t-on dit de moi. C'est vrai. »

De longues années d'angoisse et d'excès ont transformé le bel homme des années 50 en ours barbu qui fait plus que son âge ; son poids varie selon qu'il s'adonne au speed ou à l'alcool. Ses sautes d'humeur sont notoires, mais sa corpulence lui donne des allures de Falstaff qui conviennent à ses numéros comiques et attirent prétendument les filles. Toujours harcelé par les manifestations du mal, il essaie désespérément de voir le côté amusant de sa situation (de même que ses romans les plus noirs pétillent d'humour) en distrayant toujours ses amis avec de nouvelles théories, de nouveaux fantasmes. « Ça faisait partie de son processus créatif », explique Nancy. « Il n'avait de cesse d'inventer de nouveaux angles d'approche. C'était un jeu, mais aussi plus que cela : un besoin d'attention. »

Mais ses terreurs vont donner lieu à toute une série d'œuvres pessimistes. On retrouve Dick dans le protagoniste de « La Foi de nos pères », qui découvre que les images du pouvoir martelées par les médias résultent d'une hallucination collective. Quand il s'aventure derrière celle-ci et perçoit enfin le détenteur du pouvoir sous sa forme véritable, il se rend compte qu'en fait, c'est une déité maligne qui *est* l'univers. Le mal n'est pas seulement politique, il est aussi satanique.

Alors à qui se fier ? Exclusivement aux humains authentiques, en qui Dick place tous ses espoirs. « Le rédempteur existe, » écrit-il alors. « Il existe *réellement*. Il se trouve généralement quelque part dans le roman, au centre de la scène ou bien un peu à l'écart. Dans certains de mes livres, il ne fait que rôder dans les parages. Il est implicite. Mais je crois sincèrement en lui. Il est l'ami qui finit toujours par venir… et à point nommé[17]. »

Les Androïdes rêvent-ils de moutons électriques ? (1968) affine cette foi en l'humain. Rick Deckard, chasseur de primes, doit éliminer plusieurs androïdes fugitifs. Le peut-il sans devenir lui-même un androïde ? Plus tard, Dick définira l'humain : « Ce n'est pas notre apparence, ni la planète où nous sommes nés [qui fait la différence] mais la bonté dont nous sommes capables. A mes yeux, c'est la bonté qui nous distingue des cailloux, des branches, du métal, et qui nous en distinguera toujours, quelle que soit la forme que nous prendrons, partout où nous irons, quel que soit notre devenir. »

Mais dans *Les Androïdes rêvent-ils de moutons électriques ?*, la victoire

---

[17] Voir le texte de P.K. Dick figurant en introduction du présent ouvrage. *(N.d.l'Anth.)*

du rédempteur n'est pas assurée. Wilbur Mercer, la figure religieuse mensongère mais douée d'empathie, l'annonce à Rick Deckard :

> — On vous demandera de nuire partout où vous irez. Aller à l'encontre de ce que nous sommes, telle est la condition des êtres vivants. Toutes les créatures vivantes y sont amenées tôt ou tard. C'est l'ultime zone d'ombre, la défaite de la création ; la malédiction en marche, le fléau qui se nourrit de la vie. Partout dans l'univers.

Dick croit dur comme fer au rédempteur, mais le pressentiment qu'il existe une force toute-puissante, maléfique et entropique, est plus fort que tout. «Pour ma part, le destructeur de formes (l'entropie) est personnifié, c'est comme une forme maligne active — *le* mal», affirme-t-il dans une lettre (1968). «Je le vois vainqueur à court terme, mais peut-être, au bout du compte, sera-t-il perdant... Je rejoins Luther dans sa certitude qu'il existe un Satan en campagne, perpétuellement sur la brèche.»

Dans *Ubik* (1969), par exemple, Dick nous donne d'abord l'impression que l'univers en perpétuelle régression n'existe que pour les semi-vivants sur le point de mourir et de renaître. Mais il sape cette hypothèse au dernier paragraphe : le monde que nous croyions stable — *notre* monde — se met lui aussi à régresser. Il n'y a pas d'issue.

Pas non plus d'issue pour Phil Dick. Muré dans le monde de ses romans, attendant le rédempteur sans pour autant l'inclure dans le scénario, il vit le cauchemar qu'il s'est créé. «Pour moi», écrit-il en 1970, «dans chaque nouveau roman, le doute — ou plutôt le manque de confiance, de foi — s'accentue. La crevasse s'élargit, et c'est trou béant dans lequel tout ce qui compte risque de s'engloutir.»

> Il y avait toujours en lui quelque chose de vaincu ; pourtant, en profondeur, il n'avait pas vraiment renoncé. Derrière la résignation subsistait vaguement une sorte d'impulsion vitale éparse ; Runciter avait parfois l'impression que Joe feignait seulement d'être réduit au dernier degré de l'abattement moral.

> *(Ubik)*

Quand Dick fait sa connaissance, en 1965, James A. Pike, évêque du diocèse de Californie, est un moderniste controversé qui critiquait ouvertement les institutions de l'Eglise épiscopale, où il ne voit qu'un produit de l'histoire et qu'il juge dépassées ; il mène ses propres recherches sur les origines du christianisme.

Maren Bergrud, belle-mère de Nancy, demande à Dick d'écrire à l'évêque Pike en vue d'une réunion de l'ACLU[18] qu'elle organise et où elle souhaite qu'il s'exprime. Pike accepte son offre ; Dick devient son ami et Maren sa maîtresse.

Pike et Dick se lient d'amitié plus par respect mutuel que par camaraderie. Dans le souvenir de Nancy, Jim Pike «ne se permettait guère d'intimité avec les gens» ; mais il exerce une grande influence sur le virage théologique toujours plus marqué que prend l'œuvre de Dick. Celui-ci est

---

[18] American Civil Liberties Union.

impressionné par son approche intellectuelle de la religion, qui s'accorde à merveille avec ses propres préoccupations.

Mais Pike ne partage pas les vues luthériennes de l'écrivain. Dans *Au bout du labyrinthe*, qui, selon Dick lui-même, fut influencé par « une profusion de données théologiques » fournies par Pike, Dick concède que, d'un point de vue intellectuel au moins, Dieu *peut* être bon. Après avoir campé ses personnages dans le pire contexte possible, il révèle à l'avant-dernier chapitre que ce monde est, en fait, artificiel ; il laisse alors son personnage principal trouver le salut auprès d'une figure christique, l'« Intercesseur », qui jusque-là semblait appartenir à ce monde artificiel et n'apporter aux gens qu'une aide toute relative. Dick édifie cette intrigue tortueuse autour d'un « système abstrait et logique de pensée religieuse basée sur le postulat arbitraire que Dieu existe. »

Mais entre-temps, un bouleversement est survenu dans la vie de l'évêque Pike — comme dans un roman de Dick. En 1966, son fils Jim se suicide d'une balle dans la tête après avoir pris du LSD. Une médium prétendant communiquer avec le disparu entre aussitôt en contact avec Pike et Maren qui, dès cet instant, ne pensent plus qu'à parler à Jim. Pike renonce à l'épiscopat et s'installe à Santa Barbara avec Maren qui, minée par la culpabilité, absorbe quatre-vingt-dix-neuf somnifères et en meurt en juin 1967.

Tout au long de cette période traumatisante, les contacts de Dick et de Pike s'espacent. En 1969, l'ex-évêque vint voir Phil et Nancy en compagnie de sa nouvelle épouse, une jeune femme appelée Diane qui, aux dires de Nancy, ressemblait trait pour trait à Maren. Par la suite, les Dick ne le reverront plus. La même année, en septembre, les Pike partent à la recherche du Christ dans le désert de Judée, à bord d'une Ford Cortina de location, munis d'une carte Avis et de deux bouteilles de Coca-Cola. Diane survivra, mais Pike sera retrouvé mort. Il a cinquante-six ans.

Cette amitié et sa triste conclusion fourniront la matière du dernier roman de Dick, *La Transmigration de Timothy Archer*. Plutôt que de tracer le fidèle portrait de ses amis, Dick préfère mettre l'accent sur les questions d'ordre général que soulève leur mort.

> Je crois savoir pourquoi nous sommes sur terre : pour découvrir que ce que nous aimons le plus nous sera enlevé, non pas sciemment, mais, sans doute, suite à une erreur en haut lieu.

L'année de la mort de Pike, Dick frôle la mort à son tour. A court d'amphétamines, il en a acheté dans la rue. Il se retrouve à l'hôpital général de Marin County avec une pancréatite et une insuffisance rénale. Nancy doit affronter une nouvelle dépression. « J'ai vraiment eu très peur qu'il meure. Je tenais à peine debout. »

Dick s'en tire, mais ne se remettra jamais tout à fait de cet épisode. Il cesse un temps de prendre des amphétamines, mais cela ne fait que le bloquer dans son travail et provoquer de longues dépressions d'une noirceur inégalée. Nancy finit par le quitter en 1970 en emmenant Isa. Dick racontera par la suite qu'à ce moment-là, il a touché le fond. « Je suis tombé dans le caniveau, je me suis jeté dans la rue, en état de choc. »

Sa maison vide de Santa Venetia, avec ses quatre chambres et ses deux salles de bains, il la remplit de «gens de la rue», comme il les appelle — pour la plupart de jeunes drogués qui cherchent un endroit où traîner. Beaucoup d'entre eux meurent ou contractent des maladies incurables. Dick dira qu'au cours des dix-huit mois qu'il a passés «dans la rue», il a emmené onze amis à l'hôpital psychiatrique. «J'ai été témoin de choses que je n'aurais pas crues possibles si je ne les avais vues de mes propres yeux», dit-il en entretien (1977). «J'ai vu des gens incapables de finir leurs phrases… Et c'était définitif. Des gens si jeunes… J'ai eu un aperçu de l'Enfer.»

Les cauchemars de son œuvre font à nouveau irruption dans sa vie. Des gamins partent sous ses yeux pour un voyage sans retour, des hommes sans défense se plongent dans d'autres mondes d'où ils n'émergeront plus jamais. Dick les rejoint; il n'écrit plus, prend d'énormes quantités de *speed*. Il tombe amoureux d'une brune nommée Kathy Demuelle. Il partage les faiblesses de ces gamins, ainsi que leurs souffrances. «Nous avons tous été heureux, vraiment», écrira-t-il, «pendant quelque temps, à couler des jours paisibles loin de la sphère du travail — mais tout ça fut si court… Et la punition fut terrible; elle dépassait l'entendement: même le nez dessus, nous n'arrivions pas à y croire.»

Le compte rendu détaillé de cette expérience se trouve dans *Substance mort* (1977), roman de science-fiction quasi réaliste que Dick met près de trois ans à écrire. Il raconte l'histoire d'un agent secret des stups qui perd la faculté de vivre simultanément dans les deux univers. La postface dédie le livre à ses amis victimes de la drogue et de ses séquelles. Il s'inclut dans la liste, avec la mention: «lésion pancréatique irréversible».

En fait, il s'est fourré dans un véritable coupe-gorge: combats au couteau, dealers, stups, toutes sortes de problèmes… Mais cet univers est une échappatoire à sa solitude et lui procure une forme d'anonymat. «… La rue avait un aspect positif», écrit-il, cynique, en 1968: «Les gens ignoraient que j'étais un auteur de SF connu, ou alors ils s'en fichaient totalement. Tout ce qu'ils voulaient savoir, c'est si j'avais quelque chose à voler qui puisse être revendu… »

Il ne s'attend guère à ce qui va lui arriver. Outre l'érosion graduelle de la vie, une autre forme de terreur règne autour de lui: l'intimidation politique. Le 17 novembre 1971, en rentrant chez lui il trouve son armoire métallique (un alliage d'amiante et d'acier) éventrée par de puissants explosifs. Sa chaîne stéréo a disparu, comme le revolver acquis en prévision d'ennuis possibles, et on a fouillé toute la maison: «… une opération à caractère militaire.» Mais si on a négligé les objets de valeur tels ses bijoux en améthyste, on a, en revanche, emporté ses chèques encaissés[19], toutes les boîtes de conserve ouvertes, les provisions et, d'une manière générale, toutes les denrées périssables. Dick affirme aussi qu'on a essayé de forcer sa voiture.

Cette étrange effraction est largement évoquée dans *Rolling Stone* [cf. Bibliographie secondaire] : « Tu sais ce que j'ai pensé? » dit-il à son inter-

---

[19]Aux Etats-Unis, les chèques sont retournés à leur émetteur après traitement par la banque. *(N.d.l'Anth.)*

viewer, Paul Williams. « "Dieu merci!" ! Parce que [...] j'avais dit à la police, à mes amis, je m'étais dit à moi-même : "Je sais que j'ai des ennemis. Ils vont s'en prendre à cette maison. Ils vont la faire sauter." C'est pour ça que j'avais acheté un revolver : pour me protéger ; alors que mes amis, eux, disaient : "Il l'a acheté pour se tuer ; il est fou". »

Cependant, sa paranoïa reste instinctive. Il n'a pas en tête de coupable bien précis. Ce peuvent être les Black Panthers qui logent dans la maison voisine, des néo-Nazis ou bien le FBI à la recherche de drogues qu'il aurait lui-même planquées chez lui, puis oubliées. Les voies de la tyrannie sont impénétrables. Une seule certitude à la lecture de cet article de *Rolling Stone* : les auteurs de l'effraction n'ont jamais été identifiés. On aurait conseillé à Dick sans ambages de faire ses valises : « La police m'a dit : "On ne veut pas de Croisés à Marin County. Vous feriez mieux de partir, sinon, une nuit, vous allez prendre une balle dans le dos. Ou pire...". » Il reçoit des coups de téléphone anonymes menaçants, on lui dit qu'il ne vivra pas assez longtemps pour prononcer le discours prévu à la prochaine convention de science-fiction (Vancouver, février 1972).

Il y a alors beaucoup de « Croisés » à Marin County ; Dick ne s'expliquera jamais pourquoi la police (entre autres coupables envisagés) voulait qu'il décampe. « Les flics en savent plus que vous sur vous-même », dit-il en entretien (1978). « Ça fait peur de s'entendre dire par un commissaire de police qu'on ferait mieux de quitter le pays parce qu'on a des ennemis, sans savoir ni qui sont ces ennemis, ni pourquoi on s'est attiré leurs foudres. »

Cette vision des Etats-Unis en crypto-Etat policier avait germé dans son esprit bien avant l'effraction. Dans *La Vérité avant-dernière*, *Simulacres* ou « La Foi de nos pères », il redoutait déjà une supercherie massive mise en place par les autorités. Il réitère son opinion dans *Coulez mes larmes, dit le policier*, roman très réaliste entamé en 1970 et achevé dans un nouvel élan deux ans plus tard. Il y décrit un avenir proche où Nixon fait figure de saint et où l'ordinateur de la police renferme des informations détaillées sur chaque citoyen. Jason Taverner, célèbre présentateur de télé, se réveille un beau matin pour découvrir que plus personne ne le connaît. Il n'apparaît même plus dans ledit ordinateur.

Ce roman, qui reçoit le prix John Campbell en 1975, révèle chez Dick une évolution dans le choix des personnages. Une jeune femme, Kathy, forge de faux papiers d'identité ; triste, déterminée, peu fiable, elle est le prototype de tous les protagonistes de *Substance mort*. « Avant, » explique Dick en entretien (1982), « j'avais tendance à voir les gens comme des artisans : "le réparateur TV", "le représentant", et ainsi de suite. Mais après mon expérience de la rue, je n'y ai plus vu que des gredins par essence. Non pas des gredins *sympathiques*, mais des individus sans scrupules, prêts à vous arnaquer à tout moment, comme ça, sans raison. »

Le nouveau héros dickien, c'est ce « gredin. » L'humain opprimé est mieux cerné, plus politisé. En 1973, Dick écrit à propos de lui-même : « Il s'identifie vigoureusement aux protestations et aux colères de la jeune génération, dirigées contre l'*establishment*. Il essaie par-dessus tout, dans ses romans, d'exprimer le combat contre l'oppression que mène l'esprit humain… Le citoyen ordinaire, sans pouvoir politique ni économique […] est son héros […] et incarne son espoir pour le futur. »

Dick a enfin trouvé le rédempteur, et bâtit son œuvre autour de lui. Après dix ans de ténèbres constantes, il embrasse peu à peu une foi nouvelle, fondée sur son expérience personnelle et non seulement sur une théorie abstraite. Cela saute aux yeux dans le discours qu'il prononce à Vancouver, «L'Androïde et l'Humain»[20]. Il y soutient avec passion la jeune génération qui, à ses yeux, représente l'humain authentique — avec ses défauts et ses sentiments propres — en lutte contre les pesanteurs d'une société mécaniste de type androïde. «Ces gamins sont les histoires de science-fiction que j'écrirai demain ; le monde est en arrêt au seuil d'un nouveau cycle d'existence, plus humain. »

> Pour moi, le monde futur ne sera pas un lieu mais un événement… une structure où il n'y aura ni auteur, ni lecteur, mais une multitude de personnages en quête d'intrigue. En fait, il n'y aura pas d'intrigue non plus. Il n'y aura qu'eux, leurs actes, les paroles qu'ils échangeront, ce qu'ils construiront pour s'affirmer en tant qu'individus et en tant que collectivité, tel un gigantesque parapluie qui laisserait passer la lumière en barrant le chemin à l'obscurité[21]. Quand les personnages mourront, le roman s'achèvera. Et le livre retournera à la poussière. D'où il est venu. A moins que, tel le Christ, il ne retrouve les bras de sa mère aimante, tendre et affligée, compréhensive et surtout vivante. Un nouveau cycle débutera ; d'elle il renaîtra et l'histoire, la même, ou une autre, peut-être meilleure, commencera. L'histoire que se raconteront les personnages.
>
> Mon univers gît entre mes doigts, comprit-il. Si seulement j'arrivais à trouver comment fonctionne ce fichu machin !
>
> ("La Fourmi électrique")

Philip K. Dick s'est réfugié au Canada sans son amie Kathy. A la dernière minute, celle-ci a déchiré son billet. Il comptait pourtant qu'elle assiste à son discours de Vancouver ; à la fin, lorsqu'il décrit la fille qui pique des caisses de Coca Cola et restitue les bouteilles vides pour toucher la consigne, il avait prévu de la rejoindre au milieu du public et de l'embrasser. (Kathy sera une des figures principales de « La Fille aux cheveux noirs[22]. »)

N'ayant plus de raison de rentrer, Dick s'établit à Vancouver où il se fait des amis dans le milieu local de la science-fiction, rencontre une certaine Jamis et se remet un peu de ses traumatismes successifs. Mais tout à coup, la jeune femme le quitte ; une fois de plus, tout s'effondre. Il tente de se suicider en absorbant sept cents milligrammes de bromure de potassium ; mais il écrit aussi, sur un bout de papier, le numéro d'un centre de secours pour suicidés, au cas où il changerait d'avis. «Heureusement», racontera-t-il par la suite, «le dernier chiffre était un 1 ; sinon, je n'aurais pas pu tourner le cadran. »

On lui conseille de se faire admettre dans un centre de soins où il sera

---

[20] In Philip K. Dick : *Le Grand O* [cf. Bibliographie primaire]. *(N.d.l'Anth.)*
[21] D'où le titre de l'ouvrage d'Angus Taylor : *The Umbrella of Light* [cf. Bibliographie secondaire]. *(N.d.l'Anth.)*
[22] Cf. Bibliographie primaire *(N.d.l'Anth.)*

entouré en permanence. Il atterrit donc à X-Kalay, un foyer de réinsertion pour héroïnomanes. Il sort peu à peu de sa dépression en s'occupant des relations publiques de l'établissement. « Je n'avais jamais exercé d'activité plus satisfaisante, plus valorisante que la réinsertion des héroïnomanes » dira-t-il. Ce sentiment de plénitude, il le réutilise dans *Substance mort* :

> Quelques jours plus tard, pendant le Jeu, comme on dressait la liste des contributions spécifiques de chaque participant à New Path, un soir on reconnut à Bruce le mérite d'avoir apporté l'humour. Il avait conservé le don de voir le côté drôle des choses, bien qu'il fût lui-même en piteux état. Tout le monde l'applaudit ; il vit le cercle de visages souriants qui l'entourait, croisa des regards chaleureux. Le bruit de leurs applaudissements l'accompagna longtemps, au plus profond de lui-même.

L'attitude de Dick envers la drogue change du tout au tout. « Je croyais que ça me ferait connaître autre chose », dira-t-il en entretien (1978). « Maintenant, je sais quoi : une cellule capitonnée en hôpital psychiatrique. »

Il quitte X-Kalay au bout d'un mois et, encore flageolant, prend l'avion pour la Californie du Sud : Willis McNelly, professeur de littérature anglaise à l'université Cal State Fullerton (Orange County), l'a invité à superviser l'archivage de ses manuscrits à la Bibliothèque universitaire. « Tout ce que je possédais ou presque avait été détruit ou volé », explique Dick dans une lettre (1972) ; j'ai donc voulu confier le reste à des professionnels. »

Il décide de rester à Fullerton, où la vie obéit à un rythme apaisant, bénéfique. La science-fiction y est représentée par une communauté importante, les étudiants nombreux. Il se remet à écrire, apparemment sans amphés, et, presque aussitôt, tombe encore amoureux — d'abord en avril, d'une étudiante prénommée Linda, puis, quelques mois plus tard, d'une petite brune appelée Tessa Busby.

« Elle a dix-huit ans », écrit-il, « de beaux cheveux bruns, des yeux verts, l'air anglais ; elle est souple et de petite taille. Elle pratique le *kung fu*, s'intéresse beaucoup aux sciences exactes — qu'elle connaît bien — et c'est une jeune personne extrêmement chaleureuse, aimable, gentille. De plus, sous tension, elle garde un calme à toute épreuve... Nous menons une vie très active : nous écrivons, nous lisons, nous faisons des courses, nous bâtissons des plans pour notre avenir... et nous voyons beaucoup de gens de la SF. Elle a mis dehors l'une après l'autre, systématiquement, toutes mes anciennes petites amies, par exemple Linda, mais je pense qu'elle a raison ; de toute manière, Linda parlait beaucoup trop, et maintenant nous avons davantage de temps pour écrire. »

Ils se marient en avril 1973 et leur fils Christopher naît la même année. Dick ne se porte pas très bien : sa tension reste élevée, ses nouvelles responsabilités financières le dépriment. Puis, en mars 1974, alors qu'il travaille à *Substance mort*, il fait une nouvelle expérience mystique, très forte, qui l'obsédera jusqu'à la fin de ses jours.

Par sa thématique (il la qualifie de « rencontre avec Dieu ») cette expérience se rapproche de la vision de Palmer Eldritch et du « voyage » au L.S.D., en 1964. Mais cette fois, elle marque un revirement : elle lui offre une vision d'un univers intrinsèquement bon, et s'accorde à la foi renaissante que Dick a exprimée à Vancouver.

Lors de cet épisode, il n'est pas sous amphés ; ses seuls médicaments sont les tranquillisants qu'il prend depuis longtemps pour sa tachycardie. Néanmoins, il reconnaîtra plus tard qu'il essayait de « développer son cerveau droit, principalement par des vitamines orthomoléculaires et une bonne dose de méditation. » Il établira aussi un lien entre cette expérience et une injection de sodium penthotal subie un mois plus tôt pour une extraction de dent de sagesse.

> Quelques années plus tôt, Powers avait expérimenté des substances désinhibitrices affectant les tissus nerveux. Un soir, après s'être administré une intraveineuse jugée sans danger et légèrement euphorisante, il avait provoqué une baisse catastrophique de liquide GABA. Subjectivement, il avait alors assisté à une projection de phosphènes bariolés sur le mur de sa chambre, un montage toujours plus frénétique où, sur le moment, il vit des tableaux abstraits.

(Substance mort)

Dick décrit généralement cette rencontre comme une invasion de son esprit. « Toujours est-il que ça a envahi mon esprit et pris le contrôle de mes centres nerveux, et que ça agissait et pensait à ma place, » déclarera-t-il à Charles Platt. « J'étais spectateur. Ça c'est mis en devoir de me guérir physiquement, moi, mais aussi mon petit garçon, qui avait une dangereuse malformation congénitale non détectée.

» Cet esprit rationnel n'était pas humain. On aurait plutôt dit une intelligence artificielle. Le jeudi et le samedi, j'avais tendance à penser que c'était Dieu, le mardi et le mercredi que c'était extraterrestre, et quelquefois je pensais que c'était l'Académie des Sciences soviétique qui essayait son transmetteur télépathique à micro-ondes psychotroniques [...] Cet esprit [...] était pourvu d'un formidable savoir technique... Il avait des souvenirs qui remontaient à plus de deux mille ans ; il parlait grec, hébreu, sanscrit ; on aurait dit qu'il était omniscient. »

Dick se lance dans l'étude intensive des concepts religieux et métaphysiques que cet esprit déverse, et continuera de déverser sur lui des années durant, au cours des ses rêves. Il couche ces messages et ses conclusions dans une « Exégèse » qui, à sa mort, comptera quelque deux millions de mots, manuscrits ou dactylographiés. (Ce texte appartient aujourd'hui à la succession de Dick[23].)

Il en extrait en partie l'essence dans l'appendice de son roman *Siva*. *Siva*, expression la plus concrète de l'expérience vécue par l'écrivain, errance semi-autobiographique au cœur d'un territoire de science-fiction encore inexploré... L'auteur s'y analyse de façon rationnelle, et pour ce faire, se répartit entre deux personnages : d'un côté l'écrivain/narrateur, observateur sympathique et sain d'esprit, et de l'autre Horselover Fat, qui rencontre Dieu et n'est pas particulièrement sain d'esprit (aux yeux

---

[23] L. Sutin en a publié et analysé une partie dans son ouvrage *In Pursuit of Valis — Selections from the Exegesis* [cf. Bibliographies primaire & secondaire]. *(N.d.l'Anth.)*

mêmes de Dick). La première moitié du livre est essentiellement vraie ; la seconde est une quête fictionnelle du Sauveur revenu sur terre.

Le livre ne s'écrit pas sans peine ; selon Russell Galen, son agent chez Scott Meredith, Dick s'est débattu avec son matériau pendant cinq ans avant d'achever le manuscrit en sept jours, dans un brusque accès de confiance. « Peut-être ne *peut*-on pas exprimer ces choses avec des mots », disait Dick en interview (1976). « En fait, j'ai l'impression de souffrir d'aphasie, d'une perte du langage. Je sais ce que j'ai vu, mais je ne parviens pas à mettre un nom dessus. C'est comme si les dieux, désœuvrés, ne trouvaient rien de mieux à faire que de dire : "Voyons comment ce bon vieux Phil va mettre *ça* par écrit." Là-dessus, ils me révèlent d'un coup tous les mystères de l'univers et ils se tordent de rire. »

Dick se sent obligé d'interpréter ce qui, il en est certain, est une révélation — la voie vers la réponse irréfutable aux questions qu'il se pose depuis plus de vingt-cinq ans. Il met cinq ans à tirer un livre de cette expérience spirituelle, et se sert pour cela de sa correspondance, de divers entretiens et surtout de deux discours, outre *l'Exégèse*, pour tester ses diverses théories sur la nature de l'univers. Ses explications font appel aussi bien au postulat jungien d'inconscient collectif — sous une forme dérivée — qu'au gnosticisme antique. Cependant, un credo commun unit ces interprétations : certaines choses nous sont cachées — pour notre bien — par la volonté d'une déité immanente (soit l'Esprit immanent, composé de la réunion des cerveaux droits des êtres humains, soit un Dieu jouant aux échecs avec les diverses réalités possibles), Dick ayant été choisi, on ne sait pourquoi, pour être le dépositaire d'une gnose : la réalité absolue se dissimule derrière un voile, et ce voile est en train de se lever pour de bon.

Jay Kinney, auteur de « The Mysterious Gnosis of Philip K. Dick[24] » a effectué des « incursions exploratoires » dans *l'Exégèse*. « Le thème récurrent de l'œuvre de Dick », écrit-il, « celui d'un univers truqué qui recouvre l'univers "véritable", peut être *à la fois* une proposition métaphysique *et* une peur paranoïde. L'ambiguïté [des événements] de février-mars 1974 (son expérience mystique) tient au fait que les événements relatés dans *Siva* constituent la réalisation dramatique des *deux* possibilités. En explorant le contenu de cette expérience, l'Exégèse relève donc autant de la théologie mystique que du délire paranoïaque. Elle contient de profondes analyses des écrits du philosophe indien Sankara, de Platon et de Maître Eckart, au côté de tentatives pédantes (et affolées) pour dégager des vérités cosmiques d'une série de fragments oniriques, de phrases hypnagogiques et de coïncidences. »

La paranoïa est évidente dans les références intermittentes à l'Union Soviétique, dont Dick abhorre littéralement le régime ; dans *Siva* et ailleurs, il mentionne une mystérieuse lettre reçue à l'époque de son expérience mystique (la fameuse « Xerox letter ») contenant d'après lui des photocopies de documents d'origine soviétique. Tessa confirme que la lettre était

---

[24] J. Kinney, rédacteur en chef de la revue *Gnosis* est l'auteur d'une introduction à *In Pursuit of Valis* (cf. note 23) [cf. Bibliographie secondaire] et d'un texte dans le présent ouvrage. *(N.d.l'Anth.)*

« significative » et « menaçait réellement le bien-être de Phil. » Paranoïa, encore, dans cette assertion maintes fois réitérée : la démission forcée du président Nixon est due à une intervention divine.

Sans doute faut-il interpréter symboliquement plutôt que littéralement la théorie qui se retrouve pour finir dans *Siva* ; elle contient cependant un principe auquel Dick adhère pleinement :

> … En un sens, le temps linéaire n'est pas réel, à savoir que les changements qui s'y produisent (on peut débattre de la réalité du temps mais, comme le dit l'encyclopédie philosophique : « le changement existe »), en un sens, ne sont pas réels. Je ne suis pas revenu aux temps bibliques mais, d'une façon ou d'une autre, Jean, Daniel et moi nous sommes retrouvés dans la même réalité, ou le même cadre temporel, le même monde éternel, immuable, au-dessus et au-delà du temps. C'est ce monde-là qui est réel, et celui du changement soumis au temps qui ne l'est pas. Si l'on n'accepte pas ce principe, il est impossible d'expliquer mon expérience et la leur.
>
> *(Exégèse,* circa août 1976)

Le temps réel, affirme *Siva*, a pris fin en l'an 70 de notre ère, avec la destruction du temple de Jérusalem par les Romains. Le plasme, forme d'énergie ou d'information vivante qui contenait la gnose, a été enfoui dans la bibliothèque contenant les tables des gnostiques, à Nag-Hammâdi. Jusqu'à ce qu'on exhume ces dernières, en 1945, le monde a subi le joug de l'Empire, une force maligne et esclavagiste modelée par un esprit dérangé (privé de sa contrepartie saine). Cette période intermédiaire (le temps de la « Prison de Fer noir ») est celle de la dissimulation. Après 1945, le plasme s'est à nouveau croisé avec les humains pour créer des « homoplastes. » La lumière rose qui assaille et aveugle Horselover Fat en mars 1974 transporte le plasme : pendant un bref intervalle, Fat reçoit la gnose. On lui apprend le retour imminent du Sauveur, qui marquera aussi le retour de la santé mentale comme qualité primordiale de l'univers. La date réelle se situe aux alentours de 100 ap. J.-C., ce qui explique peut-être la présence de Fat dans un amphithéâtre romain lors de son voyage au LSD en 1964.

> En se réveillant, Fat vit la Rome antique se superposer à la Californie de 1974 ; il pensa en *koinê,* la langue parlée au Proche-Orient à l'époque romaine — et c'est cette région-là qu'il aperçut. Il ignorait que la *koinê* fût leur langue commune ; il croyait que c'était le latin.

L'imagination de Dick doit à présent expliciter cette intrusion du monde « réel ». « Nous en parlions sans cesse », se souvient Russell Galen. « Même une fois *Siva* écrit, il m'en citait de nouvelles manifestations. Il prenait tout cela très au sérieux — et c'est ce que les gens doivent bien comprendre. Ce n'était pas de la science-fiction. Je reste convaincu qu'il y croyait dur comme fer. Il pensait en posséder la preuve concrète. Pourtant, quand il en discutait, il demeurait éminemment rationnel : "Il m'est arrivé ceci, et la seule interprétation possible, c'est que j'ai parlé avec Dieu." ».

« L'Homme, l'androïde et la machine », discours écrit pour une convention de science-fiction organisée par l'I.C.A. (Institute of Contemporary Arts) de Londres en 1975, restitue bien l'optimisme tout neuf dont Dick faisait preuve; ainsi qu'il l'écrit, le «long hiver de notre espèce» touchait à sa fin.

Bien qu'il n'y mentionne pas expressément sa rencontre avec Dieu, il se réfère à une couche de l'atmosphère reliée à tous nos cerveaux droits (nous n'aurions pas un seul cerveau divisé en deux hémisphères, mais *deux* cerveaux), qui est l'Esprit immanent; c'est cet esprit qui prend contact avec nous pendant notre sommeil et nous montre ce qui se dissimule derrière le voile. Dick affirme aussi que plusieurs de ses livres sont vrais, car fondés sur des rêves.

L'écrivain ne peut assister à cette convention pour raisons de santé (il trouve toujours des excuses pour ne pas aller aux conventions), mais Peter Nicholls, l'organisateur, publiera *in extenso* le texte de son intervention: «Sceptiques, suspendez votre incrédulité, » prévient-il dans son introduction.

Quand Dick prononce son dernier discours, au Festival de Metz (France) en 1977, et affirme sans détour qu'il a vu Dieu («Cela avait des couleurs. Cela bougeait rapidement, c'était occupé à rassembler et à disperser.»), il fait glapir son public, foncièrement agnostique. «Le discours, désastreux et très embarrassant», écrira P. Nicholls dans *Foundation*, «a été prononcé d'une étrange voix métallique. Le regard vitreux, il ne pouvait plus s'arrêter de parler; il a déblatéré pendant deux heures. La majeure partie du public — dont moi — s'est mise à paniquer à force de gêne, et à quitter la salle. On aurait vraiment dit que Phil avait perdu la boule[25]. »

Dans ce discours, intitulé «Si vous trouvez ce monde mauvais, vous devriez en voir quelques autres[26]», Dick examine en détail sa théorie du «temps réel», à ceci près que dans cette nouvelle version, il soutient l'existence d'une multitude d'univers parallèles au nôtre dans le temps « réel» ; pour lui, c'est Dieu qui décide quelle piste temporelle doit exister sur le plan phénoménal. En modifiant une variable dans le passé d'un présent pire que le nôtre, Dieu a créé vers 1945 un nouveau passé conduisant immanquablement à notre présent — où un président est déchu de son mandat. En mars 1974, on lui aurait permis de distinguer le pire des présents actualisés, dans lequel il a perdu la vie en combattant des forces anti-chrétiennes. En février 1975, il a vu un autre présent se superposer au sien, mais cette fois-ci, c'était le meilleur de tous: le paradis.

> Y a-t-il parmi nous des gens qui se rappellent, fût-ce vaguement, une terre «1977» pire que la nôtre? Nos jeunes gens ont-ils vu cette réalité-là, nos vieillards en ont-ils rêvé? Ont-ils vu dans leurs cauchemars ce monde d'esclavage et de méchanceté, de prisons, de geôliers et de police ubiquitaire? Moi oui. J'ai exposé ces rêves, roman après roman, nouvelle après nouvelle... Cette œuvre qu'on dit de fiction, *Le Maître du Haut château*, n'est *pas* de la fiction, ou plutôt si... mais seulement *maintenant*, Dieu merci! Mais il a existé un monde parallèle, un présent antérieur où cette piste temporelle-là a trouvé à s'actualiser, puis a été abolie par une intervention antérieure.

---

[25] Pour l'introduction à «L'Homme, l'androïde et la machine» et le compte rendu du Festival de Metz, cf. en fin de volume: P. Nicholls — «Bibliographie secondaire». *(N.d.l'Anth.)*

[26] Une traduction plus fidèle serait: «Ce monde n'est pas à votre goût? Eh bien, qu'est-ce que vous diriez si vous en voyiez d'autres! » *(N. de l'Anth.)*

Je suis sûr qu'à cette seconde, vous ne me croyez pas vraiment; vous ne croyez même pas que j'y croie *moi*. Pourtant, c'est vrai; car moi, j'ai gardé le souvenir de cet autre monde. Et c'est pourquoi vous le trouverez encore une fois décrit dans *Coulez mes larmes, dit le policier*.

Son esprit fonctionnait ainsi: quand une idée y voyait le jour, plus rien d'autre n'importait. Il jouait avec les implications possible, il les poussait jusqu'au bout; puis, quelques jours plus tard, il décidait que tout était faux et en tirait un nouvel ensemble de conclusions radicalement opposées.

— Russell Galen

Guéri de son pessimisme après son expérience mystique, Philip K. Dick reste en mauvaise santé. Ses interrogations le minent. Sa tension est trop élevée; il se remet à boire et renoue avec les amphés, sans retrouver les excès des années 60. De temps en temps, de nouveaux accès de dépression l'accablent. Il garde une conscience aiguë de sa fragilité. La «rencontre» qu'il a vécue a surtout eu pour effet d'aggraver ses craintes; il n'est pas forcément rassurant d'être choisi entre tous. «Il était très anxieux, très troublé par son expérience», dit Joan Simpson, qui a eu une liaison avec lui en 1977.

«Certes, Phil avait ses moments de déprime et de repli sur soi», se rappelle son ami Tim Powers. «Ils étaient parfois si graves que le terme même de «déprime» ne convenait plus; mais ceux qui le connaissaient un tant soit peu savaient que cette dépression était largement compensée par son humour irrésistible, son sens de la perspective qui crevait telle une baudruche tout ce qui était prétentieux.»

Au lieu d'écrire des romans, il ressasse dans son *Exégèse* le sens de la vie en général et de la sienne en particulier. «Ce qui lui arrivait l'obsédait», dit Paul Williams. «Il ne se laissait pas aller à la suffisance, mais dans toutes ces notes plane le sentiment grisant de se trouver au cœur de la destinée.»

Selon Russell Galen, pourtant, Dick ne tirait aucune fierté de sa position personnelle. «Le plus extraordinaire avec lui, c'est qu'en tant qu'individu, il ne se préoccupait guère de son amour-propre.»

Nous sommes ici pour démêler le vrai du faux; nous bénéficions d'un long délai pour ce faire, peut-être de milliers d'années. Et quand enfin nous choisirons, si nous choisissons bien, on nous montrera ce que nous aurons choisi: le véritable aspect de la réalité... Enfants nous vivons, et enfants nous choisissons, mais une fois ce choix arrêté, nous devenons de vrais adultes. Alors seulement le véritable but de l'existence se révélera; auparavant, il n'était que songe, hypothèse et quête dans le brouillard.

(«L'Exégèse»)

Dick interprète l'univers à notre bénéfice; et derrière la théorie complexe, le même message subsiste: le fascisme est, plus que jamais, l'ennemi, et le faux perdure. La foi nouvelle encadre un objectif nouveau dont l'accomplissement réside entre les mains de l'homme et de l'homme seul, — l'être humain qui, avec ses qualités propres, doit poursuivre sa lutte contre l'illusion mensongère.

Ce nouvel optimisme s'enracine toujours dans son entourage, son environnement, et se double d'un profond souci de la souffrance d'autrui. «Je n'ai jamais rencontré personne d'aussi bon, loin s'en faut», dit Russell Galen. «Toutes les qualités qu'on peut attendre des hommes — la compassion, la bonté, l'intégrité —, ces vertus que personne ne possède vraiment, lui les avait, avec une sincérité totale, une totale absence de prétention… »

Vivre dans l'intimité de l'écrivain est difficile. Joan Simpson se rappelle : «Il fallait toujours prendre soin de lui. Si on voulait vivre avec lui, c'était un des termes du contrat. Il fallait donner beaucoup de soi pour maintenir cette relation. Il était très exigeant dans ses habitudes. »

Ses habitudes d'écriture sont particulièrement pénibles. «Si tous mes mariages échouent», reconnaît-il en entretien (1982), c'est que quand j'écris, je suis un véritable autocrate. Je deviens comme Beethoven : belliqueux, toujours sur la défensive lorsqu'il s'agit de préserver mon intimité. »

Les difficultés qu'il rencontre avec *Siva* finissent par avoir raison de Tessa et de Christopher, qui partent en février 1976. Dans une lettre à Joan, Dick décrit la confusion où l'a précipité la perte de sa famille : «J'étais une victime de cette guerre, quoique dans le camp victorieux. J'avais livré et remporté mon combat, mais j'avais tout perdu… Si j'avais gagné (si *nous* avions gagné), si j'avais accompli ma mission, n'aurait-il pas été logique que je sois récompensé par une existence riche et heureuse au lieu que je perde tout ce que j'aimais ? En l'occurrence ma famille ?… Si c'est ça, gagner, qu'est-ce que ça doit être de perdre ? »

Il réagit aussitôt par une nouvelle tentative de suicide. D'après Tim Powers, Dick la décrit «avec une fidélité presque totale» dans *Siva*. Il s'ouvre un poignet, prend quarante-neuf comprimés de digitaline (prescrite pour ses problèmes cardiaques) et s'assied au volant de sa voiture, moteur en marche et garage fermé. Il a aussi absorbé trente Librium. Quand le moteur cale, suite à une panne de démarreur, Phil rentre chez lui en titubant et, dans son délire, appelle la pharmacie pour qu'on lui renouvelle ses Librium. Puis il s'allonge pour mourir. Craignant le pire, le pharmacien téléphone aux secours d'urgence. En entretien, Dick affirmera qu'il avait mangé un gros gâteau au chocolat avant de prendre les pilules, ce qui dut retarder leur effet.

Il est admis en soins intensifs à l'hôpital d'Orange County. Il prétend dans *Siva* que son cœur a cessé un instant de battre. Dans certains textes de l'époque, il qualifie cet incident de «crise cardiaque.» Dans un article datant de mai 1976 pour le magazine *Scintillation*, il raconte aussi qu'en rentrant chez lui après onze jours d'hôpital, il avait «en tout et pour tout quarante *cents* en poche. Plus un peu de bouffe dans le congélateur. »

> Mon revenu total ce mois-là a atteint neuf dollars. Mars n'a pas été beaucoup plus brillant, et mi-avril, on m'a menacé de me couper l'eau, le gaz et l'électricité. Tous les coup de téléphone étaient pour me réclamer du fric. Vingt-cinq années de travail et pas la moindre indépendance financière.

Ses tirages augmentent régulièrement et beaucoup de ses livres restent disponibles, mais il n'écrit plus aussi vite. Il a peiné trois ans sur *Substance mort* et ajouté un chapitre final à *Deus irae* après douze ans de collaboration discontinue avec Roger Zelazny. Son nouveau roman est dans l'impasse ; il n'écrit même plus de nouvelles. Par bonheur, au cours de l'été 76, Bantam achète *Siva* sur la foi d'un brouillon (intitulé *Valisystem A* et fort différent du produit fini) que Dick a bouclé en douze jours, et pour lequel il a perçu douze mille dollars, soit quatre fois l'avance de *Substance mort*. Tout cela grâce à Mark Hurst, un admirateur de longue date et collectionneur réputé de l'œuvre de Dick qui travaille alors chez Bantam.

Cet été-là, Dick s'installe à Santa Ana pour y partager un appartement moderne avec Doris Sauter, qui a vingt-deux ans et souffre d'un cancer. En évoquant dans *Siva* l'amour de Fat — ou le sien propre — pour Doris, il parle de « branchement direct sur la mort. »

> Rappelez-vous, aider les gens était l'une des deux activités fondamentales que Fat s'était vu déconseiller; aider les gens et se droguer. Il avait arrêté la dope, mais désormais, son énergie et son enthousiasme étaient entièrement canalisés dans le but de sauver les gens. Il aurait mieux fait de s'en tenir à la dope.

Doris part à l'automne, mais ils restent bons amis (son cancer est en rémission). Le 19 octobre, Phil se fait admettre au service psychiatrique du St. Joseph Hospital d'Orange County. « Il m'a dit avoir perdu les pédales chez Trader Joe en achetant de la litière pour chat », raconte Tim Powers (représenté par David dans *Siva)*. « Mais je pense que Phil se payait une thérapie pour se remonter le moral. »

Dick doit concilier sa foi en un Dieu bon avec toute la souffrance qui sévit autour de lui. « La mort me met en rage », écrit-il alors, « ainsi que la souffrance humaine et animale. Chaque fois qu'un de mes chats meurt, je maudis Dieu, et je ne plaisante pas. J'aimerais le prendre entre quatre z'yeux et avoir une bonne explication avec lui; lui dire ce que je pense: le monde est foutu, l'homme n'a pas commis le péché originel qui a entraîné sa chute mais a été poussé (ce qui est déjà suffisamment grave), après quoi on lui a fait gober qu'il était, fondamentalement, un pécheur, alors que je sais pertinemment que c'est faux »

En mai 1977, Joan Simpson, qui a lu tout Dick, fait le voyage depuis Sonoma pour le rencontrer. En août ils s'apprêtent à vivre ensemble dans une maison de Sonoma; mais au dernier moment, Dick trouve la Californie du Nord trop chargée de mauvais souvenirs et préfère rester à Santa Ana. Il profite cependant de son séjour pour aller voir sa mère et Anne Dick. Selon Joan, il en revient soulagé et attristé à la fois. « Il fallait qu'il renonce à l'image horrible qu'il en gardait. C'était très tenace, ce monde de garces [27]. »

Joan accompagne Dick à Metz en septembre et, à son grand dam, se retrouve incorporée à la mythologie de son expérience.

> Pendant des années j'ai eu le sentiment croissant qu'un jour, une parfaite inconnue me contacterait; elle aurait des informations à me communiquer. Puis elle se présenterait à ma porte, comme Juliana dans *Le Maître du Haut château*, et me dirait gravement ce que Juliana dit à Abendsen, mot pour mot: que mon livre, comme les siens, n'est pas de la fiction. Que d'une cer-

---

[27] Darko Suvin classe la « garce castratrice » dans les personnages féminins récurrents de la prose dickienne *(N.d.l'A.)*

taine manière (réelle, littérale, physique), il dit la vérité. Et c'est exactement ce qui m'est arrivé il y a peu.

En dépit du déplaisir manifeste exprimé par le milieu français de la science-fiction face à son discours, Dick passe à Metz des moments heureux, mémorables. C'est la première fois qu'il effectue un aussi long voyage, et on le reçoit comme un roi ; les Français ne cessent de chanter ses louanges. «La plus belle semaine de ma vie», écrira-t-il un an plus tard. «Là-bas, à Metz, j'ai été réellement heureux pour la toute première fois... non parce que j'y étais célèbre, mais parce que tout le monde était très enthousiaste.»

Il est tout particulièrement séduit par une jeune admiratrice française, Marie-Laure, qui, selon lui, ressemblait beaucoup à Linda Rondstadt. Or, Dick admirait cette chanteuse depuis des années ; d'ailleurs, le personnage de Linda Fox, dans *L'Invasion divine* (1981), s'en inspire très nettement. Elle lui rend visite en 1978 mais, d'après Tim Powers, lorsqu'il reçoit, en mars 1979, une lettre de Marie-Laure «lettre qui l'envoyait poliment sur les roses», Dick s'en trouve «très déprimé.» Il poursuit sa quête de sa «moitié manquante», ou de — comme le résume Tessa — «la femme "bonne", celle qu'aurait été sa jumelle si elle avait vécu.» Mais cette quête demeure vouée à l'échec.

Dick voit sa fille Isa, qui lui rend régulièrement visite, pour la dernière fois pendant l'été 1978 : il lui est devenu trop pénible de la voir repartir. Isa dit que chaque été marquait une nouvelle étape dans le déclin de son père ; il était de plus en plus inapte à l'exercice physique, toujours plus apeuré à l'idée d'accompagner sa fille dans des endroits très fréquentés. Il avait même peur d'aller la chercher à l'aéroport. «C'est chez lui, au milieu de ses chats, qu'il se sentait le mieux. Il passait son temps à priser en m'expliquant des choses. Il me disait toujours : "Tu comprendras quand tu seras grande." Il m'a raconté en pleurant qu'une fois, en allant chercher Christopher, il avait vu des anges. "Je ne pleure pas comme ça, d'habitude", il disait. "Je les ai vraiment vus, je ne blague pas, tu sais."».

La rédaction de *Siva*, en novembre 1978, le soulage beaucoup et lui permet de revenir à un rythme de travail plus productif. Pour la première fois, il vend des nouvelles à des magazines réputés tels que *Omni* et *Playboy* ; par ailleurs, il achève *L'Invasion divine* (1981). Bien que fortement influencés par ses prises de positions théologiques, ces textes paraissent légers et pleins d'assurance comparés à *Siva*.

Parmi eux, un article pour le magazine *Niekas*, «Une nouvelle passion», où il révèle non sans ironie que Fat a eu une ultime vision, celle qu'il attendait : une figure christique nommée Tagore est en train de mourir. «Tagore a pris sur lui tous les péchés commis par l'humanité contre l'écosphère. Avant tout, le déversement de déchets toxiques dans les océans se traduit par de graves brûlures sur son corps.» On voit bien que Dick a eu le temps d'assimiler son expérience ; ses croyances telles qu'elles s'expriment publiquement relèvent à présent du politique et de lui seul.

Entre-temps, grâce aux avances élevées, aux ventes croissantes et à un premier contrat d'adaptation cinématographique, en 1980 l'écrivain indigent passé dans la classe moyenne aisée est devenu un homme riche. Jusqu'alors, il faisait souvent des dons à des organisations charitables telles que l'«American Friends Service Committee» ou «Covenant House», un centre de réinsertion pour drogués. D'après Paul Williams, il donnait aussi à un prêtre de la paroisse de Santa Ana pour aider les pauvres, et son ami Gregg Rickman a révélé qu'il subvenait aux besoins de deux enfants, l'un au Mexique, l'autre dans les Appalaches. Dick faisait aussi des prêts à des amis, prêts qui devenaient souvent des dons.

Lorsqu'on lui propose d'écrire la «novélisation» du film *Blade Runner*, il refuse et exige la réimpression du roman. Il affirmera plus tard que cela aurait pu lui rapporter quatre cent mille dollars. «Quand on me les propose enfin», déclare-t-il en entretien, «ces mégadollars me laissent froid. Je mène une vie d'ascète, en fait.»

Il concentre alors tous ses efforts sur *La Transmigration de Timothy Archer*, livre difficile et austère qui, au dire de ses amis, l'épuisera complètement. Puis des problèmes surgissent du côté du film. Quand il lit la première version du scénario, il est horrifié; comme de coutume, il réagit avec excès. «Je me suis mis à boire beaucoup de whisky», racontera-t-il dans un de ses derniers entretiens. «Je suis passé d'un dé à coudre à un petit verre, puis à deux grands verres chaque soir [...] J'ai commencé à avoir des saignements gastro-intestinaux. C'était la faute du whisky et de l'aspirine que j'avalais sans arrêt, et de l'inquiétude que m'inspirait toute cette histoire.»

Fin 1981, il a perdu vingt-cinq kilos. L'ours formidable a fondu, ses cheveux ont blanchi, son teint est pâle et ses yeux cernés. «Dans la dernière lettre que j'ai reçue de lui», dit Mark Hurst, «il disait: "Mark, je suis au bout du rouleau; je ne sais pas combien de temps je vais tenir. Je préférerais être un chien vivant qu'un célèbre écrivain mort." Là, je me suis dit que ça n'allait vraiment pas.»

Un temps, Dick semble recouvrer ses forces; mais il fait une crise cardiaque le 18 février 1982. (Il mourra à l'hôpital quinze jours plus tard.)

Gregg Rickman l'interviewe la veille de la première attaque. Dick, qui attend toujours le retour du sauveur, est tout excité par une annonce parue en Grande-Bretagne: «Maitreya le Christ» était sur terre et se ferait connaître en juin. Rickman lui demande ce qu'il fera si rien ne se produit. «"J'irai en personne renverser les gouvernements américain et russe"», répondit-il. "Je ferai tout mon possible, avec ou sans le Maitreya. Car les idéaux qu'il exprime sont les miens, et s'il n'existe pas de Maitreya, ça ne change rien au fait que ce sont *mes* idéaux, mes buts. Je continuerai à vouloir nourrir ceux qui ont faim... Je continuerai, tout simplement... Je sais qui est l'ennemi".»

> Après tout, souvenez-vous: nous ne sommes que des créatures façonnées dans la poussière. C'est un peu léger, comme point de départ. Il ne faudrait pas l'oublier. Or, on ne s'en sort pas si mal, je trouve. Alors personnellement, je suis persuadé que la situation a beau être lamentable, nous saurons nous en tirer. Si vous voyez ce que je veux dire.
>
> (*Le Dieu venu du Centaure*)

La Transmutation de Philip K. Dick

par Norman Spinrad

Norman Spinrad, célèbre auteur de Jack Barron et l'éternité, Rêve de fer, *et plus récemment de* Rock Machine, L'Enfant de la fortune *ou* Bleue comme une orange, *mais aussi critique éclairé, était très proche de Dick. Après un long silence, il accepte enfin d'évoquer ses rapports avec l'homme et l'œuvre à l'occasion d'un texte comme toujours émouvant et brillant, initialement inclus dans son recueil intitulé* Science Fiction in the Real World.

Cet essai, je ne voulais pas l'écrire. Philip K. Dick était un ami très cher ; sa mort prématurée m'a profondément affecté et depuis, hormis la notice nécrologique qu'on m'a extorquée à l'époque et un texte d'introduction pour un des volumes de l'intégrale de ses nouvelles[1], j'ai toujours refusé d'écrire sur lui, probablement parce que j'en étais incapable.

Néanmoins, je tente ici un survol critique de la littérature de science-fiction contemporaine[2] ; or, Phil Dick est peut-être le plus grand de tous les écrivains de science-fiction, sans parler de la position centrale qu'il occupe dans l'histoire littéraire du genre. Si j'omettais son œuvre, non seulement mon étude aurait un grand vide en plein cœur, mais elle ne rendrait pas service à l'héritage littéraire de Dick.

Toutefois, je ne serai pas malhonnête au point de prétendre ici à l'objectivité ; d'ailleurs, il ressort clairement des deux premiers paragraphes que je n'ai même pas trouvé *comment* parler de celui qui fut mon ami et mon compagnon en littérature. Je vais être contraint de commettre d'innombrables péchés vis-à-vis de la sacro-sainte objectivité critique tout au

---

[1] *The Collected Stories of Philip K. Dick*, vol. II [cf. Bibliographie primaire]. *(N.d.l'Anth.)*

[2] «The Transmogrification of Philip K. Dick» et «Books into Films», in Spinrad : *Science Fiction in the Real World* [cf. Bibliographie secondaire]. *(N.d.l'Anth.)*

long d'un texte qui, forcément, constitue tout autant un souvenir personnel qu'un essai de critique littéraire.

Par ailleurs, j'admets bien volontiers que ce qui m'a finalement poussé à sortir de mon douloureux silence, c'est le nombre croissant d'âneries idolâtres parues sur Phil depuis sa mort et qui, à mon sens, ont empêché toute critique sérieuse de la vraie grandeur de son œuvre en en oblitérant le centre, qui n'a que peu de rapports avec ces œuvres mineures que sont *Siva* et *L'Invasion divine,* pour ne rien dire de ce qu'on appelle son « Exégèse[3] ».

Gregg Rickman a intitulé *The Last Testament* [Le dernier testament] un recueil d'interviews de Dick accompagnées d'interprétations de sa part ; cet ouvrage traite principalement de *Siva*, de *L'Invasion divine*, de l'expérience dite du « rayon rose » vécue par Phil, et évoque le *dybbuk* d'un rabbin du XIVè siècle qui lui aurait dicté le matériau de l'Exégèse, dont les dits romans ont été tirés. Un trop grand nombre d'études consacrées à la vie et à l'œuvre de Dick ont pris pour centre d'intérêt ces matériaux et événements dont je suis tout prêt à reconnaître la bizarrerie, et que Robert Crumb a été jusqu'à représenter sous forme de bande dessinée[4].

Etant donné tout cela, étant donné que Phil est mort d'une attaque et que, pour un non-croyant, *Siva* et *L'Invasion divine* sont un invraisemblable galimatias, Eric Rabkin n'a pas tout à fait tort de dire qu'il faut sans doute voir dans le fameux « rayon rose » un symptôme précurseur d'une première attaque cérébrale moins grave qui, en provoquant des hallucinations, aurait malheureusement engendré ses dernières œuvres.

Mais il y a une chose dont Rabkin et Rickman omettent de tenir compte, ce dernier parce qu'elle ne colle pas avec son obsession mystique, et Rabkin, au contraire, parce qu'elle infirme son hypothèse (par ailleurs cohérente) : la prétendue « démence finale » où Rickman et les autres voient une révélation transcendantale. Ce qu'ils oublient, c'est que le « Dernier Testament » de Philip K. Dick, ce n'est ni *Siva,* ni *L'Invasion divine,* ni l'« Exégèse », ni le recueil d'interviews de Rickman. Le dernier testament de Philip K. Dick, c'est *La Transmigration de Timothy Archer,* son tout dernier roman. Une œuvre d'une lucidité lumineuse, empreinte de bon sens, qui marque un seuil très net dans sa carrière littéraire déjà bien avancée. En un sens, c'est aussi un regard ironique, mais plein de douceur et de sagacité, porté sur le Philip K. Dick de *Siva,* de *L'Invasion divine,* et l'« Exégèse ». La négation de la mystification complexe et confuse qui caractérisait la période précédente. Un regain d'intérêt pour la vie quotidienne de gens bien réels, avec cette perspicacité métaphysique, claire et authentique, cette chaleur humaine qui faisaient de lui un grand écrivain. Un net retour à la véritable clarté mystique qui réside dans le monde réel et qui s'en dégage — retour qui, je l'affirme, fait de Philip K. Dick un écrivain métaphysique incomparable.

Et c'est là que la critique littéraire doit céder la place aux souvenirs

---

[3] Voir notamment, dans le présent ouvrage : Wagner, « Dans le monde qu'il décrivait » ; voir également Sutin, *In Pursuit of Valis* [cf. Bibliographie secondaire]. *(N.d.l'Anth.)*

[4] On trouve des extraits de cette bande dessinée dans *The Philip K. Dick Society Newsletter,* n°12, octobre 1986.

personnels, car j'ai joué un rôle dans la genèse de ce roman, ou du moins dans son aspect définitif.

A l'époque du «rayon rose», j'avais déjà quitté Los Angeles pour New York; je ne voyais Phil qu'en de rares occasions, lors de mes séjours sur la côte. Quand je travaille, il ne faut pas compter sur moi pour la correspondance, et d'une certaine manière, j'avais l'impression d'avoir abandonné Phil pendant cette période difficile. Avait-il vraiment disjoncté? L'avais-je laissé tomber?

Pourtant, la fois suivante je suis allé le voir à Santa Ana et je l'ai trouvé égal à lui-même. Il n'était pas barjo. Sa voiture lui causait les mêmes soucis que d'habitude. Il m'avait parlé deux ou trois fois du «rayon rose», du *dybbuk*, de l'écriture automatique de son Exégèse et ainsi de suite, mais même à l'époque, quand il parlait de ces choses, il les mettait sur le même plan que la transmission défectueuse de sa voiture ou son problème de poids; lors de cette visite, donc, j'ai bien vu que tout ça c'était du passé, qu'il s'efforçait d'assembler un matériau totalement différent pour en faire un nouveau roman.

J'ai cru comprendre qu'une parente d'une de ses épouses avait eu une liaison secrète avec James Pike, évêque de l'Eglise Episcopale de Californie. Ce personnage non-conformiste que la hiérarchie avait fini par relever de ses fonctions, était parti à l'aventure en plein désert du Néguev, en Israël, à bord d'une voiture en piteux état et muni en tout et pour tout de deux bouteilles de Coca-Cola tiède, pour y chercher d'éventuels sites ou vestiges esséniens.

Phil avait fait la connaissance de Pike par l'entremise de cette parente, et voulait tirer un roman de son odyssée spirituelle. Peut-être parce qu'il se croyait irrévocablement étiqueté «écrivain de science-fiction», il s'était mis en tête qu'il ne pourrait publier un roman pareil qu'en le bourrant de ficelles genre thriller et/ou SF, avec complots de la CIA, invasions d'extra-terrestres et tout le bazar.

— Mais bon sang, Phil, lui ai-je dit, elle est super ton histoire! Qu'as-tu besoin de tout ce fatras? Tu n'as qu'à la raconter telle quelle!

— Tu crois que j'arriverais à la faire publier?

Je lui ai répondu qu'à mon avis, c'était possible; il a décidé d'en discuter avec Russell Galen, son agent et ami, en qui il avait réellement confiance. Galen abonda dans mon sens, encouragea Phil à se lancer; le résultat fut *La Transmigration de Timothy Archer,* qui compte pour moi parmi les trois ou quatre meilleurs romans de Phil, au même niveau que le *Maître du Haut château, Le Dieu venu du Centaure* et *Ubik,* après toutes ces années à patauger dans des œuvres mineures. Ce roman, incontestablement supérieur à *Siva* ou *L'Invasion divine,* est cohérent, maîtrisé, lucide sur le plan spirituel, et plein d'amour.

De plus, Dick lui a donné un narrateur s'exprimant à la première personne, ce qu'il n'avait encore jamais fait; ce personnage-point de vue est d'ailleurs une narratrice, Angel Archer, qui, par le détachement qui la sépare du personnage-titre, l'évêque Timothy Archer, reflète une autre transmutation, insolite mais efficace: Phil lui-même se distancie par rap-

47

port à l'histoire de James Pike, où il occupait déjà une position périphé-rique.

On reconnaît aisément Pike derrière Timothy Archer; mais dans ses di-vagations spirituelles, sa perte de la foi et sa guérison finale par transmu-tation (après sa mort), il présente également une certaine ressemblance avec Dick: enlisé dans sa période Exégèse-*Siva-L'Invasion divine,* il trouve ensuite la lucidité lumineuse qui lui permet d'écrire *La Transmigration.* Quant à Angel, *alter ego* sexuellement transmuté de Dick, elle a beau se tenir à distance sur le plan affectif et faire preuve d'un cynisme spirituel quasi constant, elle-même trouve une sorte de centre spirituel à la con-clusion du roman.

Le fait que *La Transmigration de Timothy Archer* soit le dernier roman de Philip K. Dick est à la fois une tragédie et un triomphe.

Une tragédie parce que ce livre représente une percée en terrain lit-téraire inconnu, aussi bien par sa la forme que par le choix du point de vue, la clarté, la maîtrise de la narration — pour un écrivain qui avait déjà derrière lui nombre d'œuvres majeures et avait à peine dépassé la cin-quantaine au moment de sa mort. Quelle direction aurait prise son œuvre s'il avait vécu?

Un triomphe parce qu'il constitue un testament parfait, à la fois pour l'écrivain et pour l'homme. Avec ce roman, on retrouve un Dick en pleine possession de ses moyens littéraires au terme d'une carrière prématuré-ment interrompue; on y retrouve aussi la véritable vision métaphysique, la véritable compréhension humaine déjà présentes dans *Ubik, Le Maître du Haut château, Le Dieu venu du Centaure* et *Glissement de temps sur Mars* après une longue période jalonnée d'œuvres secondaires.

D'une certaine manière, ce roman est également une affirmation du centre spirituel de son œuvre et de son être, comme si Phil, à l'instar d'un de ses personnages, avait su, quelque part au fond de lui, que la fin était proche, comme s'il nous avait laissé cette œuvre limpide pour démentir le culte déformant dont il savait qu'il serait un jour l'objet.

Bien qu'ouvertement métaphysique, voire carrément religieux, le récit est, à la différence de *Siva* ou de *L'Invasion divine,* simple, clair et direct. Angel, la narratrice, est l'épouse du fils de l'évêque Archer, Jeffrey (Jeff). C'est elle qui présente Timothy (Tim) Archer à Kirsten Lundborg, les-quels deviennent alors amants. Tim Archer est obsédé par la découverte en Israël des manuscrits zadokites laissés par une secte antérieure de quelque deux cents ans à la naissance du Christ. A mesure qu'on procède à leur traduction, il apparaît que les Zadokites ont servi de modèle aux paraboles de Jésus; alors sa foi dans la divinité du Christ commence à s'affaiblir.

Là-dessus, Jeffrey Archer met fin à ses jours. L'évêque son père ap-prend que le sacrement chrétien de l'Eucharistie provient d'une pratique zadokite consistant à absorber des champignons hallucinogènes. Ce qui revient à dire que la communion mystique entre les chrétiens et Jésus par la consommation du pain et du vin n'est rien d'autre qu'un rituel issu d'un culte préexistant fondé sur un champignon mystique, où l'expérience de la divinité est de nature purement psychédélique; sa foi n'y survivra pas.

Kirsten meurt à son tour. L'évêque Archer s'enfonce dans le désert du Néguev à bord d'une voiture de location et part en quête à la fois du champignon mystique et de sa propre foi, avec pour tout guide une carte achetée dans une station-essence, et pour provisions deux bouteilles de Coca. La carte est fausse, la voiture tombe en panne, et l'évêque meurt seul dans le désert.

Son esprit reviendra s'incarner, fort d'une foi renouvelée, en la personne du jeune fils schizophrène de Kirsten, Bill; et d'une certaine manière, Angel Archer retrouve par la même occasion son propre centre spirituel.

Mais ce simple résumé ne saurait rendre compte ni de la profondeur, ni de la force du roman. Dick a mis dans *La Transmigration* autant de spéculation métaphysique, autant de savoir biblique, cabalistique, voire hindou, que dans *Siva* ou *L'Invasion divine*; il y a intégré le résultat de ses recherches sur Wallenstein et sur la Guerre de Trente ans, ainsi que bien d'autres éléments ésotériques. Il n'avait pas encore donné toute la mesure de son intelligence, qui s'avère ici d'une ampleur et d'une profondeur impressionnantes.

Néanmoins, il le fait sans prétention, sans jamais ennuyer le lecteur ni se montrer didactique: l'ensemble prend la forme de dialogues réalistes faisant principalement intervenir la narratrice, Angel; celle-ci est le produit d'un certain milieu de Berkeley, où ces choses-là n'ont rien d'extraordinaire — un milieu où Phil avait lui-même vécu et travaillé des années durant, mais qu'il ne décrivit jamais avec autant de précision, de profondeur et d'humour que dans ce dernier roman.

D'autre part, toute cette spéculation métaphysique, tous ces propos qui volent plus haut les uns que les autres sont bien équilibrés par l'attention égale qu'il porte aux détails de la vie quotidienne, de la culture populaire. Angel, Jeff, Kirsten, et même l'évêque passent sans transition de questions hautement intellectuelles à la pop music, aux magouilles politiciennes ou à leurs problèmes de voiture qui, comme ceux de Phil, paraissent incessants.

Il ne s'agit pas ici d'une simple technique de compensation. Ce qui se cache derrière tout cela, c'est en fait le noyau mystique du roman.

Le personnage de Bill Lundborg, le fils schizophrène de Kirsten, joue un rôle critique dans le dénouement du récit; pour que l'esprit de Timothy Archer puisse, à la fin, s'exprimer à travers lui de manière crédible, pour que le lecteur y croie, qu'il voie dans ce phénomène une réalité spirituelle et le point culminant du récit, il faut d'abord le convaincre que cet homme sans prétention, ce simple mécanicien auto victime de l'institution psychiatrique en général et des électrochocs en particulier, est depuis le début une espèce de saint innocent.

Comment Dick y parvient-il?

Par un passage qui, sur le plan littéraire, constitue un véritable morceau de bravoure à la fois capital sur le plan thématique et impossible à résumer ou à expliquer — un passage dont on a envie de dire: il faut le lire pour le croire.

Dick a recours à une longue conversation entre Archer et un certain nombre d'autres personnes, au fil de laquelle l'évêque parle théologie chrétienne pendant que, de son côté, Bill évoque les avantages et les inconvénients de diverses marques de voitures. Et ça marche! Si la magie existe en littérature, c'est là qu'il faut la chercher.

Ce passage-là vaut toute l'Exégèse, toutes les élucubrations qui l'entourent. C'est la personnalité profonde de Phil qui transparaît ici, à la fin du roman; non seulement elle fonctionne sur le plan littéraire, mais en plus, elle est réelle. Jusque dans la mort, Phil a su élever l'esprit des hommes, par les moyens étrangement humbles qui étaient les siens.

La dernière fois que j'ai eu Phil au téléphone, j'étais à New York; j'attendais la conclusion du contrat cinématographique qui devait me rapporter plus d'argent que je n'en avais vu dans toute ma vie; quant à lui, il était sur le point de partir pour l'Europe en compagnie de sa nouvelle petite amie. Il avait un moral du tonnerre. Il venait de voir un premier montage de *Blade Runner,* et ça lui avait plu. Moi, je me rongeais les ongles en attendant qu'Universal me verse mes droits sur *Jack Barron.* Comme par le passé, Phil m'a aidé à tenir le coup.

Quelques jours plus tard, j'ai reçu une convocation au tribunal, en tant que juré, pour la semaine suivante. Puis est arrivé le coup de téléphone tant attendu, celui qui valait soixante-quinze mille dollars. J'ai eu deux heures pour m'en réjouir. Parce qu'au bout de deux heures est arrivé un autre coup de fil: Phil avait eu une attaque grave et sombré dans un coma profond.

Je venais juste de toucher une énorme somme d'argent, et voilà que Phil était mourant. Et le lundi suivant, j'allais être juré. J'avais l'impression de me retrouver dans un de ses romans.

Que faire? Me défiler, manquer à mon devoir de juré et faire la fête pour célébrer ma bonne fortune? Ou prendre l'avion pour la Californie, où les ex-femmes, les enfants et les petites amies de Phil se pressaient déjà hystériquement à son chevet, rejouant jusque dans ses moindres détails la scène que Phil aurait écrite pour raconter sa propre mort?

Finalement, la seule chose à faire était d'agir comme lui-même l'aurait fait. Et il aurait accompli son devoir de juré; pas par respect pour notre noble institution judiciaire, ni d'ailleurs par crainte des conséquences, mais parce qu'en se défilant, même dans ces circonstances — *surtout* dans ces circonstances —, il aurait peut-être privé un parfait inconnu de la seule chose positive qui puisse naître de toute cette confusion, tout ce chagrin.

J'ai cru entendre dans ma tête la voix de Phil qui disait: «Si c'était toi, le type qu'ils vont envoyer en taule, tu serais drôlement content qu'il y ait quelqu'un comme toi dans le jury, avec ce que tu ressens en ce moment.»

J'ai écopé d'un petit cambrioleur. De toute évidence, l'accusé n'était pas blanc comme neige, mais l'affaire était présentée de telle manière que j'ai quand même eu l'ombre d'un doute. Nous étions deux à ne pas vouloir le déclarer coupable. Le jury a délibéré toute la nuit. Le lendemain matin, sachant seulement que j'étais écrivain de science-fiction, une membre du jury m'a montré une rubrique nécrologique. «Vous le connaissiez?» m'a-t-elle demandé.

Et comment. Pendant que je me colletais avec ma conscience pour savoir si je devais ou non expédier en prison un petit cambrioleur new-yorkais, Phil était mort là-bas, en Californie.

Ça aussi, ça ressemblait à un épisode qu'il aurait pu écrire pour moi.

J'étais le seul à me prononcer en faveur de l'accusé. Tout bouleversé que j'étais, j'ai refusé de lâcher prise. Je me suis fait relire plusieurs fois les déclarations des témoins jusqu'à tomber sur un passage qui m'a ôté tous mes doutes sur sa culpabilité — j'en étais intimement persuadé : c'était ce que Phil aurait voulu. Jamais il n'aurait accepté que je hausse les épaules et que j'envoie un type en prison juste pour pouvoir m'échapper de la salle des délibérations et remâcher tranquillement mon chagrin.

Voilà la fin de l'histoire de mon amitié avec Phil, et voilà l'homme qu'il était à la veille de sa mort — cet homme qui avait écrit *La Transmigration de Timothy Archer*. Pour moi, au moins sur le plan littéraire, c'est une histoire qui finit bien, car je n'ai pas connu Philip K. Dick à l'époque où il écrivait *Le Maître du Haut château*, *Le Dieu venu du Centaure*, *Ubik*, *Les Androïdes rêvent-ils de moutons électriques ?* et *Glissement de temps sur Mars*, le Dick des années 60, à l'époque où il composait le noyau central de son œuvre, au sommet de son art — sommet qu'à mes yeux, il ne devait regagner qu'à la fin de sa vie.

Ce Philip K. Dick-*là*, je l'ai seulement connu en tant qu'écrivain et, bizarrement, en tant que client de l'agence littéraire Scott Meredith, où je me suis brièvement occupé de son cas en tant qu'employé.

Apprenti agent, j'étais atterré par la mauvaise qualité des textes que Dick était obligé de produire pour survivre. *Mensonges et Cie* était au départ une novella inspirée d'une illustration de couverture pour *Amazing* ; ensuite, il en a fait un roman pour mille cinq cents dollars. *Dedalusman/Le Zappeur de mondes* a vu le jour parce que Tom Dardis, chez Berkley Books, avait trouvé le titre[5] ; le jugeant vendeur, il avait demandé à Scott Meredith de trouver quelqu'un pour l'écrire. Comme je devais l'apprendre par la suite, bon nombre de ses romans mineurs parus à cette époque *(Mensonges et Cie, Dedalusman, A rebrousse-temps,* etc. sont des brouillons non relus et produits à la chaîne pour la bonne raison qu'il avait besoin d'argent.

Mais en tant que lecteur, j'ai littéralement dévoré les grands romans dickiens de cette décennie-là ; jeune écrivain en puissance, je m'en suis inspiré. Je les étudiés de près, j'y ai vu ce qui se faisait de mieux en science-fiction à l'époque, et l'homme qui serait un jour mon ami a pris place parmi mes idoles, mes gourous littéraires.

Sur ces romans-là au moins, je peux porter un regard relativement objectif : quand je les ai lus pour la première fois, je n'avais pas encore rencontré Philip K. Dick.

C'est *Le Maître du Haut château* (1962) qui a établi la réputation de Dick ; à part peut-être *Les Androïdes rêvent-ils de moutons électriques ?* (grâce au film *Blade Runner),* c'est aussi son roman le plus connu ; il se déroule

---

[5] *The Zap Gun (N.d.l'Anth.)*

dans un présent parallèle où les Nazis et les Japonais se partagent l'Amérique, et c'est très certainement le plus imité.

Du moins en un certain sens. Car si les Nazis ont gagné la Deuxième Guerre mondiale dans un grand nombre de romans et de nouvelles, rien ne peut vraiment se comparer à la vision dickienne.

Pour la plupart, ses précédents romans et nouvelles ne visaient pas la vraisemblance dans l'extrapolation. *Loterie solaire* postule un système politique basé sur le hasard, *L'Œil dans le ciel* emporte ses personnages dans une étrange série de réalités-ersatz, *Le Voyageur de l'inconnu/Dr Futur* est un roman à paradoxe temporel, et ainsi de suite ; on voit donc que si nombre de ces œuvres de jeunesse sont intéressantes sur le plan métaphysique et comportent des personnages bien campés, elles font maladroitement appel à l'imagerie, au jargon, au « trucs » et tropes de la SF. Pour reprendre l'expression d'Alex Panshin, il s'agit ici de « science-fiction consciente de l'être. »

Le Maître du Haut château est d'une autre trempe. Ici Dick pose une seule et unique hypothèse (l'Allemagne nazie et le Japon impérial ont gagné la Deuxième Guerre mondiale et se sont partagé l'Amérique) ; puis il entreprend de composer un roman réaliste basé sur l'étude des personnages et situé dans le monde parfaitement crédible qu'il vient de créer.

Ce roman jette par-dessus bord tout l'attirail traditionnel de la SF pour se concentrer sur la vie d'un certain nombre d'individus ordinaires en se préoccupant davantage de leur aspect humain que ne le fait la littérature dite « générale », laquelle donne plutôt dans la macropolitique ; le livre n'en demeure pas moins un roman de SF, à ceci près qu'il s'agit d'une SF abordable et lisible par *tous,* sans présupposer de familiarité avec le genre, chose que Dick n'avait encore jamais tentée et ne tenterait plus vraiment, jusqu'à la fin, c'est-à-dire jusqu'à *La Transmigration de Timothy Archer.*

Pourtant, en un sens, la plupart des thèmes et des qualités de l'œuvre à venir, celle qui devait faire de Dick l'un des plus grands écrivains de SF du XXè siècle et l'un des plus grands romanciers métaphysiques de tous les temps, sont déjà présents dans *Le Maître du Haut château,* et sous une forme relativement bien développée :

— l'opposition qui règne entre, d'une part, l'ersatz sans âme, et d'autre part l'être réel car plein d'humanité, tel qu'incarné dans le macrocosme par l'anomie des Nazis face aux conquérants japonais plus portés sur la vie spirituelle, et, dans le microcosme, par ce qui pousse Frank Frink à créer des bijoux américains authentiquement nouveaux au lieu de fabriquer de fausses antiquités.

— le rôle de héros tenu par des gens ordinaires tels que Frink ou M. Tagomi, tandis que les figures de plus grande envergure ne sont perçues que de loin, ou seulement entrevues (par exemple Abendsen, auteur de *La Sauterelle pèse lourd,* ce roman dans le roman qui, lui aussi, propose l'hypothèse d'un monde parallèle, mais où cette fois, les Nazis et les Japonais ont *perdu* la guerre). On trouve également des personnages qui, pour la plupart, occupent de vrais emplois manuels, et dont le travail simple est présenté comme chargé de signification spirituelle et personnelle.

— la fusion de thèmes passionnément politiques (en l'occurrence, une peinture extrêmement convaincante de deux Amériques modelées par deux puissances d'occupation fondamentalement différentes) et des préoccupations métaphysiques et mystiques (ici le Yi-king et le concept sino-nippon de *wu),* fusion réalisée de manière à mettre en lumière l'émergence des premiers à partir des secondes.

— L'amour sincère que l'auteur porte à ses personnages.

— La nature subjective et multiple de la réalité (dans cette Amérique parallèle, un romancier a écrit un livre décrivant une autre Amérique parallèle, et le court instant d'héroïsme que vit M. Tagomi est déclenché par un brusque retrait de la réalité pendant lequel il se retrouve brièvement dans *notre* Amérique à nous).

Je n'entends pas par là que *Le Maître du Haut château* exposait déjà toutes les obsessions et préoccupations qui hanteront plus tard Dick par la suite, ni que les œuvres suivantes n'en a été qu'une répétition, ni même que c'est son meilleur roman. Mais on y voit un grand écrivain trouver sa tonalité propre, donner la première grande œuvre de sa maturité en laissant entrevoir les dimensions de son champ de vision ainsi que le style, l'esprit de celles qui viendront ; au sens ancien, médiéval du terme, *Le Maître du Haut château* peut vraiment être considéré comme le « chef-d'œuvre » de Dick.

Le roman a connu, dans les dix années qui ont suivi sa parution, un véritable raz-de-marée créatif à l'occasion duquel Dick a exploré, exfolié et approfondi les thèmes déjà soulevés dans une demi-douzaine de romans majeurs et un nombre encore plus important de textes mineurs — encore qu'il n'y ait sans doute pas deux critiques au monde qui soient d'accord sur la liste des ouvrages à ranger dans l'une ou l'autre catégorie.

D'ailleurs, Phil a lui-même déclaré sans ambiguïté, en public et en privé, qu'il avait expédié certains de ces romans dans le souci de faire rentrer de l'argent ; il en avait pris certains autres plus au sérieux, et d'autres encore représentaient des « divertissements » à la Graham Greene tandis que, rétrospectivement, quelques-uns n'avaient plus aucun sens, même pour *lui* — il pouvait se montrer discret et plein de contradictions quand on lui demandait dans quelle catégorie entrait tel ou tel roman.

On peut discuter l'importance relative de romans tels que *Les Clans de la lune alphane, Dr. Bloodmoney, Au bout du labyrinthe, Le Guérisseur de cathédrales, Simulacres* et *En attendant l'année dernière,* et il y aurait peu de gens pour considérer *Dedalusman/Le Zappeur de mondes, Mensonges et Cie, Message de Frolix 8, A rebrousse-temps* ou *Brèche dans l'espace*[6] comme des ouvrages majeurs ; mais on ne trouverait guère de critiques ou de lecteurs de Dick prêts à contester la place centrale qu'occupent dans son œuvre *Glissement de temps sur Mars, Le Dieu venu du Centaure, Les Androïdes rêvent-ils de moutons électriques ?* et *Ubik,* quels que soient ceux de ses textes — innombrables — qu'ils choisissent de mettre sur le même plan.

Si ces quatre romans, avec leur décors bien distincts, diffèrent considé-

---

[6] Cf. Bibliographie primaire. *(N.d.l'Anth.)*

rablement, on peut leur trouver un certain nombre de points communs, non seulement entre eux mais aussi avec les multiples romans que Dick a composés pendant cette période intensément créative.

Tous quatre comportent un personnage principal qui est aussi le personnage-point de vue, c'est-à-dire que c'est à travers lui, à travers sa conscience, que nous percevons la majeure partie du roman ; ce personnage en lui-même ne dispose pas d'un grand pouvoir, mais occupe un rôle central qui exige de lui une quelconque forme d'héroïsme. Et il s'agit toujours d'un être authentique, exerçant un métier authentique qui a une signification pour lui, et affligé de troubles personnels et relationnels d'une espèce ou d'une autre.

Tous ces romans, à l'exception de *Glissement de temps...,* comportent une figure charismatique dominante, susceptible de modifier la réalité, et occupant une position centrale dans les événements du macrocosme, sans pour autant exercer une influence déterminante sur les événements du récit, bien que son importance vis-à-vis de l'intrigue et du décor varie selon les romans. Mercer, le télémessie qui expie les fautes d'un monde en ruines, n'apparaît qu'incidemment dans *Les Androïdes rêvent-ils...*[7] Runciter joue un assez grand rôle dans *Ubik* et Palmer Eldritch incarne pratiquement la déité dans *Le Dieu venu du Centaure.* Même *Glissement de temps...* contient une figure comparable, concrètement divisée entre le puissant leader syndicaliste Arnie Kott, suprêmement matérialiste, et son fils autiste Manfred, qui a le pouvoir d'altérer la réalité.

Ces figures existent également dans d'autres romans de Dick, par exemple *Dr. Bloodmoney, En attendant l'année dernière* et *Le Guérisseur de cathédrales,* outre quelques-uns de ses premiers romans ; hautement individuées, très finement décrites, elles n'ont pas seulement en commun leur capacité fonctionnelle à engendrer, d'une manière ou d'une autre, des réalités alternatives.

Même si ces figures ne sont pas indispensables à l'intrigue en termes de temps de présence effectif dans le récit, elles ne se présentent pas sous la forme de méchants stéréotypés, de vilains en carton-pâte, de «puissants sans âme» ; au contraire, elles ont le plus souvent un statut de personnage-point de vue doté d'une vie intérieure réelle et compréhensible. Arnie Kott est sans doute un être rude, monolithique et sans scrupules, mais au fond, ce n'est pas un mauvais bougre. Glen Runciter s'efforce de bien se comporter vis-à-vis des siens jusque dans cette semi-mort qu'est la demi-vie. Même Palmer Eldritch, dans une certaine mesure, est victime de ses bonnes intentions, qui finissent par mal tourner.

En fait, le leitmotiv de ses livres — et de la plupart de ses œuvres, que soit sous une forme ou une autre —, est son thème de prédilection, accompagné de ses nombreux corollaires, eux-mêmes abondamment explorés : la volonté de distinguer entre l'authentique et l'ersatz, qu'il s'agisse des humains opposés aux androïdes dans *Les Androïdes rêvent-ils...* ou des réalités elles-mêmes dans *Ubik, Le Dieu venu du Centaure* et, jusqu'à

---

[7] Mercer joue un rôle beaucoup plus important dans la nouvelle intitulée «La petite boîte noire» (cf. Bibliographie primaire). *(N.d.l'Anth.)*

un certain point, *Glissement de temps*... Mais on peut aussi y déceler la *vision* dickienne par excellence : la réalité *est multiple* et, dans ce sens au moins, il est impossible de distinguer avec certitude « réalité » et « illusion », « authentique » et « ersatz ».

Voilà le grand thème de l'œuvre dickienne, qu'on considère les romans cruciaux de sa période hyper-productive ou ses ouvrages mineurs, voilà l'élan de créativité qui s'est inauguré avec *Le Maître du Haut château* et ses textes ultérieurs ; un thème aux dimensions vastes, aux profondeurs insondables, aux ramifications infinies. Pas étonnant, dans ces conditions, que Dick semble souvent en contradiction avec lui-même, parfois à l'intérieur d'un même livre : c'est à la (ou les) nature(s) de la (ou des) réalité(s) elle(s)-même(s) qu'il veut se colleter ; et ce qu'on retire de la lecture de l'œuvre dans son ensemble, c'est que *la réalité elle-même* est plurielle, non objective et fondamentalement contradictoire *per se*.

Glissement de temps sur Mars semble se dérouler dans le cadre d'une seule et unique réalité, située dans l'avenir, qui est celle d'une planète Mars colonisée ; et l'autisme de Manfred paraît dû à une maladie mentale ; mais à la fin du roman, on reste sur l'impression que l'enfant vit dans une espèce de vision précognitive du futur, lequel se dégrade et se décompose en « gubble »[8], jusqu'à ne plus former qu'un simulacre inerte dont le souffle vital a été entièrement aspiré (un concept clé chez Dick), et tout aussi réel — voir *plus* réel, en un sens — que la réalité consensuelle des autres personnages.

Les réalités d'*Ubik* existent dans un univers subjectif créé par Runciter, lui-même pris au piège de la réalité subjective propre à la semi-vie ; néanmoins, les actions de Joe Chip à l'intérieur de ces réalités affectent le monde « réel », et inversement.

Le Dieu venu du Centaure est peut-être l'exposition la plus achevée, la plus grandiose et la plus humaine de ce thème dickien par excellence. Par l'intermédiaire du « D-Liss », drogue ramenée du Centaure par Eldritch, les réalités subjectives des personnages s'encastrent les unes dans les autres comme des boîtes sur une bande de Moebius ; la plupart du temps Eldritch en est le dieu, mais il occupe lui-même une réalité où il est loin d'être le « puissant sans âme. »

Comment Dick réussit-il à explorer ce genre de sujet sans sombrer dans un ramassis d'élucubrations ? La nature de ses préoccupations est telle que, parfois, quand il se contente d'expédier une œuvre mineure, telle que *Dedalusman/Le Zappeur de mondes*, *A rebrousse-temps* ou *Message de Frolix 8,* il en fait *vraiment* trop. Mais quand il s'y prend habilement, comme dans *Glissement de temps...*, *Le Dieu venu du Centaure*, *Les Androïdes rêvent-ils...*, *Ubik* et quelques autres, il sait nous proposer, à partir de cette confusion métaphysique multiple et contradictoire en soi, une vision véritable, une clarté authentique qui nous illuminent au plus profond de notre vie spirituelle.

Pour ce faire, il emploie deux méthodes.

D'abord, la technique. Dick est le maître de la narration multifocale, (à

---

[8] Rendu par le terme « rongeasse » dans la traduction française de *Glissement de temps sur Mars,* (M. Thaon) [cf. Bibliographie primaire]. *(N.d.l'Anth.)*

points de vue multiples). Ce n'est peut-être pas lui qui l'a inventée, mais il a plus fait que quiconque pour l'introduire en science-fiction; il l'emploie dans la quasi-totalité de ses romans, dont la forme ne varie jamais. Et la forme qu'il a choisie convient parfaitement au matériau qu'il travaille.

Nulle présence de l'auteur dans *Glissement de temps…, Le Dieu venu du Centaure, Les Androïdes rêvent-ils…* et autres romans, point de Philip K. Dick informant le lecteur de ce qui est «réel» et de ce qui ne l'est pas. Ces œuvres sont des mosaïques de réalités qui sont celles des personnages-points de vue, et non celle de l'auteur; en ce sens, il n'y a pas de réalité «de base» dans ces romans, seulement l'interfaçage d'une multiplicité de réalités subjectives.

Et c'est là la nature *réelle* de la réalité — Dick nous le démontre plus qu'il ne nous le dit. La réalité consensuelle, si du moins la chose existe, est l'interfaçage de nos réalités subjectives avec celles des autres êtres conscients, et non une matrice universelle où nous évoluerions tous. Ce qui *est*, est réel.

On a beaucoup parlé à une époque des incursions de Dick dans le monde de la drogue et du rôle capital que jouent dans son œuvre les substances modifiant la perception, du moins dans les années soixante; pour céder momentanément la place aux souvenirs personnels, je dois dire que je n'ai jamais rencontré personne qui en sache autant que Phil (pas même Timothy Leary) en psychopharmacologie, personne qui ait autant réfléchi sur la métaphysique de l'altération de la conscience par la drogue, ni sur les relations entre cette métaphysique et celle de la «maladie mentale», surtout les diverses formes de schizophrénie.

Pour Phil Dick, les substances altérant la réalité comme le D-Liss du *Dieu venu du Centaure,* les états mentaux tels que l'autisme de Manfred dans *Glissement de temps…,* les «ersatz» de réalités subjectives qu'on trouve dans *Ubik, Au bout du labyrinthe* ou *L'Œil dans le ciel* remplissent la même fonction, sur le plan littéraire et métaphysique: démontrer que, *quelle que soit leur origine,* les états mentaux altérés créent à leur tour des réalités altérées aussi «réelles» que ce que nous considérons individuellement comme «la réalité fondamentale», puisque chacune de nos «réalités fondamentales», loin d'être l'absolu que nous voulons y voir, constitue *en elle-même* une réalité subjective unique qui se dégage telle quelle de notre propre matrice biophysique, unique et personnelle.

Cette vision recèle soit la folie solipsiste de la relativité psychique totale, soit la sagesse transcendantale, et la grandeur de Dick écrivain — ce qui fait de lui, et de loin, le plus grand romancier métaphysique de tous les temps, c'est que, ayant ouvert la porte à ce chaos spirituel, perceptif et métaphysique ultime, il nous conduit à travers lui à la sagesse véritable en suivant un vecteur *moral.*

En dernière analyse, ce qui rend les androïdes des *Androïdes rêvent-ils…* moins qu'humains, ce n'est pas leur origine synthétique mais, comme pour les Nazis du *Maître du Haut château,* leur absence de *caritas,* leur incapacité à établir une relation empathique avec la triste condition des autres prisonniers du même multivers.

Ce qui, dans la version filmée des *Androïdes* (sous le titre *Blade Runner),* élève l'androïde Roy Batty au rang des humains, c'est qu'au moment de sa mort, il est capable de ressentir de la compassion pour Rick Deckard[9]. Ce qui fait que Joe Chip *(Ubik)*, Rick Deckard *(Les Androïdes...)*, M. Tagomi *(Le Maître du Haut château)*, Jack Bohlen *(Glissement de temps...)*, Barney Mayerson et Leo Bulero *(Le Dieu venu du Centaure)* sont de vrais héros, c'est qu'en fin de compte, à un niveau ou à un autre, quel que soit la réalité-labyrinthe où ils sont pris, tous comprennent que la vraie «réalité fondamentale» n'est ni absolue, ni perceptive — ou métaphysique — mais morale et empathique; et ils agissent en conséquence quand les choses tournent mal.

Ce qui est réellement réel, c'est ce qui est ressenti de part et d'autre lorsque deux réalités subjectives se recoupent; ce qui est *réellement* réel, c'est la connexion spirituelle entre les subjectivités isolées et la *caritas*, l'empathie, l'amour, sans lesquels nous sommes tous perdus, comme les Nazis et les androïdes (et le pauvre Palmer Eldritch) dans nos univers subjectifs solipsistes.

Ou, comme Phil Dick le fait dire à Leo Bulero dans l'épigramme du *Dieu venu du Centaure* :

> Après tout, souvenez-vous : nous ne sommes que des créatures façonnées dans la poussière. C'est un peu léger, comme point de départ. Il ne faudrait pas l'oublier. Or, on ne s'en sort pas si mal, je trouve. Alors personnellement, je suis persuadé que la situation a beau être lamentable, nous saurons nous en tirer. Si vous voyez ce que je veux dire[10] ?

Et c'est peut-être là que doit cesser toute prétention à l'objectivité, car à ce stade, je suis devenu l'ami de Phil, après avoir lu ces œuvres majeures, après avoir été ému et profondément influencé par elles, après avoir tout appris de lui en matière de multifocalisation et appliqué cette technique dans *Le Chaos final, Les Pionniers du chaos* et *Jack Barron et l'éternité*[11].

Jusque-là, je ne m'étais trouvé qu'une seule fois en présence de Philip K. Dick, à la convention mondiale de Berkeley en 1968, et nous n'avions

---

[9] *N.d.l'Anthologiste* : Voici ce qu'ajoute à ce propos N. Spinrad dans un autre essai consacré à l'adaptation cinématographique des romans de science-fiction, et figurant dans le même recueil : «Dans le film comme dans le roman, on a d'un côté Deckard, le chasseur d'androïdes (encore que dans le film il soit qualifié de "blade runner" tandis que les androïdes reçoivent le nom de "répliquants"), et de l'autre des androïdes en fuite dont la durée de vie — très courte — arrive à expiration, et qui désirent seulement vivre; problème : ils sont dépourvus de "*caritas*" humaine, car ils ne se préoccupent que de leur propre sort, à l'exclusion de tout autre forme de vie. S'ils éliminent impitoyablement des humains pour survivre, les humains — en l'occurrence Rick Deckard — adoptent la même attitude morale à leur égard. La question centrale du livre est alors : qui est l'humain, qui est l'androïde ? Le critère que pose Dick est un critère *moral*. Les humains sont doués de *caritas*; nous définissons notre humanité par rapport à notre faculté de percevoir chez les autres le reflet de cette humanité. Les androïdes sont des êtres conscients mais dépourvus de *caritas*, des créatures psychopathes relevant du pur mécanisme de survie, incapables d'empathie.»

[10] Voir également dans le présent volume le texte de J. Wagner. *(N.d.l'Anth.)*

[11] Éditions Champ libre/Titres SF pour les deux premiers et Robert Laffont pour le troisième. *(N.d.l'Anth.)*

pas vraiment fait connaissance. J'étais bien trop intimidé ne serait-ce que pour l'aborder. Puis, un soir de 1972, chez moi à Los Angeles, j'ai reçu un coup de téléphone de Vancouver ; et là, je me suis retrouvé dans un état étrangement familier où la fiction recoupait la réalité.

C'était Phil Dick.

— Ecoute, me dit-il. Ma petite amie vient de me quitter, et je crois que je vais me tuer ; seulement, j'ai lu ta nouvelle dans *Dangereuses visions*[12], alors je me suis dit qu'il fallait d'abord que je te parle.

Et c'est ainsi que nous sommes devenus amis, comme ça, comme s'il y avait toujours eu quelque chose entre nous, comme si Phil avait eu la révélation précognitive des années qui allaient suivre et prenait cette initiative en connaissance de cause, ou bien comme si...

Bref, nonobstant le mobile, cette initiative m'a paru parfaitement naturelle et je suis resté une heure au téléphone avec lui, en grande conversation intime avec un vieil ami qui était une source d'inspiration littéraire mais qu'*a priori*, je ne connaissais pas du tout.

— Par ailleurs, me dit encore Phil, Willis McNelly veut que j'aille m'installer à Orange County. Honnêtement, qu'est-ce que tu en penses ? Est-ce qu'il vaut mieux pour moi que je déménage ou que je me suicide ?

— Euh, personnellement je ne supporte pas Orange County, me suis-je surpris à répondre. Mais tu peux toujours essayer. Et si ça ne te plaît pas, tu pourras toujours te suicider plus tard.

— Pas bête, a répondu Phil d'un ton raisonnable.

Sur quoi il est revenu s'installer en Californie du Sud.

J'ai donc fait la connaissance de Phil dans les années 70, époque où il écrivit *Coulez mes larmes, dit le policier* et *Substance mort* (qui, pour certains critiques, tournent résolument le dos au point de vue qu'il adopte dans ses œuvres des années 60) puis *Siva, L'Invasion divine* et *La Transmigration de Timothy Archer* (où les critiques ont parfois vu — à tort — une trilogie thématique), ainsi que l'» Exégèse », considérée par quelques-uns comme étant d'inspiration divine et par d'autres comme une preuve de démence.

L'abus des drogues lui a-t-il cramé la cervelle ? Ses capacités mentales ont-elles été affectées par un accident vasculaire cérébral passé inaperçu ? Pourtant, pas de doute : l'auteur de *La Transmigration...* était un être lucide et sain d'esprit — j'en veux pour preuve l'œuvre elle-même. Mais le Phil Dick que j'ai connu durant la décennie précédente, celui qui se prétendait victime d'un faux cambriolage orchestré par la CIA, celui qui avait vu le « rayon rose », celui du *dybbuk*, des tentatives de suicides et de l'Exégèse ? Phil a-t-il perdu l'esprit pendant toute cette période, pour recouvrer son équilibre mental sur la fin de sa vie ?

Il faudrait avant tout définir le concept de santé mentale ; mais (et c'est

---

[12] « Carcinoma Angels » (1967), in Ellison, éd. : *Dangerous Visions,* 1967. En français : « Les anges du cancer », in Dorémieux, éd. : *Espaces inhabitables,* Paris, Casterman, 1973 ; in Ellison, éd. : *Dangereuses visions,* Paris : J'ai lu, 1976 ; in *Le Livre d'or de la Science-Fiction : Norman Spinrad,* Paris : Presses Pocket, 1978. *(N.d.l'Anth.)*

ce qui se dégage des livres de Dick) dans un multivers, c'est une entreprise dépourvue de sens.

Anecdote : l'édition allemande du *Maître du Haut château* parut plus de dix ans après l'édition américaine. Phil, qui lisait l'allemand, m'a dit avoir exigé les épreuves ; pour lui, on ne pouvait pas faire confiance aux Allemands). Je lui ai répliqué que là, il était *vraiment* paranoïaque. Eh bien, quand les épreuves sont arrivées, on a constaté que de longs passages concernant les Nazis avaient été supprimés.

Anecdote : une tentative de suicide telle que décrite par Phil : « Comme j'étais très déprimé, j'ai décidé d'en finir en avalant une poignée de tranquillisants. Cela fait, je me suis brusquement rendu compte que, comme j'allais bientôt être mort, je n'aurais plus à m'en faire pour mon poids. Il n'y avait donc aucune raison pour que je me prive de l'énorme gâteau au chocolat qui se trouvait dans le frigo. Je l'ai donc englouti, et j'ai fini par vomir tripes, boyaux, et tranquillisants. Je ne suis pas mort, mais j'ai dû prendre trois kilos ! »
Et cela, est-ce être fou, ou éminemment sain d'esprit ?

Anecdote : le prétendu cambriolage de la CIA. Quand Phil a commencé à me raconter que des agents du gouvernements s'étaient introduits chez lui par effraction pour lui voler ses papiers (c'était avant la parution de l'article de Paul Williams dans *Rolling Stone),* je me suis dit qu'il était complètement parano. Voyons, pourquoi le FBI, la CIA ou les services secrets de l'armée, entre autres, s'en prendraient-ils à un simple écrivain de science-fiction ? Ça n'avait pas de sens, ça ressemblait par trop au délire paranoïaque. Jusqu'au jour où… « […] Quelque temps plus tard, un type m'appelle depuis la station de radio de l'Université de Stanford pour solliciter une interview », m'a raconté Dick. « Je dis oui, pas de problème ; le type me répond qu'il prend immédiatement l'avion pour venir me voir. Il débarque avec un autre type, qu'il me présente comme étant son pilote, et me pose un tas de questions bizarres sur la dope et les mœurs sexuelles des écrivains de SF Par la suite, quand j'ai voulu vérifier auprès de Stanford, j'ai appris que la radio en question n'existait pas. »
Et là, j'ai eu froid — très froid — dans le dos. Car les deux *mêmes* types, sous le *même* prétexte, étaient venus me proposer la *même* interview. La question dont je me souviens le mieux — la plus bizarre — c'était : « Samuel R. Delany est-il vraiment le fils naturel de Philip K. Dick ? » !
Rétrospectivement, on voit bien que c'était *l'époque* et le gouvernement Nixon qui étaient devenus complètement fous ; l'époque des plombiers de la Maison Blanche, des listes noires et de l'extrême paranoïa en haut lieu. Quelques années plus tôt, le ministère de la Santé, de l'Education et du Bien-Etre Social avait versé une somme considérable à Robert Silverberg pour qu'il dresse la liste complète des romans et nouvelles de science-fiction où il était question de substances modifiant le fonctionnement du cerveau. Et ça, c'était le *prétexte officiel*!
En fin de compte, on touche là à un domaine complexe et délicat où politique, santé mentale, métaphysique, drogues et littérature se mêlent ;

mais on ne peut comprendre ni l'œuvre de Philip K. Dick, ni les dix dernières années de sa vie sans aborder ce problème ; et voilà pourquoi, à mon
sens, on a pu assister à une telle confusion de la part des critiques.

Phil n'a jamais été quelqu'un d'apolitique ; il s'est toujours situé à gauche de ce qu'on appelle aux Etats-Unis le centre. Aux yeux de nombreux
critiques européens, l'analyse politique a toujours occupé une position
centrale dans ses livres ; on comprend donc que les Français aient été
catastrophés, au Festival de Metz, en l'entendant parler métaphysique
au lieu de leur livrer le discours politique attendu. Les substances susceptibles d'altérer la conscience sont la tarte à la crème d'innombrables
romans de Dick et, à certaines périodes, Phil lui-même a consommé une
quantité considérable d'amphétamines ; inévitablement, certains (pour
qui ces substances sont le diable en personne) ont donc vu dans *Coulez
mes larmes, dit le policier* et dans *Substance mort* le signe que Dick reve-
nait sur ses positions en la matière, et s'en sont réjouis. D'autres ont condamné les deux livres parce qu'ils y voyaient un renoncement au credo
psychédélique. Pour quelques critiques, l'Exégèse et les romans auxquels
elle a prétendument donné le jour sont la preuve que Dick avait perdu la
tête, ou que les drogues lui avaient cramé la cervelle, alors que d'autres
ont bâti tout un culte autour de la Divine Révélation du Rayon Rose.

Hélas ! dans les années 80, la question de la drogue a pris une coloration
politique tellement aiguë qu'il est devenu difficile, voire dangereux de mener un débat mesuré sur ses rapports avec la créativité, la littérature, les
états altérés de la conscience et le développement de la science-fiction.

Voici quelques faits incontestables et néanmoins très impopulaires sur
notre auteur...

A certains moments de sa carrière, notamment pendant la plus grande
partie de sa période hyper-prolifique, Philip K. Dick écrivait sous l'effet des
amphétamines. Les conséquences sur sa santé vers le milieu des années 70
sont peut-être tragiques, mais l'effet sur sa créativité pendant les années
60 saute aux yeux. Il s'est peut-être ruiné la santé à coups de *speed*, mais
les œuvres littéraires qu'il a données sous son influence comptent parmi
les meilleurs textes de SF de toute l'histoire. Que cela nous plaise ou non,
cette œuvre est la preuve que les drogues modificatrices de la conscience
peuvent effectivement accroître la productivité créatrice.

Philip K. Dick ne prêchait pas plus contre la drogue dans *Substance mort*
qu'il ne préconisait son usage dans *Le Dieu venu du Centaure*. Son grand
thème, c'était la multiplicité des réalités, et les substances qui altèrent
l'état de la conscience représentaient un moyen littéraire d'explorer ce
thème, les autres étant les univers-ersatz et les états mentaux schizoïdes.

Phil s'est servi de ces substances comme outils de création dans les
années soixante, et ça a marché. Mais à quel prix !... Quand il s'en est
rendu compte, dans les années 70, il a tout arrêté. Qui plus est, il a survécu
à la période de transition extrêmement pénible qui a suivi ce sevrage, ce
qui explique au moins en partie le hiatus de presque quatre années qui
sépare *Message de Frolix 8* de *Coulez mes larmes, dit le policier*.

Il fallait que cet homme ait un courage formidable, une sagesse et une
force spirituelle hors du commun pour accomplir ce genre de transition ;

comment s'étonner qu'il n'ait retrouvé le niveau littéraire de la décennie précédente qu'avec *La Transmigration de Timothy Archer,* ou qu'il ait écrit un roman peuplé de narcotiques et de revendeurs *(Coulez mes larmes…),* puis un autre traitant du potentiel destructeur des drogues sur la dimension spirituelle de l'individu *(Substance mort)*?

Pour Phil en tant qu'homme, pour Philip K. Dick l'écrivain, il n'a jamais été question de dire que les substances altérant la conscience étaient « bénéfiques » ou « maléfiques », pas plus que les « réalités alternatives » en elles-mêmes. Il savait bien que, dans l'acception la plus réelle qui soit, *toutes* les réalités sont des réalités alternatives, l'une par rapport à l'autre. Et l'aspect moral d'une drogue, d'un état mental, voire d'un univers de poche ne réside pas dans le moyen chimique, biologique ou physique d'y accéder, mais dans le genre d'individu qu'on devient quand on y accède.

Les drogues instaurant un état solipsiste et induisant des comportements psychopathes sont néfastes, celles qui favorisent l'empathie sont bénéfiques. Les états mentaux qui étouffent le souffle spirituel sont des maladies, mais pas ceux qui encouragent la *caritas.*

Comment peut-on traiter de dément un homme doué d'une compréhension aussi aiguë de ces questions, ainsi qu'il l'a montré dans son œuvre aussi bien que dans son existence? Car je ne connais pas de meilleure définition de la santé mentale que la sienne lorsqu'il disait : fuyez les réalités qui nuisent à votre dimension spirituelle, voire vous poussent nuire à autrui, et cherchez à élever l'âme des autres à l'intérieur de la réalité où vous vous trouvez, quelle qu'elle soit et quelles que soient les circonstances.

Mais alors, que penser alors du « rayon rose », du *dybbuk* du rabbin, de l'Exégèse et de ce virage tardif vers les métaphysiques chrétienne et cabalistique complexes, dans *Siva* et *L'Invasion divine*?

Considérant que sa définition de la santé mentale, telle qu'elle se dégage de la somme de ses écrits, se situe au cœur de la vraie foi chrétienne, et puisque Phil était lui-même un chrétien convaincu qui, tout au long se sa vie créative, n'a cessé de se débattre avec ces questions, les lecteurs qui comprennent sincèrement son œuvre ne doivent pas s'étonner de voir émerger enfin, dans *Siva* et *L'Invasion divine,* un élément aussi résolument chrétien. Au plan moral et spirituel, cet élément était déjà présent depuis le début ; par ailleurs, Phil a fréquenté assidûment l'église à certaines périodes de sa vie, et souvent donné aux œuvres de charité des Quakers. Dans le fait que ces deux romans s'éloignent de ses autres œuvres science-fictives, plus politiques, il faut simplement voir un déplacement du centre de gravité : ses textes les plus politiques (*Le Maître du Haut château, Dr. Bloodmoney,* la longue nouvelle intitulée « La Foi de nos pères »…) ont toujours une dimension métaphysique et, oui, *mystique.* Phil a toujours été chrétien dans le meilleur sens du terme, et le plus original.

Pour ce qui est du « rayon rose », de la possession et de l'Exégèse, je ne me prononce pas. Phil m'en a assez longuement parlé à l'époque, mais d'une manière qui ne m'a pas paru cinglée du tout. Il m'a dit qu'il avait vécu une expérience bizarre, qu'il avait fait beaucoup d'écriture automatique. Il a prétendu avoir rédigé des phrases en hébreu, langue dont il n'avait pourtant aucune notion.

Son parti pris face à tout cela, du moins quand il s'en ouvrait à moi, était de dire qu'il ne savait pas ce qui lui était arrivé. Mais, il ne manquait pas d'hypothèses. Possession par un *dybbuk*, contact avec un extraterrestre intelligent, inspiration divine, rayons mystérieux venus de Saturne…

Je crois aujourd'hui (comme je le croyais déjà à l'époque) que, étant donné la réalité subjective de Phil, sa réaction à cette expérience a été la plus saine possible : formuler diverses hypothèses afin de l'expliquer sans forcément y croire. Il se peut que *Siva* et *L'Invasion divine* témoignent simplement de ses efforts pour y parvenir le plus naturellement du monde à ses yeux, c'est-à-dire en s'emparant de cette expérience et en posant quelques hypothèses-prémisses pour en faire un récit de science-fiction. Ce n'est pas lui qui réagissait de façon disproportionnée dans ce domaine, mais ceux qui y ont vu autre chose que de la science-fiction.

Phil lui-même m'a raconté une petite anecdote à ce propos. Après avoir lu les discussions de Horselover Fat avec Philip K. Dick dans *Siva,* Ursula Le Guin a publiquement exprimé son opinion : pour elle, Phil avait disjoncté.

« Dis donc, Ursula », lui écrivit-il en réponse avec la bonhomie qui le caractérisait. « Il ne faudrait tout de même pas oublier que Horselover Fat est un personnage de roman. »

Quant à ce qui a projeté Philip K. Dick dans la réalité où sont intervenus les événements qui l'ont conduit à rédiger l'Exégèse, *Siva* et *L'Invasion divine,* nous ne le saurons probablement jamais. Pas plus que Phil. Embolie ? Remontée de speed ? Ou bien était-ce réellement un *dybbuk*, ou encore un authentique contact avec un extraterrestre ?

Cela n'a pas vraiment d'importance. Ce qui compte, c'est la manière dont Phil a su composer avec la réalité dont il a fait l'expérience, grâce à sa curiosité naturelle, sa puissance d'extrapolation et sa lucidité morale.

Dans *La Transmigration de Timothy Archer,* l'évêque perd la foi en apprenant la terrible vérité : la secte qui a donné naissance au christianisme, l'expérience spirituelle de la conscience chrétienne en soi, est fondé sur l'ingestion d'un champignon hallucinogène. Et c'est *cela,* la clarté, la lucidité morale qui illumine toute l'œuvre de Philip K. Dick ; c'est *comme cela* qu'il a su concilier ses grands thèmes à la toute fin de sa carrière — la multiplicité de la réalité, la primauté morale de la *caritas*, la dignité qui émane du travail, l'héroïsme qui se manifeste à la faveur de brefs instants de lucidité morale et, oui, le potentiel positif de certaines drogues ; et il les a conciliés non seulement entre eux, mais aussi avec la grâce chrétienne véritable qu'il avait toujours recherchée et que, dans la dernière partie de son œuvre, il a si clairement atteinte.

Voilà pourquoi, moi qui ne suis pas chrétien pour un sou, j'affirme encore et toujours que *La Transmigration de Timothy Archer* est le véritable et ultime testament de Philip K. Dick. Peu d'hommes, peu de chrétiens, peu d'écrivains ont fait mieux.

La Pythie dans le labyrinthe

par Pierre-Louis Malosse

pour Marcel Thaon

« L'information a été communiquée à mon ami Horselover Fat.
— Mais c'est vous. Philippos, en grec, c'est Horselover : celui qui aime les chevaux. Et Dick est la traduction allemande de Fat : gros, épais. Vous n'avez fait que traduire votre propre nom. »

(*Siva*)

C'est ainsi que Philip K. Dick explique lui-même comment il a procédé pour fabriquer le nom du personnage principal de *Siva* : « Vous n'avez fait que traduire votre propre nom... « (A-t-il jamais fait autre chose ?). Les lecteurs de Dick se souviendront de *Manque de pot!* (alias *Le Guérisseur de cathédrales*) : on prend une citation célèbre, ou un titre — *Le Dieu venu du Centaure*, par exemple —, et on fournit cette citation à un ordinateur, qui traduit littéralement, sans se préoccuper des connotations ni de la situation de la formule originale. Le résultat est surréaliste ou cocasse : « L'Etre suprême qui descend de l'homme-quadrupède. »

Donc, un prénom grec et un nom allemand...

Cour allemande...

On connaît l'importance des références germaniques dans l'œuvre de Dick : Hermann Göring apparaît dans *Simulacres*, le IIIè Reich se prolonge dans *Le Maître du Haut château*, et l'industrie chimio-pharmaceutique allemande distribue ses drogues dans presque chaque roman...

Dedalusman [retitré *Le Zappeur de Mondes*] ne s'écarte pas de cette règle : des noms allemands (Klug, Lanferman, Todt, Freid, Funt...), des citations de Wagner, et même tout un dialogue en allemand entre Lilo Tpot-chev et le docteur Todt...

Signalons au passage le goût très vif de Dick pour les langues étrangè-res : il est surprenant de lire un roman de science-fiction, genre considéré comme populaire (surtout aux USA), qui contienne à la fois du latin (*cari-tas, ipse dixit, homo medius, bona fide*), du français (*ma chérie*), et même du sanskrit (*atmen*) et de l'aztèque (*téonacatyl*) !

... et jardin grec

En feuilletant *Dedalusman*, on trouve au hasard des pages, et souvent à plusieurs reprises, les mots : *hubris, koïnos kosmos, idios kosmos, aïsthe-sis koïnè, agapè, sôma*. Ces expressions grecques, toutes citées comme telles, concourent à l'envahissement du roman par les références à la Grèce antique, ou comme dit Febbs, l'un des personnages, à l'«au-delà (de l'époque romaine).»

La pensée, la religion, l'histoire et la civilisation helléniques fournissent des comparaisons, des images, des fantasmes. Dick nous renvoie à Héro-dote, compare Febbs à l'homme universel défini par Aristote, imagine le même Aristote frappé par une arme qui le ramènerait au stade des qua-drupèdes, et déplore la perte de la majeure partie de l'œuvre de Sopho-cle. Les effets de l'arme 278 sont «pires que l'effondrement de la maison d'Atrée» et, des deux femmes aimées par Lars Powderdry, l'une est com-parée à la Grande Déesse Mère et l'autre à la Némésis. Toutes les périodes de l'histoire grecque sont utilisées : légendaire, archaïque (apporter de mauvaises nouvelles «comme le Spartiate de retour des Termopyles»), classique (le procès de Socrate), hellénistique (la bibliothèque d'Alexan-drie et la Palestine hellénistique), et même byzantine (dont on cite les mosaïques). Pour la civilisation enfin, on relèvera la notion de trophée, et ces agents du FBI que Dick compare à un «chœur grec».

Ce qui frappe à propos de ces références c'est, outre leur abondance, leur apparente gratuité : le lecteur trébuche sur elles, et la comparaison, au lieu d'éclairer le propos, intrigue et surprend... C'est qu'il faut en cher-cher la justification au-delà de la phrase, dans l'ensemble du roman.

L'*Hubris* et l'*Agapè*

Le terme d'*hubris* est difficile à traduire en français : c'est à la fois l'ex-cès qui dépasse les limites permises, et l'ambition ; c'est le fait de sor-tir de sa condition, non seulement au niveau social, mais surtout d'un point de vue philosophique ; c'est la paranoïa mégalomane, le mépris des autres et de soi-même au profit d'une image déformée de soi... C'est une folie punie par les dieux.

Dedalusman raconte un certain nombre de cas d'*hubris* et, comme dans la pensée grecque, cette *hubris* est chaque fois châtiée par la folie (les dieux rendent insensés ceux qu'ils veulent perdre) et par l'impuissance.

La Terre s'est lancée dans la course à l'armement et l'empire souterrain de Lanferman, qui expérimente les armes, est gigantesque : *hubris*, conclut Lars Powderdry, le personnage principal. Résultat : l'humanité est punie, elle est incapable de se défendre quand arrive, *deux ex machina*, la menace venue du ciel. L'orgueil de Lars et de Lilo Tpotchev, les deux médiums qui inventent les armes et qui, de ce fait, sont placés au-dessus du commun des mortels, se trouve rabaissé quand ils découvrent que leurs transes ne les ont emmenés que dans l'esprit malade d'un minable auteur de bandes dessinées. La folie attend Febbs, l'Américain moyen qui voulait devenir dictateur, qui s'est cru supérieur aux autres et qui en est devenu assassin. La folie aussi pour son bourreau, l'homme de la K.A.C.H., car il est sorti de son rôle de simple espion.

A plusieurs reprises cette *hubris* générale est dénoncée, sous ses différentes appellations modernes. Et Lars Powderdry de conclure : « Deux principes gouvernent l'histoire du monde : l'ambition et [...] celui qui guérit tout : la gentillesse, l'Amour. «

C'est bien ce que pense l'inventeur Klug quand il oppose d'une part les « puissances horribles « qui « détiennent vraiment le pouvoir » et d'autre part ceux qui sont gentils — Powderdry, Lanferman, Freid —, qui sont capables d'empathie.

Philip K. Dick tient à préciser l'origine du second principe : l'un de ses personnages explique que l'expression française *ma chérie* provient du latin *caritas*, et que *caritas* est la traduction du grec *agapè*. Littéralement, *Dedalusman* raconte comment un monde d'*hubris* connaît son châtiment et parvient à se sauver grâce à l'*agapè* : les créatures « froides et chitineuses « venues de Sirius pour enlever méthodiquement les hommes et les réduire en esclavage sont vaincues parce qu'elles sont incapables d'empathie, c'est-à-dire d'*agapè* ; Dick le déclare par deux fois. D'ailleurs, si Lars parvient à trouver l'arme efficace, c'est grâce à ses facultés empathiques, grâce à la fusion de son esprit avec celui du vieux Klug — celui-là même qui, sous sa forme jeune, le remerciait de sa gentillesse.

Si répandue que soit l'*hubris*, son contraire touche tous les personnages : non seulement Lilo et Lars, qui se sauvent finalement par l'acte d'*agapè* (faire l'amour), non seulement Lilo, qui s'éprend de l'homme qu'elle vient de trahir, et ce parce qu'elle a pitié en le voyant perdu, mais aussi le général Nitz qui connaît « un instant de compassion » ; Febbs luimême succombe particulièrement vite à l'arme empathique.

La plupart des romans de Dick reposent sur cette opposition entre un monde d'*hubris* et des individus touchés par l'*agapè*. Elle peut prendre la figure — politique — du conflit entre un pouvoir totalitaire et l'individu qui cherche à lui échapper, ou celle — gnostique — de la lutte entre le Prince des Ténèbres, maître du monde, et le dieu d'amour, qui n'a plus de prise que sur les âmes (cf. par exemple *Le Dieu venu du Centaure*) : Lucifer est un autre nom pour l'*hubris*. A chaque fois on retrouvera le schéma démesure/châtiment/amour salvateur.

Dans *Dedalusman*, la référence à la pensée grecque est plus nette qu'ailleurs : deux mythes célèbres la signalent...

La pythie...

Par bien des aspects, *Dedalusman* est un roman oraculaire. Le monde entier dépend de ce que les deux créateurs de mode d'armement, Lars et Lilo, peuvent rapporter de leurs transes. Mais ils ne sont pas les seuls à jouer ce rôle de Pythie, puisque les dessins qu'ils découvrent, ils vont les chercher dans l'esprit d'un troisième médium, Oral Giacomini. Vincent Klug, grâce à sa machine à voyager dans le temps, revient de 2067 en 2003 pour prophétiser la guerre future. Maren Faine possède dans son cerveau un appendice télépathique qui lui permet de révéler à Lars l'intérieur de lui-même. Enfin, chaque foyer possède un Orville, ce gadget qui répond à toutes les questions. Il s'agit bien d'oracles du type antique : ils dévoilent à la fois le futur et le moi inconscient. A Delphes, dans l'Antiquité, on recrutait les Pythies dans les villages, parmi les femmes les plus incultes et les plus ordinaires : Lars n'évoque pas autrement la façon dont le gouvernement a sélectionné ses remplaçants éventuels.

Pour entrer en transe, les Pythies mâchaient du laurier : en 2003, on utilise des drogues. A Delphes, on allait boire l'eau de la fontaine Castalie, le Castalium : Lars prend de l'Escalatium, son quasi-anagramme. Si Giacomini n'a plus besoin de drogues, ni Vincent Klug quand il revient du futur, c'est qu'ils possèdent le premier la folie, le second la sénilité : deux attributs traditionnels de la Pythie.

Mêmes personnes, mêmes formulations : les oracles sont transmis par un médium inconscient (à cause de la transe, chez Lars, de la sénilité chez Klug, de sa nature mécanique pour Orville). Leurs auteurs ne savent pas les expliquer : Pete Freid et les aides-consoms jouent auprès de Lars le rôle que jouait tout un collège de prêtres auprès de la Pythie. Comme en Grèce, ces oracles sont mystérieux (le treuil à vapeur de Lars, les indications de Klug), exprimés en vers (Orville cite Wagner). Et l'oracle Powderdry devient à son tour l'interprète de l'oracle Klug, l'oracle Maren Faine l'oracle d'Orville. Enfin, il n'est pas surprenant d'apprendre que le métier de créateur de mode d'armement est dangereux : dans l'Antiquité, plusieurs Pythies sont mortes pendant leurs transes.

Philip K. Dick a contaminé le thème, classique en SF, de la télépathie et de la précognition avec l'imagerie de la divination antique (cf. *Message de Frolix 8*, où ces dons apparaissent nettement comme une manifestation d'*hubris*), en donnant à ces pouvoirs les rites et surtout l'obscurité, l'ambiguïté delphiques.

... dans le labyrinthe

Le labyrinthe était en lui-même d'une extraordinaire simplicité, mais il représentait pour son prisonnier un obstacle infranchissable. Quelle que fût son intelligence, sa détermination, la persévérance avec laquelle il essayait d'éviter une barrière, de revenir sur ses pas, de s'engager dans un autre couloir, le prisonnier ne pouvait qu'échouer. Il ne sortait jamais de ce dédale, il ne retrouvait jamais la liberté. Parce que la structure du labyrinthe, grâce à une pile garantie dix ans, se modifiait constamment.

C'est ainsi qu'est décrit le jouet *Dedalusman*, qui capte l'agapè du joueur, l'arme qui a raison de Febbs, de l'homme de la KACH, et des créatures de Sirius. C'est donc un labyrinthe qui, dans le roman — et ce, à l'image de sa structure — perd et sauve à la fois.

Ne nous y trompons pas : il s'agit bien du labyrinthe crétois : Dick a multiplié les références à son modèle ; il suffit d'étudier la personnalité de l'inventeur de ce jouet.

Vincent Klug… le nom lui-même nous met sur la voie : en allemand, Klug signifie intelligent et rusé, ingénieux : bref, ce qui est la caractéristique principale de l'artisan du labyrinthe de Crète, Dédale. Comme Dédale, Klug est indépendant et solitaire, incompris. Dédale fabriqua des statues qui se mouvaient d'elles-mêmes et ressemblaient étonnamment aux êtres humains : Klug, lui, veut construire des androïdes. Tous deux sont créateurs de jouets, tous deux s'introduisent dans un «empire «immense et souterrain, l'un chez le roi Minos, juge des Enfers, l'autre dans le dédale des entreprises Lanferman (l'Enfer-man ?). Ni Icare, ni Minotaure, certes, mais tout le reste coïncide.

Dedalusman ne contient pas pour labyrinthe que le seul jouet de Klug. Il faut aussi citer celui des Entreprises Lanferman, celui du «Kremlin souterrain «d'où le général Nitz dirige l'Occident, au milieu de ces «couloirs interminables» , et celui des tunnels de Fairfax, en Islande.

Pourquoi de si nombreuses images du labyrinthe ? C'est que le roman tout entier est «un labyrinthe dont la structure se modifie constamment. » Les principaux personnages (Powderdry au premier chef) ne cessent de se déplacer sur et sous la terre, butant sans cesse sur des barrières, des culs-de-sac. Lars court à Paris où Maren Faine lui oppose l'obstacle de sa lucidité, se heurte aux portes du Kremlin souterrain, se précipite en Islande, se sauve, bute sur une Maren Faine menaçante, fuit à Seattle, ce «cul-de-sac «, et continue ainsi jusqu'à la fin. Febbs trouve les portes de Washington fermées, les contourne, se cogne contre d'autres portes, parvient enfin à forcer le passage : c'est pour se rendre compte que les obstacles ont disparu d'eux-mêmes ! La description du jouet apparaît ainsi comme une mise en abyme de l'ensemble du roman. Or, l'androïde prisonnier souffre et fait participer à sa souffrance — par *agapè* — celui qui le manipule…

Et qui manipule les personnages d'un roman, sinon l'auteur ? Le labyrinthe décrit la création littéraire : comme le joueur dans son jouet, Dick dresse des barrières en travers des errances de ses personnages. Mais les personnages conquièrent leur autonomie, et l'auteur finit par ressentir de l'empathie à leur égard. C'est ce va-et-vient entre la toute-puissance de l'auteur sur ses créations et sa conquête par ses propres personnages, entre le maître et l'esclave, entre le Créateur sadique et le Créateur incarné (Jéhovah et le Christ), entre le jeu et la souffrance, que décrit *Dedalusman*. Mais nous savons que cette description de l'écriture est aussi celle de la lecture : chacun d'entre nous, en tournant les pages, prend à son tour la place de l'auteur et se met à manipuler les boutons du jouet.

Ni Icare, ni Minotaure, avons-nous dit... mais ne pourrait-on discerner au fond de ce labyrinthe les cornes d'une discours, l'envolée d'une voix?

La pythie du dédale

Or donc, il était un monde contradictoire, divisé en deux blocs antagonistes mais semblables, partagé entre deux forces qui s'appelaient l'une l'autre et se mêlaient en chacun, dirigé par le désir de guerre, mais où les armes devenaient de jouets et un jouet l'arme absolue: contradiction et unité, guerre, jeu: ces thèmes évoquent les axes majeurs d'une pensée. La pensée grecque. Celle d'Héraclite.

En effet, Dick rejoint Héraclite par son gnosticisme, par son goût pour l'union des contraires et les mouvements de balancier, par la contamination de la formulation par le formulé. Car Dick, comme Héraclite, ne sépare pas ce qu'il dit de la façon dont il le dit; les comparaisons les plus gratuites en apparence sont, plus que des comparaisons, des justifications. C'est pourquoi Dedalusman utilise Héraclite de façon littérale. Celui-ci déclare que la guerre — au sens à la fois (pas de distinction entre la formulation et le formulé) de lutte continuelle entre les contraires et de guerre proprement dite — gouverne le monde: Dick invente un monde où la guerre est au centre; mais, par retour de balancier, cette guerre est fausse. De même la parole de l'Ephésien, «vivre de mort et mourir de vie» trouve-t-elle son illustration dans ce docteur Todt (Docteur Mort, explique Lilo, qui connaît l'allemand) qui sauve la vie (de Lars), ou ces Purzouves, les gens du peuple, qui assurent leur vie, nous dit l'auteur, en contemplant la mort de quelques androïdes sur leurs écrans.

Que l'inventeur de jouets Klug puisse voyager dans le temps et que ce soit un jouet qui manipule les hommes ne doit pas nous surprendre: le temps n'est-il pas «un enfant qui joue», et cet enfant notre maître à tous?

Les expressions *koïnos kosmos* et *idios kosmos*, utilisées par Lars pour définir l'état normal et l'état de transe sont les termes même qu'emploie Héraclite pour la veille et le sommeil; et le philosophe d'ajouter que dans le sommeil, chacun œuvre fraternellement pour le devenir du monde: telle est bien l'entreprise de Lars et Lilo quand ils associent leurs transes.

Chez Héraclite encore, la nature de l'âme est le sec, le feu son élément et l'humide sa mort: cela explique et le nom Powderdry («poudre sèche»), et le feu qui envahit le médium quand il entre en transe, et la mort par «liquéfaction de l'âme» qu'entraîne l'une des nombreuses armes dont rend compte le roman. Une autre arme tue parce qu'elle rend ses victimes «puantes»: traduisez «les âmes flairent au royaume d'Hadès» (Héraclite). D'autres détails pourraient encore relever d'Héraclite: le tas de fumier auquel Lilo compare le monde de ses maîtres, le «savoir multiple «de l'autodidacte Febbs, qui non seulement «n'engendre pas (sa) sagesse», mais finit par le rendre fou, et même peut-être ces chiens qui grognent après Lars, et que Dick déclare tirer de la poésie germanique.

Ainsi le Minotaure qui se cache dans le labyrinthe de *Dedalusman* se nomme-t-il Héraclite… Se cache et se révèle, est contenu dans le Labyrinthe et, en même temps constitue ce labyrinthe, ce qui est une conception parfaitement héraclitéenne, ou, si l'on préfère, parfaitement dickienne.

Qu'on ne se méprenne pas, cependant, sur le sens de ces derniers mots : il serait abusif de limiter Dick, ou même son roman, au seul Héraclite : d'abord parce qu'entre eux, il n'y a pas rapport d'influence mais rencontre, et que l'Héraclite de Dick est un Héraclite intérieur, déjà présent avant toute lecture (cette lecture eut-elle lieu à l'époque où Dick était étudiant en philosophie ?) Ensuite parce que l'œuvre de Dick fait appel à des références puisées dans les diverses pensées du monde entier. Il boit à toutes les sources (Platon pour *Ubik*, Freud, le Yi-king pour *Le Maître du Haut château*, la Bible…), il adopte ce qui correspond à ses obsessions, il ne cueille que ce qu'il possède déjà : c'est lui-même le maître du Haut château, lui l'Ubik, lui l'Homme-Labyrinthe !

Le Piège maudit de Philip K. Dick :
autour de
« Glissement de temps sur Mars »

par Brian W. Aldiss

Gentleman de la science-fiction, très proche de la « New Wave » et de son magazine « New Worlds » dans les années soixante, auteur de nombreux romans et recueils mais aussi anthologiste et critique, Brian W. Aldiss a, à cette même époque, largement contribué à introduire Philip K. Dick auprès des lecteurs britanniques. Le texte qui suit est extrait d'un recueil d'essais qu'il a consacrés à la science-fiction, This World and Nearer Ones : Essays Exploring the Familiar. *Non content de nous éclairer par son regard critique, il s'inspire lui-même de Dick, comme il nous le prouvera plus loin dans ce volume.*

Le sentier se nivela, s'élargit. Tout était plongé dans l'ombre ; le froid et l'humidité recouvraient tout ; Arnie et Manfred semblaient marcher à l'intérieur d'une immense tombe. A la surface des rochers poussait une végétation maigre, nocive, qui répandait une impression de mort, comme si elle avait été empoisonnée pendant sa croissance. Devant eux, sur le chemin, gisait un oiseau mort — un cadavre putréfié qui pouvait se trouver là depuis des semaines ; difficile à dire. Il avait l'air momifié.

Arnie Kott regagne une variante schizoïde du passé proche et Philip K. Dick atteint le milieu d'un de ses romans les plus magiques : *Glissement de temps sur Mars.*

Le décor : la planète Mars, partiellement colonisée. Ses habitants vivent le long des canaux d'irrigation, où sont réunies des conditions de quasi-fertilité.

71

Ce maigre réseau de civilisation s'étend sur un paysage d'une grande désolation. Nul ne peut garantir qu'il survivra. Sa stabilité est menacée par les Grandes Puissances de la Terre. Pendant des années celles-ci ont négligé Mars, consacrant leurs dollars et leurs ressources humaines à l'exploration toujours plus poussée du système solaire ; mais maintenant, elles vont peut-être se mêler activement de l'équilibre de la colonie.

Derrière ce réseau il en existe un autre, encore plus fragile : celui des relations entre les êtres. Les hommes et les femmes, les enfants, les vieillards, les *bleeks,* qui sont les autochtones — mais non les indigènes — de la planète Mars... tous dépendent les uns des autres, même si ce n'est pas toujours de bon cœur. Lorsque le malheureux Norbert Steiner met fin à ses jours, tous les personnages du livre en ressentent le contre-coup.

Derrière ces deux réseaux s'en cache un troisième, qui ne peut être perçu qu'indirectement. C'est celui qui relie toutes les composantes de l'univers, bonnes et mauvaises. Les bleeks, qui sont méprisés par tous mais ont accès à une connaissance supérieure à celle de l'humanité, en ont bien conscience ; ils réussissent parfois à tirer une ficelle de-ci, de-là, histoire de le faire tourner à leur avantage ; mais ils sont pris dans ses rets comme les autres.

Ces trois réseaux en forme de piège s'interpénètrent en différents points de coordination, le plus remarquable étant l'AM-WEB, complexe que l'ONU se propose d'édifier dans les Monts FDR[1]. L'AM-WEB est déjà visible pour Manfred, l'enfant autiste de Steiner, qui le perçoit comme étant en état de détérioration avancée.

Ce complexe a pour fonction à l'intérieur du roman de fournir le symbole des aspirations et des échecs de l'humanité. Une fois terminé, il représentera une réalisation considérable, ce qui ne veut pas dire que son destin ne soit pas, en définitive, la destruction ; et ce destin est peut-être en partie provoqué par les misérables magouilles politico-financières qui fournissent un des thèmes mineurs de ce roman à l'architecture compliquée.

Glissement de temps sur Mars a vu le jour lors d'une des périodes les plus créatives de la carrière de Dick. *Le Maître du Haut château* parut en 1962. En 1963, ce furent *Les Joueurs de Titan* et en 1964 *Simulacres, La Vérité avant-dernière, Les Clans de la lune alphane* et le roman dont il est question ici. Bien que Dick soit alors un auteur prolifique (quelque trente romans en quinze ans), son rythme reste modeste par rapport à beaucoup d'autres auteurs dans le champ prolifique de la science-fiction.

Les romans de Dick sont interconnectés (c'est d'ailleurs un de leurs attraits) même si Dick ne réutilise pas systématiquement les mêmes personnages. La relation est plus subtile ; elle a davantage forme de *réseau.* On trouve dans *Les Clans de la lune alphane* un réseau fabriqué par « l'araignée-monde tissant sa toile visant à la destruction de toute vie. » Le partage de la planète Mars entre les différentes nationalités rappelle le mor-

---

[1] Franklin Delano Roosevelt *(N.d.l'A.).*

cellement de la Terre en grandes propriétés dans *La Vérité avant-dernière* et *Les Joueurs de Titan*. L'univers horriblement putréfié de la schizophré-nie de Manfred, le royaume du *gubble*[2] nous renvoie au monde-tombe où échoue J.R. Isidore dans *Les Androïdes rêvent-ils de moutons électriques?* ou l'un des univers affreusement truqués de Palmer Eldritch dans *Le Dieu venu du Centaure*. Lorsque, dans les premières pages de *Glissement de temps...,* Jack Bohlen attend l'arrivée de son père en provenance de la Terre, le changement est sur le point de s'instaurer; or, souvent le chan-gement est, paradoxalement, incarné par un individu ou un objet âgé, tel l'Edwin N. Stanton enveloppé de papier journal et couché sur le siège arrière de la Jaguar de Maury Rock dans les premiers paragraphes du *Bal des schizos*. Et ainsi de suite.

Les éléments de ce jeu de construction ne sont en aucun cas interchan-geables selon les romans; le kaléidoscope de Dick est sans cesse recom-posé, donnant toujours naissance à de nouveaux motifs et de nouvelles couleurs, toujours aussi sinistres. C'est dans ces éléments, plus que dans les personnages, que réside la puissance de l'univers dickien; même quand un personnage détient un pouvoir particulier (tel Jones dans *Les Chaînes de l'avenir,* qui peut voir l'avenir, justement), il n'en bénéficie que rarement.

Si l'on examine deux de ces éléments, parmi les plus importants, et que l'on observe leurs interdépendances — qui visant à produire un ef-fet maximum —, on est tout près de saisir un des aspects de la pensée dickienne. Ces deux éléments sont: l'«obsession de la réalité» et l'intérêt pour le passé.

La plupart des thèmes propres à la science-fiction sont matérialistes; seule l'«obsession de la réalité» implique une spéculation quasi métaphy-sique; or, ce thème-là, Dick se l'est particulièrement approprié. Parmi ses premières nouvelles on trouve «L'Imposteur» (1953) dont le personnage central est un robot qui croit être un homme; l'imitation est si réussie qu'il ne soupçonne la vérité qu'au moment où la bombe qu'il contient ex-plose, déclenchée par une phrase que lui-même prononce. Plus tard, les personnages dickiens se retrouveront fréquemment piégés par des hallu-cinations ou toutes sortes de mondes truqués, souvent sans s'en aperce-voir (s'ils le savent, ils sont totalement impuissants). Dans *Le Maître du Haut château,* le monde que nous connaissons (celui où les Alliés ont ga-gné la Seconde Guerre mondiale contre les puissances de l'Axe) se trouve lui-même réduit à l'état de monde hypothétique, n'ayant d'existence que dans le roman *La Sauterelle pèse lourd,* que les Japonais et les Allemands victorieux ont mis à l'index.

Et ce ne sont pas seulement les mondes qui sont truqués. Les objets, les animaux, les êtres humains peuvent être irréels de diverses manières. Les romans de Dick sont parsemés de faux, depuis (dans *La Vérité avant-dernière)* les reproductions d'armes enfouies sous le sol qui finissent par servir et deviennent donc des faux authentiques, jusqu'au crapaud syn-

---

[2] Rendu en français par M. Thaon par le terme «rongeasse». (*N.d.l'Anth.*)

thétique impossible à distinguer d'un vrai (dans *Les Androïdes rêvent-ils de moutons électriques?*) en passant par les androïdes qui, dans ce même roman, se font passer pour des humains. Toujours les objets répondent : les portes sont insolentes, les sacoches de médecin tiennent des discours paternalistes… Voyez la fin d'*En attendant l'année dernière,* où le taxi conseille à Eric Sweetscent de ne pas quitter sa femme, qui est souffrante. Partout on trouve des drogues ouvrant la porte d'univers entièrement imaginaires, tels que les épouvantables K-Priss et D-Liss[3] absorbés par les colons de Mars dans *Le Dieu venu du Centaure,* ou le JJ-180, interdit sur Terre dans *En attendant l'année dernière.* Les colons martiens du roman qui nous intéresse ici ne prennent que des drogues connues de nous, encore qu'elles soient plus faciles à trouver que dans notre monde ; dans la scène d'ouverture, nous faisons la connaissance de Silvia Bohlen, dopée au phénobarbital.

Ici, le thème de l'«obsession de la réalité» s'exprime à travers le «glissement de temps» du titre, ainsi que par l'enfant autiste, Manfred. Manfred tombe sous la coupe d'Arnie Kott, patron du syndicat des plombiers de Mars qui, en raison de la rareté de l'eau, contrôle toute la planète (détail typique de la folle ingéniosité dickienne). Arnie Kott est très inquiet. Il demande à son serviteur bleek, Héliogabale, s'il a déjà fait une psychanalyse.

> — Non monsieur. La psychanalyse n'est qu'une vaniteuse absurdité.
> — Hein ??
> — Elle ne se pose jamais la question de savoir à l'image de quoi il faut remodeler les individus malades. Et justement, il n'y a pas de "quoi."
> — Je ne comprends pas.
> — Le sens de la vie étant inconnu, alors mieux vaut fuir le regard des êtres vivants. Qui sait, les schizophrènes ont peut-être raison ? En tout cas, ils s'embarquent pour un voyage courageux. Ils se détournent des choses concrètes, celles que l'on peut tenir et dont on peut faire un usage pratique, pour se tourner vers l'intérieur, la *signification.* Là où gît la nuit-noire-sans-fond, l'abîme. Qui sait s'ils en reviendront ? Et même dans ce cas, comment se présenteront-ils, une fois qu'ils auront entrevu la signification ? Moi, je les admire.

Bien entendu, il y a bien des façons de choir dans l'abîme, surtout quand on est trop intéressé par le passé. Dick admet sa fascination pour le passé et cite deux vers de Henry Vaughan :

> D'aucuns aiment aller de l'avant
> Mais moi je goûte le pas en arrière[4]

Tout en disant sa délectation pour les choses passées, Dick ajoute : «Mais je suis également conscient des sombres possibilités. Ray Bradbury a un penchant pour les années 30, lui aussi, mais je crois qu'il les falsifie, qu'il les rend plus belles qu'elles ne furent[5].» Cette remarque en

---

[3] En anglais «Can-D» (= Candy) et «Chew-Z» (Choosy). *(N.d.l'Anth.)*
[4] «Some men a forward motion love/But I by backward steps would move ; » (H. Vaughan (1622 — 1695) : *The Retreat.*
[5] *Daily Telegraph Magazine,* 19 juillet 1974.

passant est très révélatrice : Dick perçoit la fiction non comme un refuge mais comme une quête.

Arnie Kott éprouve une fascination innocente pour les objets issus du passé (il possède l'unique épinette de Mars). De la même manière, dans *Le Maître du Haut château*, Robert Childan, qui vend des montres Mickey Mouse et des exemplaires rares de *Tip Top Comics* à l'occupant japonais, est décrit comme parfaitement inoffensif. Les ennuis arrivent quand l'intérêt pour le passé et tous ses artefacts tourne à l'obsession, comme dans le cas du « Wash-55 » de Virgil Ackerman, cette espèce de vaste terrain de jeux régressif qui apparaît dans *En attendant l'année dernière*.

Et c'est là que Dick se distingue de Ray Bradbury, sans parler des autres auteurs, qu'ils appartiennent ou non au domaine de la science-fiction. S'il ne voit rien de bien réjouissant dans l'avenir, le passé est, chez lui, encore plus insidieusement corrupteur. Celui de Manfred est tellement affreux qu'on peut y mourir. Le passé est vu comme régressif. Parmi les concepts dickiens les plus frappants se trouve la « régression des formes » qui survient dans *Ubik,* roman magnifique mais grevé de défauts où les personnages s'efforcent d'avancer dans un monde qui redevient toujours plus primitif, au point que le long-courrier régresse jusqu'au trimoteur Ford puis au biplan Curtis, tandis que le tuner FM de Joe Chip redevient un phonographe à cylindre qui vocifère le Notre-Père.

Dans *Glissement de temps sur Mars,* l'intérêt pour le passé est généralisé aussi bien que particularisé dans la maladie de Manfred. La planète Mars elle-même est considérée par la Terre comme désuète, et se structure en communautés également désuètes, fondées sur certaines versions antérieures de l'histoire terrestre. Ici, il est particulièrement difficile d'échapper à la damnation.

Si le passé est à ce point corrupteur, le présent incertain et le futur menaçant, on peut se demander s'il existe une issue. Le secret de la survie, dans les univers dickiens, ne consiste pas à se réfugier dans une version différente de la réalité, mais à faire son possible pour que les choses progressent ; ainsi on a au moins une chance de s'en sortir, à défaut de remporter un véritable triomphe. Dans *Glissement de temps…,* le vrai personnage de premier plan est Jack Bohlen qui, dans la dernière scène, se réconcilie enfin avec sa femme et cherche quelqu'un à la lumière de sa torche, dans les ténèbres de son jardin. Sa voix, compétente et patiente, est celle d'un homme d'affaires ; or, ces deux caractéristiques sont des vertus prédominantes dans la théologie dickienne. Ce n'est pas par hasard que Jack est réparateur (« Un imbécile qui sait réparer les choses », selon Arnie Kott), métier survivaliste s'il en est puisqu'il contribue à maintenir le *statu quo.* Dans d'autres romans, les survivants sont réparateurs de pots, commerçants, médecins, fabricants d'instruments de musique ou exterminateurs d'androïdes (puisque ceux-ci menacent le *statu quo*).

Les personnages qui survivent sont généralement assistés par un système de connaissance basé sur la foi, rarement scientifique. Le plus souvent, il est tout simplement ancien. Dans *Glissement de temps…,* c'est la vision informulée et paranormale des bleeks ; Bohlen a du respect pour cette religion imprécise, eschatologique, mais sans la comprendre mieux que Kott, qui la méprise. D'où le *Yi-king* (ou Livre des Transformations), cet ouvrage chinois à but divinatoire vieux de quatre mille ans qui joue le même rôle dans *Le Maître du Haut château,* tandis que, dans *A rebrousse-temps,* Lotta Hermès consulte au hasard la Bible, qui prédit l'avenir avec une exactitude alarmante. Dans les deux chefs-d'œuvre des débuts de Dick, *Glissement de temps...* et *Le Maître du Haut château,* cet élément religieux (présenté comme une chose qui se décompose, une chose peu fiable et qui ne révèle son secret que dans la douleur) est bien intégré dans la texture du roman.

Le deuxième roman majeur de Dick, *Le Dieu venu du Centaure,* suit de très près *Glissement de temps...* Les deux œuvres ont beaucoup de points communs, et pas seulement parce que Mars sert de décor dans les deux cas. Pour moi, *Le Dieu venu du Centaure* est une œuvre trop complexe qui comporte beaucoup d'imperfections et finit par disparaître dans un nuage de quasi-théologie, tandis que *Glissement de temps sur Mars,* lui, irradie le calme et la lucidité. Mais on trouve aussi dans *Le Dieu venu du Centaure* une métastructure religieuse également ancienne et peu fiable, en l'occurrence incarnée par l'entité extraterrestre féroce qui fusionne avec Palmer Eldritch.

> Notre adversaire, la chose prétendument étrangère, hideuse, qui s'est abattue sur un être de notre espèce telle une maladie durant son long voyage entre Terra et Prox [...] en savait beaucoup plus que moi sur le sens de l'existence limitée que nous menons ici ; elle la voyait en perspective. Après des siècles passés à dériver sans but en attendant de croiser une forme de vie dont elle puisse s'emparer, prendre la place [...] voilà peut-être la source de toute connaissance : non pas l'expérience, mais la réflexion mélancolique, solitaire et infinie.

Ainsi parle Barney Mayerson. Jack Bohlen, lui, recherche désespérément un acte de fusion transcendantale ; il se sent loin de sa femme, il se sent lâché par son premier employeur, menacé par le second et gagné par la schizophrénie de l'enfant à qui il fait don de son amitié. Dans cette maladie mentale dont le roman donne une description si effrayante, il voit l'ultime ennemi. C'est de cet ennemi que provient le « glissement de temps » du titre — voir ce passage frappant, qui résume bien l'impression que dégage le roman (et l'œuvre de Dick tout entière). Bohlen vient de comprendre ce que signifie la maladie mentale de Manfred :

> C'est l'arrêt du temps. La fin de l'expérience, la fin de toute nouveauté. Une fois qu'un être est devenu psychotique, il ne lui arrive plus jamais rien.

Voilà bien le cercle maudit à l'intérieur duquel évoluent les personnages de Dick, le cercle dont ils doivent s'échapper : certes, le changement est presque toujours négatif, mais la stase c'est la mort — sinon physique, du moins spirituelle.

> Toutes les évocations de l'œuvre de Dick en font un monde sinistre et repoussant. En surface, c'est sans doute vrai ; pourtant, il ne faut pas oublier que Dick est aussi infiniment drôle. Humour et terreur se mêlent. Cette qualité rare est d'ailleurs sa marque de fabrique. Voilà pourquoi les commentateurs qui cherchent à communiquer le parfum inimitable de son œuvre avancent les noms de Dickens et Kafka, premiers grands maîtres de la Comédie des Horreurs.

Glissement de temps sur Mars fourmille d'effets comiques délicieux, le moindre n'étant pas la manière dont Steiner et le libidineux Otto Zitte importent clandestinement, à bord de fusées suisses automatiques, des aliments de luxe en provenance de la Terre. L'affection qu'éprouve Dick pour les entités et les titres excentriques est ici évidente, notamment à l'école — surréaliste — où l'Empereur Tibère, Sir Francis Drake, Mark Twain et d'autres personnages connus servent d'instituteurs aux enfants. Sous cet humour fluide coule un courant de génie plus sombre. La terrible et fatale erreur que commet Arnie Kott en partant du principe que la réalité n'est qu'une version différente du passé schizoïde fait également partie de la comédie des erreurs au son de laquelle dansent invariablement tous les personnages dickiens.

On note une ressemblance encore plus profonde avec l'œuvre de Dickens et Kafka. Comme Dickens, Dick aime les romans à intrigues multiples. Mars est à *Glissement de temps...* ce que la métaphore juridique est à *Bleak House,* ce que le monde-prison est à *La Petite Dorrit,* le crassier à *Notre ami commun* et la richesse corrompue aux *Grandes espérances.* La planète est dépeinte de manière précise et vivante ; il ne s'agit ni du Mars-terrain d'aventures d'Edgar Rice Burroughs, ni du miroir de l'Amérique Virginale vu par Ray Bradbury ; on a ici une exploitation élégante et experte de Mars en tant que métaphore de la pauvreté spirituelle. Fonctionnant comme paysage onirique, la planète a beaucoup de points communs avec les lieux semi-allégoriques, semi-surréalistes employés par Kafka pour rehausser de stupeur sa Comédie des Horreurs. (Contemplant sa maison dans le maigre désert martien, Bohlen sourit et déclare : « C'est ça, le rêve millénaire ? Se tenir là et avoir ça sous les yeux ? »)

Cette parenté avec des auteurs tels que Dickens et Kafka, rend Dick immédiatement sympathique aux lecteurs anglais et, plus largement, européens. C'est peut-être à elle qu'il doit sa réputation et le respect qu'on lui voue de ce côté-ci de l'Atlantique, avant que ses qualités ne soient pleinement reconnues dans son propre pays.

Doute et rédemption
dans la « Trilogie divine »

par Robert Galbreath

Professeur de littérature dans une université américaine, Robert Galbreath a collaboré à la revue Extrapolation, qui a publié ce beau texte en 1983. Pour se situer pratiquement à l'opposé de celui de N. Spinrad, R. Galbreath n'en explore pas moins un territoire dickien où, à ce jour, peu de critiques se sont risqués...

Dans l'une des ses dernières entrevues[1], Philip K. Dick déclare que ses romans *Siva, L'Invasion divine* et *La Transmigration de Timothy Archer* «forment une trilogie gravitant autour d'un même thème fondateur.» Il ajoute : [ce thème est] «de la plus haute importance pour moi au niveau du développement organique de mes idées, et des préoccupations qui ressortent dans mes textes.» Aussi incroyable que cela puisse paraître, l'interviewer néglige de l'encourager sur cette voie : il nous manquera toujours le point de vue personnel de Dick sur la focalisation thématique de sa trilogie. Bien que l'interprétation de son œuvre par l'auteur ne soit ni indispensable ni même souvent décisive, l'opinion de Dick aurait été du plus grand intérêt en raison du caractère profondément autobiographique de ces trois volets, de leur dissimilitude formelle et de l'obligation dans laquelle nous sommes désormais de les considérer comme constituant la fin de son parcours littéraire[2].

Il serait prématuré de formuler une appréciation critique sur la trilogie dans son ensemble, mais il n'est ni prématuré ni superflu d'identifier la

---

[1] John Boonstra : « *Twilight Zone* Interview » [cf. Bibliographie primaire]. *(N.d.l'Anth.)*
[2] *Idem.*

structure thématique commune (ou du moins certains de ses éléments) à laquelle Dick faisait alors allusion. Le lecteur peu attentif, ou qui n'aurait pas eu connaissance de ce commentaire de l'auteur, pourrait fort bien ne pas percevoir comme une trilogie ces trois œuvres qui n'ont en commun ni les personnages, ni l'intrigue, ni le point de vue narratif, ni la structure formelle. Les trois volets de la trilogie divine sont, en fait, des œuvres discrètes, qui ne se présupposent pas l'un l'autre.

Malgré ces différences évidentes, ils n'en forment pas moins un ensemble, au sens où ils partagent un même thème fondamental, ou « gravitent » autour de lui. Globalement, ce thème est celui que Dick a lui-même dégagé de l'ensemble de son œuvre : « Ce qui m'inspire, me semble-t-il, c'est la croyance, la foi, la confiance... et l'absence de ces trois facteurs[3]. » Ce thème apparaît tout d'abord dans ses textes sous forme de problèmes religieux et épistémologiques : quelle est la nature du monde et de son créateur, s'il en existe un ? Comment savoir ce qu'est la réalité ? Comment distinguer la connaissance de l'hallucination, l'illumination de l'insanité ? Comme séparer la réalité de l'illusion, l'authentique de l'artificiel, l'original du simulacre ? Ces problèmes sont ensuite traduits en préoccupations d'ordre sotériologique : a-t-on avancé une fois que les questions initiales ont reçu une réponse ? Le salut consiste-t-il à détenir des réponses ? Est-ce là ce qu'on appelle salut, libération, rédemption ?

La vision dickienne est une vision religieuse et morale ; elle atteint sa plus grande profondeur dans la remise en question des certitudes religieuses et morales. Les questions que soulève Dick s'inscrivent peut-être dans le contexte des traditions religieuses juive et chrétienne et de la philosophie occidentale, mais les réponses qu'il donne ne sont ni confessionnelles, ni dogmatiques. C'est particulièrement clair dans la Trilogie divine, qui puise largement dans l'enseignement religieux hétérodoxe : le gnosticisme valentinien dans *Siva,* la cabale dans *L'Invasion divine,* les manuscrits de la Mer morte dans *La Transmigration de Timothy Archer.* Révélations individuelles, enseignements ésotériques et nouveaux messies abondent. Les présocratiques, Platon, le tao, le bouddhisme, Dante, Goethe, Schiller, les libretti baroques et les poètes modernes, entre autres, sont aussi fréquemment cités. Pourtant, la trilogie sous-entend qu'on ne parvient au salut ni par l'adhésion à des systèmes de croyance, ni par l'immersion dans les textes et enseignements, ni par l'acquisition de données factuelles, ni même par les expériences mystiques personnelles. Elle aborde de front le problème du salut, et le redéfinit comme auto-rédemption à travers la possibilité d'opérer des choix existentiels.

De ce point de vue, la trilogie peut être lue comme une réponse donnée au sceptique (certainement Dick lui-même, dans l'une de ses *personae,* l'une de ses manifestations littéraires) professant avec une confiance sans doute excessive que son incroyance disparaîtra devant une preuve irréfutable (la

---

[3] Cela si l'on considère que le dernier manuscrit de Philip K. Dick, *The Owl in Daylight,* n'a pas dépassé le stade des notes mentionnées par l'auteur dans cette interview. [N.d.l'Anth. : on trouve les grandes lignes de ce roman jamais rédigé dans la *Philip K. Dick Society Newsletter* n°20. En France, voir Philip K. Dick, *La Fille aux cheveux noirs,* cf. Bibliographie primaire].

confrontation avec Dieu, un message direct de celui-ci, voire une preuve historique irrécusable de la véritable identité de Jésus-Christ). A la question «Par quelle preuve vous laisseriez-vous convaincre de l'existence de Dieu? », Bertrand Russel répondait dans «Qu'est-ce qu'un agnostique? »:

> Je crois que si j'entendais une voix venue du ciel prédire toutes les choses qui vont m'arriver durant les vingt-quatre heures à venir, y compris des événements paraissant à ce moment-là hautement improbables, et si tous ces événements se mettaient alors à arriver, il se pourrait que je me laisse au moins convaincre de l'existence d'une intelligence supra-humaine.

Pour Dick, néanmoins, la foi n'est pas chose si facile à accepter. Dans *Siva,* Horselover Fat reçoit un message similaire lors de son expérience illuminatrice; dans *L'Invasion divine,* Herb Asher rencontre Dieu en face; et dans *La Transmigration de Timothy Archer,* l'évêque du même nom s'efforce de fonder la foi sur des faits historiques et psychiques incontestables, parmi lesquels de prétendues communications avec son fils défunt. Néanmoins, aucune de ces situations ne suscite une foi inébranlable.

Au vu du traitement que leur réserve Dick, il est clair qu'il ne faut pas prendre à la légère les expériences mystiques. Qu'elles amènent ou non une quelconque certitude, on ne peut les juger froidement, impersonnellement, comme des expériences de laboratoire. De par leur nature même de révélations ontologiques (et, de plus, chez Dick, non sollicitées), elles sont personnelles, profondes et dévastatrices. Elles peuvent ruiner toute une vie. En outre, elles ne fondent pas réellement la certitude, car elles ne peuvent fournir de preuve globale irréfutable aux individus qui ne les ont pas eux-mêmes vécues. Sceptique, Hobbes émet le commentaire suivant: dire qu'un homme prétend que Dieu lui a parlé en rêve revient à dire qu'un homme a rêvé que Dieu lui parlait[4]. La préoccupation principale de Dick n'est pas d'apporter des preuves globales; pour lui, si on les affronte avec honnêteté, les expériences privilégiées n'apportent même pas de certitudes à ceux qui les ont vécues. Comment peut-on être certain que l'expérience était ceci plutôt que cela, ce qu'elle paraissait être et non autre chose? Comment l'interpréter? La preuve historique est également fragile. Car comment l'interpréter? Des faits nouveaux ne vont-ils pas modifier ou invalider les conclusions initiales?

Pour Dick, ces questions ne relèvent pas de la spéculation. La genèse de la trilogie, nous le savons maintenant, a sa source dans sa propre expérience de 1974, au cours de laquelle il pense avoir été contacté par une entité supérieure, peut-être le vrai Dieu, et non le dieu créateur de notre monde d'irrationalité. «Avec *Siva,* a-t-il déclaré », j'ai tenté de formuler ma vision sous une forme rationnelle et communicable à autrui[5]. » En réalité, ce qui est communiqué au lecteur, c'est que cette révélation ne saurait être tout entière contenue dans une structure rationnelle.

Siva, que Dick qualifie de roman picaresque et d'œuvre de science-

---

[4] Afterword », in Levack: *A Philip K. Dick Bibliography* [cf. Bibliographie secondaire]. Voir dans ce volume: Philip K. Dick, «Le Monde que je décris ». *(N.d.l'Anth.)*
[5] In Ch. Platt, *Dream Makers, The Uncommon People who Write Science Fiction,* 1980. En France: in *Univers* 1981 (J'ai Lu). *(N.d.l'Anth.)*

fiction expérimentale, explore de l'intérieur la conscience dédoublée du narrateur à l'esprit dérangé, Phil/Horselover Fat (deux *personae* de Dick lui-même) dans les efforts que celui-ci déploie pour composer avec une expérience extraordinairement perturbatrice. Fat a la conviction qu'en mars 1974, il a vécu une authentique théophanie, ou gnose, qui lui a révélé le vrai Dieu, lequel l'a empli d'un savoir hors du commun et lui a confié une mission relative à la venue imminente d'un nouveau sauveur. Fat entreprend alors la rédaction d'une «Exégèse» détaillée de l'information reçue, cinquante-deux fragments numérotés, insérés dans le corps du roman. Il considère l'être révélé par la théophanie à la fois comme le vrai Dieu et comme une entité «ultraterrestre» originaire de la région de Sirius; on nous conduit ensuite à croire qu'il peut également s'agir d'une intelligence artificielle sise dans un satellite nommé VALIS *(Vast Active Living Intelligent System)*[6]. Néanmoins, rien de tout cela ne doit être pris au pied de la lettre. Pour le personnage-Phil, ce n'est qu'un signe de maladie mentale; mais on nous montre par ailleurs que Fat est une projection de l'esprit de Phil, ce qui remet en question le point de vue de Phil tout en sapant notre confiance en l'appréciation de Fat. En somme, il n'y a rien qu'on puisse considérer comme existant indépendamment de l'esprit perturbé et peut-être halluciné du narrateur.

En outre, du point de vue de Phil, Fat remet lui-même en question sa propre expérience. Phil considère Fat comme désespérément enlisé dans sa monumentale exégèse, par laquelle il s'efforce de comprendre ce qui lui est arrivé, d'extraire le sens de l'expérience qu'il a vécue. Phil en conclut que Fat «(…) ressemblait plus à un accident suivi de délit de fuite qu'à un bouddha[7]» (c'est-à-dire un être qui a vu la lumière). Phil admet que la thèse de la maladie mentale n'exclut pas que Fat ait pu faire l'expérience d'une authentique gnose; après tout, la théologie n'est pas un avatar de la psychiatrie. Si la gnose révèle que la réalité consensuelle est illusoire, alors son bénéficiaire ne fait plus partie du consensus et devient, par (notre) définition, nécessairement «dément». Quels peuvent être les critères valides de la reconnaissance d'une authentique théophanie? Phil admet qu'on ne peut retenir à ce titre ni l'information reçue par le sujet et dont il n'aurait pu avoir connaissance par ailleurs, ni l'aspect réaliste de l'expérience, ni même un éventuel caractère collectif de celle-ci. Ces trois critères sont inacceptables parce qu'explicables sur d'autres plans, tels que la mémoire inconsciente ou phylogénique, les hallucinations collectives, etc. Il n'existe pas de plan de certitude qui ne soit lui-même incertain. *Siva* finit par remettre en question tout ce qui fait le roman sur un plan épistémologique. Rien ne doit être accepté aveuglément. A la fin du roman, on a un Phil à nouveau dédoublé et assailli par le doute, attendant devant son poste de télévision un nouveau signe que la venue du sauveur est proche.

Dans le deuxième volet de la trilogie, comme Phil/Horselover Fat, Herb Asher est confronté à une «invasion divine». *L'Invasion divine,* récit de science-fiction plus conventionnel auquel ne manquent ni la toile de fond

---

[6] John Boonstra, *op. cit.*

[7] En français: SIVA ou Système Intelligent Vaste et Actif. *(N.d.l'Anth.)*

située dans l'avenir, ni les différences sociales et technologiques significatives, ni les mondes parallèles, ni les pouvoirs surhumains, narre les histoires imbriquées de Yah (Yahveh, Dieu de l'Ancien Testament revenu sur Terre sous l'aspect de l'enfant Emmanuel pour reprendre les armes contre l'Adversaire), et de Herb Asher, contraint, par la volonté de Yah, de servir de père à Emmanuel. Ce dernier, né avec des lésions cérébrales (offensive de l'Adversaire), a oublié sa véritable identité. Herb se met en devoir de le guérir. Chacun tirera un enseignement et un bénéfice des actions de l'autre. Néanmoins, Herb subira en chemin une série de rencontres divines fort éprouvantes pour ses nerfs : la voix de Yah, la rencontre de Yah à travers Emmanuel (« Dieu parmi nous »), celle du prophète Elie, de Zina Pallas (la moitié féminine de Dieu ou «Shekkhina», dans l'enseignement cabalistique), Bélial (Satan), ainsi que la chanteuse pop Linda Fox, qui est en réalité l'Assistant (l'Avocat), figure défendant tous ceux qui sollicitent son aide au jour du jugement dernier.

Herb vit assez mal les premières rencontres, mais ne peut plus mettre en doute leur réalité. Son expérience est moins épistémologique qu'ontologique. Dans ce contexte, la certitude de l'existence de Dieu ne procure guère de réconfort. Le problème apparaît plus clairement lorsque Herb devient l'objet d'un pari quasi faustien entre Emmanuel et Zina. Leur jeu a pour but de découvrir ce qui vaut mieux pour lui : la réalité ou l'illusion. Dans la vie réelle, Herb rêvait à l'infini devant l'image médiatisée de Linda Fox. Mais dans le royaume de contes de fées de Zina, il rencontrera la vraie Linda. Zina parie qu'il sera déçu ; Emmanuel affirme que l'illusion n'est qu'un caprice, que la réalité est préférable, même si elle n'est que grisaille. Emmanuel est toujours handicapé, incapable de percevoir l'issue ; il a du mal à faire comprendre à Herb qu'il vit une réalité illusoire. Herb n'y réussit qu'au moment où il est subrepticement frappé par le rayonnement de Siva[8] (qui s'identifie comme «Le Seigneur Ton Dieu»). C'est alors qu'il saisit, fût-ce partiellement, que ses rapports avec Linda Fox auront des conséquences ontologiques d'une très grande portée.

Ces conséquences sont dues au handicap d'Emmanuel, qui ne connaît donc ni sa propre identité, ni celle de Zina. On nous dit que l'univers n'existe qu'aussi longtemps que Dieu se souvient de lui. Le mal, c'est le non-être. La lutte contre l'Adversaire n'a pas pour objet la domination de l'univers, mais son existence même. Zina est censée fournir les stimuli, qui se présentent parfois sous forme de tours de passe-passe et aideront Emmanuel à se souvenir par lui-même. Elle espère également lui enseigner la compassion, lui apprendre à reconnaître la joie, la beauté et la bonté du monde, afin que dans son terrible courroux il ne détruise pas la Terre et l'humanité qu'elle porte. Un Dieu au cerveau lésé, souffrant d'amnésie, ignorant la compassion et impatient d'assouvir sa vengeance est un Dieu qui met l'univers en péril. La décision de Herb (opter pour la vraie Linda Fox, ce qui implique également de reconnaître l'illusion qui l'entoure) est donc liée à l'anamnèse d'Emmanuel et à la perpétuation de la réalité. Dick nous expose là, en termes science-fictionnels, la doctrine

---

[8] *Siva,* p. 129. Traduction de R. Louit [cf. Bibliographie primaire]. *(N.d.l'Anth.)*

cabalistique de la réhabilitation (ou réintégration) de la divinité à travers les actes humains. La réalité de l'existence de Dieu est insuffisamment établie par une unique manifestation de son être. Elle ne constitue pas une donnée mais un fait qui doit être reconnu et choisi par l'individu de préférence à l'illusion. On n'accepte pas la réalité : on la choisit.

L'évêque Timothy Archer (représentant de l'Eglise épiscopale, religieux libéral, activiste social et auteur controversé) est un homme possédé par le besoin irrépressible de fonder la foi sur les bases rationnelles de la preuve historique et des phénomènes psychiques. Sa foi est une croyance en une vérité tangible, empirique, qui a le pouvoir de résoudre les mystères. Vue à travers la sensibilité de sa belle-fille, Angel Archer, narratrice de *La Transmigration de Timothy Archer,* cette foi est comme un feu follet qui va conduire l'évêque et son entourage à leur perte. A l'instar de feu James A. Pike (1913-1969), dont le personnage de Dick s'inspire librement, Timothy Archer se penche sur le problème des origines du christianisme dans l'espoir de débarrasser le Jésus historique des scories mythologiques et théologiques postérieures. Il va être ébranlé par les conséquences de la découverte récente, aux environs de Qumrân, des Manuscrits zadokites. (Deux cents ans avant la naissance de Jésus, ceux-ci contenaient déjà un grand nombre des paroles qui lui sont attribuées.) Ces documents sont pour Archer la preuve que Jésus n'était ni un être unique, ni le Fils de Dieu. D'autres passages révèlent que les Zadokites célébraient l'Eucharistie en absorbant une substance qui conférait la vie éternelle[9]. Cette révélation vient juste après le suicide de son fils Jeff (époux d'Angel), qui ne pouvait plus supporter la réputation de son père, sa présence envahissante et la négligence de ses parents. Archer et sa maîtresse Kirsten (la meilleure amie d'Angel) sont alors témoins de « phénomènes » : miroirs qui volent en éclats, horloges qui s'arrêtent à l'heure de la mort de Jeff, embrasement subit de la chevelure de Kirsten… Tous phénomènes qui, pour eux, sont des tentatives pour communiquer avec eux depuis l'au-delà. L'évêque s'adonne avec ferveur à la médiumnité, certain que ces phénomènes et messages sont la preuve qu'il existe bien une vie après la mort, donc une résurrection telle que promise par Jésus. La résurrection de Jésus lui-même est donc une certitude, ce qui confirme sa divinité et la validité de son enseignement. Comprenant bientôt que ses conclusions sont trop hâtives, Archer entreprend, par l'intermédiaire d'un médium, de questionner Jeff sur la réalité historique de Jésus. La réaction d'Angel définit précisément les motivations de l'évêque :

> Comme c'est étrange, me dis-je. Il fait un usage calculé de son fils défunt pour éclaircir un point d'histoire. Mais en réalité, ce qui est en jeu, c'est plus

---

[9] L'intrusion de Siva à ce stade peut surprendre, et reste d'ailleurs inexpliquée. On en trouve déjà une manifestation antérieure ainsi qu'une allusion à la matière du roman *Siva*, dans *L'Invasion divine*. Malgré cela, et en dépit du fait que le titre du manuscrit de *L'Invasion divine* soit *Valis Regained [N.* de l'A.*: Siva retrouvé*, allusion au *« Paradis retrouvé »* de Milton ; voir également dans ce volume : Aldiss, *« La voix du sang parle à Kensington Gore »],* ce roman ne constitue pas à proprement parler la suite de *Siva.* Pour une comparaison de ces deux œuvres sur le plan stylistique et thématique, voir Warrick : « Philip K. Dick's Answers to Eternal Riddles » [cf. Bibliographie secondaire].

que cela: c'est tout ce qui fonde et résume sa foi. La foi, ou son effondrement. La foi contre le nihilisme…

Mais Archer se persuade que le suicide de Kirsten a été directement provoqué par des messages fallacieux émanant de «l'autre côté»; déçu par la médiumnité et l'occulte, il se tourne à nouveau vers les Documents zadokites, à présent convaincu que la mystérieuse substance de vie éternelle est un champignon poussant dans les grottes israéliennes. Son expédition mal préparée dans le désert (comparable à celle de l'évêque Pike) entraînera sa perte. Croyant fermement que le champignon-Jésus peut le sauver en modifiant le cours de son destin, Archer signe son arrêt de mort par son obsession de la vérité empirique.

Mort, suicide, folie et incertitude prévalent dans la Trilogie divine, mais il n'y a là rien de morbide ni de désespéré. Chaque volet s'achève sur une note d'espoir, fût-elle discrète: confiance et salut ne peuvent se trouver qu'en l'individu lui-même. Dans la vision dickienne, la salut collectif n'est pas possible. Le salut individuel, lui, apparaît plus clairement que jamais dans *L'Invasion divine,* où Herb s'entend dire par Emmanuel que son salut est assuré, non parce que Dieu le lui a accordé, mais parce qu'il l'a choisi: il opte pour la vraie Linda Fox, dans le monde parallèle où elle est inconnue et où elle affiche des défaillances on ne peut plus humaines. Il tient à elle, désire la protéger, sans savoir qu'elle est en réalité l'Assistant. En retour, elle le protège de Bélial. Un sentiment réciproque de confiance et d'affection naît de son choix, de sa décision, et c'est cela, nous fait-on comprendre, qui constitue le fondement de son salut.

La véritable histoire de *La Transmigration* est celle d'Angel, non celle de Tim. Tout au long du récit, Angel cherche refuge dans les mots; tout ce qu'elle peut faire, c'est prendre note du processus destructeur, apparemment inexorable, qui est à l'œuvre sur son entourage, en quelque sorte l'*enregistrer*: elle est l'ange (Angel) enregistreur — et ce n'est peut-être pas un hasard si elle tient un magasin de disques[10]. Elle ne peut agir avant la fin du roman, où elle accepte avec prudence de s'occuper de Bill Lundborg, fils de Kirsten et handicapé mental. Bill prétend que l'esprit de feu Timothy Archer est de retour et vit désormais en lui. Il démontre une connaissance approfondie d'Archer, allant jusqu'à prononcer ses citations préférées en plusieurs langues. Il offre également un champignon à Angel en disant: «Ceci est mon corps… ceci est mon sang[11].» Au tréfonds d'elle-même, Angel ne croit pas au retour de Tim sous forme de *boddhi-*

---

[10] Les documents zadokites de Dick sont fictifs. Néanmoins, il existe, en rapport avec les «Manuscrits de la mer Morte», un *Document zadokite* (au singulier) sous forme de deux copies réalisées au XIIè siècle et de fragments trouvés dans l'une des grottes de Qumrân. Comme le document mieux connu intitulé *Manuel de Discipline,* il rassemble les règles et pratiques de la communauté. Son contenu diffère totalement de celui qu'attribue Dick à ses documents fictifs. Dick a été influencé par un spécialiste des «Manuscrits de la mer Morte» nommé John M. Allegro pour l'identification de la mystérieuse substance dispensatrice de vie éternelle; il s'agirait d'un champignon hallucinogène. Voir Allegro, *The Sacred Mushroom and the Cross,* Doubleday, 1970.

[11] En anglais: «recording angel» et «record store»; «to record» = enregistrer; «a record» = un enregistrement ou un disque *(N.d.l'Anth.)*

sattva voué à aider les autres. En un sens, néanmoins, l'esprit de Timothy Archer est toujours vivant, pas nécessairement comme présence occulte à l'intérieur de Bill, mais comme force conservant le pouvoir de l'affecter. En prenant soin de Bill, cet être démuni qui est peut-être Timothy Archer, Angel réussit à s'évader, de sa propre initiative, de la prison où elle s'est elle-même enfermée.

Au premier abord, la conclusion de *Siva* paraît moins optimiste. Si Phil a des raisons de croire à la venue prochaine d'un nouveau messie, il n'en est pas moins dans l'incertitude et se demande que faire. A ses propres yeux, il lui manque la foi d'un Kevin (encore une de ses *personae*) et la folie d'un Fat :

> Je ne sais que penser. Peut-être qu'on ne me demande pas de penser quoi que ce soit, ni d'avoir la foi, ni de devenir fou, mais tout simplement d'attendre. D'attendre et de rester éveillé.

Et c'est ce qu'il fait. Voyez les derniers mots de *Siva* :

> Je suis resté là à attendre, à guetter ; je me suis maintenu en éveil. Comme on nous en a donné l'ordre — à l'origine, il y a bien longtemps. J'ai rempli ma mission.

La mission confiée à Phil par Sophia, l'enfant-sauveur, était d'enseigner « la parole de l'homme lui-même », d'annoncer que l'homme est sacré, qu'il est le véritable dieu vivant. « Vous n'adorerez point d'autre dieu que vous-mêmes ». On n'a aucune raison de croire que Phil est guéri, qu'un sauveur viendra. Et pourtant, il y a de la dignité dans l'attente à laquelle il se prépare, dans sa décision de rester éveillé devant son poste de télévision, même si cela peut paraître absurde ou pathétique aux autres. Comme Herb, comme Angel, Phil a choisi. En s'éveillant, en choisissant, Phil a été son propre salut. Son propre sauveur.

Dick est fasciné par le salut, la rédemption et la figure rédemptrice. Dans un court essai portant sur son œuvre[12], il dit sa conviction que le sauveur existe, cet « ami qui finit toujours par venir... et à point nommé[13]. » Il ne se contente pas de réaffirmer le credo chrétien, il exprime sa foi en un élément rédempteur situé au « cœur de la vie des hommes », et sa confiance en la capacité qu'a cet élément de se manifester, généralement chez « l'homme mineur » dont les actes modestes — les choix — sont autant de coups portés au chaos et à l'entropie.

Dans *L'Invasion divine,* l'élément rédempteur est hypostasé en la personne de Linda Fox et de la figure mythique de l'Assistant. Selon le mythe de l'Assistant, qui contient des éléments chrétiens, juifs et zoroastriens, mais qui est essentiellement une invention de Dick[14], au moment de mourir chacun traverse le « pont du jugement » pour aller affronter l'Accusa-

---

[12] Voir l'émouvante scène de baptême/confirmation/eucharistie à laquelle se livre Phil sur son fils nouveau-né en mars 1974 au moyen de chocolat chaud et de petits pains *(Siva,* p. 219-220), et l'indignation du jeune Emmanuel devant la transsubstantiation sans valeur qu'accomplit le prêtre dans *L'Invasion divine,* p. 85

[13] Philip K. Dick : « Le Monde que je décris ». *(N.d.l'Anth.)*

[14] *Idem ;* il est dit que pour Fat, « sauveur » équivaut à « ami perdu »

teur (le Procureur, ou Satan), qui juge son degré de culpabilité et d'innocence. L'Assistant (l'Avocat, le Conseiller, le Consolateur) défend tous ceux qui requièrent son aide avant la traversée, et obtient invariablement un verdict d'innocence. Mais la plupart déclinent son offre d'assistance parce que, naïvement, on se croit toujours innocent — ce qui est une supposition généralement erronée, voire fatale. De la même façon qu'il existe un Avocat et un Accusateur cosmiques, il y a un Avocat et un Accusateur individuels, un esprit du bien *(yetzer ha-tov)* et un esprit du mal *(yetzer ha-ra)* dans chaque individu. Les esprits ennemis s'affrontent en chacun de nous. Ceux qui choisissent l'Avocat — l'esprit du bien —, sont sauvés ; les autres sont condamnés. Lorsque Emmanuel entend pour la première fois sa propre histoire dans la bouche de Zina, il reste interloqué et demande des détails à son « ardoise d'information », et c'est le verbe grec *parakalein* — « appeler à l'aide » — qui s'affiche. Bien que Dick n'insiste pas là-dessus, le mot a donné « paraclete », terme désignant dans la doctrine chrétienne l'Esprit Saint, le Consolateur. Le *paraclete* de Dick n'est pas une des personnes de la Trinité, et Linda Fox (encore une des représentations dickiennes de Linda Ronstadt) n'est pas non plus présentée comme telle. Le *paraclete* de Dick, c'est plutôt l'esprit du bien en chacun de nous, qui peut faire l'objet d'un choix librement consenti. Le sauveur n'est ni le Père, ni le Fils, ni le Saint-Esprit ; c'est l'être humain qui choisit le salut[15].

Les principales métaphores mises en œuvre par Dick pour illustrer l'après-rédemption sont l'éveil et l'anamnèse (abandon de l'illusion, ressouvenance de la vraie nature de la réalité et de la condition humaine). Phil choisit de rester éveillé et définit comme anamnèse — ou vraie ressouvenance du Seigneur — la célébration illégitime de l'Eucharistie qu'il pratique sur son fils. Emmanuel doit se remémorer son identité, Herb doit s'éveiller à la réalité ; le message d'Elie au monde à mesure que se déroule la bataille entre Dieu et Bélial est : « Dormeurs éveillés ». Encore sous le choc de la perte de Jeff, de Kirsten puis de Tim, Angel Archer répète avec insistance qu'elle ne veut pas se réveiller.

L'éveil, ou la remémoration, signifie que l'individu se libère de l'illusion. Comme l'explique Herb Asher, le monde de l'illusion n'est pas un monde réel mais une *manière* de voir celui-ci :

> C'est une façon de voir le monde réel [...] De manière occultée, onirique. Comme si on dormait, ou bien qu'on était sous hypnose. La nature du monde subit une altération perceptuelle ; en fait, ce sont les perceptions qui changent, et non le monde. *Le changement est en nous.*

L'exégèse de Fat, quant à elle, suggère que l'univers est information et langage, Cerveau cosmique codant et traitant perpétuellement l'infor-

---

[15] Bien que *L'Invasion divine* puise très largement dans les concepts de la Cabale, nous n'avons trouvé nulle part mention du mythe de l'Assistant dans l'enseignement cabalistique ou la tradition juive en général. L'Assistant en tant que puissance consolatrice et rédemptrice est d'origine chrétienne ; l'Accusateur, ainsi que les esprits du bien et du mal qui siègent en tout un chacun, sont d'essence juive ; le « pont du jugement » vient du zoroastrisme.

mation. Puisque nous faisons partie du Cerveau, nous devrions pouvoir entendre en nous son langage.

Toute création est langage et n'est que langage, mais sans qu'on sache pourquoi, ne pouvons ni le lire hors de nous, ni l'écouter en nous.

D'une manière ou d'une autre, nous sommes tous devenus « particuliers », ignorants de notre propre nature et de la nature extérieure à laquelle nous appartenons. Nous ne participons pas du « logos commun du Cerveau, si ce n'est à un niveau subliminal. Ainsi notre vie réelle et notre destin sont-ils conduits en deçà du seuil de la conscience. » L'éveil à la réalité opère notre réunion avec le langage de l'univers. Une fois qu'Emmanuel aura retrouvé la mémoire, Zina et lui « s'uniront en une syzygie macrocosmique », leur corps deviendra le monde, leur esprit l'esprit du monde, mais aussi celui d'Herb et de tous ceux qui choisissent le bien. « Dieu est le Livre de l'Univers, » déclare Angel, citant un commentaire du *Paradis* de Dante.

Si Dieu est le livre de l'univers, si l'univers est langage et information, si l'esprit du monde est l'esprit de ceux qui se sont réveillés, alors, dans l'univers, tout est message ou messager. Et la Trilogie divine n'en manque pas. On y trouve des messages émanant de satellites, de sauveurs, ou de l'esprit des morts ; des messages chiffrés dans les publicités télévisées ; de l'information codée dans les films, et des communiqués de Dieu dans des musiques enregistrés. Dans *Siva,* Horselover Fat écrit son exégèse tandis que Phil écrit les romans de Dick. Dans *L'Invasion divine,* Emmanuel est préprogrammé pour être son propre messager, pour se souvenir sous l'influence des stimuli désinhibiteurs appropriés ; Elie est un prophète, c'est-à-dire porte-parole de Dieu ; Zina Pallas est aussi la Torah, le dessein de Dieu et celui qui l'enseigne ; Linda Fox est l'Avocat, qui console ceux qui sont dans le besoin et propose ses services à ceux qui vont être jugés ; jusqu'à Herb Asher, à qui Elie révèle qu'en ce monde illusoire il est peut-être un messager. Dans *La Transmigration de Timothy Archer,* l'évêque est un auteur prolifique et, en tant qu'homme d'église, porteur et interprète de la parole divine ; Bill Lundborg véhicule de possibles messages émanant du défunt Tim Archer ; et pour finir, le nom même d'Angel, « ange », signifie « messager » en grec.

La Trilogie divine est le message cosmique de Philip K. Dick, un message de confiance, d'espoir et de rédemption pour les hommes. C'est aussi un message sur les messages, sur la nécessité d'entendre cet appel intérieur, qui commande de s'éveiller et de se ressouvenir[16].

---

[16] Au vu des thèmes et du contenu général de la trilogie, on est tout abord d'abord tenté d'établir une correspondance entre d'une part, les romans qui la composent, et d'autre part, les figures de la Trinité. Mais cette coïncidence présumée ne résiste pas à l'examen approfondi. Si Thomas M. Disch — qualifié dans *Siva* de « très bon » écrivain — a baptisé « trinité » cette trilogie, c'est pour souligner non pas une éventuelle structure théologique, mais bien sa forme non linéaire. [cf. Bibliographie secondaire : Disch, « *Valis* » (N.d. l'Anth.)].

N.d.l'Anth. : Voici ce que Philip K. Dick déclare à propos de *Siva* et de *L'Invasion divine* dans une lettre adressée à D. Scott Apel datée du 6 août 1980[17] :

(...) C'est une étude sur le judaïsme. Il m'a fallu deux ans de recherche pour l'écrire. [Quant à *Siva*,] j'ai lu les épreuves et je trouve [le livre] très bon, bien que ce ne soit pas le roman que j'ai voulu écrire. C'est l'histoire d'un homme atteint d'une maladie mentale qui retrouve brièvement la raison avant de replonger dans la folie, et l'histoire du courage avec lequel il affronte son échec. Moi, je croyais que c'était une histoire d'extraterrestres.

Merci pour l'enregistrement pirate de Linda Ronstadt. Je dois néanmoins avouer que, dans mon monde à moi (fantasmé), elle ne parle pas de se moucher devant le micro. Encore que ça colle avec certains passages de *Valis Regained* [titre du manuscrit de *L'Invasion divine* — N. de l'Anth.*), où figure une chanteuse du nom de Linda Fox, célèbre dans toute la galaxie et dont le personnage central est amoureux (de loin). Quand il finit par la rencontrer, elle lui dit «Désolée, j'ai mes règles.» Il est atterré. Son fantasme s'écroule. Toutefois, la vraie Linda Fox est supérieure à celle de son fantasme, donc tout va bien, le message ici étant que la réalité est préférable au fantasme (bien qu'elle comprenne certains aspects tels que les règles féminines). David Hartwell, de chez Simon & Schuster, pense que c'est là mon meilleur roman. Moi, je préfère *Siva*, bien que ce dernier relève moins de la science-fiction, à cause de tous les éléments autobiographiques. *Valis Regained* raconte le retour secret de YHWH sur Terre via l'utérus de la femme d'un des protagonistes. On y voit grandir YHWH, qui n'a qu'un souvenir partiel de sa véritable identité (ça rappelle Van Vogt) jusqu'à ce que, pour finir, un stimulus désinhibiteur déclenche l'anamnèse (perte de l'amnésie). Alors il règle son compte à Satan (Bélial) ; ou plutôt, le roman s'achève avec le début de l'ultime guerre que se livrent YHWH et son antagoniste. Aussi ne savons-nous pas comment tout cela va finir.

---

[17] Je tiens à remercier Patricia Warrick pour l'information et les documents qu'elle m'a fournis et qui ont contribué à approfondir ma vision de Philip K. Dick, de sa vie et de son œuvre.

Philip K. Dick : les fictions courtes

par Robert Silverberg

1953. Le printemps touche à sa fin, j'ai dix-huit ans, j'arrive au bout de ma première année d'université et, malgré la charge de travail, j'écris à peu près deux nouvelles par mois en me disant que si ma production est suffisante, un magazine de science-fiction finira bien par m'en acheter une. Ma véritable ambition (qui d'ailleurs, à la grande surprise de mes parents et amis, finira par se réaliser quelques années plus tard) est de placer une foule de nouvelles dans tous les magazines de l'époque (*Amazing Storie, Fantastic, Astounding, Galaxy, Fantasy & Science Fiction, I, Future* et ainsi de suite), et de susciter l'admiration de tous par mon talent et ma prolixité. Mais en cette fin de printemps 1953, à côté de ces rêves, je n'ai rien d'autre à montrer qu'une épaisse liasse de lettres de refus, et il suffirait qu'une *seule* de mes nombreuses nouvelles soit acceptée par une rédaction quelconque pour que je me mette à délirer de joie.

Entre-temps, deux types un peu plus âgés que moi — six ou sept ans — vivent déjà pour de vrai ce que j'imagine dans mes fantasmes les plus enfiévrés. Surgis de nulle part, ils font subitement leur apparition au sommaire de tous les magazines ou presque, du plus chic au plus modeste, et pondent une kyrielle de nouvelles brillantes, originales et pleines de vie à raison d'une tous les quinze jours ou peu s'en faut. Je les envie autant que je les admire, et ce n'est pas peu dire.

Le premier est Robert Sheckley, le second Philip K. Dick. Si je sais qu'ils sont prolifiques, c'est que je tiens un petit inventaire de leurs nouvelles publiées, histoire de me rappeler constamment ce qu'il est possible de réaliser quand on est malin, qu'on se donne assez de mal, et qu'on a assez de talent.

Sheckley publie six nouvelles en 1952 (l'année où ses textes commencent à paraître) et enchaîne avec douze autres dans la première moitié de l'année 1953. Dick, lui, fait son entrée avec quatre textes en 1952, après quoi dix-sept nouvelles paraissent dans les six premiers mois de l'an 1953, dont sept au cours du seul mois de juin; à la fin de l'année, il totalise trente parutions. Je suis de près leur carrière. Voire de *très* près. Et si Sheckley et Dick (encore plus productif), retiennent à ce point mon attention, c'est que je me donne pour but d'atteindre autant à la qualité qu'à la quantité. Je veux devenir un bon auteur de science-fiction, certes, mais je pressens également chez moi une certaine rigueur, une certaine énergie peut-être — ou, tout simplement, une ferveur maniaque vis-à-vis de l'écriture —, qui vont me permettre d'être exceptionnellement fécond.

Parmi mes idoles figure alors Henry Kuttner, grand écrivain des science-fiction des années quarante aujourd'hui presque oublié, notamment parce que, étant extraordinairement prolifique, il éprouvait le besoin de publier sous quinze ou vingt pseudonymes différents afin de dissimuler l'ampleur de sa production. (Je précise que l'allure à laquelle il écrivait ne nuisait en rien à la qualité de ses histoires.) Or, pour moi, Dick et Sheckley sont à l'époque des figures «kuttneriennes»: ils sont inépuisables et ils savent s'adapter. Par ailleurs, je décèle dans leurs récits l'influence d'Henry Kuttner, ce qui ne fait qu'exacerber mon admiration à leur égard. En effet, je trouve son rapport à l'écriture plein de finesse, et je ne peux voir que d'un œil favorable ceux qui se réclament de lui.

Le revers de la médaille, quand un auteur est rapide, efficace, capable d'écrire et de placer une nouvelle par semaine ou par quinzaine, c'est qu'il attire les soupçons de par sa productivité même: on soupçonne automatiquement ses textes d'être un peu faciles, superficiels, alors qu'on juge souvent profond, en raison même de sa rareté, le travail des écrivains qui peinent interminablement sur une œuvre aussi mince que clairsemée. Ceci est vrai en science-fiction comme en dehors du genre, et plus d'un auteur prolifique (Dickens, Shakespeare, John Updike, Joyce Carol Oates ou Irwin Shaw, par exemple) a dû se battre contre cette subtile tendance à douter que certains écrivains puissent obtenir constamment de bons résultats tout en publiant à un rythme soutenu.

Naturellement, j'ai été fasciné par les débuts fracassants de Philip K. Dick dans le domaine de la science-fiction, où il semblait tout à coup omniprésent. Pour sombrer dans les délices du fantasme adolescent, il me suffisait de remplacer son nom par le mien dans les élogieuses présentations de ses nouvelles, telle que, par exemple l'introduction rédigée par Anthony Boucher, ami et maître à penser de Dick, pour «La machine à préserver», dans le numéro de juin 1953 de *Fantasy & Science Fiction*, dont il était rédacteur en chef.

En novembre 1951, Philip K. Dick place sa première nouvelle (dans *F&SF*, ce dont je ne suis pas peu fier); dès lors, en l'espace de quelques mois, il s'affirme comme un des auteurs les plus prolifiques de la jeune génération dans le domaine de la science-fiction. A l'heure qu'il est, ses textes ont paru dans la quasi-totalité des périodiques spécialisés, et, ô surprise, chaque fois ils sont parfaitement adaptés aux goûts et exigences éditoriaux du magazine en question: *Whizzing Star Patrol* aussi bien que *Quaint Quality Quarterly* sont d'accord pour considérer M. Dick comme un collaborateur particulièrement satisfaisant. Nous nous joignons à eux pour ranger cette dernière manifestation de son talent dans la catégorie des histoires qui nous conviennent le mieux: celles qui font preuve d'un humour tout en nuances et en sous-entendus, et d'un grand sens de l'observation au service d'une idée saisissante, inédite, qui mêle adroitement science et fantastique.

Malheureusement, le volume impressionnant de nouvelles produit par Dick au début de sa carrière joue, là encore, en sa défaveur. On sent bien la condescendance dans la critique de son premier roman, *Loterie solaire,* parue sous la plume de Damon Knight en 1956:

> Philip K. Dick est ce nouvelliste qui se manifeste un peu partout depuis cinq ans avec une espèce de savoir-faire discret qui tient du caméléon [...] En franchissant dans les deux sens tant de portes à la fois, Dick donne de lui-même une image floue d'auteur capable de produire quelques petites choses assez plaisantes tout en faisant preuve d'une astuce un peu myope en ce qui concerne les débouchés possibles: banales, courtes, insipides, ses nouvelles sont de celles qui vous distraient sans vous transporter, qui se vendent instantanément et s'oublient tout aussi vite. On est d'autant plus surpris de découvrir que cet auteur est capable d'un *Loterie solaire*.

Lequel, comme D. Knight s'apprête d'ailleurs le démontrer, était en fait un superbe roman; il n'en revient pas que l'auteur de ces nouvelles «banales» puisse donner un roman construit de façon si inventive et narré avec un tel brio.

> Dick pose quelques jalons, vous en dit juste assez sur le monde complexe et surpeuplé qu'il a imaginé pour que vous puissiez vous y repérer... puis range pour de bon ses cartes et ses plans. On se retrouve plongé dans l'univers de la «bouteille» et du Maître des jeux, des Collines et des assassins patentés, et ce qu'on en voit, c'est la surface vivante, non pas l'infrastructure [...] et puis, il a le sens de l'intrigue... chaque rebondissement est non seulement inattendu — ça, n'importe qui peut le faire — mais aussi indispensable sur le plan logique. Ici la construction de l'intrigue tient de l'architecture, et c'est une aptitude rare qui présente des difficultés inhumaines. Vraiment, qui eût cru que Dick compterait parmi les rares auteurs capables de la maîtriser?

Qui l'eût cru, en effet... en tout cas, certainement pas Damon Knight, qui, au moins en 1956, semble mystérieusement incapable de discerner l'avenir auquel sont promises les nouvelles de jeunesse de Dick, pourtant éblouissantes, ni de pressentir le savoir-faire narratif qui lui permettra de les pondre à la chaîne. Mais en l'espace de deux ou trois ans (pendant lesquels les romans se succèdent au même rythme soutenu que les nouvelles au début de la décennie — deux en 1957, trois en 1958), même Damon Knight devra reconnaître que «lorsqu'il atteint le sommet de son art, ce qui ne se produit que par intermittence, Dick reste, parmi les auteurs de science-fiction en activité, un des plus énergiques et des plus honnêtes.»

Phil Dick, on le sait, allait bientôt écrire de quoi remplir toute une étagère de romans extraordinaires (*Le Maître du Haut château, Les Androïdes rêvent-ils de moutons électriques, Ubik, Le Dieu venu du centaure, Glissement de temps sur Mars* et tant d'autres); au moment de sa disparition prématurée, en 1982, il était considéré comme un des grands maîtres contemporains de la science-fiction. Mais au lieu d'étudier une fois de plus les œuvres de la maturité, qui ont fait son succès, penchons-nous plutôt sur ses nouvelles de jeunesse, à cause desquelles on lui reproche de donner dans la facilité, de tout faire pour plaire aux rédacteurs en chef. Sont-elles vraiment aussi « banales » et « insipides » que le pensait Damon Knight lorsqu'il examinait pour la première fois d'un œil critique le travail de Dick, il y a quarante ans ?

Prenons par exemple « L'Imposteur »[1], une des sept nouvelles parues en 1953 (dans *Astounding Science-Fiction*, dirigé par John W. Campbell — un des anciens magazines de science-fiction les plus estimés.) Le personnage principal, Spence Olham, est chercheur dans le secteur de l'armement. Dans cet avenir assez proche, la Terre est menacée par des envahisseurs venus d'Alpha du Centaure. En s'épuisant à mettre au point une arme qui permette aux Terriens assiégés de se défendre contre les extraterrestres, jusque-là invincibles, Olham a la surprise d'être arrêté par un responsable de la sécurité qui l'accuse d'être un espion à la solde de l'ennemi. Stupéfait, notre expert apprend qu'en effet, les envahisseurs ont introduit dans la bulle défensive terrienne un robot humanoïde chargé d'éliminer un être humain bien précis afin de prendre sa place.

> A l'intérieur du robot se trouvait une bombe-U. Notre agent ignorait quel mécanisme devait la faire exploser, mais supposait que le détonateur était une série de mots. Le robot devait mener la vie de la personne qu'il avait tuée, se substituer à elle dans son travail et ses loisirs. Il avait été construit exactement à son image. Nul ne pourrait distinguer le vrai du faux. [Et] La personne que le robot avait pour mission d'imiter était Spence Olham [...].

On informe ce dernier qu'il va être déporté en camp d'isolement sur la Lune, où on le démontera afin de désamorcer la bombe. Pour Olham (qui, quelques instants plus tôt, faisait encore des projets de vacances avec son épouse), cela ne fait aucun doute : il est victime d'une épouvantable méprise. Il sait pertinemment qu'il n'est pas un robot humanoïde d'origine extraterrestre, et nous aussi : c'est à travers le point de vue de ce personnage indiscutablement humain que nous est contée toute l'histoire. En route pour la Lune, il imagine le sort affreux qui l'attend :

> En bas, il apercevait un point noir, sans doute un bâtiment. Et dans ce bâtiment des hommes l'attendaient — l'équipe spéciale qui se préparait à le mettre en pièces. Ils allaient l'éventrer, lui arracher bras et jambes, le réduire en morceaux. Ne trouvant pas de bombe, ils seraient surpris ; ils se rendraient compte de leur erreur, mais il serait trop tard.

Au désespoir, un Olham terrifié échappe à ses ravisseurs en arrivant sur la Lune : il feint d'être effectivement un robot et leur fait croire que la bombe qu'il contient est sur le point d'exploser. Ils s'enfuient, affolés, et il en profite pour regagner la Terre à bord du même vaisseau. Une fois sur place, il entre en contact avec sa femme, à qui il demande d'appeler le médecin de son Centre de recherche : il pourra le soumettre à des examens pour prouver qu'il est bien humain. Suivent plusieurs scènes d'action ;

---

[1] Cf. Bibliographie primaire. Ces traductions sont tirées de l'édition intégrale des *Nouvelles* de Philip K. Dick parues aux éditions Denoël. (*N.d.l'Anth.*)

pourchassé par les hommes de la sécurité, Olham gagne la forêt proche de son domicile dans l'espoir de retrouver le vrai robot extraterrestre, dont le vaisseau s'est écrasé. Le filet se referme sur lui au moment où (à son grand soulagement, pour ne rien dire du nôtre) il tombe effectivement sur l'engin accidenté, avec à son bord le robot, victime de graves brûlures. Olham peut donc prouver — juste à temps — qu'il est un authentique être humain. Tandis que, penauds, les agents de la sécurité le félicitent d'avoir sauvé sa peau *in extremis,* un des leurs va examiner le robot de plus près. Là, il voit un couteau ensanglanté dépasser de sa poitrine. Ce qu'ils avaient pris pour le robot est en réalité le cadavre du *vrai* Spence Olham, qui a été assassiné. Là-dessus… mais citons plutôt la conclusion de la nouvelle, d'une sobriété époustouflante:

> «C'est cette arme qui l'a tué, chuchota [Nelson]. Mon ami a été poignardé.» Il se tourna vers Olham. «Vous l'avez assassiné et vous avez abandonné son corps près des débris de l'appareil.»
> Olham tremblait. Ses dents s'entrechoquaient. Il regardait alternativement le corps et le couteau. «Ça ne peut pas être Olham.» Sa raison vacillait, tout tournait autour de lui. «Ai-je pu me tromper?»
> Il demeura bouche bée.
> «Mais alors, si cet homme est Olham, je dois être…»
> Il n'eut pas le temps de terminer sa phrase. L'explosion fut visible jusqu'à Alpha du Centaure.

Le stratagème employé par Dick est d'une élégance rare. Non seulement son personnage principal, malheureux parce qu'en butte à l'incompréhension générale, se révèle être en fin de compte le robot extraterrestre que tout le monde recherche, mais ce sont les paroles mêmes qu'il prononce, ébahi, en en prenant conscience à son tour, qui font exploser la bombe.

Avec «L'Imposteur», on assiste à l'émergence du thème dominant que Dick exploitera jusqu'à l'obsession et qui le rendra célèbre: «Jusqu'à quel point peut-on se fier à ce qu'on perçoit de la réalité?»; mais on voit également s'affirmer, dès le début de sa carrière, l'impressionnante maîtrise dont il fait preuve quand il s'agit de structurer un récit. A l'époque, cette maestria précoce ne passe pas inaperçue, malgré le malaise que suscite alors sa prolixité chez les critiques tels que Damon Knight. Parue en 1953, la nouvelle «L'Imposteur» sera reprise plus de dix fois en anthologie, à commencer par *Science Fiction Terror Tales,* composée en 1955 par Groff Conklin, puis, l'année suivante, le *Best SF 2* d'Edmund Crispin, et, parmi bien d'autres, un volume intitulé *The Metal Smile,* paru en 1968 sous l'égide de… Damon Knight[2].

Au nombre de ceux qui saluent les textes de Dick comme ils le méritent dès le début, et qui apprennent très vite à les rechercher dans les différents magazines, se trouve, on l'a vu, le jeune Robert Silverberg. A l'instar de maints aspirants écrivains avant moi, j'en suis à étudier avec acharnement le «procédé de fabrication», et l'entrée en scène fracassante de Dick (et de Sheckley) en 1952-1953 attire tout particulièrement mon attention.

---

[2] R. Silverberg omet ici sa propre anthologie, intitulée *Dark Stars,* publiée en 1969. *(N.d.l'Anth.)*

Ecoutons le commentaire (1948) de Ray Bradbury à propos d'un de ses grands maîtres en littérature, Theodore Sturgeon :

> Pour dire ce que je pense des histoires de Theodore Sturgeon, il me suffit d'évoquer le vif intérêt avec lequel je les disséquais en 1940 pour en extirper les entrailles et comprendre ce qui les faisait fonctionner. En ce temps-là, je n'avais pas encore placé une seule nouvelle ; j'avais vingt ans et j'aspirais fébrilement à percer les formidables secrets des écrivains arrivés.

Le sort que Bradbury réservait en 1940 aux nouvelles de Sturgeon, je l'ai fait à mon tour subir à celles de Dick et Sheckley treize ans plus tard. Entre-temps, Sturgeon avait atteint un statut que je n'aurais pas espéré égaler, mais avec suffisamment d'application et d'entraînement, j'avais des raisons de me croire capable de me hisser au niveau de ces deux nouveaux venus si brillants. Alors j'étudiais de très près tout ce qui paraissait sous la signature de Dick et Sheckley.

J'avais tout de suite repéré Dick, quand nul ne savait encore à quel point il allait s'avérer prolifique, avec son premier texte, « L'Heure du wub », dans le numéro de juillet 1952 de *Planet Stories*[3]. Ce magazine, le plus « pulp » de tous les « pulps », célèbre en son temps (et toujours très prisé des amateurs) pour l'extrême dinguerie et l'extrême nébulosité de ses *space operas* d'aventure et d'action. (Parmi les auteurs qui adoraient y publier des nouvelles, on peut citer des pointures telles que Sturgeon, Bradbury, Leigh Brackett, Asimov ou Poul Anderson. Malheureusement, il n'a pas vécu assez longtemps pour que je puisse y tenter ma chance.) « L'Heure du wub » met en scène un cargo spatial et, à son bord, un homme d'équipage qui a hérité on ne sait comment d'un gros animal martien appelé « wub. » On commence à manquer de vivres et le commandant déclare qu'il va le faire abattre pour le servir à manger à ses hommes. Mais tandis qu'il ordonne au cuisinier de bord de chercher le meilleur moyen d'accommoder la bête, cette dernière prend la parole à la surprise générale.

> « Je crois qu'une petite conversation s'impose », intervint le wub. « J'aimerais en discuter avec vous, commandant, car je crois que nous sommes en désaccord sur un certain nombre de questions fondamentales. »

Ce ton à la fois loufoque et ampoulé (auquel on ne s'attend guère dans un magazine où les extraterrestres se présentent généralement sous la forme de hideux carnassiers pourvus de crocs, d'yeux en boutons de bottines et d'écailles luisantes) m'a aussitôt soufflé que j'étais tombé sur un auteur sortant de l'ordinaire. Le commandant a lui aussi l'impression d'être confronté à un phénomène rare. Il entraîne le wub dans son bureau et tous deux font le point. Le wub est télépathe et doté d'une intelligence supérieure car : « Nous sommes une race très ancienne. Très vieille et très pesante. Nous avons beaucoup de mal à nous déplacer. Vous vous doutez bien qu'une espèce aussi lente et massive se retrouve vite à la merci d'autres formes de vie plus agiles. » Le wub explique que les siens se nourrissent le plus souvent de plantes. « Nous sommes très catholiques. Tolérants, éclectiques — catholiques. Vivre et laisser vivre, c'est ainsi que

---

[3] Cf. Bibliographie primaire. *(N.d.l'Anth.)*

nous avons survécu.» Il sait bien que le commandant veut le faire passer à la casserole, et c'est d'ailleurs une chose qu'il peut comprendre.

«Vous envisagiez de faire de moi votre dîner. Mon goût, me suis-je laissé dire, est savoureux. La chair est un peu grasse, mais tendre. Cela dit, comment votre peuple et le mien peuvent-ils espérer établir des relations durables si vous adoptez une attitude aussi barbare? Me manger? Vous feriez mieux de discuter avec moi; causons philosophie, art... »

Dans *Planet Stories*? On rêve... Mais le dialogue se poursuit. Le commandant lui fait remarquer que malheureusement, les réserves alimentaires du vaisseau sont au plus bas et qu'on a besoin de lui pour survivre. Le wub compatit, mais s'y oppose. Il suggère que tout l'équipage tire à la courte-paille pour savoir qui sera mangé. Ce qui n'est pas du tout du goût du commandant. S'ensuit un débat philosophique avec l'homme d'équipage propriétaire du wub. «Vous voyez donc», disait le wub, «que nous possédons un mythe commun. Votre esprit renferme de nombreux symboles mythiques qui me sont familiers. Ishtar, *l'Odyssée*... » Ils sont interrompus par le commandant de bord, qui continue à ne penser qu'en termes de vivres. Tout cela finira mal pour le wub, mais Dick plante à la fin de son conte un petit dard diabolique: c'est tout de même l'infortunée créature qui a le dernier mot.

Quelques mois plus tard paraît, dans *Fantasy & Science Fiction,* «Roug», la première nouvelle que Dick ait réussi à placer, même si d'autres ont été publiées avant elle. Là encore on trouve des extraterrestres; cette fois, ils rôdent dans une banlieue résidentielle, où ce sont les chiens qui les repèrent les premiers:

«Roug! » fit le chien.
Les pattes posées sur le haut de la clôture, il regardait dehors.
Le Roug s'approchait en courant.
Il était tôt, le soleil n'était pas encore tout à fait levé. L'air était froid et gris, les murs de la maison couverts d'humidité. Ses grosses pattes noires agrippées au bois de la clôture, le chien entrouvrit les mâchoires et poursuivit sa surveillance.
Arrêté devant le portail ouvert, le Roug observait le jardin. C'était un Roug de petite taille, blanc et mince, pas très solide sur ses jambes. Il examina le chien en plissant les yeux, et ce dernier montra les crocs.
«Roug! » fit-il encore.

Malheureusement, les chiens sont les seuls au courant de leur existence. Et ils on beau donner de la voix — «Roug! Roug! » —, de plus en plus inquiets, les humains sont trop bêtes: ils ne comprennent pas pourquoi les chiens aboient autant. Et c'est ainsi que l'invasion peut avoir lieu.

On sent déjà un esprit singulier à l'œuvre dans ces petites histoires. Très vite, je me suis surpris à attendre impatiemment leur publication. Il y en aurait à profusion, nous le savons à présent. Pourquoi Dick écrivait-il autant? Cette précipitation était en partie due à l'exubérance même de son admirable imagination. Ayant lu de la science-fiction quand il était enfant (un enfant d'ailleurs solitaire, peu sûr de lui, inadapté), il avait la tête pleine de merveilles signées Van Vogt, Henry Kuttner, Heinlein, entre autres grandes figures ce qu'il est convenu d'appeler l'«Age d'or de la science-fiction.» À son tour, il brodait sur les mêmes thèmes mille variations personnelles.

Après avoir vendu «Roug» à Anthony Boucher pour la somme royale de 75 dollars (ce qui, à l'époque, était le maximum que pouvaient espérer les auteurs de science-fiction), Dick se consacre à l'écriture avec une énergie furieuse.

> J'ai commencé à envoyer des nouvelles par la poste à d'autres magazines », se souvient-il en 1968[4], «et ne voilà-t-il pas que *Planet Stories* en achète une! Dans un grand élan faustien, j'ai démissionné du magasin de disques du jour au lendemain, tournant le dos à ma carrière phonographique pour me mettre à écrire à temps plein. (Comment j'ai fait, ça, aujourd'hui encore je suis incapable de le dire; je travaillais toutes les nuits jusqu'à quatre heures du matin). En un mois j'avais vendu un texte à *Astounding* (actuellement *Analog*) et un à *Galaxy*. C'était très bien payé, et j'ai su que désormais, je chercherais à faire carrière dans la science-fiction.

En réalité, ces magazines ne payaient pas très bien — sauf peut-être par rapport à ce qu'il pouvait toucher comme vendeur de disques en 1953. En ce temps-là, un auteur de science-fiction pouvait espérer au mieux trois *cents* le mot, et encore, seulement des magazines haut de gamme. Et trois *cents* le mot pour une nouvelle comme «L'Imposteur», cela donne en tout cent quatre-vingt dollars. Pas mal, certes, pour un texte rédigé en deux ou trois jours à une époque où on pouvait louer une maison à Berkeley pour vingt-sept dollars cinquante par mois. Mais ce système ne tenait aucun compte des nouvelles qui n'aboutissaient jamais, ne trouvaient pas preneur ou échouaient dans les magazines bas de gamme, à un demi-*cent* le mot payable à la publication, c'est-à-dire six mois ou un an après acceptation... En fait, la vie que Dick avait choisie de mener confinait à l'indigence; il se condamnait lui-même à louer de vieilles baraques bon marché et à manger de la viande hachée pour animaux. Par la suite sa situation s'est améliorée, mais pas considérablement. L'ironie du sort a voulu que les adaptations cinématographiques très rémunératrices, la renommée internationale que *Blade Runner* et *Total Recall*[5] ont attachée à son nom, plus la réédition de ses romans dans plus de dix pays et l'afflux de droits provenant de mille sources différentes, surviennent après son décès, alors qu'il avait cinquante-quatre ans. Toutes ces histoires, il les a donc écrites par amour et pour de l'argent — beaucoup d'amour et peu d'argent. Après quoi, épuisé par la nécessité de trouver une ou deux idées géniales par semaine, bon an mal an, il s'est tourné vers le roman — pour mille dollars pièce, à l'époque. Ce n'était pas une sinécure. Cette vie l'a usé jusqu'à la corde, et à mon avis, elle a fini par le tuer.

---

[4] In Sutin, *The Shifting Realities of Philip K. Dick,* p. 14. Cf. Bibliographie secondaire. *(N.d.l'Anth.)*

[5] A quoi il faut ajouter depuis: *Minority Report* (Steven Spielberg, 2002) et *Paycheck* (John Woo, 2003). *(N.d.l'Anth.)*

La nouvelle reprise ici[6] compte parmi celles que Dick a placées dans *Amazing Stories* pendant sa période d'intense productivité précoce. En 1953, *Amazing* sort d'une longue phase de déclin assez morne : le petit magazine bon marché et peu reluisant devient une publication élégante, sur papier glacé, avec de belles couvertures et (phénomène encore inédit dans une revue de fiction) de belles illustrations. L'ancienne version était presque exclusivement alimentée par des auteurs « maison » qu'on peut qualifier de tâcherons. La nouvelle comporte des textes signés des meilleurs auteurs de science-fiction de l'époque : Robert Heinlein, Theodore Sturgeon, Ray Bradbury, Arthur C. Clarke, Henry Kuttner, Walter M. Miller, Jr. C'est dans la quatrième livraison de cet *Amazing* chic que fait son apparition le nom de Philip K. Dick, au sommaire, entre Kuttner et Miller, avec une petite histoire fort adroite intitulée « Le Banlieusard » ; deux numéros plus tard, il revient avec « Le Constructeur. »

Ce que j'ai pu les contempler, ces beaux numéros d'*Amazing Stories,* il y a quelque quarante ans, en rêvant d'y être publié un jour ! Ce que j'ai pu rêver d'emprunter le même chemin que Dick, de sept ans mon aîné, et d'y voir mes textes entre les siens, ceux de Sheckley et ceux de Kuttner !

C'est avec un plaisir grandissant (et, je l'admets bien volontiers) une jalousie certaine) que j'ai assisté à l'épanouissement progressif de sa carrière, d'une nouvelle à l'autre, avec pour point culminant les romans qui lui vaudraient une vraie notoriété ; plus tard, bien plus tard, alors que je suivais un itinéraire finalement assez comparable au sien, j'ai rencontré Dick, j'ai appris à le connaître, et nous sommes devenus amis. Par la suite, nos chemins se sont séparés. Il a pris une direction par trop sombre et tourmentée ; sa vie privée était pleine d'imbroglios inextricables, il était accablé par les problèmes d'argent et sa santé ne cessait de décliner. Vers la fin, je ne l'enviais plus du tout, même si mon admiration pour son œuvre restait inchangée.

Aujourd'hui je le tiens pour un des plus grands auteurs de science-fiction, autant comme nouvelliste que comme romancier. Son influence est nettement perceptible chez les écrivains actuels les plus cotés, dans les thèmes abordés et les angles d'approche, surtout dans les romans.

Il me semble que de nos jours, ses nouvelles, pourtant superbes, ne sont plus aussi connues qu'elles le méritent, et je ne saurais trop vous les conseiller.

---

[6] Ce texte a paru dans une anthologie d'*Amazing Stories* en 1998 où figurait « Le Constructeur » (cf. Bibliographie primaire). *(N.d.l'Anth.)*

Dick, prophète libertaire

par Daniel Fondanèche

Laissons l'auteur se présenter par le biais de ce qu'il appelle son «autobiographie télégraphique» : Né en 1945 — Découvre la SF vers 8 ans et l'oublie ensuite pour la redécouvrir en fac — Probablement le seul en France à avoir fait tout son cursus universitaire sur ce sujet, jusqu'au doctorat — A collaboré à Fiction, Horizons du Fantastique, *etc. — A commis des anthologies, travaux pédagogiques, articles didactiques et communications, plus une centaine de dramatiques pour la radio et la télévision — Poursuit encore vaille que vaille une carrière de critique de SF tout en ayant le sentiment de faire partie des* has-been *— STOP.*

En 1968, année glorieuse, le CLA (Club du Livre d'Anticipation) publie son quinzième volume. Il est consacré à Dick et comporte deux romans : *En attendant l'année dernière* et *A rebrousse-temps*. Mis à part ceux qui possèdent le petit rectangle bleu et blanc de «membre du Club» et ceux qui ont un libraire aventureux, combien seront avertis de ce tirage à 4 150 exemplaires?... Juste avant Dick, Farmer et Van Vogt avaient bénéficié d'une publication à 6 650 et 7 150 volumes. C'est dire que Dick n'était pas encore très connu. Deux ans plus tard, Dick n'améliore pas ses performances pour des chefs-d'œuvre tels que *Dr. Bloodmoney* et *Le Maître du Haut château*. Cette fois, il est encadré par Asimov, tiré seulement à 5 600 exemplaires, et Francis Carsac (seul français à figurer dans cette collection) avec 5 150 volumes. Dick disparaît du CLA... Parti avec les *Robinsons du cosmos?*... Certes pas, puisque en 1970, Gérard Klein édite *Ubik* dans sa collection «Ailleurs et Demain» chez Robert Laffont. Il va amener Dick sur le devant de la scène.

En l'espace de quelques années, tout Dick (œuvres «mineures» — s'il en existe? — comprises) sera publié par tous[1] les éditeurs français de SF Il semble alors qu'une collection n'aurait pas été digne d'exister si elle n'avait eu un ouvrage de Dick à son catalogue. Loi de l'offre et de la demande?... C'est possible, car même en matière de littérature, il ne faut pas négliger le fait économique. Pourquoi donc cette demande?

Un léger retour en arrière s'impose. *Ubik* a mis Dick sous les feux de la rampe. Par rapport aux écrits de la vieille vague campbellienne qui avaient fait les beaux jours des publications françaises[2], Dick propose une SF *neuve*. Au fur et à mesure que sa renommée grandit, les deux volumes du C.L.A. vont prendre une dimension quasi mythique. Les 8 300 exemplaires distribués vont être magnifiés par les comptes rendus qui en sont faits dans *Fiction* ou, plus encore, par le bouche à oreille. Ce ne sont pas les «vieux» lecteurs qui sont touchés par la voix des sirènes, mais les jeunes. Ce ne sont pas ceux qui ont vu disparaître le «Rayon Fantastique» en 1964, mais ceux qui ont découvert la SF (souvent par l'intermédiaire d'un «Fleuve Noir» délabré) pendant les événements de mai. Depuis, ils ont lu un peu de tout, souvent n'importe quoi. Soudain, ils entendent parler d'un auteur *révolutionnaire*. C'est à partir de ce moment-là que l'effet de demande va se produire.

En 1970, la collection de Gérard Klein n'était pas à la portée de toutes les bourses, et pas souvent à la portée de celles de la génération des post-soixante-huitards, surtout s'ils avaient fait «la révolution» dans leur CES ou dans leur lycée. En revanche, avec la renaissance de la SF française en 1974, les jeunes vont avoir accès au mythe à un prix raisonnable avec la réédition chez J'ai lu de *Dr. Bloodmoney* et du *Maître du Haut château*. L'année suivante, Jacques Sadoul reprend *A rebrousse-temps, Simulacres* et *Ubik*. Avec *Loterie solaire* (qui avait déjà été publié en «Galaxie-Bis»), ce seront six romans en collection de poche qui seront offerts aux lecteurs cette année-là.

En dépouillant le catalogue des autres collections disponibles à cette époque sur le marché français, on s'aperçoit que l'*effet Dick* — effet cumulatif — est en marche. Inexorablement.

Une question vient immédiatement à l'esprit: pourquoi? Pourquoi ce succès aux accents pleins d'une ferveur quasi mystique, dans les années soixante-dix?...

A la suite de ces quelques remarques liminaires, on peut émettre l'hypothèse suivante. En 1970, le souvenir des «folles journées de mai[3]» est encore vivace, même si tous les acquis bâclés des Accords de Grenelle ont

---

[1] «Fleuve Noir» excepté; seuls les auteurs français y sont alors publiés, avec le consortium germanique Scheer et Darlton.

[2] Le «Rayon Fantastique» a certainement publié le meilleur de cette SF, et «éduqué» toute une génération de lecteurs à une SF de qualité.

[3] On se reportera à un ouvrage écrit «à chaud», un des plus lucides dans de telles conditions: *Ces idées qui ont ébranlé la France*, EPISTEMON [Didier Anzieu]. Paris: Fayard, «Le Monde sans frontières», 1968.

déjà été récupérés par la «république pompidolienne». Après quelques réformettes, la France est retombée dans une torpeur campagnarde, bonasse, à l'image de son président. Or, que trouve-t-on dans les romans de Dick?... Une image de l'Amérique des *Golden Sixties*, certes, mais moins métaphoriquement: une Amérique éclatée, pervertie, subvertie de toutes parts, rongée par le complexe militaro-industriel poussant à la guerre au Viêt-nam, une Amérique désarticulée, remise en question dans chaque roman. Dick est un auteur sulfureux, un révolutionnaire de la langue (un peu) et des idées (beaucoup). Un parfum qui fleure bon mai 68 s'échappe d'entre ses pages. La nostalgie d'une révolution manquée, d'un rendez-vous de l'histoire qui n'a pas eu lieu, engendre cette passion pour Dick en prolongeant le rêve de liberté.

L'Amérique éclatée, ou la fin des valeurs traditionnelles

Si les révolutionnaires ne sont pas débordés par les ultras, les milieux conservateurs (en France, PME et paysans) font rapidement avorter la révolution. Le réformisme remplace les réformes et les systèmes syndicaux verrouillent les acquis — même infimes — pour sécuriser une base rapidement inquiète. C'est la morale que l'on peut tirer de la brève convulsion française de mai 1968. Le mal était pourtant profond dans la République du Général.

Le pourrissement était masqué par une illusion sereine de grandeur, par son affirmation souvent renouvelée. Aux USA, les mêmes errements seront peu à peu dévoilés par l'enlisement vietnamien, qui sonne le glas de la puissance militaire de l'Amérique, et la déliquescence institutionnelle atteindra son paroxysme avec l'affaire du Watergate. Mais comment en est-on arrivé là?

Napoléon a affirmé: «Avec du fer et du pain, on peut aller en Chine!» (à pied, bien sûr). En Amérique, avec du travail et dans la crainte de Dieu, n'importe qui peut matérialiser le Rêve Américain: faire fortune. L'argent n'est pas alors considéré comme une fin mais comme un moyen. Moyen de faire participer le plus grand nombre à sa propre croissance, en créant des emplois. L'argent n'est pas honteux, comme en France, mais dans la morale WASP[4] son impureté est lavée par de louables intentions. Cette morale a sécrété un certain nombre de valeurs traditionnelles que Dick va battre en brèche.

La première est le respect des institutions, puisqu'elles sont la garantie du bon fonctionnement du système. Transparence et morale obligent, le Président doit être comme la femme de César: au-dessus de tout soupçon. Ces exigences font que les médias, comme tout citoyen, peuvent avoir accès aux informations qui touchent de près la Maison-Blanche et la politique nationale. Le mode de scrutin par démultiplication implique une responsabilisation croissante des élus, même si le système du bipartisme

---

[4] White Anglo-Saxon Protestant (N. de l'Anth).

(dominant) semble réduire les choix et les options. A l'inverse, le citoyen peut plus facilement qu'en France demander des comptes à ses élus et infléchir la politique locale. Ce double mouvement assure, en principe, une gestion idéale des affaires du pays : délégation des pouvoirs et contrôle des actions entreprises. Le jacobin Sieyès, qui avait montré qu'il croyait à la puissance de l'exécutif, a largement contribué à l'élaboration de ce système quasi utopique.

Dick va consacrer un roman à la critique de ce mécanisme institutionnel. A l'époque de la rédaction et de la publication de *Simulacres*, l'Amérique est encore dans le rêve de la Nouvelle Frontière, mais elle vient d'être frappée par « le meurtre du Père ». Tout ce qu'on en a pu dire sur le moment — complot de la CIA, de la mafia, des pétroliers, de Moscou, de Cuba — et l'évacuation du problème, faisait déjà douter de l'innocence du monde politique.

Dans *Simulacres*, Dick décrit un système en pleine mutation. Ce mouvement anomique pourrait sembler prendre le contre-pied du réel vécu. La poussée des idéologies *relpols* (religieuses/politiques), la confusion entre démocratie et république vers 1985, conduisent les USA au système du parti unique. Comme pour les syndicats : inscription et cotisation obligatoires et, tous les quatre ans, élection d'un fantoche électronique *(Der Alte)*. En fait, la réalité du pouvoir semble être entre les mains de la Présidente, Nicole. Par ailleurs, avec la progression du fanatisme religieux, 51 % de la population rêve d'un nouvel Hitler aux commandes. En face d'un pouvoir monolithique mais stable se dresse le contre-pouvoir des Fils de Job, animé par Berthold Goltz. « Les fils de Job, comme les nazis du passé, se nourrissaient des déceptions des déshérités ». Ce mouvement religio-militariste a pour but, entre autres, d'éliminer tous les monstres nés des expériences atomiques. Autre rupture avec le passé : les femmes ont pris le pouvoir. « Quand notre société est devenue matriarcale [...], aux environs de 1990 ». L'invasion publicitaire est conforme au réel, les bio-pubs bavardes[5] qui viennent se coller partout n'ont que quelques années d'avance sur les possibilités des publicitaires. Le médium télévisuel a subi une forte mutation. « La télévision était devenue plus éducative que divertissante » sous l'impulsion de la Maison-Blanche, qui en réglemente les contenus, ce qui sous-entend l'existence d'une censure de fait. Au-delà, et reprenant l'idée d'Orwell, la participation qui existait dans les jeux télévisés a été dévoyée dans un système de contrôle de l'écoute. Une série d'examens-surprise qui influent sur le statut social du participant rend tout regard passif presque impossible. Toute absence de participation au phénomène médiatique entraîne une régression sociale. D'un côté une volonté pédagogique d'éducation populaire, peut-être louable ; de l'autre une absence de choix, une censure et un contrôle qui rendent le système infernal. « Tu as en face de toi l'instrument de persuasion planétaire qu'est devenue la télévision : voilà le véritable danger, Ian ». Après

---

[5] C'est vingt ans plus tard (1985) qu'IBM implante une publicité musicale dans un hebdomadaire ; elle aurait pu être parlante. Une de ces pubs sera responsable d'une des phobies du pianiste Kongrossian dans *Simulacres*.

la galaxie Gutenberg, la galaxie Marconi, le monde est pris dans la galaxie Nipkow.

Mais c'est un système pervers.

Le pouvoir semble n'exister que par une présidence toujours en spectacle, en démonstration. Si Nicole paraît contenir la pression exercée par les Fils de Job grâce à son omniprésence sur les écrans télé, la réalité du pouvoir est ailleurs. Elle repose sur les Trusts qui infléchissent, voire imposent leur politique au point qu'il faudra envisager l'intervention de l'armée contre eux et contre toutes les formes d'opposition. Mais qui décide ? Si *Der Alte* n'est qu'un simulacre, Nicole ne vaut guère mieux.

> « Il n'existe pas de Nicole [...], l'illusion du petit écran, et derrière, derrière elle, règne un autre groupe. Un corps constitué. Mais constitué de quoi, et comment ses membres ont-il acquis leur pouvoir ? Depuis quand le possèdent-ils ? [...] La réalité derrière l'illusion[6] ».

Découvrir cette réalité n'est pas sans danger puisqu'elle entraîne la mort ou l'amnésie par ablation de cellules mémorielles. Dans cette « église invisible », il faut bien sûr voir une dénonciation de la technocratie qui avait si bien conseillé Kennedy dans l'affaire de la Baie des Cochons. Quelques années plus tard, Th. Roszak rejoindra S. Mill en soutenant que les véritables dirigeants d'un pays sont les technocrates qui survivent à tous les changements politiques, même s'ils ont atteint depuis longtemps leur plus haut niveau d'incompétence.

Dick semble répudier toute une époque dans ses fondements institutionnels, alors que les signes de la dégradation du système ne sont pas encore apparents.

Le second pilier de la morale WASP est la religion.

Grâce à un système fiscal très favorable, les sectes ne peuvent être que florissantes. Dick sera un des premiers à en dénoncer l'influence pernicieuse. Quelques années plus tard, il sera suivi par Silverberg, Malzberg, Brunner[7]... Il ne faut pas minimiser l'importance de la pression de quelques lobbies religieux (les Juifs lors des conflits israélo-égyptiens ; les créationnistes pour l'abandon de l'enseignement de l'évolutionnisme dans certains Etats, etc.) Religions instituées et sectes forment un complexe actif dont les pouvoir temporels dépassent de beaucoup la représentativité religieuse.

De la même façon, le mouvement féministe n'en est encore qu'à ses débuts. Le NOW de Betty Friedman[8] ne sera à son apogée qu'en 66/70, et pourtant, Dick a vis-à-vis des femmes une attitude assez modérée. Depuis Aristophane, le thème féministe est un lieu commun de l'histoire littéraire. Souvent tourné en dérision[9], le gouvernement de et par les femmes est une forme perverse du pouvoir. Or, le traitement de Dick est plus subtil. Le gouvernement de Nicole, tout maternaliste qu'il soit, n'est pas ridicule.

---

[6] Toutes ces citations sont extraites de *Simulacres* [cf. « Bibliographie primaire »].

[7] *Les Masques du temps, L'Univers est à nous, Tous à Zanzibar...*

[8] National Organization for Women. *(N.d.l'Anth.)*

[9] Comme dans *Matriarchie*, de R. Bloch, *L'Armada des étoiles*, de J. Blish, ou *Lysistrata* de Boyd.

Le système fonctionne correctement, et la dégradation qui se produit ne lui est pas imputable. Dick, comme bon nombre de citoyens, a dû être séduit par le charme de Jackie Kennedy. Avec l'influence grandissante du *médium* télévisuel, avoir une femme belle est un atout supplémentaire pour un président ou un candidat à la Maison-Blanche. La télévision, qui avait joué un rôle certain dans l'élection de J.F.K., sera dotée, dans les romans de SF, d'une influence proportionnelle à celle qu'elle occupe dans la vie américaine, pour culminer avec l'agressif *Jack Barron et l'éternité* de Norman Spinrad. Mouvement grandissant, le phénomène de la diffusion de masse a des effets secondaires que Dick met en relief dans sa double charge contre la publicité envahissante et la télévision nivelante.

Le Pouvoir, comme chez Shakespeare ou Calderon, est une illusion, et ce qu'il représente n'est qu'un décor devant lequel s'agitent des simulacres. Il ne protège pas le citoyen, mais les trusts et les lobbies. L'idéal démocratique n'est qu'une farce sinistre, puisque le dévoilement de la supercherie entraîne la mort. Dick, un « radical » ? C'est possible. Mais il va plus loin encore en s'attaquant aux autres éléments du système de valeurs WASP.

Un des moyens de faire fortune de façon respectable en faisant progresser le pays est de se livrer au commerce. En cette fin de XXᵉ siècle, le secteur le plus intéressant est celui de l'immortalité. Dans *Ubik* (1964) Dick va dénoncer les principes de la libre concurrence. Elle ne répond pas au désir de mieux servir le consommateur, mais n'est qu'un moyen de prospérer à son détriment. Spinrad, dans *Jack Barron,* reprend la même argumentation, et Mulligan, dans *Tous à Zanzibar* de Brunner, soutient que les nouveaux pauvres ne sont que le résultat de la surconsommation. L'Ubik n'a pas plus de réalité que l'espoir que peuvent entretenir les cryogénisés, il ne stabilise pas plus le temps que l'animation suspendue ne l'abolit ; la lutte entre les agences de protection ESP ne conduit qu'au dérèglement du temps. Pris entre les ententes illicites et la concurrence sauvage, le consommateur est toujours le dindon de la farce.

Entre commerce et religion, la différence est parfois bien mince ; c'est du moins ce qu'on pourrait penser de l'entreprise de Leo Bulero. Celui-ci vend de l'illusion à partir du moment où la Terre, surpeuplée, se débarrasse autoritairement de son trop-plein de population en créant des colonies de peuplement. Les hommes sont « arrachés de force à la Terre, condamnés à recommencer une existence misérablement inhumaine [...] partout où les bureaucrates de l'ONU s'avisaient de les déposer. » Or, c'est grâce à un Secrétaire général de l'ONU corrompu que le petit commerce de l'illusion tenu par Leo Bulero peut prospérer. « Le D-Liss, c'est la religion des colons ». Hepburn-Gilbert abandonne Bulero pour Palmer Eldritch dès que ce dernier apporte un nouveau lichen, plus performant. « Lorsqu'on a touché une fois au K-Priss, on est déchu [...]. Tout comme le péché ». Le commerce de Bulero est menacé parce qu'Eldritch est un nouveau Faust. Il s'est sans doute vendu aux Proxiens pour ce lichen qui peut lui permettre d'affirmer : « Dieu [...] vous promet la vie éternelle. Je fais mieux que cela : je la dispense ». Eldritch, ce dieu venu du Centaure, acquiert sa divinité par une drogue nouvelle qui apporte le paradis artificiel et l'impression d'éternité, mais aussi la déchéance. Eldritch est le diable, le corrupteur des âmes agissant par le biais d'un commerce maudit. «Si, par le D-Liss [...], nous échappons au poids du [...] péché», par le K-Priss, l'homme s'enfonce dans la damnation. «Ce qui nous fait défaut dans le cas présent, c'est le moyen de nous racheter [...] il n'est pas sûr qu'il existe[10]». Si commerce et religion font bon ménage dans les sectes, ce qui peut s'apparenter à une religion quasi officielle est devenu l'objet d'une bataille économique, avec tous les ingrédients de ce système : tentative de négociations, corruption, pièges, et même meurtres. Au-delà de l'aspect purement métaphysique de ce roman, c'est la loi de la jungle régissant les affaires que Dick dénonce dans l'affrontement entre Eldritch et Bulero.

La grandeur de l'Amérique, c'est aussi son histoire. Histoire glorieuse à condition (comme pour tous les pays) de jeter un voile pudique sur quelques événements ou personnages.

Avec l'uchronie, et *Le Maître du Haut château,* c'est une partie de l'Histoire que Dick met en cause. Dès 1962, il semble douter de l'invincibilité de l'Amérique puisqu'il la présente vaincue par les puissances de l'Axe en 1947. Mieux, les USA sont occupés par l'Allemagne dans leur partie nord-est, et par le Japon sur la côte du Pacifique. Au centre, une zone libre où les trafics vont bon train, surtout s'ils sont un peu douteux.

Dans la zone occupée par les Japonais (si «convenables», comme les Allemands en France en 1940), la collaboration fonctionne parfaitement. Au nord, malgré le manque d'indications, les «kapos» doivent certainement exister. Où est donc la vertueuse Amérique, toute entière dévouée à un système dévoyé? Elle trouve refuge dans le rêve prodigué par l'ouvrage d'Abendsen, *La Sauterelle pèse lourd,* qui décrit une autre réalité : l'actuel occupant a été vaincu par les alliés. Dick joue sur l'effet de distance entre ces deux aspects du réel; le jeu sur les possibles est aussi celui de tous les possibles, même les plus absurdes. Deux aspects d'une même réalité avec un éclairage double. Déjà un roman de l'enchâssement. On peut alors penser aux accents de dérision de Vonnegut: «Rien dans ce livre n'est vrai» ou «La vie, c'est autre chose que tes bouquins.» Où est donc la vérité: dans l'occupation, ou dans le roman de science-fiction d'Abendsen? L'Histoire ne serait-elle, elle aussi, qu'une illusion? Une plaisanterie plus ou moins sinistre, relativisée par les jugements que l'on porte sur elle?

Le rôle corrupteur de Dick avait été préparé par Heinlein dès les années soixante avec *En Terre étrangère.* Le gouvernement est prêt à tout pour spolier Valentin Smith de son bien, y compris à le supprimer afin que son héritage revienne à l'Etat. Pour cela, la Fédération et son Secrétaire général, Douglas, agitent devant les médias un acteur qu'ils font passer pour Smith. Douglas est-il pour autant maître de la situation? Certes pas : c'est sa femme qui joue sur les décisions qu'il doit prendre, après avoir

---

[10] Toutes ces citations sont extraites du *Dieu venu du Centaure* [cf. Bibliographie primaire].

consulté son astrologue puisque « la seule vraie science est l'astrologie ». L'irrationnel contre la science… Il existe néanmoins un autre contre-pouvoir, celui de Jubal Harshaw. Un surhomme qui ne se déclare pas comme tel ; solitaire, mais puissant. « [Il] tenait que certains pieds sont faits pour qu'on marche dessus, afin d'améliorer la race, d'augmenter le bien général et de minimiser l'antique insolence de la bureaucratie ». Grâce à ses talents d'avocat, Jubal luttera contre tout l'appareil d'Etat pour faire rentrer Smith dans la totalité de ses droits. « La démocratie est un système bien médiocre […] Son pire défaut est que ses leaders reflètent leurs électeurs — cela nous donne un niveau bien bas[11] ». Amertume du constat qui permettra à Jubal de faire reconnaître et respecter les droits de Valentin.

Heinlein tourne aussi le commerce en dérision. Dans le « nid », les proches de Smith n'ont pas de soucis d'argent. Valentin en crée, plus vrais que nature. Ce n'est pas pour mettre Fort Knox en difficulté, mais pour replacer les notions de travail/argent/échange à leur véritable place — pour les relativiser. L'argent n'est plus un symbole de puissance, le travail ne devrait exister que comme forme de plaisir, et il ne semble pas très « moral » d'exploiter le travail de son prochain en faisant fortune à sa place. Quant à la religion, face aux intégristes fosterites qui clament[12] : « Pas de paix pour les pécheurs !/Dieu est avec nous ! », Valentin prêche une religion de la tolérance et de l'amour : « Dieu leur demande d'être heureux. » C'est ce culte du bonheur qui sera celui des hippies quelques années plus tard, une « religion » dont Heinlein avait déjà perçu le pouvoir. « […] L'église secrète était ce culte dyonisiaque qui manquait à l'Amérique et pour laquelle existait un immense marché potentiel[13] ».

L'Histoire, ce devrait être celle d'une anomie, celle du changement de l'Amérique découvrant qu'il existe d'autres « valeurs » que celle des W.A.S.P. Une Amérique de liberté et de tolérance, d'amour et de fraternité. Sans le savoir, Valentin, par Heinlein interposé, sera à la base de la « religion » du Nous des *Flower Children*. Heinlein, un des tous premiers corrupteurs de l'Amérique des *Golden Sixties*, n'a pas dû laisser Dick indifférent, pas plus que les auteurs de sa génération.

Les grands vecteurs :
porteurs de rêve pour lutter contre le présent

Time is money. Vieux dicton, mais qui n'a jamais perdu de sa force dans une économie de marché, qui a pris tout son sens avec la taylorisation puis avec l'OST (Organisation Systématique du Travail) et enfin avec le TAO (Travail Assisté par Ordinateur). Le temps rôde dans toute l'œuvre de Dick, et cet aspect sera l'un de ceux qui ont le plus marqué les auteurs français (Michel Jeury peut-être plus que tout autre). Les « bon-

---

[11] R. Heinlein, *En terre étrangère*, 1970, p. 84.

[12] Comme le fera le cardinal Spelleman devant les G.I.'s lors de ses « saintes » tournées au Viêt-nam.

[13] Ces citations sont extraites de Heinlein : *En terre étrangère*.

nes vieilles» machines à parcourir le temps, héritage de Wells, coexistent avec une approche plus fine du problème. Dans *Simulacres*, la machine permet toute une négociation avec l'Axe, dans le but de supprimer Hitler ou d'atténuer les effets de sa folie. Dans *Brèche dans l'espace,* un translateur détraqué permet le passage dans un univers parallèle, mais aussi un voyage dans le temps. Dans *La Vérité avant-dernière*, le temps s'est arrêté pour toutes les «fourmis» qui travaillent sous terre; pour elles, la guerre est/ouest dure encore. Avec *A rebrousse-temps*, le temps se replie et repart en arrière; un peu comme dans *Ubik*, mais avec des conséquences différentes. Il n'y a plus de phénomène de contagion et d'oscillation entre 1992 et 1939, mais un brusque retour en arrière qui provoque une régression généralisée. Faut-il alors se fier à cette appréciation d'Aldiss: «Comme il est préférable de retourner vers le passé: il est bien plus rassurant[14]! » Selon l'expression de Burroughs, Dick voyage dans les "poches vides du temps"[15].

La drogue est une des voies permettant d'échapper au réel. Chez Burroughs, drogue et temps sont liés. «La came roulait dans ma chair brûlante [...] Le temps explose et s'arrête dans le métal bleu[16]». Dans *Message de Frolix 8,* la drogue est pour Charley le moyen de faire passer le stress; *Au Bout du labyrinthe* est, de l'aveu de Dick, «la résultante d'une expérience faite par moi à l'aide du LSD[17].» La liaison drogue/temps est tout aussi étroite dans *En attendant l'année dernière,* avec l'emploi du JJ-180, que dans *Le Dieu venu du Centaure*, avec le K-Priss et le D-Liss. Un peu partout, à un moment ou à un autre, la drogue — généralement douce — est là comme support. «Les adultes passaient leur temps à ne rien faire, sinon à rouler des joints[18]». Transfert de l'affectivité, volonté d'oubli d'un présent angoissant, plaisir de l'évasion dans une autre dimension du rêve... Les propos de Dick sur ce sujet sont trop contradictoires — souvent dictés par les événements — pour qu'il soit utile de s'y arrêter. En revanche, comme chez bon nombre de ses confrères de l'époque, la drogue (très souvent le LSD) fait partie d'un environnement familier. Elle s'inscrit naturellement dans la trame dramatique, comme élément réaliste. A de rares exceptions près, le «camé» n'est pas un personnage de premier plan, et la drogue n'est pas au centre du roman. Elle apparaît comme moyen, et non comme fin. Une sorte de «valeur refuge» de l'affectivité. L'époque est trouble et angoissante; alors, pour ne pas sombrer dans la neurasthénie, le «trip» est la solution la plus simple, la plus «démocratique».

Dick serait-il un psychopathe? Un pervers? Un corrupteur comme Socrate, qui prétendait éduquer la jeunesse?...

---

[14] B.W. Aldiss, *Frankenstein délivré,* Paris: OPTA «Anti-mondes» n°17, 1975, p. 38.

[15] W. Burroughs, *La Machine molle,* Paris: UGE «10/18», 197 [1961], p. 60.

[16] W. Burroughs, *Nova Express,* Paris: UGE «10/18», 1972 [1964], p. 131.

[17] «Préface» à PKD: *Au bout du labyrinthe* [cf. Bibliographie primaire].

[18] Philip K. Dick, *Coulez mes larmes, dit le policier* [cf. Bibliographie primaire].

Dick et l'Amérique truquée

Il n'est pas question de refaire ici la thèse de Marcel Thaon, « Approche psychopathologique de l'œuvre de Philip K. Dick[19] » (elle se suffit à elle-même), ni de repenser l'approche des romans de Dick par la fantasmatique, comme Louis-Vincent Thomas[20]. Malgré tout, il serait sans doute bon, en quelques lignes, de replacer l'œuvre de Dick dans une perspective plus large : celle du courant novateur qu'elle représente.

Jusqu'à la fin de la Deuxième Guerre mondiale, les auteurs de SF — par Campbell interposé — ont misé sur une Amérique stable, parfaitement intégrée en dépit de problèmes latents : la paupérisation des « petits blancs » du centre et du sud avec la poussée de l'industrialisation, la question noire et celle des *ethnics*. Tant bien que mal, et sous l'influence du *New Deal*, l'Amérique prospère — même si c'est à des vitesses inégales. Dès la fin de la guerre, les choses ne peuvent plus être semblables, le « vieux » monde est mort avec Hiroshima et Nagasaki. L'homme sait désormais qu'il a fabriqué un moyen de se détruire *totalement*. Il n'a plus à réfléchir à longue échéance, à calculer en termes de temps et de générations à venir. Il lui faut se résoudre à vivre dans un présent incertain. Si les hommes de la *swinging generation,* celle de Dick, sont encore dans le cadre du monde ancien, la nouvelle génération est née avec le risque nucléaire. Elle l'a intégré à son mode de pensée, à son mode de vie.

Ce n'est pas Dick qui est psychopathe, mais toute une génération qui vit son « anormalité » par rapport à la génération précédente.

Une génération qui n'a pas connu la guerre, mais qui va grandir avec elle (Corée, Viêt-nam, Laos…) et qui la rejettera de plus en plus au fil des ans. Les Enfants Fleurs, vont alors proposer un bref et délirant exutoire au réel : amour, fraternité, drogue…

C'est dans l'œuvre de Dick que l'on va trouver toutes les marques du « fossé des générations ». C'était un signe des temps. « La déraison imprégnait même l'air que l'on respirait, c'était vrai pour tout le monde[21] ». Certes, Dick apparaît comme un auteur plutôt « radical » ; mais de là à être un prophète… En tous cas, comme nul ne l'est en son pays, ce n'est pas aux USA que Dick connaîtra sa gloire la plus grande, mais en France. Il en sera le premier surpris.

La fin des *Golden Sixties* correspond à peu près au début du désengagement au Viêt-Nam. N'ayant plus à craindre la conscription, les étudiants se consacrent à leurs études ou à l'écologie, pour les plus « radicaux » d'entre eux. La révolution sur les campus disparaît. Peu à peu, sous Nixon

---

[19] Cf. Thaon, Bibliographie secondaire. *(N.d.l'Anth.)*
[20] Louis-Vincent Thomas, *Civilisation et divagations — Mort, fantasmes, science-fiction,* Paris : Petite Bibliothèque Payot, 1979 ; *Fantasmes au quotidien,* Librairie des Méridiens, coll. « Sociologie au quotidien », 1984.

d'abord, puis sous les présidences de ses successeurs — tous du Sud, comme lui —, l'Amérique se replie sur elle-même. Elle se tourne vers le conservatisme et les « valeurs » WASP reprennent le dessus. Après le culte du « Nous » des Flower Children, c'est le « Moi » qui s'impose, l'esprit pionnier des ancêtres.

Certes, en SF il existe encore quelques textes virulents dans la seconde partie des années soixante-dix, mais ils sont nettement moins nombreux. Ils vivent sur les restes du *Free Speech Movement*. Or, c'est à cette époque que la France redécouvre la SF, grâce à la multiplication des collections de poche et au Congrès national. Dick fait alors figure de révolutionnaire, de prophète... d'un temps révolu : celui de la « révolution » de mai.

Il annonçait plus ou moins ce qu'elle fut : une brève période de liberté, un moment de convulsion qui permit la découverte de drogues — « hash », LSD, marijuana dans la plupart des cas — et de la sexualité débridée. Mais ce fut aussi l'époque où l'on vit un pouvoir conservateur se fissurer, faire eau de toutes parts avant de se ressaisir pour employer la répression ou la contention avec l'aide de son adversaire apparent (la CGT) pour que tout *rentre dans l'ordre*.

Le succès de Dick a sans doute moins été dû à ce qu'il était ou à ce qu'il avait écrit qu'à ce qu'il représentait comme investissement affectif — quasi libidinal — pour toute une génération. Il permettait de revivre le rêve libertaire des jours de mai.

S'il n'en a pas été l'élément moteur (comme W. Reich), il en a été le précurseur.

Entretien avec Philip K. Dick

par D. Scott Apel & K.C. Briggs

PREMIÈRE PARTIE

Cette entrevue (légèrement abrégée) date de 1977; au départ prévue pour prendre place dans un volume d'entretiens menés avec quelques écrivains de science-fiction américains, elle forme à présent le cœur de Philip K. Dick: The Dream Connection, *l'ouvrage consacré à Dick par le journaliste et écrivain D.S. Apel, qui constituait pour notre auteur un interlocuteur idéal, et semble ne s'être jamais tout à fait remis de sa rencontre avec lui[1]…*

L'entretien qui suit a été réalisé en deux temps, les 20 et 23 juillet 1977, au domicile de Joan Simpson, avec qui vivait alors Philip K. Dick. Il représente au total huit heures de conversation. Le discours caractéristique de Dick a été dans la mesure du possible préservé, mais quelques « faux départs » ont pu être éliminés, et quelques questions reformulées au nom de la clarté. Cela mis à part, c'est bien Philip K. Dick que vous allez entendre. Maintenant, lisez et appréciez son génie! — D. Scott Apel

DSA: Nous avons choisi pour démarrer cet entretien une démarche simple et fondamentale permettant de jeter des bases solides avant d'aborder vos thèmes de prédilection et vos opinions; la question évidente est donc: quelles sont vos méthodes de travail? Vous imposez-vous des contraintes bien définies lorsque vous vous mettez à écrire?

---

[1] Apel, *Philip K. Dick: The Dream Connection* [cf. Bibliographie secondaire]. *(N.d.l'Anth.)*

PKD : Mes méthodes de travail ont été de deux sortes. D'abord, à une époque, je mourais de faim si je n'écrivais pas trois ou quatre romans par an. Mon directeur de collection chez Bantam dit que j'ai écrit quelque chose comme seize romans en cinq ans. Je ne sais pas si c'est vrai. Le fait est que je n'arrêtais pas d'écrire. Je me souviens du temps où je tapais le mot « FIN », où je sortais le feuillet de la machine à écrire et où j'en introduisais un autre qui disait « Chapitre Premier ». Je commençais à montrer des signes d'usure.

Puis il s'est produit deux choses : d'abord, l'épuisement. On ne peut pas continuer éternellement à travailler à ce rythme, même si les idées continuent de venir. L'état où on se trouve ne le permet plus. C'était vers 1964, après mon prix Hugo pour *Le Maître du Haut château*. Je me suis dit : il faut battre le fer pendant qu'il est chaud, et je me suis mis à écrire. J'étais un dingue de l'écriture. Quelle espérance de vie donneriez-vous à un type qui décide d'écrire seize romans en cinq ans ? Je ne me suis pas trouvé à court d'idées mais d'énergie. Je m'épuisais moi-même.

Deuxièmement, Terry Carr[2] m'a dit : « Tes bouquins se ressemblent comme deux gouttes d'eau. » Ça, je m'en souviendrai toujours, ça s'est inscrit de manière indélébile dans mes banques de mémoire à long terme. « Les bouquins de Poul Anderson, *eux,* sont toujours très différents les uns des autres. » (Personnellement, je n'en suis pas persuadé, mais ce sont ses termes). « Même chose pour ceux de Robert Silverberg. Mais les tiens… tous les mêmes ! Les fans ronchonnent. N'essaye donc plus de comprendre ce qu'est la réalité, *dis-le* ! » Alors j'ai pensé : Ciel ! Quelle profondeur ! C'est vrai que je n'ai pas cessé d'écrire sur ce thème. Et maintenant, *Ils* — Vous savez bien, ces figures titanesques qui nous entourent…

DSA : *Eux.*

PKD : C'est ça, *eux. Ils* veulent que je dise ce qu'est la réalité. Seulement, moi, je n'en ai jamais eu la moindre intention, pour la bonne raison que *je l'ignore.* Tout ce que je peux faire, c'est demander d'une voix plaintive : « Hé, les gars ! Qu'est-ce qu'il y a de réellement réel, en fin de compte ? » Là-dessus arrive Terry Carr — le grand anthologiste — qui donne un coup de sifflet de moniteur de colonie de vacances et dit : « Bon ! Maintenant, il est temps d'écrire sur ce qu'est la réalité ! Tu as posé la question, maintenant, réponds-y. » Comme si j'étais moralement tenu de le faire. Il m'a eu grâce à mon côté protestant, le respect du devoir, et tout ça… Bref, voilà comment j'ai découvert qu'il était beaucoup plus difficile de *dire* ce que c'est que de se le demander.

DSA : Et finalement, qu'est-ce que c'était ?

PKD : Je veux bien être pendu si je le sais ! *(Eclat de rire général).* Mais je me suis dit : Puisque c'est comme ça, je vais faire semblant. Donc, en 1970 je me suis mis à travailler sur *Coulez mes larmes, dit le policier* avec

---

[2] Terry Carr : écrivain et éditeur américain chez Ace Books, où il était responsable des célèbres « Ace Specials » et où il fut l'auteur, avec Donald A. Wolheim, d'un grand nombre d'anthologies. *(N.d.l'Anth.)*

l'intention de résoudre le problème en dévoilant la véritable nature de la réalité. Résultat : trois ans sans rien écrire.

DSA : Le temps d'aller voir ce que c'était ?

PKD : Oui, enfin… je suis resté devant ma machine à écrire. J'en ai fait onze versions, de ce roman. Et ce n'est pas une façon de parler. J'avais un système compliqué qui m'empêchait de réinjecter à chaque fois les versions précédentes ; sinon, j'y serais encore. Finalement, j'ai décrété que ce qui était réellement réel, c'était *l'amour*. Et puis je me suis dit : Tu sais, quelqu'un a déjà dit ça avant toi. Voyons, qui ça pouvait bien être ? En fait, beaucoup de gens l'ont dit. Tu parles d'une révélation !

DSA : Saint Augustin, Aleister Crowley…

PKD : Saint Paul a dit : « Si je ne connais pas l'amour, je ne suis que de la merde, » ou quelque chose dans ce genre. Bref, j'ai travaillé trois ans sur ce livre et pendant que Terry Carr avait le dos tourné, je suis revenu à la question de ce qui est réel.

Mes habitudes de travail ont donc changé à cette époque-là. Moi qui n'avais jamais fait autre chose qu'un brouillon immédiatement suivi de la version finale, je polissais chaque mot. Même chose pour le roman suivant, *Substance mort*… Il m'a fallu des années ! J'en ai eu l'idée début 1972, et le manuscrit n'est parti chez Doubleday qu'en 1976. Je n'essayais même plus de savoir ce qui était réel ; simplement, je ne pouvais plus fournir comme avant.

Quant au roman sur lequel je travaille en ce moment pour Bantam, *Siva*… je n'avais pas lu le contrat, et ils me donnaient quarante-cinq jours entre le premier jet et la version définitive ! Moi qui prévoyais deux ans ! Ça me suffit à peine à taper le manuscrit. Alors ils m'ont accordé quelques semaines supplémentaires, mais pour moi, ça ou vingt-quatre heures, ça ne faisait pas de différence, car j'avais découvert avec *Substance mort* que la version finale était infiniment meilleure que le premier jet. Une fois que les centres de traitement de mon cerveau ont établi une corrélation entre ces deux faits — on travaille deux ans et le livre est bien meilleur —, comment revenir à mon ancienne méthode ? J'ai donc demandé à Bantam : « Vous voulez le livre le plus vite possible, ou vous voulez le meilleur livre possible ? » Evidemment, la réponse est contenue dans la question. Comment pourraient-ils dire : « On s'en fiche s'il est nul. Qu'est-ce que ça peut nous faire ? On n'est qu'une usine à mots. » *(Rires.)* Je leur ai donc répondu : « Très bien, vous l'aurez quand il sera fini, » ce genre de tautologie. Et à mon avis, j'en ai encore pour deux ans. Il a fallu que j'envoie des collègues leur confirmer que je travaillais bien sur ce livre. C'est aussi ce qui s'est passé avec *Substance mort*. J'ai envoyé un synopsis et les quatre premiers chapitres, et le résultat final n'a été achevé que plusieurs années après. Même mon agent disait — en privé — qu'il n'était pas sûr qu'il existe bel et bien un manuscrit achevé.

DSA : Le *Manuscrit maltais,* quoi !

PKD : C'est ça. Quand Paul Williams est venu m'interviewer pour *Rolling Stone,* il m'a demandé : « Euh… Phil ?

— Quoi?

— Tu as le premier jet de *Substance mort*?

— Evidemment, pourquoi?

— Parce que j'ai parié avec ton agent et ton éditeur. Ils pensent qu'il n'existe pas.»

Je le lui ai donc mis sous le nez. Il n'en croyait pas ses yeux!

Voilà ce que sont actuellement mes méthodes de travail: j'avance *très* lentement et je fais beaucoup de recherches — des *années* de recherches. La seule chose qui me permette de vivre dans ces conditions, ce sont mes droits d'auteur à l'étranger. Sans eux, ce serait la fin.

DSA: Dans quel pays vendez-vous le mieux? En France?

PKD: Oui. On m'a rapporté que là-bas, j'étais l'écrivain de science-fiction américain le plus aimé. J'avais coutume de dire que c'était parce que j'y avais d'excellents traducteurs, mais la véritable raison est très simple: je renvoie aux Français leurs propres romans. Les livres qui m'ont le plus influencé quand j'ai commencé à écrire, aux alentours de vingt ans, c'étaient les romans réalistes français: Flaubert, Stendahl, Balzac et les autres, ainsi que les romanciers russes qu'ils avaient inspirés, comme Tourgueniev. J'ai même lu les Japonais qui avaient subi leur influence. Ce qui me plaisait beaucoup là-dedans, c'était l'aspect «tranche de vie.»

DSA: Cela faisait-il partie de votre quête de la réalité?

PKD: Eh bien... à cette époque, je ne savais pas que je ne savais pas. Je n'avais même pas encore formulé la question. Je les lisais parce que j'aimais ça. Je n'avais jamais rien lu d'aussi beau que *Le Rouge et le noir.* Et celui qui venait juste derrière, c'était *Madame Bovary.*

Au début, je n'écrivais que des nouvelles. Mais dès que je suis passé au roman, c'est le modèle du roman réaliste français qui a tout déclenché. On le voit dans *Loterie solaire,* mon premier roman: toutes sortes de gens appartenant à toutes les classes sociales... portraiturés comme je le pouvais. Je n'aurais jamais cru, en reprenant ce modèle à mon compte, que mes livres seraient un jour publiés à l'étranger. Ce n'est qu'en 1964 qu'un éditeur français a pris contact avec moi... J'écrivais depuis 1951, et mon premier roman datait de 1955. Là, les Editions Opta m'ont fait une proposition extraordinaire: ils voulaient publier *tous* mes romans. Ils ont une belle collection grand format pour laquelle ils m'ont demandé une photo, et John Brunner a écrit un texte de présentation. Ils m'ont envoyé un exemplaire du premier: *Dr. Bloodmoney* avec Le *Maître du Haut château* et *En attendant l'année dernière* avec *A rebrousse-temps.* Il y avait même une bibliographie complète! Tout, il y avait tout! Vraiment rien à voir avec les «Ace Novels», ces livres de poche un peu minables... Seulement, ils n'ont pas pu tenir parole, parce que d'autres éditeurs français ont proposé plus d'argent pour les romans suivants; aussi se contentent-ils de rééditer ceux dont ils ont les droits. On m'a dit que vingt-six à vingt-neuf de mes romans étaient disponibles en France. Le fait que je sois plus connu là-bas qu'ici s'explique donc facilement: j'ai tout appris d'eux... et je leur réexpédie le tout. Je n'ai pas beaucoup de mérite; si j'avais maîtrisé parfaitement le roman anglais, je serais sans doute immensément célèbre en Angleterre. Seulement, ce sont mes droits pour la France qui me maintiennent en vie… En Grande-Bretagne, ils se comptent par centaines de dollars; en France, par milliers. C'est sans doute une des choses les plus intelligentes que j'aie faites. J'ai toujours voulu dire ça dans une interview. Il me semble que ce qui a joué le plus grand rôle pour moi, avant même que je me mette à écrire, ce sont tous les prétendus «Grands Romans» que j'ai lus et étudiés.

DSA: Vous avez décidé vous-même quel genre d'écrivain vous deviez être.

PKD: Oui. En d'autres termes, je ne me suis pas nourri de littérature de science-fiction. Si je suis devenu un auteur de science-fiction, ce n'est pas parce que j'ai lu *Question de poids* de Hal Clement! Je me souviens d'avoir lu dans un magazine un résumé de la première partie de ce bouquin, et ça donnait quelque chose du genre *(Il prend une voix de narrateur débile)*: «Pour la première fois de son histoire, l'Homme était à même de mesurer trois champs gravitationnels à la fois.» Et un jour, dans une convention mondiale, j'ai fait le petit discours suivant: «Voici une idée de roman: c'est un monde où personne n'a eu l'idée d'inventer le mètre pliant. Ils n'ont que de grandes règles rigides de trois mètres de long. Là-dessus quelqu'un invente le mètre-ruban, ce qui lui permet se promener partout en mesurant tout ce qu'il rencontre. Et le livre raconterait comment il se promène partout en mesurant tout ce qu'il rencontre. Ce serait très intéressant, car ce personnage définirait la réalité en termes de dimensions physiques. Par exemple, il appellerait sa petite amie «Un-soixante» parce que telle serait sa taille. Son chat serait «Soixante-et-un-virgule-cinq».» Je ne suis jamais arrivé à ce que je voulais démontrer dans cet exposé parce que, tout à coup, je me suis mis à raconter que la Compagnie des Téléphones était en train de faire main basse sur le monde et je me suis éloigné de mon but, qui était de démontrer que ce qu'il y a de plus triste dans la science-fiction — et ce n'est pas d'aujourd'hui —, c'est qu'on voit arriver des gens qui ne sont que des fans *per se*… c'est-à-dire qu'ils lisent, puis régurgitent le tout sous forme édulcorée.

J'ai eu la chance de grandir à Berkeley, où il est parfaitement naturel de lire quelqu'un comme Proust. Sans ça, on n'était pas admis dans les soirées! Il y avait aussi Henry Miller, d'ailleurs, et… bon, j'ai oublié les autres. Ces sacrés bouquins étaient d'une longueur! Prenez *Guerre et paix,* par exemple. Eh bien, on n'osait pas aller dans les soirées si on ne l'avait pas lu. *Ulysse* était archi-obligatoire, *Finnegans Wake* était optionnel, mais il était important d'avoir essayé, et d'être capable d'en dire un peu plus que: «Dis donc, il devait être dingue quand il a écrit ça!» Par exemple, il fallait dire: «Moi, je crois que le livre entier est un rêve raconté du point de vue de l'esprit rêvant qui se remémore la réalité, et que Earwicker est en train de se réveiller,» ce qui d'ailleurs a toujours été ma théorie. Puisqu'on était obligé d'avancer une théorie, il fallait bien arriver à un certain degré de familiarité avec les œuvres. Mais il ne m'est jamais venu à l'esprit, en les lisant, que je mettrais un jour mon savoir en pratique dans mes propres romans, pour la bonne raison qu'à l'époque, je ne voulais écrire que des nouvelles. Quand je suis arrivé sur le marché, il existait peut-être une quinzaine de magazines. Un jour, je me souviens — c'était en juin 1953 — je suis allé m'approvisionner en SF et j'ai trouvé sept magazines contenant une nouvelle de moi.

Et puis, en 1954, j'ai rencontré à la Convention mondiale un directeur de collection qui m'a dit : « Ecrivez donc des romans.

— Pourquoi ?

— Vous gagnerez plus d'argent.

— Comment ça se fait ?

— *Astounding* les publiera par épisodes, et plus tard vous pourrez les vendre en volume.

— Super ! Je n'y avais pas pensé. Puisque c'est comme ça, je vais écrire un roman ! »

Je suis donc rentré chez moi, et j'ai écrit *Loterie solaire*. Et ça ne s'est pas passé du tout comme l'avait prédit ce type. Je n'ai pas vendu un seul roman aux magazines. Tout est paru chez Ace, et ce n'était pas plus rentable que si j'avais écrit tout un tas de nouvelles.

DSA : Avez-vous une anecdote à nous raconter sur Donald Wolheim[3] ?

PKD : A l'époque où je préparais mon anthologie pour Ballantine, *The Best of Philip K. Dick*, il m'a écrit qu'il aimerait publier un recueil de mes nouvelles ». Je lui réponds que je regrette, mais que je suis justement en train de les vendre à Ballantine. Là-dessus il me répond : « Ça ne fait rien parce que Betty » — c'est-à-dire Betty Ballantine — « et moi, on a des goûts différents. Vous n'avez qu'à me refiler ce dont elle ne voudra pas. » Ce que je me suis empressé de faire. Et là, il les lit et il entre dans une rage folle en disant : « C'est ce dont Betty n'a pas voulu ! » Je lui rappelle que c'est ce dont nous étions convenus, et il me rétorque que mes textes ne sont pas très bons. Sur quoi je lui renvoie que le paiement n'est pas terrible non plus. Il a fini par publier le tout, mais pas de gaieté de cœur. Et voilà ce que j'ai à raconter sur Wolheim. Sans compter le jour où il m'a conseillé de venir m'installer à New York et de m'inscrire au chômage parce que je me plaignais de ne pas avoir été payé pour *Le Bal des schizos* en déclarant que je serais bientôt obligé d'arrêter la SF et de me faire balayeur à Disneyland. Quel cœur de pierre !

DSA : Puisque vous mentionnez *Le Bal des schizos* et Disneyland dans la même phrase... Il y a des années que je me demande combien de fois vous êtes allé voir l'expo Lincoln sous l'effet d'une quelconque substance illégale en vous demandant si ça ne pourrait pas faire un livre ?

PKD : Vous savez — mais peut-être ne le savez-vous pas, après tout —, ce livre a été écrit bien avant que Disneyland ne lance le robot-Lincoln. En fait, c'était dans les années 50. Il m'a fallu des années pour le caser. C'était à l'époque où j'essayais de fondre mes textes de littérature générale et ceux de science-fiction ; ce livre n'est pas *tout à fait* de la SF au sens courant du terme. Finalement, Ted White (qui connaissait l'existence du

---

[3] Donald Allen Wolheim : écrivain et éditeur américain. Après un passage chez Avon Books, il rejoignit Ace Books, dont il dirigea pendant vingt ans la collection de science-fiction. (*N.d.l'Anth.*)

manuscrit) a demandé à le publier en magazine. Il a aussi ajouté le dernier chapitre, d'ailleurs. C'est bien connu, les écrivains sont incapables d'écrire leurs propres livres ! *(Rires ; Phil, lui, feint le plus grand sérieux.)* S'il n'y avait pas ces chers éditeurs, nos meilleurs amis, qui nous rendent un fier service en ajoutant ou retirant un chapitre par-ci, par-là, en changeant tous les noms des personnages, etc., nous ne ferions jamais rien. Un jour, il m'a dit : « Tu as vu, Wolheim a sucré le dernier chapitre de *notre livre*. » Alors je lui ai répondu : « Je sais très bien ce qu'on a fait à *« notre livre »*, Ted. On a gardé « livre » et enlevé « notre » ! »

Mais revenons à ce simulacre-Lincoln... J'avais découpé dans le journal l'article qui annonçait le projet, et je l'avais collé au mur de mon bureau. Je m'en souviens très bien, parce que j'avais déjà écrit le roman. Plus tard je suis allé le voir, ce sacré machin. Et quand on parle de synchronicité gouvernant le monde, de coïncidences chargées de sens... Ecoutez un peu ça : dans l'immeuble où j'avais loué un appartement habitait une dame qui travaillait à Disneyland. Comme je lui demandais en quoi consistait son emploi, elle me dit : « Je remaquille le Lincoln tous les soirs pour qu'il ait l'air vrai le lendemain matin. » Vous vous imaginez ce que j'ai pu ressentir en apprenant que j'avais pour voisine la personne payée pour ajouter ce qu'il fallait de vraisemblance à ce truc. Je retourne donc la voir : « Je voudrais vous poser une question. Vous qui voyez le Lincoln après la fermeture, à quel point vous paraît-il *réel* ?

— Je vais vous le dire. » (N'oublions pas que l'endroit est constamment sous surveillance vidéo pour éviter que des *hippies* ne sautent du bateau pour venir voler le trésor des pirates ou violer les femmes qu'ils poursuivent.) « Un jour que j'étais en train de barbouiller le Lincoln, un collègue m'a vue faire sur son écran. Il a manipulé les boutons, et le truc s'est mis debout...

— Et alors, qu'est-ce que vous avez fait ?

— Pipi dans ma culotte ! »

DSA : Puisqu'on parle du *Bal des schizos,* passons à ce que vous appelez vous-même votre « Grand Thème », à savoir : Qui est véritablement humain, et qui se fait seulement passer pour tel ? Il semble que vous ayez établi entre ces deux catégories une distinction fondée sur la *bonté*. Si je compare cela avec les résultats de votre quête, laquelle a abouti à la reconnaissance de l'amour comme unique réalité, on dirait presque que vous avez redécouvert les concepts de *Karitas* (bonté) et d'*agapè* (amour), concepts fondateurs des premiers chrétiens. Qu'en pensez-vous ?

PKD : J'ai vraiment l'impression que nous parlons le même langage. Je n'avais jamais vu les choses tout à fait sous cet angle. Votre formulation est très concise ; elle me plaît. Il y a de la cohérence là-dedans. Pour moi, c'est un grand soulagement quand mon discours rend un son cohérent. Mais je crois qu'il y a autre chose qui distingue l'être humain : sa tendance à *regimber* devant les choses qui ne lui paraissent pas justes.

Prenons le pire contexte social imaginable : l'Allemagne nazie. En ce temps-là, des policiers ordinaires — c'est-à-dire pas les SS, ni la Gestapo, mais la police municipale) recevaient des listes de Juifs résidant dans leur juridiction ; on ne leur disait pas ce qu'on allait en faire. Ils devaient simplement aller les chercher et les regrouper. Un Quaker nommé Milton Meyer a interviewé pour son livre cinq Allemands qui avaient été Nazis ou qui avaient vécu sous leur règne — il ne fait pas clairement la distinction; pendant ces années-là, c'était tout un contexte, et l'appartenance au parti n'était qu'une formalité, puisque rien d'autre n'était permis. Ce Meyer s'est entretenu avec un ancien policier municipal qui lui a raconté qu'à l'époque, il recevait des listes de noms de Juifs à convoquer «au poste» — vous savez, comme dans les vieux films policiers, quand les flics vous menacent toujours de vous embarquer «au poste». Meyer lui a donc demandé s'il savait ce qu'on allait faire de ces gens, et l'ancien flic a répondu que non. Meyer a insisté: «L'idée vous a-t-elle effleuré qu'on pouvait les emmener dans des camps d'extermination et les assassiner? » Réponse: «Il ne m'est jamais venu à l'esprit qu'il puisse être question d'autre chose que de les reloger ailleurs.»

Ça m'a donné à réfléchir. C'est l'élément mécanique, androïde, qui intervient lorsque l'individu, le fonctionnaire chargé de cette mission, se contente d'aller frapper à la porte et de dire: «Suivez-moi.» Qui plus est, ce même élément androïde apparaît de manière tragique — et difficilement imaginable — chez les victimes elles-mêmes, qui obtempèrent docilement.

D'après Meyer, ça ne se déroulait pas souvent comme on nous l'a raconté; on s'imagine la Gestapo enfonçant la porte en pleine nuit pour jeter les gens à l'arrière d'un camion, avec les coups, les humiliations. Mais en fait, ça se passait de manière beaucoup plus procédurière, avec un gendarme du coin qui venait frapper poliment chez vous en disant: «Voulez-vous prendre vos affaires et me suivre, s'il vous plaît? »

Je pensais que l'élément humain ferait surface, que le policier dirait: «Attendez un peu, qu'est-ce qu'on va leur faire, à tous ces gens? » Je l'imaginais en train de *regimber,* de s'arrêter net, littéralement, et de dire: «Non. Je n'irai pas chercher ces gens. Je ne sais pas pourquoi, j'ignore ce qu'on veut leur faire... et c'est justement pour ça que je n'irai pas les chercher.» Ou alors, j'imaginais la victime disant: «Je ne veux pas venir avec vous.» Eh bien non. Ça ne s'est pas passé comme ça. Sauf pour le ghetto de Varsovie. Meyer a fait cette constatation-là aussi.

Je me suis fait une idée très nette de cet élément humain, de l'individu qui tout à coup *regimbe.* Une secrétaire, par exemple, qui déciderait d'omettre un nom sur la liste, ou de mal libeller les enveloppes. Il m'a semblé tout à coup que ce comportement signalerait un des éléments fondamentaux de l'être humain. W.H. Auden l'a dit: «Il y a des saloperies que je n'accepterai jamais.» Encore faut-il savoir qu'on est en présence d'une saloperie. Mais quand on sait que ces gens vont être assassinés et qu'on fait son devoir quand même, on devient un collaborateur. On est complice de meurtre. Aussi coupable que les autres. Ce que je veux dire, c'est que les cinq Allemands interrogés par Meyer ne savaient rien de ce qui se passait; donc, il aurait suffi que quelques personnes regimbent çà et là pour que la structure entière soit dévoilée.

DSA: Les individus qui agiraient ainsi seraient donc mus par autre chose que la culpabilité, si je comprends bien ? Ce serait une décision morale fondée sur la constatation du mal et entraînant le passage à l'acte ?

PKD : Exactement. En fait, tout cela a été exprimé très clairement exprimé par la femme du psychologue Martin Buber. Ayant séjourné dans un camp d'extermination, elle dit y avoir côtoyé des Témoins de Jéhovah enfermés là parce qu'ils refusaient l'autorité politique nationale, ne reconnaissant que celle de Dieu. Seulement, on leur avait appris qu'il fallait « obéir à César » lorsque l'édit de César n'entrait pas directement en conflit avec celui de Dieu. Or, taper à la machine une liste de gens à gazer le jour même n'entrait pas directement en conflit avec la Bible. Quand elle leur demandait pourquoi ils n'égaraient pas la liste, ils répondaient : « Oh non, on nous a dit de l'apporter à l'officier Untel.

— D'accord, je sais bien que si vous ne la lui apportez pas, vous serez tués ; mais vous ne pourriez pas oublier au moins un nom ? insistait-elle.

— Oh non, on nous a dit d'y mettre vingt noms, nous y avons mis vingt noms. »

Alors je me suis dit : c'est ça, l'essence du non-humain. Frau Buber avait mis le doigt en plein dessus. Ces Témoins de Jéhovah, qui connaissaient la situation et savaient qu'eux-mêmes et les autres allaient être gazés, tapaient quand même des listes, ou vidaient des poubelles, ce genre de choses, du moment que cela n'enfreignait pas de loi biblique genre « Tu ne salueras point le drapeau. » Ils préféraient mourir plutôt que saluer le drapeau, mais tapaient à la machine le nom de ceux qui allaient être exterminés !

DSA : Vous croyez qu'ils auraient omis leur propre nom sur la liste ?

PKD : Sincèrement, je ne crois pas. Il me semble que dans ce cas, il s'agit d'androïdes tombés dans la démence pure et simple. Ce qui m'amène à un autre problème : le rapport entre être *humain* et être *sain d'esprit*. Cela implique en premier lieu de définir l'être sain d'esprit. Il y a réellement quelque chose d'*insane* dans l'attitude que je viens d'évoquer. Bien entendu, je ne parle pas ici d'androïdes au sens strict, scientifique du terme, de l'« être humain créé en laboratoire », mais d'un certain type de comportement inhumain, avec une composante pathologique…

DSA : Nous emploierons le terme au sens où vous l'entendez dans vos romans : une parabole d'humain, un pseudo-humain, une « photocopie », un être qui a toutes les apparences de l'être humain mais auquel manquent certains des aspects psychiques qui distinguent l'humanité des animaux ou des machines. Ce que Gurjieff appellerait des « somnambules ».

PKD : C'est cela. J'ai remarqué que beaucoup de gens confondent démence et comportement extravagant : hurlements, violence passionnelle, etc. Tandis que si l'on fait les choses calmement, sans passion, on est considéré *ipso facto* comme rationnel. « Rationnel » et « dépassionné » sont en quelque sorte synonymes ; il y a là-dedans une méprise typique du monde anglo-saxon. Vous ne trouverez jamais cela chez les Grecs, les Italiens ou les Espagnols. Reprenons l'exemple de la Gestapo et la SS. Himmler leur a dit un jour dans un discours politiquement très important de ne jamais prendre *plaisir* à l'extermination des Juifs dans les camps, mais de considérer la chose posément, sans émotion. Ce qu'il disait, en somme, c'est que l'extermination devait être menée comme s'il s'agissait d'un acte rationnel, scientifique, qui ne résulte pas de la haine, de la passion. Je suis donc certain que les exécutants pensaient agir rationnellement. Il s'agissait pourtant bien de démence. Souvenez-vous de Zorba le Grec. D'un point de vue conventionnel, il y avait beaucoup d'éléments patholo-giques dans ce film, et surtout dans le livre, par exemple quand il coupe la tête de la veuve ; de l'extravagant, du grotesque, du grandiloquent, mais rien de *fou.* Etre fou, c'est parfois taper des listes de noms et les remettre à un officier. C'est même *encore plus* fou, parce que l'acte s'accomplit de manière dépassionnée. C'est ce qui m'a initialement amené à entrevoir l'aspect «mécanique» de ce comportement pathologique, et à formuler la notion d'«inhumanité.» Ce qui manque, ici, c'est le sens de la perspective, des proportions. Si vous ne protestez pas en recevant une liste des gens à gazer c'est que, affectivement, vous êtes incapable de comprendre ce qui se trame, vous avez un esprit mécanique ; une espèce de sphère mé-tallique qui tourne sur elle-même sans aucun contact avec la terre ou les être humains.

Je me souviens d'être allé une fois renouveler mon permis de conduire, ce qui est toujours assez traumatisant pour moi parce que je ne veux pas être obligé de repasser l'épreuve pratique. Je sais très bien ce qui se passerait, combien de piétons j'écraserais. Il faut donc absolument que je réussisse l'épreuve théorique, mais le problème c'est qu'elle m'angoisse beaucoup. Je vais remettre mon questionnaire rempli à la fille, et pendant qu'elle le corrige, je lui dis : «Si je rate le test, je me tue.» Alors elle devient blême et me répond : «Mais ne vous en faites donc pas, vous avez réussi. Je vous jure! Regardez : deux fautes seulement!» Eh bien, cette fille était un véritable être humain, elle.

En revanche, un jour, je suis allé déposer à la banque la plus grosse somme d'argent que j'aie jamais eue entre les mains : sept mille huit cents dollars. J'ai dit à l'employée : «Cet argent, le fisc va me le prendre jusqu'au dernier sou. Vous vous rendez compte ?» Eh bien, elle n'a pas dit un mot. Je me suis dit qu'il y avait une corrélation entre la démence, l'absence de sens des proportions, et ce phénomène qu'on rencontre très fréquem-ment dans l'esprit bureaucratique et qui fait des gens des *objets.*

L'inhumanité est une inadéquation ; ce n'est pas *quelque chose,* mais l'*absence* de quelque chose. Cliniquement parlant, c'est la personnalité schizoïde : il y a un trop-plein d'affect, mais d'affect inadéquat. Le «fou moyen» est généralement un schizophrène, encore que la paranoïa gagne du terrain depuis une quinzaine d'années. Mais la schizophrénie est plus «théâtrale». J'ai eu une infortunée épouse schizophrène qui avait cou-tume de se barbouiller tout le corps de cercles et autres motifs dessinés au rouge à lèvres — et pourtant, c'était une femme adorable, très affec-tueuse! Seulement, elle entendait la Vierge Marie lui parler, et à Pâques elle se couchait par terre, un lis sur le ventre en disant : «Je me relève d'entre les morts ; je suis immortelle.» Et moi : «Oui, ma chérie ; je sais : c'est Pâques.» Elle était manifestement folle, pourtant je préfère fréquen-ter ces gens-là que n'importe quel schizoïde.

Par exemple, j'ai rencontré une femme intelligente et cultivée — une scientifique —, tout ce qu'il y avait de plus calme et rationnelle. Elle avait un magnifique chat roux. Un jour où j'étais allé la voir, il ne s'est pas montré. Je lui ai demandé ce qui lui était arrivé, et elle m'a répondu : « Oh, comme on n'en voulait plus, on l'a emmené à la campagne, à une quinzaine de kilomètres d'ici, et on l'a abandonné. Et vous savez quoi ? Un mois plus tard il est revenu, les pattes tout abîmées d'avoir fait tout ce chemin. » Et moi : « Et alors, où est-il maintenant ? » « Oh, on l'a fait piquer[4]. »

Le schizophrène n'est pas sain d'esprit parce qu'il réagit excessivement ; le schizoïde n'est pas sain d'esprit parce qu'il réagit insuffisamment. En cas d'incendie, la réaction instantanée du schizophrène sera de dire : « C'est la volonté de Dieu, il faut périr car nous avons péché ! », ce qui est une réaction inappropriée et ne contribue pas à éteindre l'incendie.

DSA : Ou alors il dira : « Comme cette flamme est belle... »

PKD : Avant de foncer en plein dedans...

DSA : Le schizoïde, lui, réagira en disant : « Je dois sauver ma bibliothèque » alors que sa femme et ses gosses dorment au premier étage. Autre forme de choix inapproprié, dément.

PKD : Inversement, la folie théâtrale du schizophrène ne m'inquiète guère, parce que l'individu en question s'est manifestement coupé de la réalité quotidienne ; il porte une espèce de badge bien visible qui dit : « Je suis complètement cinglé. » Je me souviens d'une cliente du magasin de disques où je travaillais à une époque. Elle portait des vêtements d'homme, avait le visage peint en violet, les cheveux rasés et le corps frotté à l'ail. Plutôt inoffensive, à mon avis, mais on ne sait jamais, ça peut mener à des histoires comme celle de Charles Manson...

Par rapport aux autres civilisations, les Anglo-saxons sont plutôt du genre froids. Plus encore les Anglais que les Américains, je pense. Chez eux, la folie dangereuse ne se manifeste pas par des comportements bizarres mais par un phénomène plus insidieux : un cœur sans passion. Encore que les passions aient plutôt leur siège dans le thalamus.

Ainsi, on a d'un côté l'hyperthalamique, qui est de temps en temps pris de spasmes affectifs et qu'on traite aux phénylthiazines. Mais l'individu véritablement inhumain, c'est le cérébral surentraîné. C'est exactement le concept jungien de schizophrénie : défaut d'affect adéquat et surdéveloppement de la fonction conceptuelle, laquelle finit par céder sous la poussée d'éléments inconscients qui tentent de compenser l'usage excessif d'une fonction unique, celle de la pensée. Jung disait qu'il ne fallait pas penser sa vie mais la *sentir*. La fonction « pensée » joue un rôle trop prépondérant chez les Anglo-saxons. Surtout dans les relations humaines. Nous lui accordons trop d'importance. Je me suis intéressé à la question des tests d'intelligence ; ceux que je connais illustrent bien la manière

---

[4] G. Rickman rapporte dans *To the High Castle — Philip K. Dick : A Life 1928-1962* [cf. Bibliographie secondaire] qu'à l'occasion d'un déménagement, la mère de Philip K. Dick contraignit son mari à faire piquer le chat de la famille, et que ce dernier vécut très mal l'incident. *(N.d.l'Anth.)*

dont une civilisation malade ratifie l'acceptabilité de son propre handicap et s'en renvoie l'image sous forme de valeur positive. Dans ces tests,
il devrait y avoir des questions du style: Votre chat est malade: a) vous
l'emmenez chez le vétérinaire, b) vous le faites piquer.

Ce qui nous ramène à l'humain authentique, capable de bonté. La bonté
est un acte et une émotion très complexes. Elle entre notamment en jeu
dans la démarche qui consiste à faire des *exceptions.* Prenez par exemple
le paradigme de cette Chambre des Tortures par laquelle nous sommes
tous passés: le lycée. Un véritable Purgatoire! Surtout le cours de gym.
(Rires homériques) C'est ce qui faisait tout l'intérêt du film *Carrie.* Il y a
toujours un pauvre gosse trop gros pour monter à la corde et qui sera
blessé, humilié. Le prof de gym qui, par «bonté», omettra le nom de ce
gosse fait preuve d'une réelle humanité. Il y a un rapport étroit entre faire
une exception et faire preuve de bonté, acte qui lui-même n'est pas sans
rapport avec l'acte de regimber. On fait ce qu'on nous dit de faire, puis un
jour on regimbe, et c'est l'exception. Seulement, il faut savoir choisir son
moment. Par exemple, le danger est une situation exceptionnelle exigeant
un comportement exceptionnel. Dans ce type de comportement, il n'y a
pas de règle. Donc, c'est le cerveau tout entier qui doit entrer en action,
avec toutes ses fonctions, toutes ses facultés.

J'ai beaucoup de respect pour les aires primitives du cerveau. Je crois
que ce sont elles qui nous sauvent dans les moments cruciaux. C'est la
«pause cortico-thalamique de dix secondes» dont parle Korzybski. Dans
un grand nombre de situations, lorsque le cortex cérébral entre en action
il est déjà trop tard. Tous les conducteurs le savent. Si l'on attend dix secondes pour réagir...

DSA: On est mort depuis environ neuf secondes et demie.

PKD: Il est intéressant de noter que les schizoïdes sont souvent très
efficaces face au danger, parce qu'ils gardent la tête froide. Autrefois, je
trouvais ça génial, mais c'est encore un coup de la vieille croyance anglo-
saxonne, qui veut que santé mentale et froideur soient plus ou moins
équivalentes, tandis que se mettre dans tous ses états, c'est être fou. Le
schizoïde qui reste calme en situation d'urgence, c'est celui qui sauve un
livre et abandonne sur place un enfant. C'est là que la froideur entraîne
des dérapages.

Un jour, une fille que je connais a heurté une porte vitrée, qui s'est bri-
sée sous l'impact. Les éclats de verre pleuvaient de tous les côtés mais
elle s'est écartée. Comme elle avait le visage en sang, je me suis précipité,
je l'ai prise par les épaules et je lui ai dit de s'asseoir, parce qu'elle était
sous le choc. Là-dessus elle m'a dit: «Si tu ne me lâches pas immédiatement, je te fous un coup de pied dans les couilles.» Je me suis dit: Eh ben,
merde alors! Si elle a un traumatisme crânien, elle n'a qu'à s'en occuper
toute seule. La vérité était qu'elle était *folle de rage...* Folle de rage parce
qu'elle avait omis de vérifier que la porte vitrée était bien ouverte, et
qu'il y avait des témoins. Plus tard elle m'a donné une explication assez
confuse selon laquelle j'avais été fou de lui demander de s'asseoir. Je ne
vous la donnerai même pas. Pour moi, cela résumait toutes les réactions
inadéquates possibles et imaginables.

Il y a toujours un contre-exemple. Un jour, j'ai fait un tonneau avec ma Volkswagen et ma passagère a perdu connaissance. Je l'avais étendue sur le bas-côté et je me désespérais parce que je la croyais morte, quand une dame s'arrête et me dit : « Ecoutez, vous voyez bien qu'elle respire. C'est *vous* qui êtes mal en point. Vous êtes blessé à l'épaule. Arrêtez de remuer le bras et allongez-vous. » En effet, la fille n'avait rien. Mais moi, j'ai eu le torse dans le plâtre pendant des mois, sans compter plusieurs opérations chirurgicales. Et cette inconnue qui faisait simplement un tour en voiture, un samedi après-midi, est allée chercher une couverture dans son coffre pour ma passagère, et tout ça.

Autre aspect de ces réactions instinctives : il y a des fois où on se sent presque guidé surnaturellement par un destin supérieur, plus que mû par des comportement de survie primitifs. Il y a une figure qui apparaît souvent dans mes romans, une figure que je tiens pour très réelle ; il n'y a rien de métaphorique là-dedans, c'est tout à fait authentique. Il s'agit de l'inconnu secourable qui s'empresse de disparaître après coup. On ne saura jamais qui c'était, mais il a su exactement quoi dire et quoi faire. Comme il m'est arrivé de jouer ce rôle une fois, je sais voir les choses de son point de vue. Mais j'ai bénéficié si souvent de son aide que je commence à lui trouver quelque chose de surnaturel, à cet aimable étranger ; je commence à croire qu'il est plus qu'un individu ordinaire.

Un jour, pendant l'été 1974, je me suis arrêté à un stop à côté d'une décapotable pleine de sportifs, avec une fille à l'arrière qui criait : « Au secours ! Au secours ! Ils me kidnappent ! » en se débattant. C'était à l'époque où j'étais dans le plâtre ; je ne pouvais me servir que de mon bras gauche, mais j'ai pris la fille et je l'ai déposée sur la chaussée. Ensuite je l'ai entraînée vers un groupe de gens qui attendaient le bus... et n'avaient pas levé le petit doigt, sauf un qui relevait le numéro d'immatriculation de la voiture. Je ne sais absolument pas ce que je lui ai dit ; je lui parlais, c'est tout. Les types sont descendus de voiture et je leur ai demandé ce qui se passait. Ils m'ont répondu : « Elle a pris de l'acide, elle délire.

— Bon, j'ai dit, il va falloir l'amener à l'hôpital. Mais je ne veux pas vous voir auprès d'elle. Vous lui faites peur. »

Je lui ai tenu les mains jusqu'à ce qu'elle se calme. « Regarde autour de toi », je lui disais, « personne ne te veut de mal ici. Est-ce que tu vois quelqu'un qui peut t'aider à te calmer et à côté de qui tu aimerais te mettre ? » Elle a choisi une dame, et je lui ai dit d'aller se mettre à côté d'elle... *Vous vous rendez compte de tout ce que j'ai fait !* Dans ce cas-là, c'était moi, l'inconnu secourable. Je savais très bien ce qu'il fallait faire ; c'était aux tout début de l'acide, les gens ne savaient pas que ça pouvait rendre *complètement dingue,* ils ne comprenaient pas ce qui arrivait à cette fille. Ils ne savaient pas quoi faire. Bref... Pour moi, la fille était bel et bien en train de se faire enlever. Et j'avais très nettement l'impression que mes actes ne m'étaient pas dictés par la partie de mon cerveau que j'appellerais « moi-même »..., le « système du soi », l'ego ou le « moi. » Cela venait d'un niveau suprapersonnel auquel tout un chacun a accès. Si l'esprit vous avait frappés à ce moment-là, s'il avait activé chez vous ces mêmes fonctions-là, vous en auriez fait autant.

Le cerveau humain recèle des aires de grandeur, de beauté et de savoir adéquat. De la sagesse aussi, une sagesse incroyable qui n'apparaît pas dans les tests d'intelligence dont je parlais tout à l'heure, qu'on ait ou non lu *David Copperfield.* J'ai parfois le sentiment que nous disposons réellement d'une superconscience, dans des aires cérébrales autres que celles de la personnalité, et auxquelles nous avons de temps en temps recours. Je me moque d'être celui qui fera autorité en la matière…

DSA : Vous pouvez toujours renvoyer les gens à Jung, qui disait pratiquement la même chose. L'ego n'était pour lui qu'une constellation de ces contenus, qui reste consciente pendant des périodes relativement longues par rapport aux constellations relativement inconscientes de sous-personnalités, ou infra-personnalités. Il employait souvent l'image de l'ego vu comme une île entourée d'un océan d'inconscience. Et la majeure partie de son œuvre s'efforce de délimiter les personnalités archétypales qui, parfois, envahissent la conscience.

PKD : Je me dis parfois que si le moi conscient se dissolvait — chose que nous redoutons plus que tout…

DSA : *« Je perdrais le contrôle ! »*

PKD : Exactement… Je me peindrais en violet et je me promènerais tout nu. Mais il est possible que dans ces cas-là, on exhume une sagesse ancestrale, primordiale, qui peut alors passer au premier plan ; une sagesse basée sur des milliers d'années passées à tester la réalité, résoudre des problèmes et s'adapter tant bien que mal. Nous conservons précieusement l'ego que nous nous sommes bâti tout au long de notre vie comme s'il était dépositaire de toutes les compétences, toutes les connaissances, toutes les expériences. En fait, c'est un produit assez limité et ignorant, en plus d'avoir une durée de vie très brève. En matière de savoir et de compétence, il est plutôt pauvre. Mais il existe des niveaux absolument fantastiques, où nous pouvons puiser. Malheureusement, nous ne disposons d'aucune technique fiable pour y parvenir aisément.

DSA : Je suis heureux que vous mettiez sur le tapis le vaste sujet de la folie, parce je voulais vous parler d'une chose que j'ai comprise tout récemment. A peu près à l'époque où vous écriviez, par exemple, *Le Bal des schizos* ou *Les Clans de la lune alphane* (romans qui décrivent le comportement en situation par opposition aux catégories de la psychiatrie), une révolution se produisait dans ce domaine ; Ronald D. Laing se demandait : « Est-il dément d'être dément dans une société démente ? » tandis que Thomas Szaz, lui, démontait les mécanismes par lesquels la société sécrète la folie, et faisait remarquer que quelques cas isolés de comportement extravagant ne suffisaient pas à justifier l'étiquette « fou », qu'il fallait également prendre en compte le contexte situationnel. De son côté, E. Fuller Torrey comparait les psychiatres aux chamanes traditionnels et les étiquetait « étiqueteurs de comportement. » Ce qui rend vos romans plus intéressants en eux-mêmes, et sans doute plus précieux encore que l'œuvre de ces auteurs, c'est que, pendant que ces psychiatres *exposaient* leur point de vue sur des « folies » considérées par eux comme appropriées par rapport à leur contexte, vous, vous *illustriez* les mêmes

thèmes et les mêmes conclusions fondamentales : folie dans le comportement social contre santé mentale individuelle, comportement situationnel adéquat contre pathologie apparente. Et le sens du livre provoquait
non pas une approbation de l'auteur par le lecteur mais une découverte,
une révélation chez ce dernier.

PKD : La seule chose que je puisse ajouter est sans doute superflue :
puisque je ne me satisfais pas d'une réalité *unique* (j'ai tendance à croire
que nous vivons non pas dans un univers mais dans un *plurivers*), tout
jugement visant à définir, en cas de divergence d'opinions, la réalité cor-
recte et celle qui ne l'est pas, doit être suspendu jusqu'à ce que soient
réglées certaines questions portant sur la nature de la réalité. Puisque
nous n'avons résolu aucun des problèmes posés par Kant (et avant lui
par Spinoza et les Présocratiques), nous ne sommes pas en droit d'affirmer catégoriquement que x perçoit correctement la réalité tandis que y
se trompe. Les philosophes les plus estimés ont condamné énergique-
ment cette vision simpliste de la réalité ; je rangerais parmi eux des gens
comme Heinrich Zimmer, Jung et Hume, par exemple, qui mettait même
en doute la causalité. *(Il rit).* Puisqu'il est bien établi que les plus fins
esprits de chaque civilisation, y compris la nôtre, n'ont pas réussi à se
mettre d'accord sur la question de savoir a) s'il y a une ou plusieurs réalités et b) ce qu'est cette réalité ou ce que sont ces réalités, je ne vois pas
comment nous pourrions en toute justice poser les jalons de la folie. J'ai
un peu lu Szaz. Selon lui, quand un individu parle à Dieu on dit qu'il prie,
mais quand c'est Dieu qui lui parle, on le traite de schizophrène.

DSA : Toute votre vie on vous dit : Dieu entend à vos prières. Seulement,
le jour où vous vous mettez à recevoir des réponses, on vous enferme.

PKD : Pour moi, ceci est extrêmement important. Je ne me satisfais pas
des théories décrivant ce que nous appelons le « cosmos ». Qu'est-ce que
ce « cosmos » ? Nous ne le savons pas très bien. Tant qu'on ne pourra pas
démontrer épistémologiquement, empiriquement, la nature de ce cosmos, on ne doit pas étiqueter catégoriquement « rationnelle » la façon de
voir de x et « psychotique » celle de y, car ces appellations supposent une
connaissance préalable de la nature de la réalité. Voilà le postulat qui
sous-tend tout ce que j'écris, me semble-t-il. J'en reviens toujours là.

Les psychiatres dissertent à n'en plus finir sur le contact avec la réalité... Ce qu'on pourrait dire de plus charitable sur eux, c'est qu'ils sont
incroyablement naïfs. J'ai vu un psychiatre quand j'étais adolescent, dans
les années 40 — j'avais des problèmes scolaires. Je lui ai dit que je ne
trouvais plus notre système de valeurs (le bien et le mal) infaillible, qu'il
s'agissait peut-être de simple relativisme culturel. Il m'a déclaré : « Le fait
même de mettre en doute ces valeurs est un symptôme de ta névrose. » Je
suis alors tombé sur un numéro de *Nature,* magazine scientifique britannique le plus respecté du monde ; il y avait là un article disant en substance
que, nos valeurs provenant essentiellement de la Bible et ne pouvant donc
être vérifiées empiriquement, elles devaient être placées dans la catégorie de l'impossible à prouver et éprouver. Lorsque je l'ai montré à ce psy,
il s'est mis en colère et m'a dit : « Pour moi, ces histoires, c'est de la merde

en branche. De la *merde,* tu m'entends! » Rétrospectivement, je considère que cet homme était coulé dans un moule simpliste. Pour autant que je puisse juger, son cerveau était MORT. Calcifié. Ce type croyait en l'existence de choses parfaitement, empiriquement vraies. Comme si je lui disais : « Ceci est bleu et ceci est mal » et que, pour lui, ces deux affirmations soient de nature identique. Il est rare que ce mode de pensée se manifeste de manière aussi évidente ; généralement, les gens se montrent un peu plus nuancés. Peut-être se sentait-il plus libre de « proclamer » parce qu'il s'adressait à un adolescent. On ne me dit plus ça maintenant, je suis trop vieux. Mais philosophiquement parlant, les psychiatres sont naïfs. Enfin, la plupart, je ne parle pas des gens comme Laing.

J'ai abordé le problème de la réalité sous l'angle de ce que m'ont enseigné Hume, Kant, Platon et les Présocratiques. Qu'est-ce que la réalité ? Ou *les* réalités ? On ne le saura peut-être jamais. Voyez ma femme, celle qui entendait la Vierge Marie lui parler... Tout ce qu'on peut dire, c'est que c'est *improbable*... J'ai toujours eu beaucoup de sympathie pour les gens qui voyaient d'autres réalités que nous. Peut-être parce que j'en fais partie. Quand j'étais gosse, je travaillais dans un magasin de disques qui avait deux issues. Un jour, j'ai dit à l'un des employés : « Pourquoi ne pas entrer par une porte et sortir par l'autre ? » Il m'a regardé, s'est mis à rire et m'a répondu : « Tu sais, aucun de ceux qui ont travaillé ici n'en a jamais eu l'idée. Tu iras loin, toi. » Vous voyez que j'étais déjà sur ma petite orbite personnelle *(Rires)*.

DSA : En réponse à la question « Qu'est-ce que la réalité ? », j'ai trouvé une phrase dans le Talmud : « Nous ne voyons pas les choses comme elles sont mais comme nous sommes. »

PKD : Un présocratique — je devrais savoir lequel, mais tant pis — a dit : « Si les éléphants croyaient en Dieu, ils penseraient que Dieu est un éléphant. » Avant même Platon, aux origines de la philosophie, on a déjà cette vision-là. Et maintenant, si on changeait de sujet ?

DSA : Je propose de bifurquer légèrement pour parler un peu de la paranoïa, puisque nous avons discuté de la nature de la réalité et des catégories psychiatriques...

PKD : Avant de vous engager plus loin, laissez-moi vous dire que je promets de prendre mon médicament... et ne pas le mélanger à de l'alcool... *(Rires)*.

DSA : Enfin, voyons, on n'allait pas vous accuser de quoi que ce soit...

PKD : Mon œil! Je sais bien ce que vous alliez faire, allez!

KCB : D'ailleurs, on en a parlé derrière votre dos.

PKD : Vous avez tout arrangé d'avance... Vous vous êtes débrouillés pour en arriver à cette question, j'en suis sûr!

DSA : Un grand nombre de vos personnages sont ou semblent être...

PKD : *C'est faux!* Ça, c'est ce que leurs *ennemis* disent d'eux! *(Rires)*.

Non mais! Au nom de mes personnages, je m'insurge. Ce sont des incompris. Ils sont... Ils sont... *en avance sur leur temps!*

DSA: Ils sont les seuls à savoir réellement ce qui se passe, hein?

PKD: Exactement! Je me souviens d'avoir écrit une lettre où je prétendais que c'était le gouvernement qui m'avait cambriolé, le jour où on m'a pris tous mes papiers et où on a fait sauter mon armoire à dossiers. Eh bien, le docteur *(inintelligible)* l'a lue (c'était la première fois que je racontais publiquement ce qui s'était passé) et m'a dit: «Ma foi, je veux bien croire que la paranoïa soit la prise de conscience absolue, mais... » Je l'ai regardé... avec «aigreur», comme je dirais si j'étais en train d'écrire la scène, et je me suis dit: Oh merde. Je vois où tout ça va nous mener.

DSA: Estimez-vous que l'article de Paul Williams dans *Rolling Stone*[5] se préoccupait trop de ce cambriolage? C'est ce que j'ai longtemps pensé pour ma part, mais en le relisant récemment, il m'a semblé qu'il avait tenté de montrer que les réalités alternatives ne régnaient pas seulement dans vos textes mais aussi dans votre vie même. Et il employait votre cambriolage comme métaphore de ces réalités multiples.

PKD: La première chose que Paul Williams ait écrite sur moi était une critique des *Joueurs de Titan*. C'était la première fois qu'un critique prenait mon œuvre au sérieux. Et ça commençait par: «Ce type complètement parano... » *(Rires)* C'est sous cet angle-là que la critique a commencé à s'intéresser à moi. Un article de *Harper's,* il y a quelques années, disait que le mot «paranoïa» était devenu fondamental dans le contexte de la contre-culture.

DSA: C'est non seulement un mot, mais un *style de vie.*

KCB: C'est vrai... Combien de fois avez-vous entendu vos copains vous dire «Je crois que je deviens un peu parano»? Des milliers!

PKD: C'était tout le sujet de l'article... Le mot perdu son sens péjoratif. Mais moi, je le prends dans le sens péjoratif. Je n'aime ni la paranoïa, ni les paranos...

KCB: Ils ne vous aiment pas non plus. D'ailleurs, ils vont se concerter pour décider de ce qu'ils vont faire de vous.

PKD: Ils ont déjà essayé, mais j'ai déjoué leurs plans. Plus sérieusement, s'il y a une chose que je ne voudrais pas être, c'est bien paranoïaque. Si j'avais des raisons de me croire paranoïaque, je crois que je jetterais l'éponge. Tout ce qu'on a à faire pour bloquer mon raisonnement, c'est de dire qu'il est paranoïaque. Un jour, je discutais avec un ami.

---

[5] Auteur de l'article «Only Apparently Real» [cf. Bibliographie secondaire] paru dans *Rolling Stone* qui apporta une certaine célébrité à Dick, P. Williams devint son ami puis son exécuteur testamentaire pour l'œuvre littéraire. C'est à lui qu'on doit la «Philip K. Dick Society» et son bulletin d'information, ainsi que la publication des romans de littérature générale de Dick, et bien d'autres initiatives destinées à faire plus largement connaître l'auteur. *(N.d.l'Anth.)*

« Kris ! Tu ne sais pas ce qui m'arrive ? On a fait sauter mes classeurs et on m'a piqué tous mes chèques honorés. »

Et qu'est-ce qu'il me répond ?

« Tu es parano. »

Là, ma femme s'est mise en colère. Elle lui a dit :

« Ecoute, Phil vient de te raconter ce qui s'était passé. Il vient de t'en donner une description simple, terre à terre. On a fait sauter ses armoires à dossiers, on a pris ses papiers. Alors où est la paranoïa là-dedans ? » (C'était d'une éloquence !) « Phil ne sait ni qui a fait ça, ni pourquoi, ni ce qu'ils cherchaient. La paranoïa est un système cohérent visant à identifier certains individus comme ses ennemis et à considérer leurs actes comme motivés de façon précise et indubitable. Par exemple, on dit : *"Ils* me persécutent parce que je suis le seul véritable chrétien sur terre." Or, on ne trouve pas trace de ces éléments dans le compte rendu de Phil. Le chauffeur de taxi a vu la même chose que lui : la maison en ruines, les fenêtres démolies et la porte enfoncée[6]. »

Je suis très reconnaissant à Tessa d'avoir tenu ce langage. Et je pense donc que Paul Williams, en bon membre de la contre-culture, n'emploie pas le mot « paranoïa » dans le même sens que moi. Pour moi, c'est une insulte grave. *(Rires)* Je me suis fait braquer, et j'aimerais bien savoir par *qui*. Et sincèrement, je l'ignore. Sinon, j'irais lui botter le cul. Et pour moi, il n'y a rien de parano là-dedans.

En fait si, il y a quand même eu quelque chose de parano dans cette histoire. Paul est au courant, et je pense que cela ressort clairement dans son article. C'est qu'avant le cambriolage, mon amie et moi avions le pressentiment que cela allait arriver. Ça a duré une semaine. Et bien entendu, tous nos amis nous disaient que nous étions paranos. Mais un jour, je l'ai éloignée ; et le lendemain, c'est arrivé. Exactement comme nous l'avions prévu. Ce qui soulève du curieux problèmes. Nous étions bien paranoïaques, en un sens, puisque nous croyons que des inconnus invisibles allaient nous tomber dessus d'une minute à l'autre.

DSA : Comme on dit, ce n'est pas parce qu'on n'est pas paranoïaque qu'on n'a pas d'ennemis.

PKD : Absolument. C'est elle qui a dit la première : « Je crois qu'on va se faire cambrioler. » Ça l'a rendue complètement folle. Elle croyait qu'ils allaient venir par les conduits d'aération. J'ai dû l'éloigner parce que la tension était devenue trop forte pour elle. Si je l'emmenais au restaurant, elle restait figée sur place à regarder fixement le menu. Incapable de commander. Il fallait que je le fasse à sa place, comme pour une gosse. Mais elle a eu raison, et j'en étais assez convaincu pour lui demander temporairement de partir.

---

[6] Philip K. Dick rapporte, notamment dans l'article de P. Williams, qu'en rentrant un jour chez lui, il a trouvé sa maison dévastée et son armoire-classeur métallique éventrée à coups d'explosifs ; tous ses papiers avaient disparu, mais on ne lui avait volé aucun objet de valeur. Il n'a cessé par la suite de formuler des hypothèses de plus en plus audacieuses quant aux auteurs de ce cambriolage (CIA, FBI, Black Panthers, etc.). Voir aussi dans ce volume les textes de Wagner et Spinrad. *(N.d.l'Anth.)*

J'ai parlé avec des victimes de perquisitions surprises (de la part de la brigade des stups), et tous disent avoir eu l'impression d'être surveillés. Peut-être la paranoïa est-elle un sens atavique datant du temps où nous étions pourchassés par les prédateurs dans la jungle.

KCB: Il me paraît intéressant que ce soit au sein d'une contre-culture que se manifestent les sentiments de ce genre; je crois que c'est en partie dû à la disponibilité d'une grande variété de drogues.

PKD: Je me rappelle, à une époque, chaque fois qu'une voiture de police passait dans la rue on allait jeter les plants d'herbe dans le jardin du voisin, comme dans les *Freak Brothers* quand ils jettent la dope dans les toilettes chaque fois qu'on frappe à la porte. Un jour…, euh, hum hum… La voiture s'est arrêtée, et il y avait même une bagnole banalisée derrière; on s'est dit: on est bons. On avait un unique plant, que je suis allé jeter par-dessus la haie. Et quand j'ai relevé la tête, je me suis trouvé nez à nez avec les trois Noirs les plus costauds que j'aie jamais vus de ma vie. *(Rires)* L'un d'eux m'a dit: «Nous aussi on l'a vue, la bagnole des stups.» Je n'ai rien trouvé à répondre, et je suis rentré chez moi. *(Rires)* Une heure plus tard, on frappe à la porte: c'étaient les trois mêmes types. Je me suis dit: Ils vont me tuer. Et je le mérite. Je ne voulais même pas discuter. Mais en fait, il avaient fait sécher les feuilles au four, ils les avaient roulées et venaient les fumer avec nous. Moi, je me disais: Ce n'est pas comme ça que j'aurais réagi; mais vous savez, si vous faites pousser des trucs dans votre jardin vous restez parano jusqu'à la fin de vos jours, à moins de vous en débarrasser.

Bon, de quoi voulez-vous parler ensuite?

KCB: Je m'intéresse particulièrement à vos relations avec votre lectorat. L'une des différences manifestes entre la science-fiction et les autres genres littéraires est que les fans de SF se rassemblent en conventions et s'y pointent habillés bizarrement…

DSA: C'est déjà présenter la question de manière tendancieuse! *(Eclat de rire général)*.

PKD: L'idée que je me faisais de mes lecteurs était conforme à celle du rédacteur en chef qui lisait mes nouvelles. J'écrivais pour Anthony Boucher, Horace Gold ou John W. Campbell[7]. Je comptais sur ces magazines, c'était toujours pour eux que je travaillais. J'habitais Berkeley, mais je n'avais aucun contact avec les fans. Ma première convention, c'était en 1954, et ce qui m'intéressait à l'époque c'étaient les écrivains. J'étais très impressionné de rencontrer des gens comme Jack Williamson et A.E. Van Vogt. C'étaient des dieux, pour moi. Ils le sont toujours, d'ailleurs. C'est *moi* qui étais fan de ces géants-là.

Je ne sais pas très bien quelle idée je me fais de mes lecteurs, pour le moment. Je ne suis même pas sûr qu'elle ait dépassé le stade du rédacteur en chef ou du directeur de collection imaginaires. Il s'est produit un

---

[7] Respectivement rédacteurs en chef de *The Magazine of Fantasy and Science Fiction, Galaxy* et *Astounding Stories. (N.d.l'Anth.)*

grand changement dans ma façon d'écrire des romans lorsque j'ai cessé de travailler pour Ace et Donald Wolheim, et que je suis passé chez Doubleday, où j'écrivais pour Larry Ashmead. Ma rencontre avec Wolheim pourrait se comparer au contact désastreux qui s'établit entre un organisme intelligent et une créature poussant sur un rocher de la planète Pluton. Pour éviter le procès en diffamation, je ne dirai pas qui de nous deux était l'organisme intelligent! *(Eclat de rire homérique)*

Pour commencer, Wolheim disait : « Si ça fait 6 000 lignes, ni plus ni moins, j'achète. Et je n'ai pas dit : 60 000 mots, j'ai dit : 6 000 lignes. Je me moque de ce qu'il y a dedans pourvu qu'il n'y ait pas trop de personnages et que ce ne soit pas trop compliqué. » Ça, c'était *Loterie solaire,* et il l'a pris. Sa façon de communiquer, c'était la harangue... Il disait : « Je pense que ce bouquin est le pire de tous », ce genre de chose. Quel tact! Il disait que *Le Maître du Haut château* était malsain, daté, que ce n'était pas de la science-fiction, etc., ce qui prouve bien que j'ai eu raison de viser un autre marché à cette époque-là.

Mais la plupart du temps, c'était bien pour le directeur de collection que j'écrivais. Pour moi, l'acheteur c'était lui, pas le lecteur. Tout a changé avec *Le Maître du Haut château,* parce que je ne l'ai *pas* écrit pour Donald Wolheim. J'avais bien vendu *Le Temps désarticulé,* ce qui m'avait donné des idées de grandeur. Pour *Le Maître,* je n'ai absolument pas pensé au lecteur. Seule comptait ma relation personnelle aux personnages, et depuis, j'ai continué dans cette voie.

Et je ne sais toujours pas qui sont mes lecteurs. Si on me déclare : « J'ai lu tous vos livres et mes amis aussi, » ça ne me dit rien. A moins qu'il ne s'agisse d'un type extraordinaire qui a cent cinquante mille amis, il ne représente pas un échantillon à partir duquel je peux extrapoler. Je ne voudrais pas avoir l'air cruel, mais même si je pouvais extrapoler à partir des gens qui viennent me voir, je préférerais éviter. Comment exprimer ça avec délicatesse, voyons... ? Ce qui pourrait m'arriver de pire serait de me réveiller un matin coincé sur un astéroïde avec des gens qui lisent mes livres et les aiment. Ce serait affreux, parce d'abord, ils voudraient en parler et pas moi...

DSA : *(A KCB)* Allez, viens, on s'en va.

PKD : Mais non, mais non. Je fais des exceptions. Mais mon histoire d'astéroïde, là... ce serait comme une infinité de miroirs qui ne refléteraient rien. Dick Lupoff[8] a très bien exprimé cela : en 1964, dans une soirée, il discutait de la fin du *Maître du Haut château,* et il y avait là un type qui essayait constamment de s'immiscer dans la conversation. Finalement Lupoff lui dit de ne plus les embêter, parce qu'ils discutent de la fin du bouquin, et l'autre répond : « Mais c'est moi qui l'ai écrit, je suis Philip K. Dick. » Je m'imagine à la périphérie d'un cercle de fans discutant d'un de mes bouquins. Je dirais : « Euh, à mon avis, il a voulu dire que... » et là ils se retournent et me jetteraient : « Tire-toi, espèce de rigolo. » Ou

---

[8] Ami de Dick, auteur notamment de *The Digital Wristwatch of Philip K. Dick. (N.d.l'Anth.)*

alors, ils voudraient sincèrement savoir ce que j'en pense, et là, ça serait vraiment pénible...

DSA : *(A KCB)* Bon, cette fois on s'en va *(Rires)*.

PKD : C'est que mes livres ne m'excitent pas tant que ça, en fait. *(Rires)* A part *Substance mort*. Mais peut-être est-ce parce que c'est le dernier. Même *Le Maître du Haut château... Dr. Bloodmoney* n'est pas trop mal. Surtout la scène où Bill se fait avaler par la chouette, qui le recrache ensuite. Une des meilleures scènes de SF qu'il m'ait été donné de lire!

Je considère mes lecteurs comme le châtiment qui m'est réservé pour avoir écrit des livres. A part être coincé sur un astéroïde avec eux, le pire serait d'être coincé sur un astéroïde avec mes livres. Je m'imagine le jour du Jugement Dernier, condamné à relire mes propres bouquins pour l'éternité... surtout *Les Marteaux de Vulcain (les accès d'hilarité qui précèdent ne sont rien en comparaison de celui-ci)*. En fait, on peut toujours envisager la possibilité théorique qu'il existe de nobles esprits élevés dont le regard intelligent et serein s'attarde avec une amoureuse fascination sur ma prose immortelle... Mais ça m'étonnerait. Pourtant, ma petite amie Joan lit mes livres, et elle est très bien. Si je reçois une lettre disant : « J'ai lu tous vos bouquins et j'aimerais vous rencontrer », j'ai tendance à imaginer une... une *chose* avec des lunettes en cul de bouteille de Coca et des mains qui touchent par terre. Avec des parties du corps qui se détachent de temps en temps... un côté « fongus », vous voyez *(Rires)*.

Mais si un fan m'écrit en me donnant son numéro de téléphone, je l'appelle toujours. Ils en deviennent fous. Pour trois dollars, je fais complètement flipper un type à l'autre bout du pays! « Laissez-moi brancher mon magnéto! », qu'ils me disent. C'est comme ça que j'ai rencontré Joan [Simpson]. Quand je l'ai appelée, elle m'a dit : « Mon œil! Je suis sûre que Philip K. Dick ne couine pas comme ça, qu'il sait s'exprimer sans bégayer ni marmonner. » Il m'a fallu un dollar et demi pour la convaincre. Un jour, j'écrirai un roman sur le téléphone; c'est fou ce qu'on en apprend peu sur les gens en leur parlant au téléphone. Quand je l'ai vue, elle m'a plu, mais dans quelle mesure est-elle représentative de mon lectorat, ça...

En réalité, j'écris le meilleur bouquin possible, tout simplement, sans tenir compte de mon public. C'est comme si je fabriquais un avion en papier en espérant qu'il volera et rapportera assez d'argent pour me permettre de survivre. Si on fabrique une chaise, on la fait la plus confortable possible.

KCB : Cette attitude est certainement la seule valable, mais dans le monde de la science-fiction, on ne semble pas la comprendre. Pendant des années on vous demande d'écrire le meilleur livre possible, et quand vous écrivez *Le Maître du Haut château* il se fait démolir parce qu'il paraît que ce n'est pas de la science-fiction.

PKD : Ouais, même Tony Boucher a dit ça. Incroyable. Un type de son calibre... Il a dit que c'était un roman de littérature générale. C'est vrai, d'ailleurs. Une fois qu'on a dépassé la première page. Plus tard, je l'ai rencontré dans une soirée, et il m'a dit que ce livre représentait un grand pas en avant pour la SF. Voilà bien notre complexe à tous… si c'est bon, ce n'est pas de la science-fiction.

DSA : Et puisqu'il est étiqueté SF, un beau roman comme *Le Maître du Haut château* ne reçoit aucune attention de la part des critiques, peu de publicité, et un dixième de ce qu'un Vonnegut toucherait.

PKD : J'allais le dire. Si on m'annonçait : Félicitations, vous prenez le même chemin que Vonnegut, je répondrais : *Pas question !* Si j'avais le choix, je crois que j'en resterais aux couvertures à sensation… J'aimerais mieux ne pas en arriver à écrire *Le Déjeuner du champion*… Etre fait roi, comme César, ou être Caligula et nommer mon cheval sénateur. Qui sait à quoi ressemblait la première édition des *Rubaiyat* ou de *Moby Dick ?* J'ai fini par détester Vonnegut. Ce n'est pas qu'il ait « perdu » quelque chose, comme un chanteur perd sa voix ; non il l'a fait exprès. Je le tiens pour personnellement responsable. Il a *avili son propre talent.* C'est ce que Saint Paul appelait l'*hubris.* Plutôt retourner chez DAW[9], sous des « couvertures à yeux sans paupières », comme dit Spinrad, et aller mon petit bonhomme de chemin, porter ma petite lumière jusqu'au bout du tunnel et la voir s'éteindre à la fin au lieu de m'enfler comme une baudruche.

KCB : Je lisais récemment un article sur John W. Campbell, où l'on énumérait les gens qui ne pouvaient pas travailler pour lui pour cause d'incompatibilité, à la fois sur un plan personnel et professionnel. Vous êtes-vous heurtés à un moment donné ?

PKD : Je crois bien ! Il a même écrit quelque part que j'étais fou. D'après lui, il ne pouvait pas publier mes textes parce que je ne croyais pas aux pouvoirs psioniques. « Si vous ne les mettez pas au centre de la société en tant que pouvoirs dominants, et non comme phénomènes périphériques, marginaux, hors de la société, je ne publierai pas vos textes. Les pouvoirs 'psi' (c'était le terme qu'il employait) sont l'indispensable prémisse de la science-fiction. » Comme si c'était lui qui allait m'en apprendre sur le sujet ! Après ça, j'ai compris que rien ne serait jamais plus possible entre nous.

D'abord, à l'époque je ne croyais vraiment pas que les pouvoirs psi puissent exister. Pour moi, ils faisaient partie du règne de l'occulte. J'en ai mis dans mes romans, mais je n'y ai jamais cru. Maintenant, je ne prétends pas qu'ils existent, mais qu'ils *pourraient* exister. Comment pourrais-je bâtir ma carrière sur une « indispensable prémisse » à l'exclusion de toutes les autres ? Je l'y mets quand ça me chante. Comme le voyage dans le temps. Pour moi, ce type avait perdu la tête. Heureusement qu'il restait Tony Boucher et Horace Gold, plus les magazines de moindre importance. Au moins ceux-là ne vous disaient-ils pas qu'il y avait une « indispensable prémisse » si on voulait écrire de la SF. Campbell me rappelle beaucoup Hoover, qui a fini calcifié dans son bureau ovale. De toute façon, *Analog* était illisible. Je ne l'ai pas lu depuis… Vous n'allez pas me croire… 1944 !

DSA : Dommage qu'il n'ait pas vécu assez longtemps pour voir tous les

---

[9] Collection dirigée par Donald A. Wolheim, comme son nom l'indique, cf. note 3. Pour la notion d'hubris, voir dans ce volume le texte de J.-L. Malosse. *(N.d.l'Anth.)*

éléments prémonitoires contenus dans vos romans. Pendant qu'il obligeait ses auteurs à écrire sur les pouvoirs psi, vous, vous le faisiez naturellement.

PKD: On pose souvent aux écrivains de science-fiction la question du «futurisme» de leur œuvre, l'idée que leurs livres finissent par revêtir une certaine réalité. Les gens disent toujours: «Les auteurs de SF sont en avance sur leur temps. Surtout vous. Vous avez décrit en 1950 un monde où le café était cher et difficile à trouver, on est dans les années 70 et c'est exactement ce qui se passe», et ainsi de suite. J'ai toujours dit pour ma part que le futurisme n'était pas du ressort de l'auteur de SF; ce n'est pas son boulot que de se demander: «Voyons, à quoi ressemblera *vraiment* le monde en 1992?» Je n'ai jamais fait ça. Un magazine pour enfants m'a demandé un jour de faire un article sur ce que serait le monde dans cinquante ans. Eh bien, je n'en avais pas la moindre idée.

Pour moi, la science-fiction est le cadre des idées du roman, un cadre qu'on peut distinguer nettement du monde réel dans lequel on vit et dans lequel on est libre d'inventer. On prétend être en 1992 parce que, si on situait l'action en 1977, on aurait du mal à accepter tous ces gens qui se vidphonent, se téléportent dans tous les coins, se clonent mutuellement et se fondent en une entité polyencéphalique, et tout ça à San José, Californie *(Rires)*. Mais si on se place vingt ou trente ans dans l'avenir, on a les mains plus libres. On peut se permettre des personnages qui se promènent sous forme d'hologrammes laser, et tout ça.

DSA: Robert Anton Wilson dit dans *Illuminatus!* que le *1984* d'Orwell n'est pas une œuvre d'imagination décrivant le futur, mais une parabole du présent. Il me semble que cette définition s'applique aussi à vos livres. Les gens sont les mêmes, les interactions entre individus aussi. La date est presque arbitraire. Si l'on lit, par exemple, la quatrième de couverture de *Substance mort,* on apprend que le roman se passe en 1988; mais le livre proprement dit mentionne l'année 1992, et ç'aurait pu être 1975.

PKD: Il est évident que ce livre ne se passe pas réellement dans l'avenir. Vous avez bien choisi votre exemple. Quand Ballantine a acheté le manuscrit, Judy-Lynn Del Rey m'a demandé de le réviser parce que les personnages s'exprimaient en argot des années 60 alors que le bouquin se passait dans l'avenir. Elle voulait que je supprime purement et simplement la totalité des mots d'argot, et que je fabrique, comme d'un coup de baguette magique, un argot entièrement nouveau! Elle y tenait absolument. Je lui ai écrit en retour: «Judy, vous savez très bien que ce bouquin se passe dans les années soixante. C'est dit dans la Postface de l'Auteur.» *(Rires)* Elle a répondu: «Après tout, ça a déjà été fait pour *Orange mécanique.* Si Burgess y est arrivé, pourquoi pas vous?» Et moi: «Ce livre ne traite pas de l'avenir mais du passé, en fait.» Ce n'est pas que je sois paresseux... J'essaie simplement de décrire un milieu qui est déjà en voie de disparition, et je le situe dans l'avenir parce que c'est la convention que j'emploie pour écrire.

DSA: Sachant qu'il est impossible d'obtenir une réponse objective en vous demandant quels sont à vos yeux vos meilleurs livres, je me contenterai de vous demander quels sont ceux dont vous êtes le plus fier... et ceux qui vous feraient passer un mauvais quart d'heure sur votre asté-roïde-purgatoire.

PKD : Je voudrais revenir sur le mal que j'ai dit de mes propre textes. Chaque fois que je fais un livre, j'essaie d'écrire le mieux possible. C'est aussi valable pour *Les Marteaux de Vulcain, Docteur Futur* et *Mensonges et Cie.* Je ne me dis pas : « Puisque je suis payé trois *cents* le mot, je m'en fous complètement. » J'essaie sincèrement de faire un bon livre, mais il y en a qui tournent mal. Il ne suffit pas de vouloir. Certains de mes plus mauvais livres — par exemple *Dedalusman/Le Zappeur de mondes* — m'ont demandé *énormément* de travail. Alors que j'ai écrit *L'Œil dans le ciel* — à mon avis bien meilleur — en quinze jours. Mais ça ne marche pas à tous les coups. Mon agent prétend que, d'une manière générale, plus un livre est difficile à écrire, moins il a de chances d'être bon. Que ceux qui coulent tout seuls sont les meilleurs.

DSA : Il est intéressant de noter que Zelazny déclare le contraire. Les livres écrits avec facilité, il les trouve louches.

PKD : Ce n'est pas toujours vrai. J'aime beaucoup *Substance mort,* un livre qui m'a pourtant demandé des années de travail. J'aime aussi *Ubik, Dr. Bloodmoney, Le Maître du Haut château, Les Joueurs de Titan, L'Œil dans le ciel.* Et *Les Clans de la lune alphane,* parce que le livre tout entier aboutit à cette scène marrante où on annule l'assaut de la fusée et où le robot, qui n'est pas au courant, s'en va défoncer la porte.

DSA : Moi aussi j'aime beaucoup ce livre, en particulier pour cette scène finale où les rapports entre les personnages atteignent un tel degré de complexité que le héros est obligé de s'asseoir pendant trois pages, le temps d'arriver à démêler qui est avec qui. Il finit par comprendre que l'équation est impossible à résoudre ; il y a trop d'individus qui font trop de choses illogiques, et parfois *sans l'aide de personne.*

PKD : J'aime aussi *Simulacres ;* par certains côtés, c'est un beau bouquin. Incroyablement complexe. Avec un nombre invraisemblable de personnages. Mais *Glissement de temps sur Mars,* non. Je le trouve terne. Je préfère *En attendant l'année dernière.* J'ai finalement décrété que j'aimais bien la dernière partie de *Coulez mes larmes, dit le policier,* mais pas l'ensemble. Très insatisfaisant. Un qui me laisse perplexe, c'est *Le Guérisseur de cathédrales.* Parfois je le trouve marrant, et parfois bête. Pareil pour *Au bout du labyrinthe.* Je réagis différemment selon les passages. A un moment, la même conversation se répète. C'est trop long, les personnages dégoisent à n'en plus finir. Mais ce n'est plus tout à fait la même chose : la deuxième fois, la scène est soigneusement restructurée de manière à revêtir un sens différent. Je n'aime pas du tout *Les Androïdes rêvent-ils de moutons électriques ?* Vraiment, il me fait horreur, celui-là[10]. Il y a des livres que j'aimerais enterrer, et celui-ci en fait partie.

---

[10] Ceci se passe bien avant la réalisation du film *Blade Runner,* que Phil admirait éperdument. Il ne faut pas oublier que le jugement qu'il portait sur ses propres livres variait d'heure en heure, apparemment selon l'interlocuteur.

Le Dieu venu du Centaure est intéressant, du moins pour moi. En le relisant, j'ai eu la nette impression que c'était un livre extraordinaire... peut-être sans égal. Un livre unique dans l'histoire de la littérature. On n'a jamais rien fait de tel. Et puis je l'ai encore relu, et je l'ai trouvé complètement fou. Dément. Il ne s'agit pas d'un livre *sur* la démence, mais d'un livre dément. Vraiment bizarre, celui-là. Mais si l'un de mes livres doit rester, ce sera sans doute celui-là. Ou alors, on l'enterrera parce que trop bizarre, trop fou. *Ubik* aussi contient quelques idées importantes, je crois.

(Note de l'Interviewer : Au cours d'une pause, nous évoquons la vie qu'ont menée certains écrivains de science-fiction professionnels et ce qu'ils sont devenus : Heinlein et son domaine entouré de barbelés auquel ne manquent ni le drapeau, ni l'abri anti-atomique, par opposition à l'unique pièce au cinquième sans ascenseur où vit Fritz Leiber. Phil hoche la tête tristement : « Voilà ce que craignent le plus les écrivains de SF. Vous devriez me poser la question. »)

DSA & **KCB** : *(en chœur)* Alors, dites-nous un peu... que redoutent le plus les auteurs de science-fiction ?

PKD : Je ne peux parler qu'en mon nom, mais un jour de 1964 où je conduisais seul sur l'autoroute McArthur, à Oakland, j'ai vu un vieil hôtel affreux — « Chambres à la journée et à la semaine » — et je me suis dit : « Je finirai comme ça, dans les bidonvilles d'Oakland. » C'est pour demain ou pour dans vingt ans, mais je le sens venir ; je suis sûr que c'est ce qui m'attend. »

Alors je me suis demandé pourquoi. Pourquoi finirais-je comme cela ? Surtout à cause de la situation financière des auteurs de SF, mis à part les grands, comme Heinlein. L'isolement et la solitude, voilà l'horreur.

L'écriture est un exercice solitaire. Un de mes amis a l'ambition de devenir auteur de SF. Alors qu'il écrivait son deuxième bouquin, sa femme l'a quitté — entre autres, parce qu'il passait le plus clair de son temps à écrire. Un an plus tard, il se demandait encore, tous les jours, si c'était là le prix à payer. Ce n'était pas sans rapport avec ce que j'avais moi-même vécu, et il s'en rendait bien compte. Il est arrivé plusieurs fois que ma femme me quitte en plein milieu d'un bouquin, c'est-à-dire à un moment où je suis psychologiquement très vulnérable. Où toute mon énergie passe dans mon livre. Pour cet ami, c'était une espèce de malédiction qui pesait sur les auteurs de science-fiction. Et il a peur que ça se reproduise s'il rencontre une autre femme et s'il continue d'écrire.

DSA : Il faut beaucoup de courage et de force pour continuer à écrire quand on est solitaire et dans la gêne ; de savoir que, jour après jour, on se retrouvera tout seul avec ses idées devant sa machine à écrire. Mais d'un autre côté, cette situation peut faciliter le processus d'écriture : s'il est si difficile de vivre dans le monde extérieur, autant plonger la tête la première dans son monde intérieur et y découvrir des fantasmes qui valent la peine d'être mis noir sur blanc. Par la création, on recrée sa propre vie[11].

---

[11] A rapprocher de la phrase de Kafka citée par J. Wagner dans l'essai biographique qui ouvre le présent volume. *(N.d.l'Anth.)*

PKD: C'est vrai. C'est comme ça que je vivais à Santa Ana. J'ai eu peur quand je me suis rendu compte que ma première réaction au départ de ma compagne était de me sentir heureux et soulagé. Il y a une certaine fascination à se retrouver seul avec ses pensées, ses notes. Pour la première fois de ma vie je me sentais capable de faire face à ce destin qui, en 1964, me paraissait épouvantable. Il faut dire que j'avais un appartement confortable, une voiture que j'aimais bien, etc. Pour la première fois, je comprenais les avantages de la solitude pour un écrivain.

Quand j'ai rencontré Joan, j'ai dû prendre une décision capitale: il ne s'agissait pas de savoir si je voulais nouer une relation avec elle en tant qu'individu, mais si je voulais nouer une relation tout court. J'ai connu tellement de femmes, et cela s'est toujours si mal terminé... Enfin, cela c'est toujours *terminé*, ce qui pour moi revient au même. J'ai fini par me dire que, quelles que soient les conséquences positives de la solitude sur mon travail, je ne cesserais jamais de me demander: «Pourquoi fais-tu ça?» si je me retrouvais seul.

Ceci m'amène à un point très important dans mon travail, et sur lequel je voudrais insister. Il me semble que, quand j'écris un livre qui a un certain succès, je *donne* quelque chose. Je ne me contente pas d'être un simple consommateur qui profite du travail, de l'ingéniosité et de la créativité d'autrui. J'ai l'impression de restituer quelque chose au monde, à l'univers, au cosmos, à la société dans laquelle je vis, aux autres. Ayant beaucoup écrit, j'ai beaucoup donné. Et je veux recevoir quelque chose en échange. Qu'est-ce que j'attends en retour, si l'écriture ne se justifie pas par la satisfaction que j'en retire? Pas de l'admiration, de la reconnaissance, ni de l'argent, non. Enfin, on désire toujours ces choses-là, parce qu'elles sont en rapport étroit avec le livre. Mais moi, ce que je veux n'a rien à voir avec le livre. Plutôt avec ma vie. C'est une chose à laquelle tout le monde a droit et aspire: un être à aimer, quelqu'un qui vous aime et désire être avec vous. Même si je n'étais pas devenu écrivain, j'aurais désiré cela. Si je me dis que j'ai tiré ces livres de moi-même sans recevoir en échange de sentiments affectueux, j'ai l'impression de m'être fait avoir.

Mais à l'inverse de l'ami dont je parlais tout à l'heure, je n'ai jamais voulu voir de relation directe entre le fait d'écrire et celui de perdre la femme aimée. Elles seraient parties de toute façon. C'est comme ça.

Qu'est-ce que les écrivains retirent vraiment de l'acte d'écriture? Quand on enlève l'admiration, la reconnaissance et l'argent, et qu'il reste la relation de l'auteur à son livre? Moi, je n'aime pas me lire, et la présence de mes livres me gêne. J'ai tendance à les donner. Voilà ce que je retire de mon travail: j'ai vu des gens faire ou dire des choses qui me paraissent dignes d'être conservées. D'aller au-delà de l'instant. Alors je les ai mis noir sur blanc, ces gens. Et ce qu'ils font ou disent revient presque toujours au même: un individu falot, qui en temps normal serait tenu pour tout à fait ordinaire mais qui transcende momentanément sa condition — généralement sans s'en apercevoir — pour aller frapper droit au cœur de l'humanité, pour représenter à lui seul, l'espace d'un instant, ce qui fait toute la réflexion, toute la sensibilité des êtres humains, pour se comporter de manière exemplaire en raison de sa spontanéité et de sa profondeur. Voilà pourquoi *Substance mort* a une telle importance pour moi, je crois.

C'est dans ce livre plus que dans tout autre que j'ai enregistré ce que faisaient ou disaient des individus authentiques qui, autrement, auraient purement et simplement disparu. J'étais mieux placé que quiconque pour m'en souvenir et restituer le tout dans un livre. Ces gens étant pour la plupart des illettrés, ils ne le sauront jamais. Certains ne sont même plus en vie à l'heure actuelle. Ce qui compte le plus pour moi, ce sont les petits actes de courage, les petites démonstrations de force, un peu plus que la simple compétence.

DSA : Il semble que cela nous ramène aux petits actes de bonté qui font la différence entre les humains et les animaux, ou les androïdes.

PKD : Exactement. Un jour, sous mes yeux, un junkie complètement défoncé a entendu le cric glisser alors qu'un gamin changeait un pneu dans le garage. La Pontiac, qui faisait plus de deux tonnes, allait lui rouler dessus et le gosse hurlait. Et notre pauvre junkie à la cervelle cramée, celui qui se croyait couvert d'insectes, s'est rué pour aller tirer le gosse de là. À ce moment précis, le cric a lâché. Tout s'est passé tellement vite que j'en étais encore à essayer d'ouvrir la portière pour serrer le frein quand il s'est jeté sur le gamin. Lui, il savait que je n'aurais pas le temps d'intervenir. Et ce pauvre type, qui est mort maintenant, m'a dit : « Ouais, si ç'avait été une décapotable, j'aurais pu sauter à l'intérieur, mais là, je savais que je n'aurais pas le temps d'atteindre le frein. »
Il a su exactement quoi faire. Puis il est retourné s'autodétruire à l'héroïne ; il a survécu un an. Non seulement il a fait ce qu'il fallait, mais en plus, il le *savait*. Comment ? Mystère.

Et puis, il a autre chose. Ce type se préoccupait *réellement* du sort du gamin. Pourtant, c'était la lie de l'espèce humaine. Le métal qui servait à couper l'héroïne (du plomb ou du mercure, selon toute probabilité) laissait sur ses neurorécepteurs un dépôt aux conséquences irréversibles qui a fini par le tuer. Mais en même temps, il était capable de tendresse, d'attention, il pouvait avoir un comportement adéquat en cas de danger. Et ce n'est pas tout : une fois, il m'a sauvé la vie alors que les freins de sa voiture avaient lâché.

J'aimerais vraiment que vous mettiez cela dans votre interview, et que vous fassiez le lien avec ce dont on a parlé tout à l'heure. Son problème n'était pas simplement la folie : il avait le cerveau endommagé. Enfin, tout ça est dans *Substance mort*. Pourtant, à un certain niveau très important, ce cerveau continuait à fonctionner. Ce type était toujours un être humain, avec toutes les qualités dont l'être humain peut faire preuve. Même s'il me volait tout ce que je possédais parce qu'il était accro. Je n'éprouve aucune animosité à son égard... Au contraire, je suis émerveillé. Si ce type-là pouvait démontrer de telles qualités humaines, alors quelles merveilleuses possibilités nos cerveaux à nous doivent receler !

Et voilà : la sonde spatiale que j'ai envoyé explorer les mystères de l'univers est de retour au bout de vingt-six ans, et elle me dit : « Le plus grand mystère de l'univers est le cerveau humain. » Je demande : « Quelle est la solution de ce mystère ? Réponse : « Puisqu'on te dit que c'est le plus grand des mystères ! » Après avoir écrit et réfléchi pendant vingt-six ans sur ce sujet, j'ai appris une chose: je sais quel est le plus grand mystère de l'univers. Il y a plus d'interconnexions neurales possibles dans le cerveau humain que d'étoiles dans le ciel; ça veut quand même dire quelque chose, non?

Si on me demandait: Qu'avez-vous appris en vous posant pendant vingt-six ans la question «Qu'est-ce que la réalité?», je répondrais: «J'ai appris que je ne comprenais pas le cerveau humain.» Mais si vous saviez comme je l'admire!

(FIN DE LA PREMIÈRE PARTIE)

TEXTES II

Le cinéma dickien

par Philip Strick

Producteur, distributeur, conférencier... Philip Strick est l'auteur d'un ouvrage qui fait référence en matière de cinéma fantastique et SF: Science Fiction Movies *(Octopus, 1976); il enseigne d'ailleurs la science-fiction à l'Université de Londres, et ses articles sont régulièrement publiés dans le magazine* Sight & Sound. *Mais ce critique anglais prouve aussi par ce texte qu'il est un grand lecteur de Dick.*

Un jeune homme rend visite à un psychiatre afin de lui décrire son sentiment d'isolement. Il déclare que sa famille lui paraît détenir des secrets dont il est exclu; il se sent vulnérable et menacé, incapable de faire confiance aux êtres qui, pour lui, comptent le plus au monde. Le psychiatre réagit par une attitude manipulatrice, et sur un ton légèrement moqueur. Alors le jeune homme mord dans une pomme et s'aperçoit avec horreur qu'elle grouille de vers dans sa main. Ainsi débute le film *Society* (1989), de Brian Yuzna.

Cette séquence est dickienne.

Hanté par ce qu'il a vécu au Viêt-nam, un postier new-yorkais ne sait plus distinguer entre le monde réel, de plus en plus peuplé de démons, et une existence onirique dans laquelle il continue d'habiter avec son ex-épouse et son fils. A mesure que la confusion s'accroît, il découvre que son bataillon au Viêt-nam a été soumis à l'influence d'une drogue expérimentale censée susciter le désir de tuer. Au cours du massacre qui a suivi l'expérience, il a été assassiné par un de ses compagnons, et subit à présent le traumatisme de la vie après la mort. Ce sujet, jadis classé parmi les dix meilleurs scénarios jamais tournés d'Hollywood, a fini par être porté à l'écran sous le titre *L'Echelle de Jacob* (1990), par Adrian Lyne.

C'est un film dickien.

Suite au regain d'intérêt provoqué par le lancement de *Total Recall* (1990), sans compter la réputation durable de *Blade Runner* (1982), ressorti depuis dans une version fidèle au montage souhaité par le réalisateur[1], il est à présent de bon ton d'évoquer l'influence exercée par Philip K. Dick sur le cinéma. De bon ton, certes, mais aussi relativement malaisé. Considéré sous son angle d'attaque le plus direct, le sujet est très en avance sur son temps; en effet, malgré son rythme de production remarquable, seule une demi-douzaine d'œuvres de Dick ont été adaptées à l'écran, que ce soit au cinéma ou à la télévision. On attend encore — et on attendra peut-être longtemps — la ruée sur les textes de Dick qu'aurait dû provoquer *Total Recall*, malgré tous ses défauts. Naturellement, lorsque cela se produira, les adaptations s'avéreront peut-être si maladroites, si antipathiques ou encore si mal faites qu'elles retarderont encore la prise de conscience, pourtant bien méritée, de son extraordinaire talent. En ce sens, l'influence de Philip K. Dick sur le cinéma ne peut jusqu'à présent être qualifiée que de négligeable.

Mais l'admirateur de Philip K. Dick, lui, a une vision plus large. Il est de plus en plus facile de déceler une corrélation étroite entre les thèmes chers à cet auteur et ceux qu'on relève dans films d'aujourd'hui, comme

---

[1] Il convient d'ajouter à cette liste *Minority Report, Impostor, Screamers* et *Paycheck* [Cf Bibliographie secondaire].
Voici ce que D.S. Black notait à ce propos dans un article intitulé « *Blade Runner* Revisited — Do Directors Dream of Electric Screens ? », paru dans la *Philip K. Dick Society Newsletter* (mars 1992) :
[...] « Le réalisateur Ridley Scott a peut-être la cote depuis *Thelma et Louise,* mais cela ne fait pas pour autant de lui un Stanley Kubrick ou un Woody Allen — il n'est pas assuré de détenir le «montage final». Avec *Blade Runner,* il s'est retrouvé confronté au même problème que d'autres grands réalisateurs avant lui : Orson Welles, Sergio Leone, Martin Scorsese ont aussi vu les philistins qui tiennent les cordons de la bourse trafiquer sa *mise en scène* (N.d.l'Anth.: en français dans le texte) et introduire dans leurs films des greffons incongrus, histoire de défigurer ou d'assainir une œuvre jusque-là brillante. Dans son cas, la plus odieuse de ces interférences a consisté à rajouter un récitant (la voix *off* de Harrison Ford) qui apportait une grande quantité d'information superflue et perturbait le rythme gracieux de l'ensemble.
[...] Dans son «montage réalisateur», *Blade Runner* ne prend pas de gants. Dès le générique, parcimonieux et raffiné, il est clair que si le titre est le même, il s'agit là d'un film très différent. Disparue, l'histoire du futur façon *Guerre des étoiles* qui se déroulait sur l'écran après le générique pour décrire la fonction des répliquants dans les colonies planétaires, la firme qui les a conçus et le rôle des *blade runners.* A sa place: une définition concise du mot *répliquant* tirée du *Nouveau Dictionnaire* de 2016, qui suffit amplement à brosser la toile de fond. Disparue aussi la fin optimiste où l'on voyait Harrison Ford filer dans le crépuscule avec sa répliquante adorée (Sean Young). Il ne reste que quelques mots de son récitatif, mais quelle différence! [...] La ville épouvantable, surdéveloppée et dépeuplée de Los Angeles est perçue de manière plus picturale sans la voix *off* dont la tendance était de tout décrire.
[...] On prétend par ailleurs que Ridley Scott travaillerait sur un *autre* montage, qui entraînerait des ajouts et une ressortie mondiale en septembre 1992. Shawn Levy annonçait en août 1991 dans *American Film* qu'on y verrait une scène inédite où Harrison Ford rêve, non de moutons électriques, mais d'une licorne.
P. Williams ajoute : «Le magazine *Variety,* lui, déclarait: "Ce qui était jusqu'à présent un film de premier ordre grevé d'incontestables défauts mérite à présent de faire partie des classiques." » *(N.d.l'Anth.)*

si, à l'image d'un de ces « prophètes » qui peuplent ses romans (voir le précog dans *Les Chaînes de l'avenir,* l'Anarque Peak dans *A rebrousse-temps* ou le Glimmung dans *Le Guérisseur de cathédrales*), Dick était en en semi-vie et modelait la réalité en nous bombardant de réflexions, d'instructions et de désirs dans le but de nous influencer. Il est naturellement plus convaincant d'affirmer l'inverse — c'est-à-dire que Dick prenait pour matière l'expérience commune, qu'il se préoccupait de ce qui concerne inévitablement et durablement notre vie quotidienne et nos distractions. Mais c'est lui rendre enfin hommage que de reconnaître l'existence d'un « effet Dick » basé sur un usage très personnel de l'imaginaire, de la subjectivité, de l'humour bizarre et de la paranoïa anxieuse, effet lié à un large éventail de problèmes contemporains.

Ainsi qu'il l'admettait volontiers, Dick eut à cœur d'explorer dans ses écrits trois directions bien précises. Pendant les vingt premières années de sa carrière (c'est-à-dire, du début des années cinquante au début des années soixante-dix), il aborda deux questions : « *Qu'est-ce que la réalité ?* » et « *Qu'est-ce qu'un être humain ?* ». Suite aux événements traumatisants survenus en février-mars 1974 dans sa vie, et la dépression et/ou la révélation qui les accompagna, il ne visa plus dans ses textes qu'à tenter de résoudre une énigme : que s'était-il passé, et quelles conclusions fallait-il en tirer ; ce thème, on pourrait le résumer par une troisième question : « *Mais qu'est-ce qui m'est arrivé ?* »

Lorsqu'on cherche un équivalent cinématographique à ce triangle dickien, on s'aperçoit vite que la question de la « réalité » au sens général du terme est si étroitement liée au cinéma que, dans ce domaine, il serait vain d'accorder une plus grande importance à Dick qu'à des artistes comme Méliès, Resnais, Kurosawa, Mamet ou mille autres encore. Pour le moment, écartons également le problème troublant de sa rencontre avec Siva, puisque Dick lui-même n'a pas réussi à formuler une conclusion satisfaisante sur ce point. Plus accessibles sont ses recherches sur la « nature de l'humain », son analyse extensive du rôle vital tenu dans notre société par l'artificiel. Pour parler en termes de science-fiction, Dick a réactualisé la situation créée par Frankenstein afin de l'adapter à l'ère Asimov ; de nos jours, tant au cinéma que dans la réalité, ce sujet a en effet pris un caractère d'urgence indiscutable et grandissant.

Il faut sans doute commencer par rappeler que se sont tenus, en septembre 1990 à Glasgow (Ecosse), les premiers Championnats du Monde pour Robots. Le vainqueur fut une machine japonaise nommée Yamabico (« Yam » pour les intimes) qui présente d'ailleurs une ressemblance frappante avec un chariot de supermarché. Yam reçut en guise de récompense un trophée de cristal en forme… d'androïde. Yam est le produit de sept années de recherches, et son aptitude particulière consiste à savoir longer un mur sans le heurter ; il s'agit d'un véritable miracle de la technologie, qui devrait, à terme, infirmer la croyance — largement répandue — selon laquelle les scientifiques ne regardent jamais où ils vont.

Yam, en simple athlète, ne représente certes pas le *nec plus ultra* de l'intelligence robotique ; mais il est quelque peu déprimant d'apprendre des experts actuels en intelligence artificielle qu'un ordinateur portable de modèle courant a des capacités mentales inférieures à celles d'un insecte. Selon eux, il faudra encore dix ans pour qu'on puisse, à force de raffinements constants apportés aux microprocesseurs et aux techniques de programmation, concevoir une machine égalant les capacités d'une souris, machine qui devrait d'ailleurs fonctionner au rythme de mille millions d'opérations par seconde. Dix années de plus et on fabriquera peut-être un engin capable de rivaliser avec un chien. Dix autres encore (ce qui nous amène dans les années 2020), et on commence à pouvoir envisager l'existence d'une réelle intelligence robotique, pour qui la forme humaine sera d'ailleurs exclue, car peu efficace.

Ces prévisions montrent bien que les films d'anticipation tournés depuis quinze ans sont considérablement plus proches de la vérité qu'on ne le croit généralement. L'ordinateur perturbé de *2001 — l'Odyssée de l'espace* (S. Kubrick, 1968) et les robots-professeurs malveillants de *Class of 1999* (M. Lester, 1989) se sont peut-être trompés d'une décennie ou deux, mais *Blade Runner,* ce film essentiel, se situe, lui, en 2019 — ce qui nous laisse comme prévu quelque trente années pour passer de la souris au super-cerveau. Par ailleurs, le premier *Terminator* de James Cameron affirme sans détour que la guerre contre les machines a bien éclaté en 2029, ce qui représente tout de même une estimation un peu généreuse, vu les prévisions ci-dessus. Ces deux films introduisent bien sûr d'autres facteurs, pour lesquels il est plus difficile d'obtenir des statistiques ; citons par exemple le génie génétique, ou encore le voyage dans le temps. Paul Verhoeven et ces œuvres d'imagination tout empreintes de violence que sont *Robocop* et *Total Recall* jouent la sécurité en se situant dans un « avenir proche » non spécifié qui pourrait tout aussi bien être distant d'une centaine d'années dans le futur. Néanmoins, le décor en est d'une vraisemblance assez inconfortable (contrairement aux fables peu crédibles qui en forment le sujet) quand on songe à l'aspect que pourrait revêtir notre propre avenir.

Cela ne devrait d'ailleurs pas nous surprendre, puisque le cinéma — quelles que soient ses prétentions — ne peut que constituer une réflexion sur le présent, et non jouer un rôle prévisionnel. On ne gagnerait pas grand-chose à voir dans *Blade Runner* un tableau récapitulant l'avenir de la restauration chinoise ou le succès futur des automates-hibous ; quant à apprécier le film en fonction de la justesse de ses prévisions pour les années nous séparant encore de 2019, ce serait négliger ses fonctions plus fondamentales et plus précieuses. La nature de ces fonctions peut naturellement se discuter : tout dépend de l'intérêt qu'on éprouve pour le regard que Ridley Scott porte sur les relations familiales, le sentiment amoureux, ou la mort... Le critique cinématographique pourra néanmoins faire valoir avec quelque utilité que chez Scott, le choix du sujet *(Duellistes, Alien, Legend)* se ramène toujours aux mêmes thèmes : l'opposition entre êtres vivants, la course contre la montre dont la prix sera la survie, la mise en relief de la lutte des classes entre espèces ou générations différentes, et enfin l'affrontement entre désespérés et privilégiés.

L'importance de *Blade Runner* chez Ridley Scott ressort donc nettement du fait que son film suivant, un thriller intitulé *Traquée*[2], montre encore

---

[2] Titre original : *Someone to Watch Over Me.* (N.d.l'Anth.)

un détective genre « dur à cuire » qui découvre une femme-poupée dans un décor digne d'un palais. Là aussi, le sort de l'héroïne est entre les mains du héros, là aussi elle remet complètement en question sa façon de vivre. En ce sens, on pourrait dire que les gigantesques immeubles claustrophobiques de *Blade Runner* contiennent des séductions fatales auxquelles le réalisateur revient obstinément, jusque dans ses spots publicitaires pour la télévision. Avec *Thelma et Louise,* où on peut voir la suite logique de *Blade Runner*, la ville est remplacée par une arène de plaines et de montagnes où les personnages peuvent se lancer avec violence dans la quête d'une existence plus épanouissante sans que rien ne vienne les détourner de leur but.

Curieusement, tous ces éléments gardent un arrière-goût dickien alors que le film *Blade Runner* lui-même s'est peu à peu constitué une identité iconique propre qui, désormais, échappe au contrôle et au domaine de son réalisateur. Plusieurs fois ressorti, fréquemment analysé et doté de multiples imitateurs (à commencer par le propre frère de Ridley Scott, Tony, et ses films d'aventures tel que *Le Dernier samaritain*), *Blade Runner* a marqué l'émergence d'un intérêt accru non seulement pour la force de Dick en tant que visionnaire, mais aussi pour les thèmes et les images de type « cyberpunk » qui pullulent aussi bien dans la publicité et les clips que dans les longs-métrages en tous genres.

Paradoxalement, *Total Recall,* gros succès commercial qui a donné une nouvelle impulsion à la réputation de Dick, était déjà en préproduction (il y a eu beaucoup de tentatives avortées) avant même la sortie de *Blade Runner,* tandis qu'une nouvelle de Dick datant de 1952, « Deuxième variété » inspirait discrètement (avec un scénario télé de Harlan Ellison intitulé « Soldier » datant de 1957) le *Terminator* de James Cameron (1984) et sa suite récente, *Le Jugement dernier* (1991). C'est toutefois *Blade Runner* qui retient l'attention, bien que R. Scott n'ait même pas lu le roman de Dick en entier avant de tourner son film. Les décors urbains traduisent si bien la texture des cauchemars dickiens que l'émergence des « cyberpunks » (c'est en 1982 — justement l'année de *Blade Runner* — que le mot apparaît pour la première fois, dans le titre d'une nouvelle publiée dans *Isaac Asimov's Science Fiction Magazine*) est maintenant rattachée par tous aux images de Ridley Scott, et non aux nouvelles de Dick écrites dans les années cinquante, avec leur vision perpétuellement recyclée d'une société en pleine dégradation.

Le cinéma de science-fiction a un tel retard sur la littérature de SF qu'il vaut mieux considérer comme pure coïncidence tout lien s'établissant entre eux. Toutefois, le mouvement cyberpunk constitue un cas particulier : d'une part parce que, en tant que phénomène science-fictionnel, il est d'ores et déjà dépassé par de nouveaux textes résolument *post*-cyberpunk (en l'espèce, un retour sans ambiguïtés aux lointaines contrées de l'aventure intergalactique), et d'autre part parce qu'il se préoccupait de choses qui se sont rapidement banalisées, aussi bien dans le monde du spectacle que dans la société qu'il reflète. On pourrait dire, avec un certain cynisme, que l'ère cyberpunk a vu les plus hauts exploits techniques mis au service des causes les plus bassement populaires, définition qui convient parfaitement à l'exemple de la production cinématographique, mais qu'on pourrait aussi bien appliquer à la Guerre du Golfe ou d'autres conflits à haute technologie.

Dans le récit cyberpunk, l'humanité vit dans un environnement qui glisse vers le chaos, que ce soit sur le plan politique, financier, écologique, mécanique ou affectif. Il en résulte divers désirs qui, malheureusement, ne visent jamais la réforme salvatrice. On y trouve un désir d'évasion, de suprématie, de richesse immense ou de destruction encore plus poussée, mais aussi la poursuite d'objectifs divers et obscurs, provoquée par l'usage de drogues nouvelles qui accroissent et corrompent les facultés mentales. Lire *Neuromancien,* de William Gibson (1984), avec ses duels hallucinatoires et ses excursions dans l'arène urbaine, c'est rencontrer une première manifestation des mécanoïdes cinglés que mettent en scène Richard Stanley dans son conte d'horreur intitulé *Hardware* (1990) ou Cameron dans ses *Terminator*[3], ainsi qu'un récapitulatif des nombreux signes avant-coureurs de cette tendance et qu'on trouvait déjà au cinéma.

Les romanciers cyberpunks du groupe «Mirrorshades[4]» — avec par exemple Lewis Shiner et Bruce Sterling — combinent les saisissantes dislocations de William Burroughs et de J.G. Ballard avec un vocabulaire résultant de délectables mutations, pour nous livrer de laconiques manuels censés nous aider à éviter les pièges des cités modernes. Ces îlots de béton voient leur histoire retracée de façon honorable et homogène dans le cinéma fantastique, et cela jusqu'à *Métropolis,* mais, avec ses colossales pyramides tronquées et ses rues monstrueusement surpeuplées, l'architecture urbaine de *Blade Runner* a suscité une intensification considérable des effets visuels claustrophobiques dans des films tels que *Runaway* (Michael Crichton, 1984), *Terminator* et *Robocop*. Une espèce de cyberpunk «soft» a vu le jour avec *Brazil,* de Terry Gilliam (1985), film où les entrailles de la ville acquièrent une vie propre et envahissent triomphalement leur environnement.

Autre épisode de ce feuilleton du désastre, l'impressionnant dessin animé du Japonais Katsuhiro Otomo intitulé *Akira,* qui se fonde sur la bande dessinée périodique extrêmement populaire qu'il a lancée en 1982 et mis neuf ans à terminer (avec une interruption de dix-huit mois pour réaliser le film). Située en 2019 (encore!) dans un néo-Tokyo entièrement reconstruit après la Troisième Guerre mondiale, *Akira* fait le tour des clichés cyberpunks en deux heures d'action au rythme étourdissant, où l'on trouve des guerriers à moto, des êtres supérieurs apparus suite à la consommation de drogues nouvelles et — dans la grande tradition des films de monstres japonais — la destruction réitérée de la ville, cette fois-ci par une boule de lumière géante.

Dédaignant superbement les subtilités de l'expression faciale (encore que, sans qu'on sache pourquoi, un des personnages principaux semble inspiré de Bette Davis), ce dessin animé se délecte de vues plongean-

---

[3] Auxquels s'ajoute à présent le *T3* de Jonathan Mostow (2003). *(N.d.l'Anth.)*

[4] L'une des dénominations des cyberpunks, avec «Radical Hard SF», «The Outlaw Technologists», «The Eighties Wave», «The Neuromantics» (citées par B. Sterling dans la préface de son anthologie, également baptisée *Mirrorshades* (Paladin, 1988); en France: *Mozart en verres miroir,* Paris: Denoël, 1985. *(N.d.l'Anth.)*

tes sur des scènes de combats de rue cadrées au grand angle entre des gratte-ciel sinistres, ou d'images puissantes représentant carambolages d'autoroute, échanges de coups de feu ou explosions en tout genre, le tout chargé d'une énergie visuelle considérable mais en fin de compte épuisante. A un moment, un jeune garçon dont les pouvoirs télékinétiques émergent peu à peu à son insu voit avec horreur son propre corps s'ouvrir et déverser son contenu sur la route ; la vision disparaît brusquement tandis qu'on le voit fouiller la poussière pour tenter de rassembler la masse d'intestins qu'il s'est imaginée. Par la suite, une fois devenu cyborg il lui poussera des racines et des filaments qui lui permettront de s'unir au matériau composant son environnement.

Ces scènes de symbiose échevelée, qui remettent en question les critères d'évaluation de la réalité, ne sont pas sans rapport avec *Total Recall,* où on ne peut plus se fier à rien ; en tout cas, on leur trouve davantage de points communs qu'avec *Robocop* qui, au premier abord, apparaît plutôt comme une variation tapageuse sur le thème du gendarme et du voleur : flic + collègue, flic + belle jeune fille, flic + voyou, flic + chien, flic + robot, etc. Mais pour ses admirateurs, il ne fait aucun doute que les deux courants remontent jusqu'à Philip K. Dick, avec un détour par le territoire cyberpunk.

Sans se réclamer de Dick en tant que source d'inspiration, et en se complaisant dans une violence extrême envers laquelle l'écrivain n'aurait éprouvé que très peu de sympathie, *Robocop* comporte au moins une séquence (sans compter une bonne dose d'humour noir) apparentée à ce qui forme le cœur même de la philosophie dickienne. Quelque temps après l'opération (on a greffé une armure métallique et des circuits informatisés sur le corps d'un policier malchanceux joué par Peter Weller), Robocop, gadget mi-homme mi-machine chargé de faire respecter la loi, se découvre des réactions inattendues, déclenchées par un programme de nature non électronique. Il se rend chez le policier disparu, dont la maison attend un nouvel acquéreur, et, en se promenant dans les pièces vides, est momentanément ramené à l'époque où vivaient là le flic, sa femme et son enfant. Les sons, les visages, les meubles deviennent instables, puis disparaissent à nouveau.

Ces flashes-back font bien sûr partie d'une grammaire cinématographique bien établie, mais dans ce cas précis, cette sensation de « non-fiabilité » tragique du milieu paraît sortir tout droit d'*Ubik,* roman de Dick où seule l'action d'un atomiseur peut assurer la cohérence de la « réalité ». La maison proprement dite, avec ses allures de paradis domestique, pourrait s'inspirer des romans « non SF » de Dick et de leur architecture suburbaine *(Aux pays de Milton Lumky* en serait un exemple parfait) ; d'autre part, cette notion de programmation inadéquate et défaillante, aussi bien chez les humains que chez les machines, apparaît constamment dans les textes de Dick. En fait, on pourrait trouver des références à Dick dans chaque retournement de l'intrigue de *Robocop,* depuis l'emprunt constant aux banques de données de la police *(Substance mort)* jusqu'au personnage de l'industriel peu scrupuleux (interprété par Dan O'Herlihy) dont les ambitions vont causer la perte de multiples vies humaines, et qui rappelle fortement le Glen Runciter de *Ubik.*

Peuplés d'employés de bureau humblement insignifiants, dépourvus de toute ressemblance avec Robocop ou Schwarzenegger, les récits de Dick décrivent un monde qui peut se trouver réduit en cendres d'un moment à l'autre, ou qui s'avère tout à coup n'exister que par la volonté fantasque d'une puissance extérieure irascible obéissant aux exigences de son propre code caché. Car en toute logique, telle serait la réaction d'une intelligence artificielle face au contexte où elle est prévue pour fonctionner, et justement, les textes de Dick fourmillent de machines programmées, de l'arme déguisée en soldat blessé sur le champ de bataille jusqu'à la mouche enfermée dans une boîte d'allumettes qui chante « Granada. »

Fondés sur la réaction incrédule de Dick devant le nombre d'« humains » qui se rendent coupables d'actes inhumains, et doivent donc appartenir à quelque forme de vie imitant — ou « répliquant » — l'espèce humaine, les répliquants de *Blade Runner* ont un peu amélioré la fâcheuse situation des androïdes au cinéma. La *Guerre des étoiles* (George Lucas) plaidaient leur cause. Mais avant cela, des films tels que *Mondwest* (Michael Crichton, 1973), *Les Femmes de Stepford* (Brian Forbes, 1975) et *Génération Protéus* (Donald Cammell, 1977) présentaient les robots comme des ennemis, encore que ce ne soit pas nécessairement de leur faute ; mais le succès populaire de C3PO et R2D2, les deux robots de la *Guerre des étoiles,* provoqua l'émergence d'une complicité nouvelle, illustrée par le personnage vif et enjoué de Data dans l'équipe du feuilleton *Star Trek : The Next Generation* ou encore le « synthétique » qui se sacrifie dans *Aliens : le Retour* (J. Cameron, 1986).

Mais en fin de compte, l'humanoïde le plus influent de *La Guerre des étoiles* reste Dark Vador, que sa cuirasse de véhicule customisé et son halètement de locomotive à vapeur n'empêchent pas d'être hanté par les passions humaines, et qui sert de prototype négatif à *Terminator* et *Robocop.* Lorsque ce rébarbatif cyborg dévoile sous son masque les traits las et conciliants de Sebastian Shaw, à la fin de la trilogie, et se transforme de manière inattendue en image-du-père complexe, en surhumain à la fois suprêmement terrible et suprêmement faillible, à la fois allié et ennemi redoutable, on pense au « Père truqué[5] » de Dick (1953). Ces dix dernières années, d'autres robots ont fait preuve à l'écran de cette même ambiguïté dickienne. La machine se présentait alternativement sous les traits 1) du tueur fou durement combattu et vaincu de justesse dans un monde cyberpunk chaotique jusqu'au délire où les renforts sont toujours sur le point de débarquer (voir *Terminator* ou *Hardware),* et 2) du partenaire quelque peu clownesque, comme par exemple dans le génial *Cherry 2000* de Steve DeJarnatt (1986), où la maîtresse mécanique hilare du héros n'a qu'un seul et unique but : exaucer ses désirs, même quand les balles sifflent au-dessus de sa tête.

Dans un registre plus poignant, le robot est devenu un apprenti qui étudie avec un enthousiasme attendrissant l'art de franchir l'étroit fossé entre artificiel et « réel ». Même dans une production aussi erratique que *Slipstream* [*Le souffle du futur*], de Steven Lisberger (réalisateur de *Tron*

---

[5] Ainsi d'ailleurs qu'en regardant les différentes versions de *L'Invasion des profanateurs de sépulture…* (N.d.l'Anth.)

en 1982), qui date de 1989, le robot — interprété par Bob Peck — s'arrange pour prendre la première place et devenir le symbole d'une race entière de nouvelles recrues brûlant d'un innocent désir d'apprendre, et qui réinjecte un peu de joie de vivre dans un monde pétri de lassitude. Miraculeusement doué de multiples talents salvateurs (il sait recoudre les blessures, soigner la cataracte, réparer un avion...), l'androïde va jusqu'à découvrir l'amour, ce qui l'amènera vite à revendiquer une âme...

Beaucoup se sont engagés dans la voie de la quête de l'âme à la suite de Rutger Hauer et des quelques mots d'adieu tout empreints de nostalgie qu'il prononce à la fin de *Blade Runner*. Parmi les autres pèlerins, on citera l'imitateur de Humphrey Bogart dans *Android* (Lipstadt, 1982), le très spirituel Johnny Cinq de *Short Circuit* (John Badham, 1986), le bon élève de *Daryl* (Simon Wincer, 1985), Ulysse le bien nommé dans *Et la femme créa l'homme parfait* (Susan Seidelman, 1987), sans oublier cet as malheureux du maintien de l'ordre qu'est Robocop.

On est forcé de conclure devant toutes ces données que le cinéma nous prépare, consciemment ou non, à franchir la prochaine étape de notre évolution. Nos enfants du XXIè siècle, fatalement androïdes puisque «cocoonés» par des appareils sophistiqués, ont d'ores déjà dépassé le stade de la souris et du chien, en tout cas pour ce qui concerne le cinéma, et gagnent le droit d'être considérés au moins comme des adolescents.

Comme les enfants, les robots ont besoin d'affection et un certain guidage moral. Comme eux, ils semblent nous procurer une forme d'immortalité. Comme eux, ils ont même la capacité de gouverner le monde à leur façon et de rendre l'humanité obsolète. Et c'est la prise de conscience de l'obsolescence potentielle — ou du moins du peu d'importance — de l'humanité (par rapport à ses contemporains androïdes, mais aussi par rapport à elle-même) qui hante les personnages de Dick et alimente la construction narrative de ses récits. Au centre de sa nouvelle intitulée «De mémoire d'homme», dont s'inspire *Total Recall,* se trouve une intrigue secondaire d'une géniale perversité; l'hypothétique séjour sur Mars du héros n'y est présenté que sous forme de simple péripétie. Son véritable dessein est de protéger la Terre: pour le remercier de sa bonté, un plein vaisseau spatial d'envahisseurs extraterrestres gros comme des souris lui ont promis de ne pas s'emparer de la planète tant qu'il serait en vie.

Aussi absurde qu'elle paraisse, l'idée admirable et cruciale qu'on puisse être le sauveur anonyme de l'humanité — notion qui, avec toutes sortes de variantes, se retrouve dans de nombreux textes de Dick et préfigure étrangement l'atmosphère de sa période «Siva» — est un antidote puissant contre l'impression de n'être rien ni personne, impression qu'à l'instar de Dick, nous en venons à tenir pour l'ingrate vérité. Si je ne peux être Schwarzenegger (dans le rôle révisionniste du Terminator bienveillant qu'il interprète dans *Le Jugement dernier),* peut-être puis-je au moins être Philippe Volter dans *Simple mortel* (Pierre Jolivet, 1991), choisi par des extraterrestres capricieux pour exécuter de mystérieuses instructions, afin d'éviter une série de catastrophes mondiales.

Dick fut lui-même choisi par un Système Intelligent Vivant et Agissant qui, pour établir la communication, commença par lui soumettre un véritable festival d'art moderne, huit heures de spectacle mental, en février

1974; ses dernières œuvres *(Radio libre Albemuth, Siva* et *L'Invasion divine,* sans compter un volumineux journal intime formant l'énorme «Exégèse»), furent consacrées à l'analyse fébrile de cette rencontre avec SIVA. Ces romans sembleraient parfaitement impossibles à adapter à l'écran (à l'exception de *La Transmigration de Timothy Archer,* dont le fil narratif est plus cohérent) s'ils n'étaient pas d'une certaine manière — d'ailleurs assez fascinante — déjà présents parmi nous. Ainsi que ne manqueront pas de le faire remarquer les ardents supporters du cinéma dickien, l'influence de *Siva* se fait sentir dans la plupart des grands succès commerciaux de ces quinze dernières années, notamment dans *Rencontres du troisième type* (Steven Spielberg, 1997), *E.T.* (id., 1982), *Cocoon* (Ron Howard, 1985) et *Starman* (John Carpenter, 1985) — et tout particulièrement (encore que ce soit regrettable) dans le «reportage» contestable et maladroit de *Communion* (Alfred Solé, 1976). Plus révélateur encore, le film sentimental à base de revenants qui a tendance à se multiplier *(Ghost,* de Jerry Zucker, 1990, *Always,* de Steven Spielberg, 1990, et le très séduisant *Truly Madly Deeply* d'Anthony Minghella, 1991, où la vie après la mort consiste en une éternité passée à regarder vos vidéos préférées) affiche tout l'humour irrévérencieux de Dick dans sa volonté vertigineuse et désespérée d'affirmer la survie de l'esprit — sujet sur lequel on peut très bien ne pas avoir envie d'argumenter.

L'inconvénient de cette approche: une fois qu'on l'a adoptée, elle conduit à découvrir des films dickiens partout, de *L'Année dernière à Marienbad* (Alain Resnais, 1961) au *Charme discret de la bourgeoisie* (Luis Buñuel, 1972) en passant par *Homicide* (David Mamet, 1991) et *JFK* (Oliver Stone, 1991)[6]. Cette précipitation dans la recension des références est évidemment inepte; pourtant, l'admirateur de Dick pourra trouver un certain réconfort dans certaines résonances assez inattendues. Citons par exemple, au hasard, *Abyss,* de James Cameron (1989), film qui dit certainement plus de choses qu'il n'en a l'air. Les similitudes universellement constatées entre ce film et *Rencontres du troisième type* (les créatures lumineuses sont simplement déplacées au fond de l'océan) s'effacent assez vite devant ce mariage raté où une *fille aux cheveux noirs* et son époux se noient et ressuscitent pour voir leur amour renaître. Les mêmes matérialistes mal intentionnés et les mêmes déités bienveillantes que dans les œuvres tourmentées de Dick sont là pour modeler leur vie et leur mort, et vont jusqu'à employer l'artifice suprême: écrire sur les murs pour faire passer leur message... Le ton, l'esprit du film sont tellement dickiens qu'il est amusant d'imaginer que Dick (qui savait rire et, si possible, aimait avoir le dernier mot) a fini par s'arroger le rôle de Siva. Nous qu'il a laissés en arrière, nous n'avons plus qu'à écouter ce qu'il a à dire et essayer d'y trouver un sens. Cette perspective est réjouissante et nous avons bien de la chance.

---

[6] Ajoutons pour finir *The Machinist*, Brad Anderson (USA, 2005).

Corps à corps avec les anges : le dilemme mystique de Philip K. Dick

par Jay Kinney

Ce texte introduit l'ouvrage de Lawrence Sutin intitulé In Pursuit of Valis[1]*), qui regroupe différents extraits de l'*Exégèse, *ce colossal «journal» de huit mille pages où Dick a cherché sans relâche, toutes les nuits, pendant les huit dernières années de sa vie, à s'expliquer ses propres expériences mystiques en recourant à diverses théories philosophiques, théologiques et psychologiques. Jay Kinney, qui lit et commente Dick depuis longtemps — et en particulier son* Exégèse —, *est rédacteur en chef du magazine américain* Gnosis. *Il est donc bien placé pour analyser cette œuvre étonnante.*

En février 1974, Philip K. Dick, alors auteur de plus de quarante ouvrages de science-fiction publiés, marqués par le thème récurrent de la paranoïa et de la réalité évanescente, rencontre Dieu.

Jusque-là, la vie n'a pas été très clémente pour lui. Il souffre d'un blocage de l'écrivain depuis quelques années, craint des représailles du fisc suite à sa décision de ne pas payer ses impôts afin de protester contre la guerre du Viêt-nam, et l'existence au jour le jour qu'il mène depuis plus de vingt ans pèse lourdement sur son moral. Pour couronner le tout, il vient de se faire extraire deux dents de sagesse incluses et souffre beaucoup. Aussi la révélation cosmique est-elle la dernière chose qu'il ait en tête ce jour-là lorsque, sur un coup de sonnette, il va ouvrir la porte de son mo-

---

[1] Cf. Sutin, Bibliographie secondaire. *(N.d.l'Anth.)*

deste appartement à Fullerton, Californie. Son stomatologue a téléphoné à une pharmacie voisine pour qu'on lui fasse livrer un médicament contre la douleur, et Dick attend fébrilement l'arrivée du coursier[2]. En ouvrant la porte d'entrée, il se trouve face à face avec une jeune femme portant au cou un pendentif en or représentant un poisson.

Ainsi qu'il le raconte lui-même:

> Je ne sais pas pourquoi, ce poisson m'a hypnotisé; j'ai oublié la douleur, les analgésiques, la raison de la présence de cette jeune fille. Je me suis contenté de scruter le symbole du poisson.
>
> «Qu'est-ce que ça signifie? lui ai-je demandé.
>
> La fille a porté la main à son poisson d'or miroitant: «C'était un symbole chez les premiers chrétiens.» Puis elle m'a remis le paquet de médicaments.
>
> A cet instant, alors que je fixais l'étincelant symbole du poisson en écoutant sa réponse, j'ai subi (je devais apprendre le mot par la suite) ce qu'on appelle une «anamnèse» — mot grec qui signifie littéralement «perte de l'oubli.» Je me suis rappelé qui et où j'étais. A cet instant, en un clin d'œil, tout m'est revenu. Et j'étais capable non seulement de me souvenir, mais aussi de voir. Cette jeune fille faisait partie des chrétiens clandestins, et moi aussi. Nous vivions dans la crainte d'être repérés par les Romains. Il nous fallait communiquer à l'aide de symboles secrets. Elle venait de me dire tout cela, et c'était la réalité.[3]

Cette surprenante révélation dont son cerveau se trouve tout à coup bombardé l'aveugle momentanément. Il subit alors une «invasion mentale de la part d'un esprit rationnel transcendant, comme si j'avais été fou toute ma vie et que j'aie brusquement recouvré ma santé mentale[4].»

Tel saint Paul sur le chemin de Damas, Dick voit son existence radicalement bouleversée par cette expérience. Les trois derniers romans qu'il aura le temps d'écrire avant de décéder prématurément début 1982, *(Siva, L'Invasion divine* et *La Transmigration de Timothy Archer)* représentent autant de tentatives d'assimilation de cet intermède confondant, et, ainsi qu'il fallait s'y attendre, offrent au lecteur davantage de questions que de réponses.

En mars 1974, après l'épisode du Poisson d'Or, Dick fait un certain nombre d'autres expériences où il voit des contacts avec une Sagesse supérieure. Parmi eux: des visions hypnagogiques, des voix, des rêves tutélaires et — sans doute le plus connu d'entre tous ces phénomènes — un rayon de lumière rose qui déclenche des effets étonnants:

> [...] Ça a envahi mon esprit, ça a pris le contrôle de mes centres nerveux, et ça agissait et pensait pour moi. J'étais spectateur. Ça s'est mis en devoir

---

[2] Le déroulement de ces événements a été rapporté sous une forme différente par Tessa B. Dick, épouse de Philip K. Dick, lors d'une interview réalisée par J.B. Reynolds et parue dans la *Philip K. Dick Society Newsletter* (n°13, février 1987, p. 6). Selon elle, Dick avait subi l'extraction de ses dents de sagesse la veille; «bourré de codéine contre la douleur», il attendait qu'on lui livre un médicament destiné à traiter son hypertension artérielle.

[3] «Comment construire un univers qui ne s'effondre pas deux jours plus tard» [cf. Bibliographie primaire]. *(N.d.l'Anth.)*

[4] In Platt: «Interview de PKD» [cf. Bibliographie primaire]. *(N.d.l'Anth.)*

de me guérir physiquement, ainsi que mon petit garçon de quatre ans, qui avait une malformation congénitale dangereuse pour sa vie et que personne n'avait remarquée jusque-là. Cet esprit, dont l'identité m'était totalement inconnue, était doté d'un formidable savoir technique [...]. Il avait des souvenirs qui remontaient à plus de deux mille ans ; il parlait grec, hébreu, sanscrit, et semblait tout savoir.

Il a aussitôt entrepris de mettre de l'ordre dans mes affaires. Il a congédié mon agent littéraire et mon éditeur, réparé l'alignement de ma machine à écrire [...] [Ma femme] était très impressionnée : sous la formidable pression que cet esprit exerçait sur moi dans le domaine professionnel, j'ai vite gagné beaucoup d'argent. Voilà que nous arrivaient des chèques libellés en milliers de dollars — de l'argent qu'on me devait, et dont l'esprit avait conscience qu'il existait à New York sans que personne se décide à le cracher...

Et peut-être plus important que tout :

Il a aussi dit qu'il resterait là à titre d'esprit tutélaire[5].

Cet esprit, que Dick en vient à surnommer VALIS, « Vast Active Living Intelligence System » (en français SIVA ou « Système Intelligent Vaste et Actif[6] ») réside un an dans sa conscience avant d'établir avec lui des contacts plus sporadiques. Un soir de mars 1974, moins d'un mois après l'invasion psychique initiale, alors qu'il écoute la radio sur la modulation de fréquence Dick entend les haut-parleurs déverser des messages hostiles lui enjoignant de mourir[7]. Peu après, il a droit à huit heures — une nuit entière — de visions en succession rapide : des milliers d'images colorées évoquant à ses yeux « les œuvres non figuratives de Kandinsky et de Klee[8]. » En d'autres occasions nocturnes, l'esprit tutélaire de Dick (qui lui semblait tantôt être un chrétien du IIe siècle appelé Thomas, tantôt une antique sibylle grecque, voire l'Esprit-Saint lui-même, en même temps que l'entité SIVA, plus impersonnelle) lui envoie de courtes phrases au sens crypté tandis qu'il se trouve en état de rêverie éveillée (ou état hypnagogique), juste avant de sombrer dans le sommeil. Une fois endormi, Dick fait fréquemment des songes symboliques très évocateurs qu'il mettra à profit, ainsi que les mystérieuses petites phrases, pour échafauder les théories philosophiques et théologiques qui commencent à le préoccuper une grande partie du temps.

Ses lecteurs découvrent ces préoccupations à la parution de *Siva,* en 1981. Ce roman semi-fictionnel est construit autour de ces mêmes expériences et comporte un appendice de douze pages intitulé « Tractatus — Cryptica Scriptura » qui rapporte, sous une forme édulcorée, la majorité des épiphanies vécues par Dick, ainsi qu'une version condensée de sa cosmologie personnelle, inspirée par SIVA et présentée par fragments numérotés à l'image des textes sacrés.

Ces théories, épiphanies et cosmologies trouvent à s'exprimer dans un

---

[5] Idem.

[6] *Siva,* trad. R. Louit [cf. Bibliographie secondaire] ; voir aussi dans ce volume : Galbreath, « Doute et rédemption dans la "Trilogie divine" ». *(N.d.l'Anth.)*

[7] Lettre à Ira Einhorn, février 1978.

[8] Lettre à Peter Fitting, juin 1974 ; in Philip K. Dick : *La Fille aux cheveux noirs* [cf. Bibliographie primaire]. *(N.d.l'Anth.)*

journal intime apparemment sans fin qu'il appelle son « Exégèse. » A compter de l'épisode du poisson-symbole, il passe sept ans à rédiger toutes les nuits ce journal, qui compte en tout deux millions de mots, manuscrits ou tapés à la machine. Dick en dit dans *Siva* : « Je crois que tous les secrets de l'univers s'y trouvent, quelque part au milieu des scories. » On comprend que, depuis sa mort, en 1982, cette Exégèse ait beaucoup excité la curiosité de ses admirateurs […].

Il s'agit à plusieurs égards d'une œuvre merveilleuse, une expédition prolongée vers les terres marécageuses de la théologie mystique et de la philosophie où on s'embarque avec pour seul guide un des auteurs de science-fiction les plus doués. Néanmoins, n'ayant pas été rédigée en vue d'une éventuelle publication, l'Exégèse va droit au cœur des choses sans s'embarrasser d'explications, ou presque, et sans fournir de contexte. Voici quelques éléments destinés à remédier à cet état de fait.

Mysticisme dickien

Le problème le plus épineux qui se pose à la fois à Dick et à ses lecteurs est la nature de ses expériences survenues en février et mars 1974. Les révélations divines ou émanant d'esprits tutélaires ne sont pas nouvelles sous le soleil. L'Ancien Testament n'en manque pas, et le Nouveau se clôt sur l'« Apocalypse de saint Jean », vision ou révélation de la fin du monde très riche sur le plan symbolique. A l'époque élisabéthaine, John Dee, assisté de Edward Kelley, acquit la certitude d'avoir reçu des anges certains messages exprimés dans une langue mystérieuse appelée « énochien. » En 1904, Aleister Crowley fut contacté par une entité invisible nommée Aiwass, qui lui dicta le Livre de la Loi, lequel formulait des prédictions spectaculaires sur l'avènement d'une ère nouvelle — l'Eon d'Horus. Plus récemment, l'élaboration du LSD a provoqué l'émergence d'autres prétendus contacts avec des Intelligences Supérieures. On citera par exemples Timothy Leary et ses messages concernant l'importance et la signification cosmiques de la comète Kohoutec, John Lilly et ses contacts sous acide et sous kétamine avec des extraterrestres et ses brefs aperçus d'une infâme « vaste conspiration » opérant sur le plan transgalactique[9].

Pour fascinants que soient ces cas précis de révélation, ils se situent en dehors de mon champ d'étude. Je préfère attirer l'attention sur une autre vision religieuse contemporaine, qui comporte de remarquables similitudes avec celle de Dick : il s'agit des peu connus *Septem Sermones ad Mortuos (Sept Sermons aux Morts)* rédigés en trois jours par le psychologue suisse C.G. Jung, en 1916. Cette œuvre, qui atteint la longueur d'un fascicule et se présente sous une forme rappelant les textes sacrés, s'imposa à Jung pendant une période prolongée d'ennui et d'introspection. Il n'y eut dans ce cas aucun artifice science-fictionnel du genre rayon laser rose, mais seulement deux journées d'agitation nerveuse : une atmosphère menaçante planait sur sa maison, ses enfants firent des rêves angoissants et crurent voir un fantôme.

---

[9] Timothy Leary, *Starseed,* Level Press, 1973 ; John C. Lilly, *The Scientist,* Bantam, 1981.

Ainsi que le rapporte Jung dans *Ma vie* :

> Le dimanche, l'après-midi à cinq heures, la cloche de la porte d'entrée sonna à toute volée. C'était une claire journée d'été et les deux servantes se trouvaient dans la cuisine d'où l'on peut voir ce qui se passe sur la place libre devant la porte. [...] Tous, nous courûmes aussitôt à la porte pour voir qui était là, mais il n'y avait personne! Nous nous sommes tous regardés, pantois! L'atmosphère était à couper au couteau. Je me rendis compte qu'il fallait que quelque chose se passât. La maison entière était comme emplie par une foule, elle était comme pleine d'esprits! Ils se tenaient partout, jusque dessous la porte, et on avait le sentiment de pouvoir à peine respirer. Naturellement, une question me brûlait les lèvres : «Au nom du ciel, qu'est-ce que cela ?» Alors, il y eut comme une réponse en chœur : «Nous nous en revenons de Jérusalem, où nous n'avons pas trouvé ce que nous cherchions.» Ces mots correspondent aux premières lignes des «Sept sermons aux morts.»
>
> Alors les mots se mirent à couler d'eux-mêmes sur le papier, et en trois soirées, la chose était écrite. A peine avais-je commencé à écrire que toute la cohorte d'esprits s'évanouit. La fantasmagorie était terminée[10].

Dans l'édition publiée par Jung lui-même, les *Sept sermons* portaient la mention : «Ecrits par Basilide, à Alexandrie, la ville où l'orient touche à l'occident[11].» Basilide était un gnostique chrétien du IIe siècle; en lui attribuant la paternité de son opuscule, Jung mettait en évidence la nature gnostique des *Sept Sermons*. Ainsi que le lecteur ne tardera pas à s'en aviser, Dick a lui aussi cherché des réponses et puisé son inspiration chez les premiers gnostiques pour tenter d'expliquer ses expériences mystiques.

«Gnose» est un mot grec qui signifie «connaissance» et renvoie habituellement à la connaissance spirituelle, ou la connaissance intérieure intuitive, par opposition au savoir rationnel et intellectuel dominant. Avant d'être dénoncés comme hérétiques et pratiquement éliminés par les chrétiens orthodoxes au IIIe et IVe siècles, les premiers gnostiques chrétiens représentaient une tendance pluraliste vitale au sein de cette nouvelle religion en pleine éclosion. Parmi les influences multiples que les différents gnostiques incorporèrent dans leurs systèmes propres (influences notamment issues des antiques religions à mystères ainsi que de l'hermétisme, mais où se mêlaient aussi des croyances originaires de Perse et d'Extrême-Orient) figuraient des concepts spirituels et psychologiques précieux qui, pour la plupart, ne sont jamais arrivés jusqu'en occident. Toutefois, la découverte en Egypte, en 1945, d'une cachette contenant d'anciens rouleaux coptes connus sous l'appellation de Manuscrits de Nag-Hammâdi, est venue bouleverser cet état de fait, puisque ce véritable trésor constitue une source directe de textes gnostiques sacrés.

Les gnostiques privilégiaient l'*expérience* individuelle du divin par rapport à la simple *foi* dans le dogme transmis par les théologiens ou

---

[10] C.G. Jung, *Ma vie — Souvenirs, rêves et pensées*, Aniéla Jaffé, éd. Folio Gallimard, 1973, p. 221. (Trad. R. Cahen, Y. Le Lay, S. Burckhardt).
[11] Ibid.

les autorités ecclésiastiques. L'effort tendant vers cette expérience (ou *gnose*), qui à son stade ultime implique une forme de laisser-aller ou de «lâcher-prise» est souvent définie par les gnostiques comme effort pour traverser le règne des apparences et parvenir à la réalité spirituelle supérieure qui gît en dessous de lui. Dick croyait que le rayon rose lui avait conféré cette même «perte de l'oubli», et a passé huit années à tenter de formuler une description cohérente de la réalité nouvelle au sein de laquelle il vivait désormais. De la même manière, c'est dans les *Sept sermons* que s'ancre toute l'œuvre ultérieure de Jung, aussi bien sur le plan émotionnel que sur le plan affectif. Dick et Jung ont tous deux trouvés dans les textes gnostiques une conception du monde semblable à celle qui leur était apparue au cours de leurs transes-visions respectives.

De la psychose comme initiation chamanique

Toutefois, il existe une autre interprétation de leurs expériences — moins flatteuse, mais qui mérite tout de même l'attention —, interprétation dont Dick lui-même tient compte : le fait incontestable que, surtout dans son cas, ces épisodes évoquent de manière plus que flagrante les prémices de la schizophrénie aiguë. Dans son ouvrage consacré aux rapports de la schizophrénie et de l'expérience religieuse intitulé *The Exploration of the Inner World — A Study of Mental Disorder and Religious Experience* [L'Exploration du monde intérieur — Les troubles mentaux et l'expérience religieuse], le psychologue Anton Boisen décrit le cas d'un patient nommé Albert W., dont la psychose se caractérisait par des phénomènes étonnamment comparables à ceux que décrit Dick.

> Les troubles d'Albert W. commencèrent ainsi : il avait idée qu'il se passait quelque chose d'étrange. Il se sentait en possession d'un pouvoir *nouveau* et se mit à percevoir «un flot d'images mentales, comme s'il y avait à l'intérieur un album qui se feuilletait tout seul.» Vint ensuite, à l'occasion d'une vision, l'apparition d'une femme noire à laquelle il attribua une origine surnaturelle [...]
>
> La deuxième étape observée dans le développement de la psychose d'Albert fut une lancinante sensation de danger imminent. Il se croyait menacé de mort. Puis il vit les choses sous un jour nouveau et crut que l'«aube de la création» était venue. Il vivait dans un autre monde. Après quoi, il lui vint à l'idée qu'il avait déjà vécu avant cette vie, et qu'il était quelqu'un de beaucoup plus important qu'il n'avait pu en rêver. Dans cette existence antérieure, il avait été Jonas. Il avait également été le Christ. Mais, le plus souvent, saint Augustin. Il s'aperçut qu'il existait une vaste compétition du type «Moi contre tous», une lutte pour la suprématie de la part de certains groupes, encore qu'on ne sût pas très bien où il se situait lui-même par rapport à cette rivalité[12].

Tout comme Albert W., Dick a la sensation de se trouver au centre d'une bataille titanesque, en l'espèce une joute qu'on pourrait décrire comme opposant le «Dieu de Lumière» au «Maître du Mensonge». Il recherche

---

12 Boisen, *op. cit.*, Harper, 1936, pp. 30-33.

d'éventuels précédents historiques à cette vision dualiste du monde dans les cosmologies zoroastrienne et gnostique, et formula à un moment donné l'hypothèse qu'Ahura Mazda lui dictait ses révélations[13]. Dick sait très bien qu'au stade terminal de sa folie syphilitique, Nietzsche en était également venu à croire que Zarathoustra (Zoroastre) s'exprimait par sa bouche, ironie qui ne lui échappait pas; il va jusqu'à plaisanter: «J'avais idée d'intituler mon prochain livre *Ainsi parlait Zarathoustra*, mais je me suis dis que finalement, ce n'était peut-être pas une très bonne idée[14].»

Dans son évocation du cas Albert W., Boisen note le parallèle entre son patient et George Fox, le visionnaire fondateur des Quakers, et en conclut que: «Nulle ligne de démarcation ne peut être tracée entre l'expérience religieuse valide et les états et phénomènes anormaux qui, pour l'aliéniste, sont signe de démence.» Pour lui, ce qui, en dernière analyse, distingue la folie du mysticisme, c'est l'orientation que prend la vie de l'individu concerné. Chez le dément, l'expérience accentue le processus de désintégration; chez le mystique, elle mène au contraire à la réunification puis à la guérison.

Julian Silverman, de l'Institut National américain pour la Santé Mentale, formule une observation semblable en décrivant les similitudes constatées entre chamanes et schizophrènes aigus. Les prémices de l'initiation chamanique et celles de la psychose du schizophrène se caractérisent l'une comme l'autre par des crises marquant une dégradation de l'image de soi.

> Survient alors dans le champ de l'attention un flot d'images archaïques [...] Les idées surgissent dotées d'une puissance évocatrice toute particulière, comme si elles provenaient d'une source extérieure. Le fait qu'elles soient totalement différentes du contenu des expériences antérieures tend à renforcer l'hypothèse de leur origine surnaturelle. Le sujet a le sentiment de vivre au royaume du mystère et de l'«inquiétante étrangeté». Il prédit des catastrophes mondiales, s'attribue une position centrale dans le cosmos et se déclare investi d'une mission. Les mots, les pensées et les *rêves* [c'est moi qui souligne] sont aisément perçus comme résidant dans des objets extérieurs[15].

Il est significatif que les transformations affectives et mentales subies par le chaman qui répond à sa vocation, à l'«appel» de sa profession, et survit au passage par le chaos, soient valorisées par sa communauté; les altérations, pourtant quasi identiques, qui surviennent chez les individus tenus pour fous dans la civilisation moderne ne sont, elles, jamais considérées comme valides, et deviennent source de culpabilisation.

Dans cette perspective, Jung — qui était mi-chamane, mi-mystique — a réussi à intégrer dans l'œuvre de sa vie son expérience hors du commun. Dick tente de parvenir au même résultat et finit par y arriver, mais au prix de plusieurs années de concentration totale. Cela n'a rien d'exceptionnel.

---

[13] Lettre à Claudia Bush, 16 juillet 1974; in Philip K. Dick: *La Fille aux cheveux noirs* [cf. Bibliographie secondaire]. *(N.d.l'Anth.)*

[14] Ibid.

[15] «Shamans and Acute Schizophrenia», Julian Silverman, *American Anthropologist*, Vol. 69 (1967), p. 28.

Le célèbre mystique allemand Jakob Boehme eut une révélation mystique en 1600 en voyant un rayon de soleil se refléter dans un pot en étain, et on raconte qu'il passa dix ans à s'efforcer de décrire ce qu'il lui avait été donné de saisir en cet instant.

Durant sa période post-rayon rose (c'est-à-dire de 1974 à sa mort, survenue huit ans plus tard), Dick — qui n'a jamais cessé d'être un écrivain de science-fiction — envisage un certain nombre d'explications possibles à sa transformation au contact de SIVA. «Cet esprit rationnel n'était pas humain. On aurait plutôt dit une intelligence artificielle. Le jeudi et le samedi j'avais tendance à penser que c'était Dieu, le mardi et le mercredi que c'était extraterrestre, et quelquefois je pensais que c'était l'Académie des Sciences soviétique qui essayait son transmetteur télépathique psychotronique à micro-ondes[16]. Dans son Exégèse, il explore méthodiquement chacune de ces explications, débusque des erreurs dans sa logique et joue avec ses théories préférées avant de les abandonner pour mieux les reprendre. Néanmoins, à mesure que le temps passe, certaines hypothèses prévalent et tendent à se maintenir. Citons par exemple la théorie avancée dans le «Tractatus — Cryptica Scriptura», à la fin de *Siva* :

> L'univers est information et nous sommes en lui à l'état stationnaire, ni dans les trois dimensions, ni dans l'espace ou le temps. L'information reçue, nous la projetons comme hypostase dans le monde phénoménal. [...]
> Le temps réel a pris fin en l'an 70 de l'Ère commune, avec la destruction du temple de Jérusalem. Il a repris son cours en 1974. La période intermédiaire n'était qu'une interpolation bâtarde qui singeait à la perfection la création de l'Esprit...

Le «Tractatus» part du principe que l'«Etre Immortel» (c'est-à-dire le Christ, Sophia, Bouddha, etc.) revient démanteler «La Prison de fer noir» (à savoir le mal et le règne apocryphe de l'Empire [Romain] qui maintient l'histoire dans sa poigne depuis l'an 70 de l'Ère commune). L'Etre Immortel est un *plasme*, une forme d'énergie, d'information vivante.

> Le plasme peut se croiser avec l'humain pour créer ce que j'appelle un homoplasme. L'humanité mortelle se trouve ainsi annexée au plasme de façon permanente. Cette opération nous est connue sous les noms de «naissance d'en haut» ou «naissance [à partir] de l'esprit.» Elle fut instituée par le Christ, mais l'Empire a détruit tous les homoplasmes avant qu'ils aient pu se reproduire.
> A l'état latent, germinatif, le plasme a sommeillé dans la bibliothèque enfouie des manuscrits de Khénoboskion [Nag Hammadi] jusqu'en 1945 de l'EC. [...]

Puisque les manuscrits ont été exhumés et lus, le plasme est à présent à la recherche de nouveaux hôtes humains afin d'opérer le croisement. Et Dick suppose que c'est là ce qui lui est arrivé: il fait partie des hôtes de plus en plus nombreux attendant le retour de l'Esprit Saint.

Cette interprétation est tellement fantastique que nul ne saurait la prendre au sérieux. Si l'on poursuit plus loin la lecture des textes, on s'aperçoit que Dick associe la fin de l'«Empire» à la démission de Nixon,

---

[16] In Platt, op. cit.

ce qui est un bon exemple de détail banal gonflé jusqu'à revêtir un sens et une importance cosmiques. Et naturellement, en dernière analyse, Dick lui-même n'est pas tout à fait convaincu par ce scénario. Il l'a proposé au monde sous forme de roman de science-fiction ambigu.

C'est précisément ce mélange de spéculation métaphysique grandiose et d'excentricité science-fictionnelle un peu exagérée qui fait de l'Exégèse une œuvre unique en son genre. Comptez sur Dick, au beau milieu d'une démonstration théorique on ne peut plus sérieuse à propos de Dieu, de Maya et de l'univers déchu, pour définir l'existence comme un « sandwich au jambon » *trin* — c'est-à-dire à trois composantes —, ou pour affirmer que ses romans de science-fiction écrits avant les premiers signes d'invasion psychique ont été conçus et réalisés par Dieu, avec la coopération inconsciente de Dick, et sont de profondes révélations sur la véritable nature de l'existence !

De toute évidence, Dick a intégré les différents phénomènes rattachés à SIVA selon un processus dynamique tendant vers le progrès et caractérisé par un indéniable sens de l'humour vis-à-vis de ses théories successives. Pourtant, sous les plaisanteries et les folles spéculations, sa conviction est inébranlable : il lui est bel et bien arrivé *quelque chose*. Une chose dont le sens et l'importance dépassent sa propre psyché. Il considère comme accidentel que son métier d'écrivain de science-fiction l'ait placé dans un des rares créneaux de la civilisation occidentale où l'on accepte, et où l'on encense même parfois, les visions faisant intervenir des réalités parallèles.

Mythologie dickienne

Les mythes n'ont nul besoin d'être *littéralement* vrais pour avoir à la fois un sens et une utilité. La légende du Graal a une valeur symbolique bien distincte du problème qui consiste à savoir si le Graal a jamais existé. Il en va de même chez Dick : malgré la bizarrerie évidente d'un grand nombre de ses scénarios, le dynamisme global de sa démarche mythologisante montre bien l'effort que fournit sa psyché rompue aux conflits pour trouver son équilibre.

L'« esprit tutélaire » de Dick s'est à un moment présenté sous les traits de sainte Sophie, une « sainte » qui n'est d'ailleurs pas une personne au sens propre du terme, mais plutôt l'incarnation féminine de la Sagesse divine, sujet du « Cantique des Cantiques » de l'Ancien Testament ainsi que du « Livre de la Sagesse » de l'Apocrypha, lien primordial entre la Terre et le Dieu Inconnu dans divers textes gnostiques. En tant qu'ensemble de mythes à prédominance patriarcale, les religions juive et chrétienne ont surtout utilisé des symboles masculins pour caractériser l'Absolu, même si certaines composantes féminines, telles que la Shekkhina (Présence de Dieu), Sophia et la Vierge Marie ont survécu, sous une forme semi-autonome et souvent souterraine.

Il est légitime de dire que les religions monothéistes ayant modelé la civilisation occidentale ont penché de manière excessive en faveur du Logos (c'est-à-dire Dieu en tant que Verbe, le Verbe étant le facteur structurel assurant la cohérence de l'existence). En tant qu'écrivain — et prolixe de surcroît —, Dick faisait montre du même Logocentrisme. Il n'est donc guère étonnant que les irruptions de son monde intérieur telles que déclenchées par le rayon rose revêtent l'identité de Sophia ou d'Aphrodite lui indiquant la voie de la totalité. L'exposé qu'il donne lui-même de ce processus dans son Exégèse de 1978 s'avère instructif :

> Au cœur de la psychose, je l'ai rencontrée : belle & bonne, & par-dessus tout sage, & par cette sagesse, qui m'accompagne & me guide à travers le monde d'en bas, dans mon voyage bardo thödol vers la renaissance — je la trouve, elle, l'incarnation de l'intelligence : Pallas Athéna en personne.

Naturellement, Dick n'est pas du tout disposé à laisser tomber ce sujet et, par la suite, les interminables théories qu'il échafaude pour rendre compte de cette abréaction psychospirituelle menaceront « ce qui ne peut être décrit » d'ensevelissement sous les mots. Ainsi l'Exégèse a-t-elle pour résultat de voiler et dévoiler simultanément, en avançant résolument vers un horizon qui ne cesse de reculer.

Après Kafka, Dick est sans doute le meilleur romancier du XXè siècle pour ce qui est de dépeindre l'aliénation. Bien avant 1974, ses œuvres étaient déjà imprégnées de l'idée — qui trouve son pendant chez les gnostiques — que la Création comporte une erreur fondamentale et que cette terre est un lieu maudit, oublié des dieux. Exacerbée par la consommation effrénée de drogues ou de médicaments et par une série de crises graves relevant de sa vie privée, cette sensation viscérale de désunion place Dick au premier rang des écrivains de la contre-culture dans les années soixante ; mais elle a également engendré une phénoménale tension intérieure qui réclamait impérativement une résolution.

L'expérience de Sophia/Pallas Athéna/Thomas/Elie lui tendant la main dans le noir pour lui offrir quelques aperçus salvateurs de la Lumière fait écho au mythe gnostique de Sophia descendue sur terre pour rassembler les étincelles de lumière divine éparpillées dans toute la Création afin de leur restituer la place qui leur revient dans le Pleroma (la Plénitude). Ou bien encore, pour citer un autre mythe : Dick, identifié à Osiris, a été disloqué, et son Anima (Ame), identifiée à Isis, rassemble à présent ses membres pour lui rendre son intégrité.

On a dit du mythe qu'il était « un mensonge qui dit la vérité », et c'est peut-être là la meilleure façon d'appréhender le sens profond des expériences subjectives de Dick, ce qui vaut mieux que de multiplier les arguties sur à leur rapport objectif à ce qu'on appelle « la réalité. » Par ailleurs, ainsi que Dick serait certainement le premier à le demander : *qu'est-ce* que la réalité ?

Les divers événements et épiphanies qui ont marqué les huit dernières années de la vie de Dick étaient-ils dus à une « authentique » rencontre mystique, ou bien d'origine « simplement » psychologique ? Je laisserai au lecteur le soin de se former une opinion. Depuis la mort de Dick, on observe un foisonnement d'hypothèses, dont certaines établissent un parallèle entre les épisodes de février/mars 1974 et les manifestations caractéristiques de l'épilepsie du lobe temporal, ou bien les effets secondaires de la consommations de drogues, voire le syndrome des personnalités multiples.

En fin de compte, l'important n'est pas tant la cause de ce voyage chamanique que ses effets. Il faut reconnaître à son honneur que Dick savait composer à partir de ses expériences des œuvres littéraires passionnantes. Il considérait ses trois derniers romans comme une sorte de trilogie, et *Siva, L'Invasion divine* — à l'origine intitulé *Valis Regained (Siva retrouvé)* — et *La Transmigration de Timothy Archer* sont bien la preuve que, malgré ses errements fascinants dans le labyrinthe de l'Exégèse, il savait toujours prendre du recul par rapport à ses fantasmes et s'adresser au lecteur dans le langage du cœur. Le présent ouvrage [*In Pursuit of Valis*] invite le lecteur à risquer une brève incursion dans le labyrinthe de Dick. Qu'il en soit néanmoins averti : les panneaux «Sortie» y sont rares, et le Sphinx au centre du dédale lui posera peut-être une énigme subtile avant de le laisser repartir.

Philip K. Dick
et la philosophie de l'incertitude

par Ernesto Spinelli

Italien d'origine, E. Spinelli a fait toutes ses études aux Etats-Unis et exercé à Londres, où il a été membre de la «School of Psychotherapy and Counselling». Cette contribution a été prononcée avec de légères variantes, à l'occasion de la «Philip K. Dick Celebration» qui s'est tenue à Epping, en Grande-Bretagne, les 19 et 20 octobre 1991. Paul Williams l'a ensuite publiée dans le bulletin de la Philip K. Dick Society Newsletter.

Le premier propos de cet essai est de fournir un arrière-plan philosophique à l'œuvre de Dick; il se fonde sur l'espoir que son propos saura intéresser et concerner ceux de ses lecteurs qui n'ont qu'une connaissance limitée de la philosophie moderne, et apporter une clef supplémentaire à l'énigme sans fin qu'était — et qu'est toujours — la vie de Philip K. Dick.

Au moment même d'entamer sa rédaction, je garde à l'esprit le fait que, ayant grandi au sein d'un système éducatif qui continue de valoriser raisonnablement la pensée philosophique, le lecteur français trouvera peut-être mes évocations et arguments quelque peu naïfs et superficiels. Le cas échéant, je m'en excuse par avance; malheureusement, le public auquel il fut initialement proposé était essentiellement britannique et nord-américain. Et, étant moi-même le produit de ces deux cultures, je sais le peu de sens et d'importance qu'on accorde à la formation philosophique dans ces pays. Mon embarras se trouve encore accru par le fait que la philosophie dont j'offre ici une approche est étrangement «continentale»; et si elle s'avère singulièrement significative en regard de l'identité culturelle d'une nation telle que la France moderne, ce genre d'«étiquettes» philosophiques n'inspirent que du mépris aux quelques penseurs qui subsistent encore en Grande-Bretagne et aux Etats-Unis. Nos contrées restent enracinées dans le legs du positivisme logique; tout ce qui ne s'y rattache pas est voué au dédain et au rejet pur et simple.

Je prends conscience par là de l'absurdité de mon ambition. Bien que né en Italie, j'ai grandi aux Etats-Unis et je vis actuellement en Grande-Bretagne; moi qui ne suis philosophe ni de formation ni de profession, voilà que je tente de transmettre à un public continental certains aspects de deux philosophies apparentées — la phénoménologie et l'existentialisme —, qui gisent au cœur de son héritage culturel mais demeurent fondamentalement étrangères au mien! Pareille absurdité aurait dû me dissuader de concevoir ce projet, si celui-ci n'avait pour visée une absurdité encore plus grande: contribuer à clarifier certaines préoccupations quasi obsessionnelles chez un écrivain américain mort depuis de longues années, et dont les romans et nouvelles (inscrits principalement dans le genre science-fiction) restent peu lues et mal considérées par les milieux littéraire de sa patrie.

S'il est un lieu où, de son vivant, et à défaut d'être prophète en son pays, Philip K. Dick a bénéficié du respect dû aux auteurs «sérieux», c'est bien en France. Connaissant les informations dont nous disposons, on voit que pour lui, être invité à prononcer un discours à Metz représentait un des grands moments de sa carrière[1]. Mais pourquoi la France? Il y a sans doute un certain nombre de raisons valables, mais celle dont je me propose de débattre ici est la suivante.

Contrairement à ses compatriotes contemporains, qui jouaient en amateurs avec les concepts phénoménologiques et existentialistes sans jamais en explorer proprement les implications (ou qui, en grande majorité, les ont interprétées à tort et à travers jusqu'à en faire une forme d'Humanisme à l'américaine, tendant vers le solipsisme et naïvement préoccupé par l'«autosatisfaction»), Philip K. Dick, lui, a consciencieusement étudié et analysé ces philosophies, au point de les «vivre», elles et leurs implications. Ce fait ressort nettement des divers entretiens qu'il a pu accorder, ainsi que des commentaires portés par lui-même sur sa formation et ses recherches philosophiques.

On sait aussi qu'un des ouvrages vers lequel il s'est tourné à plusieurs reprises au cours de son existence fut un texte intitulé *Existence*[2]; on peut dire que ce livre a introduit en Amérique du Nord la pensée existentielle appliquée à la psychologie et la psychothérapie. Les idées qu'il véhiculait ne représentaient en rien une nouveauté pour Philip K. Dick, mais elles lui fournirent une base structurelle qui lui permit d'élargir sa réflexion et d'imprégner le récit de ses romans et nouvelles — même les plus bassement commerciales.

On s'accorde généralement à dire que l'œuvre de Philip K. Dick tourne en gros autour de deux thèmes, en l'espèce deux questionnements:

---

[1] Voir Larry Sutin: *Invasions divines* [cf. Bibliographie secondaire].

[2] May, R./Angel, E. & Ellenberger, H.F., éds. *Existence,* New York: Basic Books, 1958.

«Qu'est-ce que le réel?» et «Qu'est-ce qu'être humain?» Ces interrogations résument également le thème général du présent essai; certain qu'elles ne recevront pas de réponse définitive, je garde néanmoins l'espoir que mon approche saura stimuler mes lecteurs, aussi bien sur le plan intellectuel qu'affectif.

Il se trouve que ces deux questions jouent un rôle important dans ma vie de tous les jours. Pratiquant la psychothérapie et prétendant former des étudiants à l'exercice de cette curieuse profession, je suis fréquemment confronté à elles — soit dans les théories que je professe, soit (de manière peut-être plus significative), à travers la vie, les interrogations et les problèmes des individus qui viennent me consulter. Elles me paraissent résider au cœur même de toutes nos pensées, de toutes les présuppositions que nous formulons sur nous-mêmes et sur le monde en général. Il n'est donc guère surprenant qu'elles forment le fondement explicite de deux écoles philosophiques occidentales modernes, la phénoménologie et l'existentialisme.

Mais qu'on me permette de commencer par une citation de Dick, extraite d'un ouvrage de Gregg Rickman intitulé *Philip K. Dick: The Last Testament*[3].

GR: Qu'est-ce qui vous a amené à la philosophie lorsque vous étiez adolescent?

PKD: *(Un long silence. Puis:)* Je me souviens de l'incident. Un incident stupide, mais qui montre bien sur quoi se construit une vie. Comme si je ne sais quel Grand Dessein s'articulait au départ sur ce genre de choses. Je travaillais chez un réparateur de postes de radio. Je fréquentais encore le lycée, à l'époque. Je me trouvais ce jour-là dans une camionnette avec un des vendeurs. Nous ramenions à son propriétaire un combiné radiophonographe géant que nous avions réparé. A un moment, nous nous sommes arrêtés à un feu rouge. Ce devait être juste après la guerre, mettons en 1946 ou 47. Donc, le vendeur se tourne vers moi et me dit:

«Tu vois ce feu? De quelle couleur est-il?

— Rouge, je réponds.

— Je dirais aussi qu'il est rouge. Mais ce que tu vois et que tu appelles rouge n'est peut-être pas ce que moi je vois, et que j'appelle rouge.

— Mais on y voit tous les deux du rouge», j'ai dit.

«Tu vois peut-être du vert quand moi je dis que c'est rouge, et inversement.»

Je me suis dit: *Mince, il a raison! Il n'y a aucun moyen de le prouver.* Alors il a ajouté:

«Comment tu feras pour prouver que nous voyons tous les deux la même couleur?»

Et moi: «Je ne sais pas.»

C'était stupéfiant! Je n'y avais encore jamais réfléchi. Fabuleux! Et je n'étais encore qu'au lycée. Je me suis dit: *Mince! C'est extraordinaire, ça.* Et ça m'a drôlement marqué.

---

3 Cf. Bibliographie secondaire.

J'étais le gamin qui venait balayer après l'école. Un jour, ce même vendeur a sorti un châssis de radio de son boîtier, puis le haut-parleur du châssis. Je n'en avais encore jamais vu de démonté. Le haut-parleur était relié au châssis par un fil, et la radio jouait de la musique. Alors j'ai regardé le haut-parleur et j'ai demandé au vendeur:

« Comment ça marche?

— Eh bien, il y a des bobinages qui vont et viennent, et ça fait vibrer le diaphragme.

— Mais qu'est-ce qui les fait aller et venir?

— L'aimant. Le fil transmet une charge électrique qui modifie le magnétisme de l'aimant, ce qui fait varier le champ magnétique. Attiré et repoussé alternativement par le champ magnétique, le bobinage avance et recule en faisant ainsi vibrer le diaphragme.

— Ah bon! Alors, ce n'est pas la musique qu'on entend; c'est une simulation de musique.

— Non, c'est bien la musique.

— Mais non, on entend une conversion, une simulation (je ne connaissais pas encore le terme « induction ») produite par une machine, qui simule le son d'origine au point que nous en venons à l'appeler musique. Mais je vois bien à la structure de ce haut-parleur (puisqu'il m'avait montré le bobinage, l'aimant, le diaphragme) que ce n'est qu'une simulation.

— Non, répliqua-t-il à nouveau. C'est bien de la musique! »

Et moi: « Mais non, c'est une simulation de la musique! » J'établissais déjà, à l'âge de quinze ans, une distinction ontologique que lui n'était pas capable de faire. Et c'est comme ça que je suis arrivé [à la philosophie].

Ces propos de Philip K. Dick résument en quelques mots l'argument de base de la phénoménologie. L'école phénoménologique fut fondée au début du siècle par le philosophe allemand Husserl, dont l'objectif était rien moins que de résoudre une fois pour toutes le problème de la réalité.

Avant la phénoménologie, la philosophie occidentale se partageait entre deux idéologies opposées et mutuellement exclusives. La première, qui devait former la base de l'empirisme scientifique, posait l'existence d'un Monde réel auquel nous aurions accès de manière directe et fidèle par l'entremise de nos sens. Pour elle, il existait donc une unique réalité extérieure objective. La seconde idéologie, généralement appelée idéalisme, affirmait que le monde était entièrement le produit de la conscience, que seules nos conceptions du monde avaient une existence véritable. Le débat se situait donc entre objectivité et subjectivité. La phénoménologie, elle, proposa de considérer que les deux écoles disaient partiellement vrai en avançant qu'effectivement, la réalité existait indépendamment de la conscience, *mais* que la réalité dont nous faisions l'expérience *ne pouvait* être séparée de nos conceptions, préjugés et présuppositions à son égard. Par conséquent, on ne peut *jamais* parler du monde — ou de ses éléments — *tel qu'il est vraiment*, mais uniquement du monde phénoménal, du monde dans ses interprétations [4].

---

[4] E. Spinelli, *The Interpreted World: An Introduction to Phenomenological Psychology*, Londres: Sage, 1989.

Nous voici à présent au cœur du sujet. Etant donné que chacun d'entre nous a conscience du monde à sa manière à lui, qui est *unique*, étant donné, donc, que chacun introduit dans l'équation des variables de la conscience qui sont les produits de son expérience singulière, alors le monde «réel» dont nous faisons l'expérience a une *réalité unique. Certains* éléments sont communs à tous les membres de notre espèce, d'autres sont particuliers à chacun d'entre nous. Par conséquent, il existe autant de réalités phénoménales que d'êtres conscients. Aussi, *en admettant* qu'il existe bien une seule réalité ultime qui sous-tend cette infinité de réalités phénoménales, nous ne la connaîtrons jamais sous sa forme véritable et, en tout état de cause, nous ne pouvons qu'explorer, enquêter, vivre nos propres réalités interprétées au niveau individuel. C'est ce qui forme la base, me semble-t-il, du concept de «réalités multiples» qui intriguait tant Philip K. Dick.

Je voudrais le citer à nouveau, cette fois-ci via un autre ouvrage de G. Rickman, *Philip K. Dick: In His Own Words*[5] :

PKD : [...] Il m'était venu à l'idée que ce que nous voyions n'est peut-être pas réel, mais plutôt... je ne sais pas quel est l'autre terme de l'alternative. Il y en a plusieurs, en fait. «Irréel» ne convient pas tout à fait. Il existe un état semi-réel des choses ; c'est un concept intéressant, la semi-réalité. On peut en avoir pour des années à se demander ce que signifie l'expression «semi-réel».

Je suis récemment tombé sur ce terme. Je lisais des études sur Platon, qui considérait le monde phénoménal (c'est-à-dire, le monde tel que perçu par les sens) comme semi-réel. Ça devait bloquer durablement la conversation, parce que les gens n'avaient jamais entendu l'expression et ne savaient pas ce qu'il voulait dire par là. Il y a un personnage qui dit : « A propos, cette table est semi-réelle. » Si vous dites qu'elle n'est pas réelle, on se contentera de vous opposer qu'elle l'est. Mais si vous dites qu'elle est semi-réelle, on restera extrêmement perplexe.

Je crois que je m'intéressais à cette question sans bien me rendre compte que j'entrais dans un cadre de référence platonicien qui me conduisait à voir le monde phénoménal comme semi-réel, à lui attribuer une certaine existence, et non à le considérer comme une simple hallucination. Santayana, le grand philosophe hindou, a dit un jour : «Ne croyez pas que le Voile de Maya soit une forme d'hallucination. C'est une espèce de tour de magie par lequel le magicien vous montre une corde en vous faisant croire qu'il s'agit d'un serpent.» Il y a bien quelque chose, mais ce n'est pas ce qu'on croit. Je veux parler de la nature de Maya. Il y a bien quelque chose, mais cette chose n'est pas ce qu'elle paraît être. Maya peut se manifester sous la forme qui lui plaît. Mais si l'on cherche à déterminer la véritable nature de Maya, c'est qu'on n'a rien compris. La question «Qu'est-ce que Maya ? » est insoluble. Car Maya, étant sa propre définition, n'admet pas de réponse.

---

[5] Cf. Bibliographie secondaire.

Intellectuellement, cette solution peut intriguer, voire séduire. Mais au fond, elle suscite une angoisse considérable. Car si on l'accepte, cela implique de reconnaître, d'accepter l'existence de l'incertitude et du doute. On ne peut jamais *rien* connaître pleinement. Y compris soi-même. Tout est relatif, tout est sujet au doute. On ne peut parler de « correct » ou d'« incorrect » ; on ne connaîtra jamais les faits.

Quand j'étais enfant, je regardais un feuilleton télévisé intitulé *Dragnet* ; l'un des personnages, le sergent Joe Friday, disait toutes les semaines : « Les faits, rien que les faits. » Phénoménologiquement parlant, ce policier se présente comme un empiriste naïf, comme beaucoup d'autres gens d'ailleurs. (Il est assez curieux de constater que ce sont généralement ceux qui détiennent un quelconque pouvoir, qu'il soit terrestre ou religieux. Je vous en laisse trouver la raison par vous-mêmes.)

Quoi qu'il en soit, Husserl et ses disciples ont conçu un système, ou procédé, destiné à clarifier, décrire les différents préjugés et présupposés mentaux que nous appliquons à notre vécu de la réalité. Assez logiquement, il est connu sous le nom de « réduction phénoménologique », et son but est d'aider celui qui cherche à « mettre de côté », « mettre entre parenthèses » ces variables, autant qu'il est humainement possible de le faire[6].

Quelle est la portée de cette méthode ? Pour les psychothérapeutes, dont je fais partie, elle a une valeur immédiate : elle me permet de mieux *écouter* le récit, le vécu de mes patients ; elle me permet d'entrer, fût-ce modestement, dans leur réalité phénoménale, afin que nous puissions ensemble clarifier les fondements de leurs présupposés et les relations que ceux-ci entretiennent avec les divers « symptômes » problématiques qu'ils souhaitent affronter.

De manière similaire, mais beaucoup plus pertinente, ce même procédé permet à l'écrivain de façonner et de présenter des perspectives multiples plausibles, correspondant à ses divers personnages. Philip K. Dick est justement célèbre pour son talent dans ce domaine. Et à mon sens, ce talent provient directement du fait qu'il avait accepté la double nature « douteuse » de la « réalité », et manifesté une volonté de « prendre du recul » par rapport à sa perspective à lui et d'explorer, non sans un profond respect, d'autres interprétations possibles. Qu'il ait connu ou non la réduction phénoménologique, on ne peut nier qu'il l'ait appliquée de main de maître.

J'ai mentionné plus haut la profonde angoisse qu'engendre l'acceptation du doute. Cela m'amène tout droit au cœur de l'existentialisme.

L'existentialisme provient en droite ligne de la phénoménologie. D'ailleurs, sa véritable dénomination est « phénoménologie existentielle. » Ses origines se trouvent déjà dans les œuvres de Kierkegaard et de Nietzsche, mais lui-même est né des écrits de l'assistant de Husserl, Martin Heidegger, dont les idées furent ensuite développées par certains penseurs tels que Sartre, Merleau-Ponty, Camus et Samuel Beckett. Ces

---

[6] Cf. note 4.

existentialistes ont repris à leur compte les concepts de la phénoméno-logie afin de se concentrer sur une question jugée par eux plus impor-tante que : « Qu'est-ce qui est réel ? ». Au lieu de cela, ils se sont demandé : « Qu'est-ce qu'être humain veut dire ? » Comme on peut s'y attendre, la réponse apportée se décompose en multiples couches.

La première, je l'ai dit, posait qu'être humain c'était vivre dans un état de doute permanent et insoluble. On ne peut rien considérer comme ac-quis, sinon qu'à un certain moment nous accédons à l'existence munis d'un bagage d'expérience humaine (nous sommes «jetés» dans le monde), et qu'à un autre moment, nous cessons d'exister en tant que véhicule de l'expérience humaine (nous sommes «jetés» hors du monde). Dans l'in-tervalle, lorsqu'il s'agit d'acquérir une certitude, toutes les possibilités sont là. Au sens existentialiste du terme, l'existence est dépourvue de sens — il n'y a rien à quoi nous puissions nous raccrocher pour nous rassurer. Même notre conception de nous-mêmes est sujette à caution. Il n'y a *rien*. Comme dit Sartre : « Je suis un rien qui prétend être quelque chose[7] ». Et, ailleurs : « L'homme est une passion inutile[8] ».

Si cette idée nous semble au départ quelque peu alarmante, voire mor-bide, elle permet l'émergence d'une seconde couche. En effet, si nous pre-nons conscience de notre propre absence de signification, la récompense est la liberté. Nous devenons alors entièrement libres dans notre expé-rience de l'être. Nous ne sommes pas contraints — nous sommes même incapables — d'imposer de véritables limites à notre expérience de l'être. Etre humain, c'est donc être libre sur le plan de l'expérience. Toutes les possibilités humaines s'offrent à nous.

Troisième couche : si nous sommes libres au plan de l'expérience, alors toute expression concrète de l'«être» humain résulte d'un *choix*, et non d'une détermination extérieure. Etre humain, c'est être libre de choisir son expérience de l'être. Soyons plus précis : notre liberté existe sur le plan de l'expérience ; comme disent les existentialistes, elle est situation-nelle, *et non absolue*. Nous ne sommes pas libres d'ordonner, maîtriser et orienter la multitude d'événements-stimuli qui s'imposent à nous. Notre liberté réside dans la faculté de les interpréter, de même que leurs con-séquences, de la façon qui nous convient. Ainsi, par exemple, vous n'êtes peut-être pas libres de modifier le contenu de mon essai, quel que soit votre désir de le faire, mais vous êtes libres de choisir *ce* dont vous vou-lez faire l'expérience dans mon exposé, et la *manière* dont vous en ferez l'expérience. Si, en le lisant, vous ressentez de la fascination, de l'ennui, ou tout autre émotion intermédiaire, sachez que ce n'est pas à lui que ces qualificatifs s'appliquent... mais à l'expérience que vous en faites.

Attardons-nous sur cet exemple, car il peut nous aider à mieux com-prendre la quatrième couche : être humain, c'est faire l'expérience de la responsabilité. Si, par exemple, vous êtes responsable d'avoir ressenti mon exposé comme ennuyeux, alors je dois moi-même admettre la pos-sibilité que vous en ayez fait l'expérience de cette façon-là et, en partant

---

[7] J.-P. Sartre, *L'Etre et le néant*.
[8] Cf. supra.

du principe que tel n'était pas mon but, je dois admettre *ma propre* responsabilité dans le dialogue qui se noue entre nous en vous livrant l'essai le plus intéressant possible. Il se peut que je n'atteigne pas cet objectif, mais en intention, je dois demeurer pénétré de cette responsabilité. Etre humain, c'est donc être responsable. Et au sens existentialiste du terme, la responsabilité exige la prise de conscience de soi et d'autrui, de moi-même et des autres, ainsi que la prise de conscience de leur égalité, en chaque pensée et en chaque acte.

Ultime couche : d'où vient que je me sente responsable de ce que vous ressentez, ou de ce que je ressens moi-même ? Qu'est-ce qui me conduit à vouloir instaurer une circonstance qui établisse un contact entre nous, et nous laisse vous et moi éclairés, enchantés ou excités — d'une manière générale, « satisfaits » de nous-mêmes et de notre dialogue ? C'est le *souci* que j'ai de vous. Les existentialistes parlent de « *sorge* » ou de « *caritas* », mais il existe un terme plus simple (encore que fréquemment mal utilisé) : *l'amour*. Etre humain, c'est ressentir une *caritas* égale à l'égard de soi-même et des autres. Le libre-arbitre sans la *caritas* peut entraîner des comportements ultra-égocentriques qui s'avèrent souvent très dangereux, voire mortels, pour soi-même et pour les autres. Néanmoins, si elle émane d'un être qui ne se perçoit pas comme libre, égal aux autres et capable de choisir sa propre expression, la *caritas* aura des effets également dangereux et mortels, tout en empruntant des voies plus subtiles.

A sa manière, Philip K. Dick est parvenu à ces mêmes conclusions en s'efforçant de répondre à la question « Qu'est-ce qu'être humain ? »

Voici ce qu'il déclare dans l'importante interview accordée à D.S. Apel et K.C. Briggs[9] :

PKD : [...] Finalement, j'ai décrété que ce qui était réellement réel, c'était l'amour. Et puis je me suis dit : Tu sais, quelqu'un a déjà dit ça avant toi. Voyons, qui ça pouvait bien être ? En fait, beaucoup de gens l'ont dit. Tu parles d'une révélation !

DSA : Saint Augustin, Aleister Crowley...

PKD : Saint Paul a dit : « Si je ne connais pas l'amour, je ne suis que de la merde, » ou quelque chose dans ce genre.

Dick a par la suite développé et clarifié ce point ; pour lui, ce qui nous rend humains est avant tout notre capacité à faire preuve de *sollicitude*, à témoigner de la bonté puis à *regimber* devant le mal, à nous arrêter sur notre lancée et à dire : « Non, je refuse de faire cela, de cautionner cela. » Pour lui, c'étaient la *caritas* et le libre-arbitre, ainsi que la responsabilité qui en découle, qui distinguaient l'humain de l'androïde. Cette prise de position transparaît dans tous ses récits. Et ce n'est pas parce qu'on est fait de chair et de sang, et non de mécanismes, qu'on est forcément humain. Il arrive que la machine-androïde soit véritablement humaine (voir

---

[9] Voir dans ce volume : Apel & Briggs, « Entretien avec Philip K. Dick — Première partie. » (*N.d.l'Anth.*)

Le Bal des schizos, 1972[10]) tandis que d'autres textes décrivent des non-humains qui sont pourtant faits de chair et de sang (voir *Ubik*, 1969). La colère et la haine que Dick éprouvait à l'égard de la « mentalité androïde » parle constamment haut et clair, qu'elle soit dirigée contre les Nazis d'Hitler (*Le Maître du Haut château*, 1962), le président (fictif) des Etats-Unis, Ferris F. Fremont et ses disciples ou, de manière encore plus révélatrice, contre les petites gens qui, dans leur volonté de ne pas *regimber*, façonnent et perpétuent la « prison de fer noir », cette expression des dystopies totalitaristes qui campent un grand nombre de ses univers fictionnels (voir *Le Temps désarticulé*, 1958 ; *Siva*, 1981).

Mais sa *caritas* à lui ne manque jamais de se manifester — parfois chez les personnages les plus inattendus, les plus « inhumains » (voir *Coulez mes larmes, dit le policier*, 1974). Tout se passe comme s'il ne perdait jamais l'espoir que ses personnages, tout androïdes qu'ils soient, puissent d'une manière ou d'une autre recouvrer leur humanité ou la découvrir en eux-mêmes. Et c'est cet espoir, me semble-t-il, qui fait de lui non seulement un grand écrivain, mais un écrivain capable aussi bien d'aimer, au sens profond du terme, que de susciter l'amour. Il comprenait et savait nous montrer combien il était facile, pour ses personnages, de devenir « inhumains », pareil à des « androïdes » ; il savait que lui-même n'était pas à l'abri — et avait l'honnêteté de nous le communiquer. Mais il gardait la foi. Il est toujours possible de revenir dans le camp de l'humain. Pour moi, c'est au cours de l'entretien cité plus haut qu'il donne l'une des plus émouvantes illustrations de cette foi :

PKD : […]Un jour, sous mes yeux, un junkie complètement défoncé a entendu le cric glisser alors qu'un gamin changeait un pneu dans le garage. La Pontiac, qui faisait plus de deux tonnes, allait lui rouler dessus et le gosse hurlait. Et notre pauvre junkie à la cervelle cramée, celui qui se croyait couvert d'insectes, s'est rué pour aller tirer le gosse de là. A ce moment précis, le cric a lâché. Tout s'est passé tellement vite que j'en étais encore à essayer d'ouvrir la portière pour serrer le frein quand il s'est jeté sur le gamin. Lui, il savait que je n'aurais pas le temps d'intervenir. Et ce pauvre type, qui est mort maintenant, m'a dit : « Ouais, si ç'avait été une décapotable, j'aurais pu sauter à l'intérieur, mais là, je savais que je n'aurais pas le temps d'atteindre le frein. »

Il a su exactement quoi faire. Puis il est retourné s'autodétruire à l'héroïne ; il a survécu un an. Non seulement il a fait ce qu'il fallait, mais en plus, il le *savait*. Comment ? Mystère.

Et puis, il a autre chose. Ce type se préoccupait *réellement* du sort du gamin. Pourtant, c'était la lie de l'espèce humaine. Le métal qui servait à couper l'héroïne (du plomb ou du mercure, selon toute probabilité) laissait sur ses neurorécepteurs un dépôt aux conséquences irréversibles qui a fini par le tuer. Mais en même temps, il était capable de tendresse, d'attention, il pouvait avoir un comportement adéquat en cas de danger.

---

[10] Les dates données ici sont les dates de parution originales aux Etats-Unis [cf. Bibliographie primaire] *(N.d.l'Anth.)*

Et ce n'est pas tout : une fois, il m'a sauvé la vie alors que les freins de sa voiture avaient lâché.

J'aimerais vraiment que vous mettiez cela dans votre interview, et que vous fassiez le lien avec ce dont on a parlé tout à l'heure. Son problème n'était pas simplement la folie : il avait le cerveau endommagé. Enfin, tout ça est dans *Substance mort*. Pourtant, à un certain niveau très important, ce cerveau continuait à fonctionner. Ce type était toujours un être humain, avec toutes les qualités dont l'être humain peut faire preuve. Même s'il me volait tout ce que je possédais parce qu'il était accro. Je n'éprouve aucune animosité à son égard... Au contraire, je suis émerveillé. Si ce type-là pouvait démontrer de telles qualités humaines, alors quelles merveilleuses possibilités nos cerveaux à nous doivent receler![11]!

A l'image des existentialistes, non seulement Philip K. Dick s'est donné pour mission d'explorer la nature humaine, mais il a mis en lumière la facilité avec laquelle on peut passer d'un état à l'autre. En un sens, exactement comme pourraient nous le dire les existentialistes, il en a conclu que cela pouvait se produire sans *aucune* condition préalable. Cela explique peut-être que les réponses auxquelles il parvenait ne soient jamais définitives, achevées, qu'elles paraissent parfois contradictoires, voire paradoxales, essentiellement mystérieuses. Là encore, il marchait sur les brisées des existentialistes.

J'ai mentionné plus haut le terme d'angoisse. Les existentialistes ont inventé un mot — *angst* — pour désigner l'angoisse existentielle à laquelle nous sommes tous confrontés et que nous ne pouvons fuir si nous voulons rester humains. L'humanité est précaire. Désireux d'éviter l'angoisse et la douloureuse responsabilité qui l'accompagne, nous cherchons à nous sécuriser au moyen de vérités extérieures, de sens immanents, d'assertions venues d'en haut sur le véritable sens de la vie. Tous nous succombons à cette tentation. Ceux qui cherchent à échapper à ce fardeau, qui refusent de se ressentir comme pleinement vivants, authentiquement humains, voient parfois dans cette sécurité un prix à payer acceptable. Dans les dernières années de sa vie, Philip K. Dick semblait rechercher cette même sécurité. Quelles qu'aient été les causes de cette démarche — cela va de la révélation mystique à la folie —, si l'on se base sur les entretiens qu'il a donnés, sur son Exégèse[12] et sur sa relation à lui-même et aux autres, il n'a jamais vraiment cessé de douter, de formuler des remises en question, de manier et remanier ses « vérités[13] ».

Qu'il en ait eu ou non conscience, Dick était un phénoménologiste et un existentialiste de première grandeur. Si j'affirme cela, ce n'est nullement par désir de figer son vécu de manière péremptoire et généralisatrice, ni de l'enfermer dans le cadre d'une théorie grandiose qui viendrait s'ajou-

---

[11] Cf. note 9.

[12] Pour l'« Exégèse », voir en particulier le texte de J. Kinney dans ce volume. *(N.d.l'Anth.)*

[13] Cf. notes 1 et 5.

ter aux autres tout en les excluant. D'une part ce serait une démarche inutile, d'autre part, cela impliquerait une rigidité de pensée qui entre en contradiction avec la substance même de la phénoménologie et de l'existentialisme, et avec celle des œuvres de Philip K. Dick. Si mes réflexions vous aident à compléter par de nouvelles interprétations, de nouvelles perceptions, votre expérience de ces œuvres, si elles vous permettent d'accéder à une autre réalité, alors tant mieux. Sinon, pour reprendre une expression qui revient très souvent dans le Yi-king (encore une des références habituelles de Dick): «Pas de mal.»

Car, mieux que toutes les théories acceptées ou rejetées par ses biographes et ses critiques, ce qui reste, c'est cela: Philip K. Dick était un *humain* authentique qui nous a laissé un ensemble de nouvelles et de romans susceptibles d'éveiller, d'exciter notre propre humanité fragile, ou de nous la remettre en mémoire. Je ne peux parler qu'en mon nom, mais si nous nous retrouvons à écrire sur lui ou à lire ce que d'autres écrivent, c'est justement pour cette raison-là. Ce qui nous liait à lui, fût-ce par l'intermédiaire de ses textes, atteignait l'humain en nous, profondément et avec amour. Pour moi Philip K. Dick est un homme qui, non seulement a eu la sagesse de *poser* des questions fondamentales, mais surtout le courage de chercher à *vivre*, à mettre en pratique, dans toute la mesure du possible, les réponses qu'elles entraînaient. Il m'a beaucoup appris et je lui dois beaucoup. C'est un grand honneur pour moi que de contribuer par ce petit essai au mouvement qui se propose de célébrer sa mémoire.

La Voix du sang parle
à Kensinton Gore[1]

par Brian W. Aldiss

Outre la « Celebration » dont nous parle ici Brian Aldiss, cette saynète a été représentée à l'Institute of Contemporary Arts de Londres le 2 mars 1992 pour le 10ᵉ anniversaire de la mort de Philip K. Dick. Son édition en plaquette — par Avernus, la propre maison d'édition de Brian W. Aldiss, est précédée d'une introduction que nous reproduisons ici. Le tout révèle un grand amour et une profonde connaissance de la vie et de l'œuvre de Dick...

Introduction

On prétend que sainte Rose, qui fit vœu de chasteté à cinq ans (on formule plus facilement ce genre de promesse à cinq ans qu'à quinze) apprivoisait si bien les moustiques qu'ils ne la piquaient jamais, mais au contraire psalmodiaient les répons de ses psaumes.

Philip K. Dick, lui, eut moins de chance dans ses rapports prolongés avec la religion.

En cherchant une lumière qui puisse le guider, il a fait tourner plus d'une roue de la fortune et voulu voir le salut dans des tuniques safran,

---

[1] « Kindred », qui était le nom de jeune fille de la mère de Philip K. Dick, signifie en anglais : « parenté » ou « apparenté »... nom particulièrement approprié pour un homme aussi traumatisé par les divers membres de sa famille... Notons d'autre part que « la Femme » endossera successivement plusieurs rôles, dont celui du père de Dick, et peut-être de sa sœur... Quant au mot « gore », Brian W. Aldiss nous en donnera lui-même les deux sens. *(N.d.l'Anth.)*

des surplis blancs ou des soutanes carmin. Mais de la galaxie stérile de la foi ont émergé des choses terribles qui lui ont montré leurs dents métalliques sur fond de ciel assombri. Et ont fini par le consumer.

L'apothéose de Dick fut telle que, pour de nombreux lecteurs, il en est presque venu à constituer une véritable religion en lui-même. D'où la «Philip K. Dick Celebration» organisée en octobre 1991 sous l'égide de John Joyce et Jeff Merrifield. Les fidèles se sont rassemblés au collège d'Epping Forest (Essex), en Angleterre, un village situé à l'est du grand Londres où l'on peut encore apercevoir des champs verdoyants et où le pub s'appelle le «Sir Winston Churchill.» Beaucoup d'admirateurs et de spécialistes de Dick s'étaient déplacés. Pas seulement pour sacrifier au culte, mais pour discuter, proposer, représenter, argumenter et admirer. Il ne s'agissait nullement d'une commémoration — ce sont là des événements dépourvus de chaleur. Non, c'était un feu de joie durant lequel chacun a grimpé... non pas aux rideaux, mais dans l'estime des autres. Quant à l'estime que nous portons à Dick, nous l'avons sentie grimper aussi, en constatant qu'il avait le pouvoir de réunir pareille compagnie... Il y eut d'autres représentations que cette petite conversation durant ces deux jours de dickomanie.

Je me sens moins attiré par les rapports de Dick avec la religion et le mysticisme que par ce qui l'a poussé dans cette direction. Car c'est cette force motrice qui alimentait ses textes et leur splendide ingéniosité. Dick était un homme malheureux, et il avait des raisons de l'être. Sous son merveilleux humour noir (qui lui valut un public quasi dévoué hors de son pays bien avant d'être reconnu par ses compatriotes) coulait la rivière souterraine de la dépression. Celle-ci peut-être imputée à une enfance malheureuse. Elle l'a conduit au salut illusoire qu'on trouve dans la drogue, et pour finir à la mort. Mais en chemin, elle a donné le jour à des enchevêtrements imaginaires hors pair : ses romans.

En ces funestes destinées d'écrivains, il n'y a jamais rien d'unique. Un autre avant lui, tout aussi productif, avait livré la même bataille : Balzac, qui se disait «né pour le malheur.» Malgré ses fantasmes grandioses, il se considérait comme «un médiocre ne possédant qu'un esprit sans flamme ni ferment.» Ce en quoi se trompait. Ayant très peu d'estime pour lui-même, Dick quêtait l'approbation de tous en ratissant plus loin que ne le permettent les Parques. Pour moi, ses tentatives pour se détacher du genre littéraire où il officiait trahissent la même erreur de jugement : son statut de paria et son esprit torturé lui fournissaient le bagage idéal pour devenir justement l'auteur de science-fiction qu'il était au fond. Dans son maître ouvrage intitulé *Les ressorts de la création*[2], Anthony Storr dit de Balzac une chose qui peut s'appliquer à Dick. Parlant de sa gentillesse et de sa générosité, il ajoute en substance que le dépressif est souvent aimable, généreux, sensible aux besoins d'autrui. Certes, cela provient en partie d'un fort désir de plaire et de réparer ses torts, mais cela n'enlève rien aux mérites réels et positifs de ce comportement.

––––––

[2] Robert Laffont, 1992. *(N.d.l'Anth.)*

Ma saynète a pour propos de mettre en évidence la souffrance de Dick et ses causes. Il souffre, mais en fin de compte, ce qui nous reste, c'est l'impression de le voir trôner dans son propre royaume.

La pièce a été représentée pour la première fois le dimanche 20 octobre 1991. A côté de moi, Petronilla Whitfield, actrice brillante et expressive qui a fait plus d'une apparition, en compagnie de Ken Campbell, dans notre petit spectacle appelé *Science Fiction Blues*. Elle était parfaitement à son aise dans ce rôle multiple, pourtant éprouvant[3].

Pour les lecteurs français, je me dois d'apporter un mot d'explication quant au décor de la pièce. Petronilla et moi-même jouons devant une toile de fond représentant l'« Albert Memorial » (peint par Sylvia Starshine, décoratrice de théâtre bien connue ici). Ce monument est érigé dans un quartier de Londres appelé Kensington Gore. Ce dernier mot signifie « le sang versé » mais désigne aussi un lopin de terre de forme triangulaire et effilée.

Ce monument fut érigé par la reine Victoria à la mémoire de son consort le prince Albert. Ce dernier n'a pas régné, encore que dans la pièce, Dick ne saisisse pas très bien cette subtilité toute britannique.

Comme dit le dramaturge John Webster :

> La mort, je le sais, ouvre dix mille portes,
> A ceux qui tirent leur révérence.

J'ai donc voulu donner à Philip K. Dick l'occasion de tirer sa révérence avec dignité.

Brian Aldiss

> Le présent, telle une note de musique,
> n'existe que s'il appartient au passé comme à l'avenir.
> — Walter Savage Landor

Philip K. Dick se tient debout seul devant l'Albert Memorial de Kensington Gore, à Londres. Il fredonne une bribe de la chanson des Beatles « Yesterday » et lit ostensiblement son texte à partir d'une épaisse liasse de feuillets.

PKD: Il y a deux ou trois jours que je suis là. Les habitants de Londres me croient stationnaire ; ils ne se rendent pas compte de la vitesse à laquelle nous nous dirigeons vers Véga. On se fond dans le décor, et

---

[3] Dans la première version de cette saynète, l'interlocutrice de Philip K. Dick portait le prénom de l'actrice elle-même : « Pet. » Diminutif de Petronilla, le mot signifie également, en tant qu'adjectif, « cher, préféré, favori », voire « obsessionnel ». Mais on peut peut-être y voir une référence à plusieurs personnages féminins de Philip K. Dick qui portent le nom de Pat (« Au temps de poupée Pat », Pat Conley dans « Un monde de talent » mais aussi dans *Ubik*…). *(N.d.l'Anth.)*

personne ne vous voit plus. Je me sentirais en sécurité si seulement le paysage lui-même était sûr.

Malheureusement, les êtres humains ont horreur des paysages. Ils s'en débarrassent aussi vite que le leur permet leur nullité d'êtres humains. Nos machines sont essentiellement destinées à dévorer le paysage : le bombardier furtif, le bulldozer, la tronçonneuse, l'automobile, le motoculteur, le moulin à café, la bétonneuse, la calculatrice de poche, le parc d'attraction à thème... tout cela vise à remplacer la nature par des produits de synthèse. Le béton est l'humus du XXᵉ siècle!

Ainsi le monde du yang recouvre-t-il le yin pour l'enfouir sous terre, loin de la lumière. Bientôt, il n'y aura plus que le yang, le monde dur du mâle. Alors nous serons tous des androïdes, doués de perception mais non d'empathie. Comme s'il y avait eu des jumeaux au départ, l'un mâle et l'autre femelle, et que le jumeau femelle avait été tué. Et ce qui reste n'est pas une moitié, mais un simple fragment. Un fragment blessé.

La mort m'a coupé la parole au beau milieu d'une histoire. J'avais en tête l'image d'un couple, un homme et une femme installés sur une grande planète déserte. Sur cette planète, il n'y a pas de vie. Elle traverse peut-être l'équivalent de notre ère permienne. Ou bien elle est déjà morte, et toute vie en a été éradiquée. Ce type et cette femme survivent grâce à la nourriture qui leur parvient de la Terre par l'intermédiaire d'un hyper-tube, ou quelque chose dans ce genre.

Sans aucun signe de vie autour d'eux, ils se sentent très seuls. Mais ils existent l'un pour l'autre. Mettons qu'ils se construisent une cabane sur la côte.

Alors, un jour, le type part se promener et découvre quelque chose de miraculeux. Et qu'est-ce que c'est? Un oiseau! Un oiseau gros comme un héron qui le survole lentement, majestueusement. Une merveille! Une pure merveille! La vie! Il y a de la vie sur la planète en dehors d'eux deux! Son âme s'envole à la suite du héron.

Il appelle, fou de joie, mais bien sûr, le héron continue de s'éloigner à tire-d'aile comme si de rien n'était, et n'est bientôt plus qu'un point noir avalé par la brume bleutée du ciel.

L'homme est tout de même content. Voire ravi. Il rentre à la cabane pour raconter à Ann (mettons qu'elle s'appelle Ann) ce qu'il a vu, mais elle accourt vers lui et s'écrie, pleurant de joie : «Tu ne sais pas? J'ai vu un oiseau! Tu te rends compte! Un vrai oiseau, de la taille d'un héron, qui est passé au-dessus de ma tête en battant des ailes! C'est merveilleux, non? Nous ne sommes plus seuls, Mike (mettons qu'il s'appelle Mike)! »

Alors ils se jettent dans les bras l'un de l'autre et se mettent à danser de joie. Comme deux Robinson Crusoé apercevant une voile depuis leur île déserte. Alors l'homme reprend : «Quel symbole d'espoir, ce grand oiseau blanc!... »

Elle lui jette un regard étrange et répond : «Blanc? Mais non, il était brun. De la couleur de mon bras. Oui, brun, sans aucun doute.

— Je l'ai bien vu, rétorque-t-il. Je l'ai même suivi. C'était un oiseau tout blanc.

— Mais non, brun! Tout brun.»

Et à compter de ce jour, ils se disputent sans arrêt. Rien ne va plus entre eux. Elle tente de le poignarder, il essaie de l'étrangler. Jusqu'à ce qu'un jour elle lui dise: «En fait, cette planète appartient à une entité quelconque. Une entité grossière et cupide qui possède un monde à elle toute seule et reste là sans bouger, invisible, à détester toute forme de vie biologique. Elle peut nous faire voir ce qu'elle veut. Elle peut entrer dans nos têtes et y flanquer la pagaïe. Elle m'a fait voir un oiseau brun, et à toi un oiseau blanc.»

Il envisage cette possibilité et reconnaît de mauvaise grâce qu'elle a peut-être raison. Alors ils prennent peur. Peut-être n'y a-t-il jamais eu d'oiseau. Seulement, s'il suit ce raisonnement jusqu'au bout, il n'y a peut-être pas de planète non plus. Qu'est-ce qu'une planète, qu'est-ce qu'une vie? Qui peut le dire?

Ce que je vous raconte là, est-ce de la fiction ou la réalité? Sagesse ou ineptie? Chacun, chacune doit décider par soi-même...

Je n'ai jamais eu d'autre vie que celle-ci. J'ai remplacé ma vie par la fiction, j'en ai comblé les fissures avec de la fiction comme on a remblayé la Faille de San Andreas — une fiction puissante, toute faite de forces inamovibles, d'objets irrésistibles. Pleine de choses synthétiques conçues pour être à la fois Vraies et Non-Vraies. L'homme blanc qui parle a la psyché fourchue. Mon *élan vital* s'est entièrement investi dans ma Remington. Vous préférez quoi, une carrière ou un livre de poche bon marché? La réponse est contenue dans la question. Etre publié, c'est comme être mis au monde; une manière détournée d'obliger des inconnus à vous aimer — même ces étrangers que sont les parents. J'ai inventé Philip K. Dick en me faisant publier. Avant cela je n'étais personne, pas même une lueur dans l'œil de Maître Eckhart [4].

J'ai dû choisir d'être quelqu'un. Toutes les religions insistent bien là-dessus: on doit être quelqu'un. C'est là une des conditions essentielles de la vie:

Question: Es-tu a) quelqu'un, b) n'importe qui, c) personne?

Réponse: c) personne.

Commentaire: Alors tu n'es pas vivant, car tu ne te connais pas toi-même. Tu es un androïde. La connaissance de soi est le commencement de l'existence humaine.

Si ça se trouve, les amibes aussi sont capables de se distinguer les unes des autres, et peut-être sont-elles un peu tristes quand leurs amies meurent, de la même manière que les gens ont été tristes quand je suis mort, en mars 82.

Pour mon esprit, ç'aurait dû être un point final. Et pourtant, me revoilà. Ce Système Intelligent Vaste et Autonome qu'est SIVA a été reprogrammé — reprogrammé ici, en cet endroit qui a reçu le nom d'Angleterre.

Je suis debout là, dans un quartier de Londres appelé Kensington Gore. Cette chose, là, derrière moi, porte le nom d'Albert Memorial. C'est un

---

[4] Théologien et homme d'église allemand de la fin du XIIIe/début du XIVe siècle, objet d'un procès en inquisition en 1326; ses disciples ont recueilli ses propos et sermons en deux ouvrages: *Discours du discernement* et *Livre de la divine consolation,* le thème principal en étant la quête de l'essence divine par l'âme et la recherche du secret de la génération des êtres. *(N.d.l'Anth.)*

monument à la gloire d'un roi défunt, quelque chose comme ça. Et on est censés être en mars.

Je suis maintenant sujet de Sa Majesté, je parle l'anglais de la reine. Je dispose peut-être d'autres pouvoirs surnaturels qu'il me reste à découvrir. Mes vêtements sont typiquement britanniques. Il m'arrive de manger du «fish and chips» et du fromage de Stilton. Le tout étant censé me persuader que je suis réel.

J'arriverai peut-être à comprendre dans quel piège ontologique je suis tombé. SIVA, ou je ne sais quoi, me communique des indices; de cela je suis sûr. Enfin, non; je ne suis sûr de rien. Mais tout de même, il y a des preuves.

Prenez mon roman *Ubik*, porté aux nues dans les pages littéraires du *Sentinel* de Vancouver; des messages — des messages sacerdotaux — de pouvoir y étaient expédiés de Runciter à Joe Chip, qui les déchiffrait sur le dos des pochettes d'allumettes et autres objets du même acabit. Eh bien, la même chose m'arrive ici et maintenant. De grands messages parfaitement compréhensibles, manifestement conçus pour que je ne puisse pas les manquer:

A côté de l'Albert Memorial s'étale un grand panneau publicitaire où l'on peut lire: TOUS LES DÉTAILS DANS VOTRE *MIROIR*[5]. C'est suffisamment clair, suffisamment sacerdotal, non? Pour comprendre, pour savoir ce qui est réel, je dois regarder en moi-même. *(Il rit.)* Ça pourrait être un message de ce roi défunt. On dit qu'Albert était un brave type.

Et puis, un de ces bus rouges à deux étages qu'ils font circuler dans les rues pour me faire croire qu'on est bien à Londres est passé devant moi hier avec un message qui disait: «LA MADONE NE SE DÉSHABILLE QU'AU SOLEIL. Et un autre, au bout de la rue: UNE BANQUE QUI SE BRANCHE SUR VOUS. Bizarres, les dispositifs d'écoute qu'ils utilisent de nos jours! Ah oui, et sur un autre bus: LA VIE EST UN ROMAN[6].

Ça, ça m'inquiète. Et si je n'étais qu'un personnage que j'aurais moi-même écarté d'un de mes romans? Un Britannique? Un Britannique sans aucune fonction dans le récit parce que l'intrigue s'est développée dans une autre direction, comme un feu de brousse, et qu'on m'a coupé à la page 47. C'est exactement ce qui est arrivé à ma sœur Jane, à la page 1 de notre vie commune. Ma chère sœur défunte...

(Entre une Femme aux longs cheveux vêtue d'une grande robe. Elle aussi lit son texte à partir d'un manuscrit volumineux.)

LA FEMME: J'ai entendu par hasard que tu parlais de ta sœur, alors je suis venue te voir. J'ai parcouru un long chemin pour cela. Toi, Philip Kindred Dick, tu avais une sœur jumelle, Jane Dick, morte un mois après votre naissance. Mais je ne vois pas comment tu pourrais te souvenir d'elle.

---

[5] Il s'agit du «Daily *Mirror*». *(N.d.l'Anth.)*

[6] Intraduisible. Le texte original est: «Don't get dropped from the plot»; le terme «plot» peut signifier «complot, conspiration», «intrigue, action (récit)», ou encore «lot, lotissement», ce qui ferait écho au sens rare de «gore» = «lopin en forme de triangle». On peut donc interpréter le slogan de trois manières différentes: «Ne restez pas à l'écart du complot», «Ne perdez pas le fil de l'intrigue» ou «Ne vous laissez pas déposséder»... *(N.d.l'Anth.)*

PKD: Peut-être, mais je ne l'ai pas oubliée pour autant. Jane fut l'étoile qui n'a pas pu s'enflammer. Tu ne ressembles pas à l'image mentale que j'ai d'elle. Quand nous sommes nés, nous étions face à face, les yeux dans les yeux. T'en souviens-tu? J'ai été si malade, quand j'étais nourrisson, que je suis resté plusieurs semaines en incinérateur.

LA FEMME: Tu veux dire « incubateur », je suppose. L'incinérateur, c'était plus tard. Si tu avais oublié Jane, si tu avais évité de t'engager dans cette direction-là, tu aurais vécu plus heureux. Tu as imaginé beaucoup de choses, mais ça, jamais. Il y a des gens qui se raccrochent au malheur comme si cela leur procurait une forme un peu « gothique » de plaisir, une dépendance. Tout cela, c'est le produit de la pensée.

PKD: Hé, qui a dit ça, déjà? « Tout cela n'est peut-être que le produit de... » Jane, Jane... Enfin, si tu es bien Jane... Ecoute ça. Je vais te réciter un poème. As-tu déjà entendu parler du poète Notlim?

LA FEMME: Notlim, Notlim... « Tout cela n'est que le produit de la pensée. » *(Mécaniquement.)* Produit de la pensée... Produit. Tout cela. Cela.

PKD: Quelque chose ne va pas? C'est Notlim qui te pose problème, hein? Je voulais simplement vérifier tes réflexes, tes banques de données référentielles. Notlim est le palindrome de Milton. Tu as bien entendu parler de Milton?

LA FEMME: « L'esprit est son lieu propre, et en lui-même / Peut faire un paradis de l'enfer, un enfer du paradis[7]... »

PKD: Bravo! C'est exactement la citation que je m'apprêtais à te donner. Je l'ai écrite là-dessus, tiens. Le *Paradis perdu* de Milton. On est sur la même longueur d'onde, toi et moi, ainsi que je l'espérais. On peut peut-être retrouver le paradis. Tu étais là depuis le début, pendant toutes ces années interminables, douloureuses, désespérées, pendant que nous errions, Horselover Fat et moi, et que nous combattions le destin à coups d'amphétamines... Tu veillais sur nous, n'est-ce pas? Tu nous observais?

LA FEMME: Observer, toujours observer... Essaie de te représenter ce que c'est pour quelqu'un qui n'est ni toi, ni une projection de toi! Les autres existent, tu sais; il y a des gens qui ont autre chose à faire que rester plantés sur place à *observer*. Tu n'es pas seul dans l'univers.

PKD: Oh, l'univers fourmille de vivants et de non-vivants. Je le sais très bien. Seulement, la biologie nous coupe de tout, elle fait de nous des solitaires. Jusque dans la mort. C'est de cela que parlent mes livres. Je me suis sculpté une carrière dans l'incertitude, comme Heisenberg.

LA FEMME: L'éternité est un bon poste d'observation. J'ai suivi ta carrière aux Etats-Unis. Laisse-moi te dire que se contenter de regarder, c'est se condamner à souffrir. Je t'ai vu gaspiller tes talents — toutes ces drogues, tout cet alcool, toutes ces femmes... Si tu n'avais pas laissé la came

---

[7] John Milton, *Le Paradis perdu*, I: 253. *(N.d.l'Anth.)*

et la camelote envahir ta vie et ton œuvre, tu aurais pu devenir un grand écrivain américain comme Mark Twain ou Norman Mailer. Un peu trop facile, de mettre ton échec et tes romans de SF sur le dos d'une sœur prématurément disparue.

PKD : Tout dépend de ce qu'on privilégie : le *New Yorker* ou *Galaxy*. Tu passes complètement à côté de l'empathie, de la PES. — Préconception Extravagante et Sensuelle[8] — qui lie les jumeaux après la naissance, même *in utero,* même quand l'un des deux est mort. J'ai toujours éprouvé une immense culpabilité vis-à-vis de la mort de ma jumelle Jane. Pourquoi Jane ? Pourquoi pas le petit Phil ? Pendant toute ma vie en Californie, cette empathie maintenue dans les limbes, dans un monde de *rongeasse*[9]...

Tandis que j'errais dans les villes de la plaine en menant des activités réelles ou semi-réelles, Jane était contrainte d'accomplir des actes imaginaires dans un univers imaginaire, de rouler sur de maudites autoroutes imaginaires, de porter en elle des enfants-rongeasse, pommes ratatinées dans un ventre aride. Pendant qu'elle restait prise au piège d'une variante schizoïde de notre monde réel, j'évoluais dans une version réelle de son univers schizoïde. Nous avons fait un numéro d'équilibristes dans le temps et dans l'espace. Ou le contraire.

LA FEMME : Tu es comme cette chose que tu nommes «monument à la gloire d'un roi défunt». Pendant toute la durée de ta vie californienne, tu as été un monument à la défunte Jane. Maintenant que tu en as fini avec cette vie-là, Jane est libérée de toi, elle va s'éloigner obscurément parmi les continua.

PKD : Comment sais-tu tout cela ? Qui es-tu, poulette ? Je t'ai vue chez Harlan, non ? Es-tu une fan ?

LA FEMME : Tu ne me reconnais donc pas ?

PKD : Tu n'es pas du FBI, quand même ?

LA FEMME : Ça, c'est grave, Phil. C'est la voix du sang qui te parle. Je suis ton parent, Joseph Edgar Dick, ton propre père.

PKD : Je te reconnais, maintenant que tu me le dis. Je ne m'attendais pas à te voir ici. Est-ce toi qui m'envoyais tous ces messages ?

LA FEMME : C'est *toi-même* qui te les envoyais. Ecoute, ta mère et moi avons divorcé quand tu avais cinq ans. Nous avions une jolie petite maison avec une clôture en bois, tout près d'une orangeraie. Il y avait encore des orangeraies en Californie, en ce temps-là. Nous nous sommes séparés parce que nous n'étions pas faits l'un pour l'autre. C'était humain, après tout. Mais dès que tu t'es mis à grandir, tu as commencé à me bombarder de nouvelles et de romans bizarroïdes. Je n'ai jamais aimé la SF. Elle me

---

[8] Jeu de mots sur «Perception Extra-Sensorielle». *(N.d.l'Anth.)*

[9] «Gubble», dans le texte ; terme inventé par Philip K. Dick dans *Glissement de temps sur Mars* et rendu ainsi en français par M. Thaon. *(N.d.l'Anth.)*

dérange. Ces romans me dérangeaient beaucoup. Je savais que secrète-ment, c'était à moi que tu les adressais.

PKD: Moi, moi, moi... Tout ça c'est de la merde, de la merde en bran-che[10], Edgar.

LA FEMME: C'est bien ce que tu m'envoyais : de la merde en branche. Je savais bien qu'il n'y avait pas de vie sur les autres planètes, Phil, ni de civilisation sur Mars ou de séduisantes androïdes plus vraies que na-ture, et encore moins d'entités telles que Palmer Eldritch qui se baladent dans l'espace. Pourtant, tes histoires en étaient remplies et je voyais bien qu'elles étaient destinées à me rendre fou.

PKD: Elles étaient destinées à me faire vivre.

LA FEMME: Vivre ? Tu parles de vivre ? Voilà bien le dernier mot que je m'attendais à entendre dans ta bouche.

PKD: Scientifiquement parlant, Edgar, on n'entend pas les mots dans la bouche des autres, mais dans son conduit auditif.

LA FEMME: La mort... Voilà le principal sujet de tes histoires. J'ai lu de bons auteurs de SF, comme Asimov et... comment s'appelle-t-il, déjà ? Ah oui, Robert *Heineken*, et L. Ron Hubbard... Voilà des adeptes de la pensée positive ! Ça ne leur viendrait jamais à l'idée d'écrire un roman montrant notre bonne vieille Amérique battue par un tas de Japs et de Boches à la fin de la guerre.

PKD: On a le droit de rêver comme on veut.

LA FEMME: Dès que tu t'es mis à grandir, tu as commencé à m'envoyer toutes ces nouvelles, tous ces romans bizarroïdes. Je n'ai jamais aimé la SF.

PKD: Ça, tu l'as déjà dit.

LA FEMME: Ça me dérangeait. Tous tes romans m'ont toujours beau-coup dérangé.

PKD: Tu es en dérangement ou quoi ? Es-tu bien sûr d'être en vie, Ed-gar ? Tu ne serais pas par hasard une sorte d'entité synthétique ?

LA FEMME: Pourquoi est-il autant question de la mort dans ce que tu écris ? Prends *Ubik*, par exemple. Ce bouquin est plein de morts qui sub-sistent dans une espèce de semi-vie. Tu as peur de la mort, c'est ça ?

PKD: Sûrement pas. Tu ne vois donc pas que c'est la VIE qui me fait peur ? Les êtres humains sont mal foutus, pleins de courts-circuits. Ça

---

[10] « That's a load of horseshit... » Allusion à la réponse que Philip K. Dick reçoit de son psychiatre alors que, adolescent, il lui déclare : « [...] la quasi-totalité de nos valeurs provenant essentiellement de la Bible [elles] et ne [peuvent] donc être vérifiées empiriquement, [et doivent] être placées dans la catégorie de l'impossible à prouver et éprouver. » Voir dans ce volume : Apel & Briggs, « Entretien avec Philip K. Dick — Première partie »]. (*N.d.l'Anth.*)

crée des situations regrettables. Il t'est certainement arrivé des choses regrettables — à part donner le jour à une paire de jumeaux défunts.

LA FEMME: Ecoute. Une année, je suis parti en vacances à Hawaii avec une femme. C'était avant que Hawaii fasse partie des Etats-Unis, quand on pouvait encore avoir une plage pour soi tout seul. Eh bien cette dame et moi, on a pris un bateau, un jour, et on est allés jeter l'ancre sur une petite île déserte, très loin de tout. On trouvait ça formidable. On s'est baignés. On était tout nus dans le bateau, tu vois? Alors je me suis dit qu'avec un peu de courage, j'allais lui proposer le mariage et tout recommencer à zéro. J'étais en train de lui dire que je vivais la meilleure année de ma vie, et devine ce qui est venu s'échouer contre le bateau juste à ce moment-là? Un exemplaire relié complètement détrempé de *En attendant l'année prochaine,* par Philip K. Dick![11] Pas mal, comme message, non? J'étais terrifié. Je ne l'ai jamais demandée en mariage, et quand on est rentrés à Honolulu, j'ai filé le plus vite possible.

PKD: C'était en quelle année?

LA FEMME: Du diable si je m'en souviens. Ah oui, Kennedy était président; il ne s'était pas encore fait assassiner. Donc, ça devait être en 62 ou 63.

PKD: Mon roman n'est paru qu'en 66, et le titre exact était *En attendant l'année dernière.* Ton histoire n'est qu'un tissu de mensonges du début à la fin.

LA FEMME: Je te jure que c'est vrai. Qui crois-tu être, pour prétendre savoir ce qui m'est ou ne m'est pas arrivé à Hawaii en 1962?

PKD: Je tiens à éclaircir ce point. Il y a anguille sous roche, là, je le sens. Tu dis avoir vu un exemplaire d'un roman intitulé *En attendant l'année prochaine* en 1962? Et l'éditeur, c'était Doubleday? Est-ce qu'il y avait mon nom sur la couverture?

LA FEMME: Naturellement. Je te l'ai dit.

PKD: Nom de nom. C'est pire que je ne croyais. Je n'ai publié *En attendant l'année dernière* qu'en 1966. On a dû se retrouver coincés dans un genre de boucle temporelle. Je savais bien que ça pouvait arriver. Siva dû imprimer deux fois la même page dans le script, quelque chose comme ça.

LA FEMME: *(Avec un sourire.)* Ou alors, tu as écrit tout un tas de bouquins dont tu ne te souviens pas. «En attendant le siècle prochain», «En attendant l'année dernière à Marienbad»... Siva t'aurait fait faire n'importe quoi.

PKD: C'est une possibilité.

LA FEMME: Tu es fou.

---

[11] Littéralement, le titre original de ce roman se traduirait plutôt par «Et maintenant, attendez un peu l'année dernière/prochaine!». *(N.d.l'Anth.)*

PKD: Ça c'est *ta* réaction à *toi* face aux choses qui ne collent pas avec l'idée prétentieuse que tu te fais du monde. Tu n'as donc pas du tout de noosphère? T'es-tu jamais dit, Edgar, que l'univers fourmillait de pièges et de chausse-trapes invisibles où tu pouvais tomber à tout moment? Y compris le piège où tu as laissé tomber ta fille Jane dès sa naissance... Moi, je me suis mis à prendre des drogues pour changer ma vision des choses, et donc y voir plus clair.

LA FEMME: Tu ne te prends pas pour n'importe qui, à ce que je vois.

PKD: Dans ma sphère à moi, je ne suis pas n'importe qui, en effet.

LA FEMME: Tu ne crois pas que tu fais partie de la culture «drogue» des sixties en Californie, tout simplement? Tu a pris le train en marche, voilà tout. Et le fait que tu sois un bon écrivain n'y change rien. Tu as dit toi-même que tu t'étais payé du bon temps, et que tu avais été puni pour ça. Moi, je n'en ai pas eu, du bon temps. J'appartiens à une génération qui n'a jamais pu s'amuser. Tu sais où j'ai passé ma jeunesse?

PKD: Derrière une mitrailleuse...

LA FEMME: A combattre les Boches sur le Front de l'Ouest, en Allemagne. Et ce n'était pas une partie de plaisir, je te prie de me croire...

PKD: Mais la vie n'est pas censée être une partie de plaisir, Edgar. Dis-moi un peu quelle grande religion prétend que c'est une partie de plaisir. Tu parles de cette maison que vous aviez, Dorothy et toi, au milieu de l'orangeraie, avec la clôture, la Ford modèle T, et Captain Midnight à la radio, j'imagine... Mais ce n'était qu'une jolie surface, une apparence, un rêve de jours heureux. Même toi tu ne pouvais plus supporter l'irréalité qui s'en dégageait...

LA FEMME: Je te dis que tout ça, je l'avais; je le tenais là, au creux de ma main. Après la guerre, s'entend. Seulement, nous étions pauvres. Nous étions des héros, mais des héros pauvres. Le pays nous a trahis — l'économie avant tout. Tu es né pendant la Dépression, cette affreuse période que nous avons dû vivre. «T'as pas deux sous, mon frère? »

PKD: «T'as pas un roman à deux sous, mon frère? » Tu es en train de tout inventer, Edgar. Et tu te blanchis au passage. Mais je comprends. Nous avons tous notre version de la réalité. Si ça se trouve, tu t'es vraiment retrouvé dans un glissement de temps, tu as vraiment vu un roman intitulé *En attendant l'année prochaine* ce jour-là, dans le bateau. Mes personnages rencontrent fréquemment des anomalies qui leur prouvent que leur environnement n'est pas réel. Arnie Kott, dans *Glissement de temps sur Mars,* meurt persuadé que sa mort n'est pas réelle...

LA FEMME: Et ta mort à toi, en 1982, était-elle réelle?

PKD: Ne m'interromps pas en pleine envolée. C'est de la vie que je suis en train de parler, non de la mort. En un sens, ma sœur Jane est toujours vivante. Mais le problème, c'est qu'il m'arrive constamment de tomber sur ces fameuses petites anomalies qui prouvent que, d'une certaine manière, l'existence est une illusion. Plus une espèce de force qui nous empêche de comprendre exactement ce qui se passe.

LA FEMME: Tu crois en un Dieu de miséricorde — tu vas tous les dimanches à l'église épiscopale. C'est Dieu qui veut t'empêcher de devenir fou.

PKD: Ou alors, c'est une puissance faite de mal à l'état pur qui essaie de nous cacher ce qu'elle prépare... C'est pour cela que je fais progressivement mon chemin à travers les religions, l'une après l'autre, en essayant de voir derrière l'artifice. Un jour j'ai tout compris à l'univers, et le lendemain tout s'effondre. Il y a dans la nature une instabilité fatale, comme l'a compris Arnie Kott. Mais elle existe aussi ici, pas seulement sur Mars.

LA FEMME: Tu crois que l'instabilité est dans la nature, mais en fait, c'est en *toi* qu'elle est, Phil. «L'esprit est en son lieu propre, et en lui-même/Peut faire un paradis de l'enfer...

PKD: Evidemment, si elle est dans la nature, elle est aussi en moi. Ainsi qu'en nous tous. Soixante-dix ans et, juste au moment où on commence à se faire une idée de ce qui se passe, vlan! On nous retire de la circulation comme de vulgaires faux billets. Pour finir... Dieu sait où!

LA FEMME: Résultat: tu te retrouves en Angleterre!

PKD: Nous ne sommes pas en Angleterre. Ne fais pas semblant de le croire. C'est du flan. Ce prétendu monument à un roi disparu a été élevé à la gloire d'autre chose. Je n'ai jamais cru un instant que c'était l'Angleterre. C'est un trou à rongeasse. Tu sais, un trou à rongeasse..., quand tu comprends que rien de valable ne t'arrivera plus jamais? Souviens-toi des *Clans de la lune alphane,* où je parlais de l'araignée-monde tissant sa toile en vue de la destruction de toute vie? C'est ce que j'ai écrit de plus prophétique! Et je suis pris dans cette toile... Sacré problème, pour en sortir.

LA FEMME: Tu n'as qu'un seul et unique problème: tu es fou. Tu délires. Tu as passé trop de temps à écrire, à lire, et à te remémorer tes propres romans à deux sous. Dans l'ensemble, le monde est un endroit tout à fait correct, plein de...

PKD: Ouais, je sais: plein de clôtures en bois et d'orangeraies. Mais à quoi penses-tu donc, Edgar?

LA FEMME: Dans l'ensemble, c'est un endroit tout à fait correct. Les océans, les montagnes, l'horizon vaste et bleu... Seuls les fous voient tout en gris: les schizos en société, les intellectuels. Tu es responsable de ta propre folie. Et pas seulement telle qu'elle s'exprime dans tes livres. Tu as aussi traîné à la sortie des asiles histoire de draguer des marginales et, en les baisant, d'entrer dans leur vision complètement cinglée des choses et d'intégrer un peu de leur ADN tordu. Quand on donne dans ce genre de cabrioles, on a toutes les chances de finir à l'HP.

PKD : Je vois toute chose. Je vois trop de choses. C'est pour ça que tu me crois fou ?

LA FEMME : Si je ne m'abuse, tu es là à lire ton texte dans une pile de feuillets. Et tu crois que c'est ainsi que se comportent les êtres rationnels ?

PKD : Je vais t'expliquer, pour que toi aussi tu te tiennes sur tes gardes dans ce trou à rongeasse. Tant que je suis là, dans ce satané quartier de Kensington Gore, je m'efforce de ne pas m'empêtrer davantage. Alors j'ai écrit à l'avance tout ce que j'allais dire, jusqu'à la dernière phrase. Comme ça, on ne peut pas me prendre au dépourvu.

LA FEMME : Comment peux-tu faire une chose pareille ? C'est impossible, voyons. Tu ignores tout de ce que je vais dire, même en tenant compte du nombre limité de prises de position possibles entre père et fils, socialement parlant.

PKD : Mais c'est que j'ai aussi écrit ton rôle, Edgar.

LA FEMME : Encore une illusion !

PKD : Tu ne te crois tout de même pas réel, si ? Tu es un simulacre de mon père, une projection en 3-D susceptible de fonctionner seulement dans le monde-rongeasse. Ça se voit très bien à ton absence de réaction au niveau des muscles et des capillaires oculaires — le test que j'employais dans *Les Androïdes rêvent-ils de moutons électriques ?*

LA FEMME : *(Elle lève les bras et révèle une surface de métal luisant.)* C'est là que tu te trompes. Tu crois avoir écrit le scénario, mais c'est *moi* qui l'ai écrit. Jusque dans ses moindres termes, cet interrogatoire a été réglé d'avance et transféré sur disque avant la création de ce que tu nommes Univers. Je suis une projection de Siva, ce Système d'Intelligence Vivante Autonome que dans ta folie, tu crois parfois avoir inventé.

PKD : Non, tu n'es qu'un défaut de fonctionnement de mon cerveau ! Va-t'en ! Tiens-t'en à ton texte !

LA FEMME : Je vois que tu argumentes toujours autant, Philip Kindred Dick.

(Elle abandonne son texte, s'empare vivement de celui de PKD, froisse et mélange toutes les pages. Il cherche vainement ses mots.)

LA FEMME : Tu ne saisis pas encore à quel point ta situation est effrayante, à quel point l'enfer — le «monde-rongeasse», comme tu dis — est horrible. Je t'ai rappelé à la lumière l'espace d'un court instant, mais l'enfer est en majeure partie constitué de ténèbres emplies d'échos où résonne le vacarme métallique que produit ton larynx quand tu parles tout seul, et où se meuvent des créatures plus abominables encore que tout ce que tu as pu imaginer.

PKD : Non, non, ce n'est pas possible. Ecoute, tu devrais lire *Substance mort* ; tu verrais que...

LA FEMME : Je ne vois rien du tout. Mon plaisir est de dévorer et de répandre la décrépitude. Va, Philip Dick, entre à présent dans ces ténèbres — et découvre ce qui t'y attend.

(PKD, incapable de réagir, s'éloigne et entre docilement dans les ténèbres. Elle laisse échapper un petit rire.)

LA FEMME : Naturellement, ce qui l'attend, c'est sa sœur Jane, lascive et impatiente. Elle a beaucoup grandi, au fil des éons, et attend de se venger de sa propre mort. Voici le secret de toute vie : la vie est toujours vécue aux dépens des morts, qui finiront par exercer leur vengeance, tant ils dépassent en nombre les vivants...

(Elle se rapproche du public.)

Ceux d'entre vous qui s'imaginent confortablement installés quelque part dans Londres découvriront bientôt la vérité de mes propos.

(L'obscurité se fait. Seul l'Albert Memorial reste visible.)

LA FEMME : Tout ce qui restera, c'est ce monument à la gloire d'un roi défunt.

(RIDEAU)

Dick déclik

par Jacques Chambon

Dick
Déclik :
Ce n'est pas comme tu crois,
Ce n'est pas ce que tu vois.

Dick,
Galères :
Pauvre soldat de la guerre
Des sexes, de cette terre
Vouée à la trique
Tu as dit la mécanique,
Dick
Traqué
Par ta faute originelle,
Les espions, l'œil dans le ciel,
A en être détraqué

Dick,
Ludik :
Clown à en donner le vertige
Aux obsédés du « Qui suis-je ? »

Dick
Délire :
A ta machine à écrire
Forçat tu as fait s'ouvrir

Sous tes paniques
Un gouffre métaphysique.
Dick
Schizo?
Pas sûr, si tout a deux faces
Et s'il faut trouver sa place
Au sein de l'humain zoo.

Dick
Logik:
Où sont l'envers et l'endroit?
Qu'est-ce qui fait force de loi?

Dick
Voyant:
Voyageur du firmament
Sur l'aile des excitants,
Grand sophistique,
Peleur de l'oignon cosmique,
Disque
Rayé
D'où s'élèvent, paradoxe,
Sur un air peu orthodoxe,
des ondes de vérité.

Dick
Loustik:
Tes vessies sont des lampions
Où s'allument nos soupçons.

Dick
Tiroir
Des frissons du roman noir
Avec tes flics dérisoires,
Rances répliques
Aux artefacts génétiques,
Dick
Chasseurs
De l'homme dans l'androïde,
Tu fais mesurer le vide
Qui nous menace le cœur.

Dick
Ethik:
Dans le fruit de l'univers
Eviter de jouer les vers.

Dick
Tendresse:

Tu aimais les pécheresses,
les paumées, celles que laisse
Couler à pic
Maman-chariot-prisunic.
Dick
Jésus?
Okay, mais pas pousser :
Pas tout à fait étranger
Au charme d'un joli cul.

Dick
Védik :
Allez voir dans le sanscrit
Pour la clé du paradis.

Dick
Enceinte
D'un énorme labyrinthe
Où dort le fil de ta plainte,
Je revendique
tes égarés pathétiques.
Dick
Questions :
Pourquoi le chat tue le rat ?
L'un aimé et l'autre pas ?
Qui fabrique les Nixon ?

Dick
Ubik :
le monde était du Kafka ;
Il est devenu du Dick.

Entretien avec Philip K. Dick

par D. Scott Apel & K.C. Briggs

DEUXIÈME PARTIE

DSA : Nous évoquions les éléments prémonitoires dont vos textes sont émaillés, phénomène qu'on vous fait d'ailleurs souvent remarquer. Par exemple, le Lincoln du *Bal des schizos* précède de plusieurs années le simulacre mis au point par Disney.

PKD : Oui, la dimension précognitive de mes romans m'a vraiment donné la chair de poule, parfois. Elle est incontestable. Plus j'écrivais, plus je m'en rendais compte. Laissez-moi vous en donner quelques exemples pour mémoire. Dans la première version de *Coulez mes larmes, dit le policier,* il y a une fille du nom de Kathy. Son mari s'appelle Jack. Elle a dix-neuf ans. Elle semble œuvrer pour les clandestins, la faction antigouvernementale, mais en réalité, elle travaille pour la police — elle espère, en collaborant, tirer son mari du camp de travail où il est enfermé. Le flic à qui elle a affaire est haut placé, ce qui n'est pas très courant dans ce genre d'affaire. Cette version a été écrite en 1970, puis mise de côté. Or, en décembre 1970, j'ai rencontré une dénommée Kathy, dix-neuf ans, qui semblait vendre de la drogue mais qui — je ne l'ai su qu'un an plus tard — avait en réalité conclu un marché avec les flics : ils passaient l'éponge et, en échange, elle leur fournissait des informations. Son petit ami s'appelait Jack, et le flic pour qui elle travaillait était commissaire. Quand j'ai su ça, l'aspect prémonitoire de mes romans m'a sauté aux yeux.

DSA : Pris séparément, tous ces éléments pourraient être considérés comme le fruit du hasard : nous connaissons tous une Kathy, un Jack ; tous ceux qui font partie de la contre-culture connaissent un revendeur, et ainsi de suite. Mais quand les «coïncidences» s'accumulent à ce point, on ne peut plus vraiment incriminer le hasard.

PKD: Depuis, j'ai beaucoup réfléchi. On m'en avait souvent parlé, mais c'est seulement avec *Coulez mes larmes* que ça m'a frappé. Ce commissaire pour qui elle travaillait... je l'avais *rencontré!* C'est d'ailleurs comme ça que j'ai découvert le pot aux roses. Un soir, on va au restaurant, elle et moi, et voilà qu'elle s'immobilise en disant: «On ne peut pas entrer; le commissaire Untel est là». Dans mon bouquin, il porte un manteau gris; et devinez quoi? Le type du restaurant en portait un aussi.

J'ai été bien obligé de me poser des questions. Et ce que j'ai fini par comprendre, c'est que les prémonitions me venaient pendant mon sommeil, sous forme de rêves. C'était en 1972. Je me suis mis à faire plus attention à mes rêves, du point de vue prémonitoire. Plus le temps passait, plus j'étais contraint de considérer comme réels ces éléments précognitifs.

Ironiquement, mon deuxième roman, *Les Chaînes de l'avenir,* mettait en scène un précognitif. Ce qui ne lui rend guère service, d'ailleurs. Incapable de modifier le cours des événements, il vit un véritable enfer. Il voit jusqu'à un an dans l'avenir: quand il atteint sa dernière année, il a logiquement la prémonition de sa propre mort; ce n'est donc pas un talent qui lui laisse un quelconque choix.

Paul Williams juge la précognition impossible. Lui et moi avons eu quantité de discussions à ce sujet. «Puisque le futur n'existe pas, comment pourrait-on en avoir connaissance?» soutient-il. Lui, il pense que le futur n'existe pas...

DSA: Supposition facile à réfuter. La théorie la plus intéressante que j'aie entendue sur le «futur» est très simple: on sait plus ou moins ce qu'on va faire le lendemain, voire pendant les semaines ou les années à venir. Et le futur, c'est ça: l'intention de faire arriver certaines choses. Quand toutes les intentions individuelles se mêlent, on obtient une image générale du «futur». Certaines sont contradictoires, et annulent ou influencent les nôtres. C'est ce qui arrive quand les choses ne se passent pas comme prévu, quand le «futur» qu'on a projeté «ne se réalise pas». Mais si rien ne vient nous détourner de l'avenir que nous nous sommes construit en pensée, en intention, on peut prédire ce qui va arriver. Le futur n'existe pas en tant que tel... c'est à nous de le mettre en place.

PKD: Oui... il y a de nombreuses conceptions de la nature de l'avenir, jusqu'à des théories complètement mécanistes. Impossible d'affirmer que les événements ne sont pas préexistants, qu'ils ne s'introduisent pas dans le présent comme le diamant dans le sillon du disque. J'ai lu suffisamment de choses sur le temps pour le savoir. Le morceau de musique est là, tout entier, et le temps suit la piste. La question de savoir si l'avenir est «là» est un vrai problème auquel personne n'a encore répondu.

Mais passons. Nous parlions des éléments prémonitoires contenus dans *Coulez mes larmes*.... C'est un sujet que j'aimerais vraiment aborder. Les autres écrivains [que vous voulez interviewer] ne vous tiendront certainement pas ce genre de discours!

Je vais vous dire une chose que je vais sincèrement regretter par la suite. Mais j'ai l'habitude *(Rires)*. On prétend que je suis bien plus franc avec les gens qui viennent m'interviewer qu'avec mes épouse ou avec ma mère... Ma mère! Dieu me garde d'être franc avec elle! *(Rires)*.

Bref... Quand j'ai relu la version définitive de *Coulez mes larmes...* et que j'y ai trouvé des éléments réellement prémonitoires, il m'a bien fallu accepter un concept qui m'intéresse pourtant peu, c'est-à-dire les histoires de Perception Extra-Sensorielle. En fait, si vous voulez savoir, je n'aime pas tellement ça. Disons que ça ne me passionne pas. J'ai écrit des romans, des nouvelles où il est question de facultés paranormales, mais en toute honnêteté, je ne saurais prétendre que j'y crois.

Pourtant, dans ce bouquin-là, il y a quelque chose qui m'a fait flipper. Le passage du rêve... La sœur du général Buckman vient de mourir; il rentre chez lui complètement abattu. Puis il fait un rêve. Il ne ressent plus que de la haine... le désir de tuer Jason Taverner. Il lui a tendu un piège afin de l'arrêter. Or, Taverner n'a pas commis le moindre délit. Et Buckman, accablé d'accablement psychotique à cause du décès de sa sœur — purement accidentel — a perdu le contact avec la réalité. Il oublie qu'il accuse délibérément un innocent. Il cherchait justement à coincer Taverner, et voilà que sa propre sœur meurt dans son voisinage immédiat; Buckman commence à parler de le flinguer, comme si c'était lui l'assassin. Là-dessus il fait un épisode psychotique.

Donc, Buckman rentre chez lui; il ne sait plus du tout où il en est. Il s'endort et fait un rêve. Ça se passe dans le décor rustique où il a grandi. Il y a un groupe de cavaliers casqués vêtus de tuniques multicolores. L'un d'eux ressemble à un vieux roi pénétré de sagesse, avec une barbe laineuse, blanche comme neige. Et puis, il y a l'homme que les cavaliers vont tuer, terré dans un immeuble voisin. Il ne les voit pas venir, mais il les entend et laisse échapper un hurlement de terreur. A ce stade, la rage psychotique de Buckman — son désir de tuer Taverner — se transforme en compassion aiguë envers l'homme qui se cache dans le noir, celui qui va se faire tuer.

C'est ce rêve qui ramène Buckman à la raison. Il passe de la colère psychotique dirigée contre un innocent à la réaction émotionnelle appropriée, c'est-à-dire le chagrin. Il se réveille, finit par aboutir dans une station-essence ouverte la nuit et serre dans ses bras le premier être humain qu'il rencontre. Il se trouve que c'est un Noir qui attend qu'on ait fini d'intervertir ses pneus. Un parfait inconnu. Buckman recouvre donc sa santé mentale par l'intermédiaire d'un rêve. C'est un passage que j'ai réécrit avec le plus grand soin. C'est aussi lui — m'a-t-on dit — qui m'a valu le prix Campbell.

Eh bien, figurez-vous que ce rêve, je l'ai fait. J'ai consciemment inclus dans un texte la matière d'un rêve. Mais lorsque le livre est sorti, j'ai eu le sentiment curieux d'avoir été plus loin encore. Je ne savais pas très bien jusqu'où. Vous savez, comme quand on dit: «Les propos de l'auteur ont dépassé sa pensée». C'était une impression intense. J'attendais la réaction des lecteurs. Je suis très sensible à leurs critiques, beaucoup plus qu'à celles des professionnels. J'espérais que quelqu'un me mettrait sur la voie.

Coulez mes larmes... est paru en 1974. Voilà ce qui se passait dans ma tête en février de cette année-là. C'était une période de grande tension pour moi. Je me faisais arracher mes dents de sagesse et on m'administrait régulièrement des injections de penthotal. Par ailleurs, j'expérimentais le traitement à base de vitamines orthomoléculaires préconisé par Linus Pauling. Tout à coup, je me suis mis à penser à toute allure. J'avais lu que chez les schizophrènes, ce traitement provoquait une recrudescence d'échanges neuronaux synchrones, mais qu'elles en accéléraient également le rythme. Alors je me suis dit : «Ma foi, ça ne peut pas me faire de mal» *(Rires)*. C'était une évidence. C'est ça les vitamines hydrosolubles : elles ne laissent pas trace de métaux lourds sur les neurorécepteurs.

Et puis, je m'angoissais beaucoup pour… Oh, et puis tant pis, là encore, je serai franc. Pour mes activités antimilitaristes. J'avais peur que les autorités finissent par me tomber dessus. J'avais femme et enfant, ce qui n'était pas le cas à l'époque de ma prise de position contre la guerre, lorsque je me disais : «Après tout, pourquoi pas ? De toute façon je suis complètement tordu ; alors autant défendre activement la paix et la dignité humaine». Je m'étais donc engagé dans la lutte. Super, non, de dire tout ça devant un magnétophone ? *(Rires)* Drôlement cool… Mais de toute manière, les autorités savent très bien ce que j'ai fait ; elles ne seront pas surprises.

Donc, il se passait des choses. Ma psychothérapeute (une femme extraordinaire ; je croyais à fond en elle) me disait même d'aller carrément trouver le gouvernement, de dire ce que j'avais fait et d'essayer de trouver un terrain d'entente. La guerre était officiellement terminée. Il fallait que je trouve le courage de prendre la plume pour déclarer : «Voilà ce que j'ai fait, et je ne regrette rien. Voici mon adresse». J'avais l'impression d'être un dissident russe.

Il se passait vraiment des tas de choses. Cinq fils narratifs simultanés. Après quelque temps de traitement aux vitamines, j'ai senti ma pensée s'accélérer. Rien de concret : je ne courais pas en tous les sens en faisant mille choses à la fois. Simplement, je pensais de plus en plus vite. Comme si j'avançais dans le noir en voyant des flashes de lumière colorée.

DSA : Il m'est arrivé la même chose sous traitement orthomoléculaire. Trop de vitamine B. Ça maintient l'esprit en état d'éveil permanent.

PKD : Pour être éveillé, j'étais éveillé !

DSA : On se parle dans sa tête pendant des nuits entières.

PKD : Exactement. Ça n'arrêtait pas. Alors j'ai décidé de réciter un mantra. Je n'en connaissais qu'un ; les mantras, c'était pas mon truc. Je me suis donc répété «Om», indéfiniment. Et ça a marché ; ça m'a lavé la tête de toutes ces pensées du genre : «Est-ce que je vais finir en taule ? ».

Et puis, un après-midi, après une piqûre de penthotal, je suis rentré chez moi et tout à coup, en un éclair, je me suis souvenu de quelque chose. J'ai beaucoup de mal à en parler parce que la nature même de ce que j'ai à dire met nécessairement en question ma probité. Brusquement, l'espace d'une seconde, un voile s'est soulevé et je me suis rappelé une vie antérieure. Ça n'a duré qu'une seconde, mais je me souviens de tout. Quand il nous vient un nom en tête, on ne se souvient pas seulement du nom, mais aussi de la personne qui le porte, dans son intégralité, n'est-ce pas? Eh bien, c'est tout à fait la même chose. Puis le voile est retombé.

J'ai eu tellement peur (sans parler de la douleur) que j'ai oublié que je m'étais souvenu. Mais à compter de ce jour, mon amnésie n'a plus été que partielle. Le mot grec qui correspond à cela est *anamnis*. L'anamnèse. Non pas le souvenir, mais la *perte de l'oubli*. Et puis, un soir de 1974 — je vous le dis non sans réticence —, les souvenirs sont revenus progressivement. Pas par flashes très courts, par éclairs; plutôt par fragments plus longs.

DSA: Souvenirs profonds? Mémoire génétique?

PKD: C'est ça: phylogénétique. En fait, j'ai rencontré un type dont la thèse portait sur des expérience avec les rats visant à prouver l'existence de la mémoire phylogénétique. Il a d'ailleurs réussi à la faire apparaître grâce à des doses massives de...

DSA & KCB: *(en chœur):...vitamines orthomoléculaires! (Rires)*

PKD: Et je lui ai dit: «Barry, il faut que je te parle... Sous vitamines orthomoléculaires, j'ai retrouvé des souvenirs enfouis provenant d'une vie antérieure». Et lui: «Pour l'amour du ciel, n'en parle à personne! Je suis convaincu que ça existe; j'ai fait ma thèse là-dessus, avec des rats. Mais je t'en supplie, pas un mot! Surtout aux pros de la santé mentale. Nous sommes les gendarmes du monde moderne». N'importe lequel d'entre eux peut vous jeter dans une cellule capitonnée. Et il a continué en m'expliquant qu'un excès de stress activait ces souvenirs chez le rat. Vous voyez, même là-dessus j'avais raison.

Or, l'existence dont j'ai le souvenir s'est déroulée dans un monde qui correspond exactement à celui que je décris dans *Coulez mes larmes*....

DSA: Ce n'était donc pas une vie antérieure, mais plutôt parallèle.

PKD: Voilà. C'est exactement la conclusion à laquelle je suis parvenu. Seulement, il m'a fallu trois ans. Trois ans de recherches, quatre à huit heures par jour, pour essayer de savoir comment je pouvais avoir une vie antérieure dans le *présent*.

Si je devais détailler ce monde, il ressemblerait en tous points à celui du roman. Alors je me suis demandé: *Est-ce de là que vient ce que j'écris?* Et la réponse est *oui*. Dans tous mes textes, on trouve un certain décor... un monde qui ressemble au nôtre, mais pas tout à fait. Et tous sont interconnectés. Ursula Le Guin l'a très justement noté: tous mes romans semblent se dérouler dans un même monde parallèle. Et en 1974, je me suis très bien rappelé y avoir séjourné. Par certains côtés, la technologie y était plus avancée que chez nous, comme dans mes livres. On employait de manière extensive les techniques hydrauliques, par exemple.

Mais c'était un épouvantable état policier, avec des camps de travail forcé. Moi, j'étais un révolutionnaire politiquement actif, pas un simple opposant passif à la société. Je me rappelle, nous avons fait sauter une imposante forteresse, une gigantesque prison. On l'a littéralement fait sauter, comme quand on force un coffre. Je me souviens d'avoir été poursuivi par les autorités. La société était exactement semblable à celle dont j'ai eu la vision dans *Coulez mes larmes*.... Tous les mouvements en faveur des droits civiques avaient échoué. Et le plus surprenant, c'était que le christianisme était hors-la-loi.

DSA : Depuis toujours ?

PKD : Ça, je l'ignore. J'en ai déduit que dans ce monde, il avait été totalement absorbé par l'Empire romain, puis par une civilisation romane, quelque chose comme ça. Apparemment, je me suis retrouvé d'un seul coup là-bas. Nous étions des chrétiens, mais dans un sens plus politique, plus révolutionnaire. On faisait sauter des prisons, ce genre de choses. Des anarchistes. Il y avait beaucoup de monde en prison ou en camp de travail.

DSA : Comment savoir si vous n'êtes tout simplement pas en train d'échanger vos pensées avec un individu résidant actuellement en Russie ? Quand il est éveillé, vous dormez ; et inversement. Sa réalité devient votre rêve…

PKD : Ma première réaction est de vous dire que je n'y ai pas pensé. Deuxième réaction : ce monde ressemble effectivement à ce que Soljénitsyne a décrit dans *L'Archipel du Goulag*… que je n'avais pas lu à l'époque. D'ailleurs, il y avait des noms russes…

Oh ! et puis, puisque j'ai décidé d'être franc… Publiez tout ça, et ils n'auront plus qu'à venir me chercher. Oui, j'ai envoyé une lettre à Leningrad, dans laquelle je disais : « Est-ce que par hasard vous ne seriez pas en train d'expérimenter l'amplification électronique des signaux télépathiques ? J'aimerais tout particulièrement savoir si vous utilisez des amplificateurs à micro-ondes. » Jamais reçu de réponse.

DSA : Les micro-ondes ne véhiculent pas beaucoup d'information, mais elles la transportent très loin. Il y a déjà quelque temps que j'ai adopté une théorie (appuyée par les recherches de Cleve Backster sur les plantes) selon laquelle la télépathie opère dans le spectre des micro-ondes. Ce n'est pas pour rien que les Russes en bombardent l'ambassade américaine à Moscou depuis quinze ans. Comme il existe un lien entre les micro-ondes et le cancer, j'ai cru qu'il fallait chercher de ce côté-là. Mais après tout, peut-être essaient-ils de capter les pensées du personnel de l'ambassade.

PKD : Et ces souvenirs s'accompagnaient d'une personnalité… J'ai eu droit à tout le paquet, en somme. Une personnalité distincte — un « non-moi » — avait pris possession de moi. Nous étions vraiment très différents : il préférait la bière, je préfère le vin. Ce genre de détails très révélateurs. Il disait toujours « il » en parlant de la chienne et « elle » en parlant du chat. Il se trompait tout le temps. Il conduisait ma voiture mais ne trouvait jamais les aérations, dont l'emplacement varie selon le modèle. Il trouvait le climat chaud et sec d'Orange County insupportable, alors que moi, il me convient très bien.

DSA : Avez-vous pensé qu'il pouvait s'agir de vos deux hémisphères cérébraux qui se retrouvaient en interaction et essayaient de se synchroniser ?

PKD : Oui. Pendant quelque temps, j'ai essayé l'une après l'autre toutes les théories qui me venaient à l'esprit.

DSA : Et le point de vue jungien? Ce pourrait être un complexe autonome, une personnalité-constellation inconsciente cherchant à se manifester?

PKD : Ouaip, celle-là aussi je l'ai essayée *(Rires)*.

DSA : Moi, j'aime assez la version télépathie-Russie…

PKD : Ecoutez, j'en suis resté *persuadé* — le mot est faible — pendant un bon moment. Je disais à ma thérapeute : « Vous pouvez dire tout ce que vous voudrez, mais je suis sûr qu'ils sont en train de mijoter quelque chose à base d'amplificateurs à micro-ondes de signaux télépathiques. Et je me suis trouvé au bon endroit au bon moment ». Il y avait tout simplement trop de détails en rapport avec les Russes pour exclure cette possibilité. Trop de noms russes ; des visions de laboratoires et de matériel russes…

L'un des rares faits solides dont je dispose et que je puisse exprimer, c'est que j'entendais beaucoup parler, dans une langue que je ne comprenais pas mais que je pouvais transcrire phonétiquement. Et c'était du grec. Du début à la fin. Les traductions étaient très révélatrices. Ma femme a fait un an de grec ; elle a tout su traduire. Je lisais un bouquin de Jung sur les origines de la liturgie et — ô surprise! — les phrases clé étaient justement celles dont j'avais rêvé. Plus tard, j'ai rêvé la suite du passage qu'il cite — jusqu'à quatorze lignes plus loin, selon la Bible grec/anglais que j'ai consultée par la suite. Or, cet extrait n'apparaît pas dans le texte de Jung.

Mais cela ne rendait toujours pas compte des éléments russes. Il y avait des techniciens russes qui s'affairaient, qui branchaient des appareils électroniques. Et vous n'avez pas encore entendu la suite. Il y a pire. Parce que si vous croyez que *ça*, c'est grave…

Adoptons la proposition suivante comme étant l'hypothèse la plus probable : mon moi a plongé dans l'inconscient collectif et, ce faisant, traversé des strates de plus en plus profondes, de plus en plus archaïques. C'était vraiment l'impression que j'avais. Plus il plongeait, plus il devenait ancien, archétypique. Ce que j'en ai retiré au moment où il a atteint le point le plus bas (et n'oublions pas que tout cela se passe en état hypnagogique, ou hypnopompique, ou encore pendant le sommeil, en pleine activité onirique), ce sont des silhouettes humanoïdes, mais assez différentes de nous. Le crâne était plutôt allongé, avec un renflement à l'arrière. Ils étaient sourds-muets, ils occupaient des caissons ressemblant à des bathyscaphes et communiquaient avec moi par l'intermédiaire d'appareils électroniques. A un moment, l'induction électronique du son s'est interrompue et deux techniciens russes sont venus tripoter les fils.

Mais j'en viens à l'aspect le plus frappant ; jamais je n'oublierai ça. Ils avaient un troisième œil au beau milieu du front[1]. Mais pas un œil à pu-

---

[1] Voir PKD : « L'Œil de la Sibylle », nouvelle qui figure d'ailleurs dans Apel : *Philip K. Dick — The Dream Connection*, l'ouvrage dont est extraite la présente entrevue [cf. Bibliographie primaire]. *(N.d.l'Anth.)*

pille; une lentille latérale, indubitablement électronique (et non organique), et amovible.

Il y avait un homme et une femme. Cette dernière m'a montré qu'elle pouvait aussi se manifester sous forme humaine et m'a dit... (J'avoue que ce point me plaît beaucoup. J'en ai ressenti une grande joie qui ne m'a plus quitté depuis.) Elle a dit: «Nous avons vu les conspirateurs qui ont assassiné les Kennedy, Martin Luther King, l'évêque Pike et Malcolm X, et nous nous apprêtons à les supprimer». Puis elle m'a montré une image d'elle-même assise au milieu de types genre classe dirigeante de la côte Est. Elle tournait vers eux le troisième œil, elle les passait au crible et elle voyait ce qu'ils avaient fait. Et tout ça *avant le Watergate*.

DSA: Pourquoi étiez-vous témoin de tout cela? Pourquoi vous?

PKD: Là encore, j'ai fini par trouver la réponse. Ils m'ont brouillé, comme on brouille un signal radio. Ils ont mélangé ma personnalité avec *l'autre* via une espèce de contrôle moteur[2]. Et *l'autre* n'était pas là par hasard. Tout ça se passait en mars 1974; il savait très bien qu'à ce moment-là, on cachait quelque chose au grand public. Il avait une mission bien précise à accomplir.

Il se trouve que Wiggins, le Représentant au Congrès pour Fullerton — où j'habitais —, était alors membre de la commission parlementaire aux affaires judiciaires, qui contrôle les procédures d'accusation, et qu'il avait pour principe de répondre personnellement à toutes les lettres en provenance de Fullerton. Eh bien *l'autre* m'obligeait souvent à lui écrire; il a même envoyé une lettre au *Wall Street Journal,* qui a d'ailleurs été publiée. Il prétendait que les transcriptions fournies par Nixon étaient des faux. Qu'elles ne constituaient pas une preuve, mais au contraire visaient à le disculper, et que leur contenu ne serait pas confirmé par les enregistrements.

Cette personnalité a continué d'écrire à Wiggins jusqu'au jour où Nixon a démissionné; là-dessus, elle a disparu, en laissant derrière elle un vide terrible, insoutenable. Même ma femme l'a ressenti. C'est le seul témoignage qu'elle puisse apporter dans ce domaine. Ce que je voyais, ce que je vivais, elle ne pouvait ni le voir, ni le vivre, mais... Je sentais la présence d'un espèce d'énergie bioplasmique dans l'appartement, et elle la sentait aussi. Elle en avait conscience. Et quand cette présence est partie, elle l'a senti aussi. Ça l'a drôlement déroutée.

DSA: Mais si ce sont les Russes, quel intérêt pouvaient-ils avoir à déposer Nixon?

PKD: Quelle que soit la théorie que j'applique à la résolution de cette énigme, il y a toujours un morceau du puzzle qui reste ou qui dépasse dans un coin.

La personnalité qui avait pris possession de moi (Je l'appelais Thomas, juste histoire d'avoir un nom à lui donner) sortait la nuit et restait des

---

[2] On ne peut s'empêcher de penser au «complet brouillé» de PKD: *Substance mort...* (N.d.l'Anth.)

heures à regarder le ciel en s'efforçant de localiser une étoile bien précise.

KCB: Dix contre un que c'était Sirius. Alastair Crowley pensait que les intelligences qui s'exprimaient à travers lui venaient de là. Et Robert Anton Wilson croit s'être trouvé en contact avec Sirius en 1973.

DSA: Exact. Le voyant Alan Vaughn aussi. La même année. «Thomas» a-t-il trouvé son étoile?

PKD: Non, il n'a pas réussi. Ce «Thomas» avait un autre centre d'intérêt: la médecine. Mon fils, alors âgé d'un an et demi, avait une grave malformation congénitale que le médecin n'avait pas détectée. Eh bien cet... *esprit* qui dominait le mien l'a diagnostiquée et a dit à ma femme de l'emmener immédiatement chez un médecin, et de demander à ce que le petit soit opéré sans attendre. Et c'était vrai. La malformation en question pouvait lui être fatale d'un moment à l'autre.

Et non seulement ça, mais il a aussi diagnostiqué certains problèmes physiques chez moi. Tout ça m'échappait la plupart du temps parce qu'il se remettait tout le temps à parler grec. Ralentir son flot de pensées et s'en tenir à l'anglais lui demandait un réel effort; notre langue ne lui venait pas naturellement. En médecine, il était vraiment branché. Et il s'inquiétait sincèrement pour mon fils.

Pour en revenir à cette histoire de micro-ondes... Nous avions un chat — le pauvre! — qui est mort d'un cancer peu après cette histoire. Alors ça m'a fait tout drôle de vous entendre mentionner le cancer. Quant à moi... un jour, j'étais chez mon médecin pour une tout autre raison et l'infirmière m'a pris ma tension. Si vous l'aviez entendue crier! J'avais largement dépassé la limite de la crise cardiaque. On m'a hospitalisé illico. Peut-être que toutes ces expériences m'avaient mis dans un sale état. Je ne sais pas... Honnêtement, je ne dispose d'aucune théorie qui explique tout ça. Le livre sur lequel je travaille actuellement pour Bantam, *Siva,* en est une sorte de compte rendu romancé. J'y attribue mes expériences à un ami imaginaire que je nomme Nicholas Brady. Je me suis moi-même représenté, sous mon propre nom; je lui pique ses expériences bizarres pour les inclure dans un roman. Et tout ça de sang-froid; je suis malhonnête avec lui puisque je l'utilise, et malhonnête avec mon éditeur puisqu'il attend de moi une œuvre de fiction. *(Rires)*

J'ai mis au point une théorie composite en essayant de garder à l'esprit le principe du rasoir d'Occam: trouver l'explication la plus simple qui prenne en compte tous les éléments en présence. Mais j'ai bien peur que dans ce cas précis, la plus grande parcimonie mène encore à une théorie assez complexe. Voici ma préférée:

Je sais de source sûre que les Russes ont tenté d'établir un contact télépathique avec des extraterrestres. Mon hypothèse (et ce n'est qu'une hypothèse) est qu'ils ont trouvé un quelconque moyen d'amplifier leurs signaux, et qu'en tripatouillant leurs appareils ils ont fini par obtenir une réponse. Le professeur Nicolaï Kozireff, le meilleur astrophysicien d'Union Soviétique, a déclaré publiquement que son équipe avait d'ores et déjà capté des signaux émanant d'un point situé à l'intérieur du système solaire. Officiellement, le gouvernement des Etats-Unis fait la sourde oreille. Pour nous, il s'agit simplement de vieux satellites isolés. Or, plusieurs fois déjà on s'est aperçu que Kozireff avait eu raison sur d'autres questions cruciales; en fait, il doit son excellente réputation au fait qu'il tombe toujours juste. Par exemple, il avait prédit l'existence d'une activité volcanique à la surface de Vénus.

Bref. Donc, Kozireff fait des expériences sur la télépathie et tente de contacter des extraterrestres. Il obtient des résultats et paf! tout ça s'en va dans l'espace. Ces Russes sont vraiment capables de tout. Ils sont complètement cinglés. Et notre Kozireff attend tranquillement la réponse des E.T. Pendant ce temps, à Fullerton, je suis bêtement en train d'écouter des cassettes de Kiki Dee dans l'espoir d'y trouver un sens caché. Il est trois heures du matin, je n'arrive pas à dormir, alors j'écoute du bubblegum rock. Et voilà qu'il y a un échange de signaux entre les Russes et les E.T. Je me trouve sur son chemin et je le capte. Sans le vouloir, je me retrouve mêlé à cette histoire.

DSA : Pouvez-vous décrire ce que vous avez ressenti ?

PKD : Sans problème. C'était le 18 mars 1974. Brusquement, mon champ de vision a été envahi par une quantité incroyable de phosphènes. J'ai appris plus tard (en lisant une étude russe sur la question) que l'activité phosphénique pouvait être stimulée par les radiations. Nos astronautes en ont font l'expérience, leurs cosmonautes aussi. Cela a duré huit à dix heures. Ce que je voyais évoquait la peinture abstraite. Des milliers de tableaux abstraits qui se succédaient devant mes yeux à une vitesse phénoménale, l'un donnant naissance à l'autre et ainsi de suite. J'ai vu tous les Klee, tous les Kandinsky... J'ai inclus cette expérience dans *Substance mort.* Ça se passait avant mes rêves russes.

L'impression que j'ai eue alors, c'est que j'avais sous les yeux les œuvres entreposées dans les différents musées de Leningrad, qui contiennent un nombre *colossal* de tableaux abstraits. Intuitivement, je me suis hâté d'en conclure que les Russes avaient choisi d'envoyer vers les étoiles des images (toutes les œuvres d'art créées par l'humanité) en mettant l'accent sur les œuvres abstraites, plus faciles à transmettre et plus faciles à appréhender pour un esprit non-humain.

Je vais être tout à fait franc avec vous. Pendant des mois (et peut-être que si on me poussait un peu, j'adopterais à nouveau cette théorie), j'ai cru qu'il s'était passé la chose suivante : les Soviets expédient des signaux et obtiennent une réponse des E.T. Alors ils poussent toutes les manettes à fond et les bombardent d'images en accéléré. Absolument tout ce que renferment les musées de Leningrad.

DSA : D'ordinateur à ordinateur.

PKD : Exactement. Ils ont mis tout le paquet, pensant que l'occasion ne se représenterait plus. «*La porte s'ouvre et se referme...* » Voilà l'intuition subjective que j'ai eue alors.

C'étaient donc des œuvres d'art, chacune dans un style différent, chacune portant la touche personnelle de l'artiste. Il ne s'agissait pas de ces trucs qu'on voit sous acide ou sous mescaline, ni de l'effet de « rotation » induit par la belladone ou les alcaloïdes apparentés. Par ailleurs, les images se présentaient en rafales. Un style bien défini après l'autre. Et ça a duré *huit heures d'affilée,* nom de nom! Vous vous rendez compte? J'étais fou de terreur, mais je me disais: «D'accord, c'est bizarre; mais qu'est-ce que c'est beau! Pourquoi ne pas en profiter?» Mon hémisphère droit captait toutes les images, l'une après l'autre. Et quand ça s'est arrêté... *(Une longue pause. Puis, d'une voix pleine d'intensité contenue:)* Ça alors...! *(Nouvelle pause prolongée.)* Je viens d'avoir une idée...

DSA: Une nouvelle interprétation?

PKD: *Oui!* Le lendemain... *(Pause.)*... Nom de nom! *(Avec animation:)* Donc, le lendemain, je me lève, il fait grand jour; je continue de voir des phosphènes... Et tout à coup... *(Une longue pause. Phil regarde intensément dans le vide.)*... Alors là! Maintenant je peux l'étayer, ma théorie! *(Rires)* Tout à coup, ce n'étaient plus des œuvres graphiques mais des concepts cosmologiques, sous forme de diagrammes. Je m'étais brusquement retrouvé au milieu d'un ensemble de principes cosmologiques de base qui remontaient à Platon. Et non seulement ça, mais en plus, le nom de Platon y figurait en toutes lettres.

DSA: Peut-être une procédure de transmission logique? D'abord la vision artistique, puis le cheminement suivi pour y parvenir; la philosophie qui sous-tend le tout. D'abord les images, pour que les extraterrestres sachent qu'ils ont affaire à une intelligence créatrice, puis l'explication de leur fonctionnement. Si je ne me trompe pas, l'étape suivante est l'exposé de la science et de la technologie: l'application de l'intelligence créatrice. A ce stade, un échange de connaissances peut prendre place... une fois que les créatures non humaines savent comment s'adresser à nous avec des mots et des concepts que nous sommes en mesure de comprendre.

PKD: Je vois que vous me suivez. Oh! Attendez, attendez! *Nom de nom! Nom de Dieu! (Puis, au bout d'un moment:)* Des techniques appliquées!

DSA: Voilà!

PKD: Oui! En plein dans le mille! Au bout d'un moment, j'ai commencé à percevoir des techniques de pointe. Des diagrammes, des documents écrits comptant des milliers de pages qui défilaient à toute allure. Un véritable tir de barrage. Les textes restaient visibles plus longtemps que les graphiques. Il y avait une sorte d'arrêt sur image. Tout me revient, maintenant! Quelle est... quelle est la probabilité pour qu'une transmission de ce style, se présentant dans cet ordre (les arts graphiques abstraits, puis les principes de la cosmologie philosophique, puis les techniques...), ne soit pas une tentative de communication et de description de l'humanité destinée aux extraterrestres? Et puis, il y a ces visions de techniciens russes, et ces êtres à trois yeux.

DSA: Je me suis entretenu tout récemment sur ce sujet avec Alan Vaughan, coauteur d'un ouvrage intitulé *Dream Telepathy* qui rapporte certaines expériences au cours desquelles — je sens que vous allez adorer!

(Rires.) — des « émetteurs » tentaient de transmettre des œuvres d'art à des « récepteurs ».

PKD : A vrai dire, il me semble l'avoir lu aussi. Après mes expériences, j'ai dû acheter pour plus de mille dollars de bouquins sur ces sujets ; je les ai dévorés. J'ai été fasciné d'apprendre que les œuvres d'art faisaient de bonnes émissions télépathiques m'a parce que, dites donc... c'est que j'y suis resté huit heures, moi, dans ce musée ! *(Rires.)* J'en ai eu pour mon argent ! Qu'on soit ainsi passé de l'art à la philosophie — ou plutôt aux grands principes de la philosophie — puis aux techniques industrielles, je trouve ça vraiment fascinant. Mais ce qui est drôle, c'est que vous ayez tout de suite parlé des Russes. Cet endroit dont je me souviens ressemblait *tellement* à la Russie ! Oh nom de nom ! Dites, je crois que je vais adopter votre hypothèse. Toutes ces choses que je n'arrivais pas à expliquer... Vous savez, comme si j'avais dans la tête un tas de faits qui ne collent avec aucune théorie. Des théories, il en existe trois mille, mais le tas de faits ne diminue pas pour autant. De temps en temps un fait est évacué, mais il y en a toujours un qui s'installe à sa place.

Encore un élément en faveur de l'hypothèse « Union Soviétique ». Je n'en ai pas encore parlé, mais c'est une piste : la langue grecque. Ce n'étaient peut-être que des termes scientifiques dérivés du grec et mêlés au russe. C'est ma femme qui me l'a fait remarquer. Et il y a les théories de Kozireff, ses centres d'intérêts, ses déclarations publiques : encore un indice.

Mais voilà pourquoi je penche pour les Russes : dans mon rêve, il m'a semblé très nettement entendre de la musique contemporaine russe. Un orchestre symphonique jouait du Prokofiev, mais pas le Prokofiev que je connais. Et puis il y avait le coffret de disques. Je pouvais en décrire la couleur, mais il n'était pas comme les nôtres. Il était recouvert de velours. Or, je sais que cela se pratique dans certains pays d'Europe. Non, c'étaient de longues compositions russes, modernes — pas mon genre de musique. J'aime le classique, mais pas ça. Je me souviens d'avoir dit à ma femme : « Je vois la couleur du coffret dont est extrait le morceau de Prokofiev que j'entends ». Je le lui ai décrit. Pourtant, je n'en ai jamais possédé. Et en même temps, j'ai le souvenir de l'avoir eu, d'en avoir sorti les disques et de les avoir écoutés. Rien que des trucs russes, modernes. Chostakovitch et Prokofiev, principalement. Dans un de ces rêves, je me trouvais dans une espèce d'Institut. Ça ressemblait à une école, il y avait des portes étiquetées... vous savez... B-1, B-2, B-3...

DSA : Tiens, comme les vitamines ! *(Rires)*

PKD : Ouais. Des gens travaillaient sur des transmetteurs, ils en faisaient la démonstration. L'activité de cet Institut consistait à charger d'information les émissions musicales de la bande FM. Cette information passait sous forme subliminale. Enfin, ce genre de rêves.

DSA : Bon... Voyons si je peux tirer quelque chose de tout ça. Quelque part là-bas, vous avez un jumeau psychique... une espèce de « cousin à la mode de Russie », quoi. Comme vous, il a été animateur de radio spécialisé dans la musique classique, seulement lui, il passait beaucoup de compositeurs russes. Et Eux — le KGB, ou qui vous voudrez —, lui demandaient d'introduire des messages subliminaux dans ses émissions. Il n'est pas d'accord, et devient donc un dissident actif, alors que vous restiez passif dans ce domaine[3]. La police l'embarque et le boucle dans un goulag, un camp de travail, un asile quelconque. D'un autre côté, Kozireff étudie la télépathie et cherche à établir le contact avec les extraterrestres ; il fait des expériences sur les prisonniers ou les internés et découvre en notre jumeau un transmetteur télépathique en puissance. On le sangle donc sur la machine et on amplifie ses pouvoirs naturels à l'aide de micro-ondes. Quelque chose comme ça. Il devient partie intégrante du transmetteur télépathique. S'il y laisse sa peau, après tout, n'est-ce pas, ce n'est qu'un dissident ; et puis, on travaille pour la gloire de l'Etat. Quant à vous, puisque vous êtes déjà sur la même longueur d'onde psychique que lui, vous recevez aussi ce qu'ils transmettent. Comme on a dopé ses capacités d'émetteur, vos propres capacités de réception entrent en surcharge. En plus, vous étiez déjà très réceptif, avec le stress, les vitamines et tout et tout.

Donc… Ils entrent en contact avec les extraterrestres en utilisant ce type comme transmetteur télépathique vivant. Les amplificateurs électroniques agissant sur la communication expliqueraient vos visions de techniciens, de labos, d'extraterrestres, etc. Seulement les extraterrestres, qui pratiquent couramment la télépathie, savent que vous avez été mêlé accidentellement au processus, ce que les novices russes, eux, ignorent. Donc, ils se servent de vous dans cette histoire de Nixon. Enfin, même *nous* on savait que Nixon était un fou dangereux ! Et qui sait en quoi consistait la mission des extraterrestres chez nous. Peut-être l'affaire Nixon en faisait-elle partie.

Bref… ils mélangent votre personnalité avec le *dopplegänger* d'un des leurs, ou de ce Russe — qui vit sans doute votre vie quand il rêve *(Rires)* — ou bien avec une constellation de personnalités autonomes puisée dans une de vos vies antérieures — un médecin grec, quelque chose dans ce genre. Vous avez dit vous-même que vous aviez eu l'impression de plonger dans l'inconscient collectif. Ou alors, ils vous ont combiné avec une personnalité de nature informatique ; une intelligence artificielle programmée pour penser et agir à l'image d'un être humain. Et alors, bien longtemps après le départ des extraterrestres, ou quand la cervelle de votre jumeau russe a cramé comme un circuit en surcharge (ou qu'on l'a collé dans un asile) vous êtes resté en contact avec lui, et vous recevez ses souvenirs. Ou alors, ce type est complètement fou et ce sont ses hallucinations que vous recevez. Ou bien il est mort, mais le choc de la transmission télépathique a occasionné le transfert en vous d'un grande partie de ses souvenirs, une espèce d'effet de recul, comme quand on tire au fusil. Et vous continuez de puiser ses souvenirs dans votre inconscient. D'où les rêves à base de musique russe, par exemple. A votre avis, ça se tient ?

PKD : Je n'en ai pas la moindre idée. *(Rires)* Ça se tient autant que mes théories à moi.

---

[3] Ici, il est difficile de ne pas penser à PKD : *Radio libre Albemuth*. *(N.d.l'Anth.)*

KCB : S'il vous arrive ce genre de choses, votre quête de la réalité est terminée. Si le thème de vos livres est la réalité, c'est parce que la réalité ressemble à un roman de Philip K. Dick.

PKD :Quelle horreur !

(Plus tard)

« Dis-leur le plus intéressant », insistait Joan pendant toute la dernière partie de l'interview. « Dis-leur le plus important ! »

Il a fini par céder.

« Le plus important », nous a-t-il dit, c'est que dans ces rêves, on m'a annoncé que je recevrais une lettre d'une inconnue, à qui je devrais alors téléphoner. Elle portait un nom russe. Le message m'a été transmis un nombre incalculable de fois. Et la lettre a fini par arriver...

— A table ! » s'est alors écriée Joan.

Nous avons dîné, puis abordé d'autres sujets. Le magnétophone ne tournait plus. Nous ne nous doutions guère que la mystérieuse missive représentait un des événements les plus importants de cette étrange histoire. Nous ne connaissions pas encore l'anecdote de la lettre dans tous ses détails, bien que sa nature, sa signification et la réaction qu'elle avait suscitée chez Phil se trouve, sous une version romancée, dans *Radio libre Albemuth*.

Si je compare les autres éléments autobiographiques de cette entrevue avec leur version romancée, que ce soit dans *Siva* ou *Radio libre Albemuth*, je crois pouvoir avancer que les événements décrits dans ce dernier roman correspondent étroitement à ce qui lui est arrivé dans la vie réelle. Sans doute l'affaire de la « lettre photocopiée[4] » sera-t-elle éclairée par de futures révélations, de futures biographies de Philip K. Dick, mieux que nous n'avons pu le faire.

Pendant le dîner, la conversation a continué à tourner autour de la Russie, avec quelques incursions dans d'autres domaines. Rien n'ayant été enregistré, je dois me fier à ma mémoire (certainement pas infaillible) pour reconstituer les monologues de Phil. Il y a toutefois un détail que je n'ai pas pu oublier. A un moment donné, je ne sais plus à quel propos, il a mentionné en passant qu'il avait été invité à se rendre en Russie.

« J'ai reçu une lettre qui venait directement de Moscou, signée par plusieurs savants de renom qui m'invitaient à venir m'entretenir avec eux.

— Je me demande bien pourquoi », lui ai-je dit.

« Apparemment ils avaient lu *Ubik*. Or, ils avaient formulé des théories sur la vie après la mort, et ça ressemblait beaucoup à ce que j'ai décrit dans ce livre. Ils voulaient me faire venir pour que je leur dise ce que je savais — et probablement faire des expériences sur moi pour trouver *comment* je le savais », termina-t-il en gloussant.

« Mais vous n'y êtes pas allé », ai-je insisté.

« Je l'ai envisagé quelque temps. J'avais même élaboré avec un ami un

---

[4] The « Xeroxed Letter » : lettre reçue par Philip K. Dick et dont il soupçonnait qu'elle lui avait été expédiée soit par la CIA, soit par le KGB, qui auraient ainsi tenté de tester ses opinions politiques. *(N.d.l'Anth.)*

code... disons, élaboré, qui me permettait de lui communiquer des informations détaillés par l'intermédiaire de cartes postales en apparence inoffensives, histoire de lui faire savoir si j'avais des problèmes avec les autorités. Mais en fin de compte, j'ai décidé de ne pas y aller. Plus j'y pensais, plus j'étais sûr de ne pas revenir. A vrai dire, j'avais une trouille bleue qu'ils me fassent venir et que plus personne n'entende parler de Philip K. Dick.

» Là-dessus, quelques mois plus tard, une limousine noire se gare devant chez moi. L'archétype de la voiture sinistre, avec vitres teintées et tout. Trois hommes en pardessus en descendent et se dirigent vers ma porte. De ma fenêtre, je me dis : « Oh merde. Ils ont fini par me retrouver ». A ce moment-là, je ne savais absolument pas qui « ils » étaient. J'étais simplement persuadé qu'on avait fini par me retrouver et qu'on venait me punir pour mes péchés, quels qu'ils soient. Ou pour ce qu'on considérait comme des péchés. Quoi qu'il en soit, il s'est avéré que ces types étaient de l'ambassade de Russie. Les savants de Moscou avaient reçu la lettre où je m'inventais une excuse pour ne pas venir les voir, et charger leur ambassade d'envoyer une délégation m'interviewer chez moi. Ils se sont montrés très polis, très aimables, et une fois qu'ils m'ont eu tout expliqué, je les ai laissés rentrer. On a parlé d'*Ubik* pendant plus d'une heure. Je ne leur ai rien dit du tout. J'ai fait l'imbécile. Puis ils sont partis, et je n'ai plus jamais entendu parler d'eux».

Une partie de cette histoire s'est vérifiée par la suite. Début 1979, j'ai dit à Phil que je partais voyager en Amérique du Sud pendant six mois, et il a insisté pour que j'emporte son adresse.

«Si jamais vous avez des ennuis avec les autorités, envoyez-moi une carte postale avec la phrase «Je suis à court de cigarettes.» Ainsi je saurai qu'il vous est arrivé quelque chose et je prendrai contact avec les autorités compétentes. Vous avez bien compris? «Je suis à court de cigarettes.» Je n'ai jamais eu à employer ce code, mais il était bon de savoir qu'il existait.

Mais revenons à des choses plus sérieuses. Phil voulait que les révélations contenues dans cette entrevue (en ce qui concernait ses «expériences mystiques») constituent sa première déclaration publique sur le sujet. Etant donné que notre volume d'entretiens n'a jamais vu le jour, les lecteurs n'en ont pris connaissance qu'à l'occasion de sa brève entrevue avec Charles Platt dans *Dream Makers*, en 1980[5].

Charles Platt n'a pas été très convaincu par les expériences de Phil (peut-être parce qu'aucune description rapide ne saurait en rendre compte) ; mais Briggs et moi avons été douchés par ces révélations. Nous avions passé suffisamment de temps avec lui pour savoir que c'était un être sain d'esprit ; jamais nous n'avions rencontré d'homme aussi intelligent, d'aussi réfléchi. Nous en sommes sortis secoués, avec l'impression d'être passés dans la *Quatrième Dimension*[6] et, contre notre gré, au cœur d'une vaste conspiration à l'échelle cosmique. Nous étions convaincus. Je

---

[5] Platt : «Interview avec Philip K. Dick» [cf. Bibliographie primaire]. *(N.d.l'Anth.)*
[6] Dans le texte : the « Twilight Zone » (N.d.l'Anth.*)*

me dis maintenant que nous étions sans doute plus convaincus que Phil lui-même.

Au bout d'un moment, nous nous sommes calmés et nous avons enfin pu en parler, Briggs et moi ; la première question que nous nous sommes posée a été : « Que faire de tout ça ? » Elle demeure pour l'instant sans réponse.

Bien plus tard, la question est devenue : « Est-ce ainsi que Philip K. Dick écrit ses livres ? » En inventant une gigantesque conspiration vivante — un système de croyances fondé sur ses expériences, ses observations et ses conjectures — puis, à moment donné, en décidant de la séparer du règne de la « réalité » pour l'inclure dans celui de la « fiction » ? Cela expliquerait le degré de vraisemblance qu'il savait imprimer à ses romans : comme ses personnages, il avait *vécu* les événements de la narration.

Quelle que soit l'explication, nous jugeons précieux le contenu de cette entrevue, et cela pour deux raisons.

Premièrement, les fondements autobiographiques des œuvres de fiction de Phil n'avaient jamais été exposés de manière aussi riche et aussi détaillée. Nous espérons qu'elle fournira un guide précieux à ceux qui voudront démêler l'écheveau de l'expérience réelle et fictive, du rêve et de la réalité, et des faits qui débouchent sur la fiction dans son univers « réel en apparence seulement[7] ».

Deuxièmement, cette entrevue ainsi que la nouvelle « L'Œil de la Sibylle » me semblent relier *Radio libre Albemuth* (que Philip Dick venait d'achever) à *Siva*, qu'il n'avait pas encore commencé.

Néanmoins, ces deux œuvres restent auréolées d'un certain mystère. Si l'on se fie à l'« Exégèse » de Phil, par exemple, c'est l'interprétation religieuse de ces expériences qui eut toujours sa faveur. Alors, pourquoi avoir d'abord mis en scène, dans *Radio libre Albemuth*, l'hypothèse technologique/politique, et pourquoi développer ici la théorie complexe d'une intervention soviétique ?

Là encore, le mot de la fin a sans doute été prononcé par Philip K. Dick lui-même. « Quelle que soit la théorie, il y a toujours un morceau de puzzle en trop, ou qui dépasse dans un coin ».

---

[7] Allusion à l'article/interview (« The True Stories of Philip K. Dick » et à l'ouvrage (*Only Apparently Real...*) de P. Williams consacrés à Philip K. Dick [cf. Bibliographie secondaire]. *(N.d.l'Anth.)*

Bibliographie

TABLE DE CORRESPONDANCE DES TITRES

Nota : Les titres français suivis d'un astérisque signalent les romans parus en français sous plusieurs titres.

Romans

A
A rebrousse-temps : Counter-Clock World
Androïdes rêvent-ils de moutons électriques ?* (Les) : Do Androids Dream of Electric Sheep ?
Au bout du labyrinthe : A Maze of Death

B
Bal des schizos (Le) : We can Build You
Blade Runner* : Do Androids Dream of Electric Sheep ?; Blade Runner
Brèche dans l'espace : The Crack in Space

C
Chaînes de l'avenir (Les) : The World Jones Made
Clans de la lune alphane (Les) : Clans of the Alphane Moon
Confessions d'un barjo* : Confessions of A Crap Artist
Coulez mes larmes, dit le policier : Flow My Tears, the Policeman Said

D
Dedalusman* : The Zap Gun
Détourneur (Le)* : The Man Who Japed
Deus iræ : Deus irae
Dieu venu du Centaure (Le) : The Three Stigmatas of Palmer Eldritch
Docteur Futur* : Dr. Futurity
Dr. Bloodmoney : Dr Bloodmoney

E
En attendant l'année dernière : Now Wait for Last Year

G

Glissement de temps sur Mars: Martian Time-Slip
Guérisseur de cathédrales (Le)*: Galactic Pot-Healer

H

Homme dont les dents étaient toutes exactement semblables (L') : The Man Whose Teeth Were All Exactly Alike
Humpty Dumpty à Oakland: Humpty Dumpty in Oakland

I

Invasion divine (L') : Divine Invasion

J

Joueurs de Titan (Les): The Game-Players of Titan

L

Loterie solaire: Solar Lottery

M

Machines à illusions (Les): The Ganymede Takeover
Maître du Haut château (Le): Man in the High Castle
Manque de pot!*: Galactic Pot-Healer
Marteau(x) de Vulcain (Le[s]): Vulcan's Hammer
Mensonges et Cie: The Unteleported Man; Lies, Inc.
Message de Frolix 8 [Le]: Message from Frolix 8
Mon royaume pour un mouchoir: Puttering about in A Small Land

N

Nick et le Glimmung: Nick and the Glimmung

O

Œil dans le ciel (L') : Eye in the Sky

P

Pacific Park: Mary and the Giant
Pantins cosmiques (Les): The Cosmic Puppets
Portrait de l'artiste en jeune fou*: Confessions of a Crap Artist
Prisme du néant (Le)*: Flow My Tears, the Policeman Said
Profanateur (Le)*: The Man Who Japed

R

Radio libre Albemuth: Radio Free Albemuth
Robot blues*: Do Androids Dream of Electric Sheep?

S

Simulacres: The Simulacra
Siva: Valis
Substance mort: A Scanner Darkly

T

Temps désarticulé (Le): Time Out of Joint
Transmigration de Timothy Archer (La): The Transmigration of Timothy Archer

U

Ubik: Ubik

V

Vérité avant-dernière (La): The Penultimate Truth
Voyageur de l'inconnu (Le)*: Dr. Futurity

Z

Zappeur de mondes (Le)*: The Zap Gun

Nouvelles

A

« A l'image de Yancy » : The Mold of Yancy »
« A vue d'œil »* : « The Eyes Have It »
« Acte de nouveauté » : « Novelty Act »
« Ah, être un Blobel! » : « Oh to Be A Blobel! »
« Ame des aliens (L') »* : « The Alien Mind »
« Ancien combattant (L') » : « War Veteran »
« Au revoir Vincent » : « Goodbye Vincent »
« Au service du maître » : « To Serve the Master »
« Au temps de Poupée Pat » : « The Days of Perky Pat »
« Autofab »* : « Autofac »
« Autofac »* : « Autofac »
« Aux confins de l'espace guette le wub »* : « Beyond Lies the Wub »

B

« Banlieusard (Le) » : « The Commuter »
« Braconniers du cosmos (Les) » : « The Cosmic Poachers »

C

« Cadbury, le castor à la traîne » : « Cadbury, the Beaver Who Lacked »
« Canon (Le) » : « The Gun »
« Cantate 140 » : « Cantata 140 »
« Cas Rautavaara (Le) » : « Rautavaara's Case »
« Ce que disent les morts » : « What the Dead Men Say »
« Chaînes d'air, réseau d'éther » : « Chains of Air, Web of Aether »
« Chasse aux capuchons (La) »* : « The Hood Maker »
« Clientèle captive » : « Captive Market »
« Colonie »* : « Colony »
« Constructeur (Le) » : « The Builder »
« Convertisseurs d'armes (Les) »* : « Project Plowshare »
« Crâne (Le) » : « The Skull »
« Crypte de cristal (La) » : « The Crystal Crypt »

D

« Dame aux biscuits (La) » : « The Cookie Lady »
« Dans la coque »* : « Shell Game »
« De mémoire d'homme »* : « We can Remember It For You Wholesale »
« De par sa couverture »* : « Not By Its Cover »
« Défense passive »* : « Colony »
« Défenseurs (Les) » : « The Defenders »
« Définir l'humain »* : « Human Is »
« Dernier des maîtres (Le) » : « The Last of the Masters »
« Derrière la porte » : « Behind the Door »

« Des nuées de Martiens » : « Martians Come in Clouds »
« Des pommes ridées » : « Of Withered Apples »
« Deuxième variété »* : « Second Variety »

E
« En ce bas monde » : « Upon the Dull Earth »
« Esprit étranger (L') »* : « The Alien Mind »
« Etrange Eden » : « Strange Eden »
« Etranges souvenirs de mort »* : « Strange Memories of Death »
« Etranges souvenirs de la mort »* : « Strange Memories of Death »
« Etre humain, c'est... »* : « Human Is »
« Expédition de surface »* : « A Surface Raid »
« Expédition en surface »* : « A Surface Raid »

F
« Foi de nos pères (La) » : « Faith of Our Fathers »
« Foster, vous êtes mort ! » : « Foster, You're Dead ! »
« Fourmi électronique (La) »* : « The Electric Ant »

G
« Grand O (Le) » : « The Great C »
« Guerre contre les Fnouls (La) » : « The War Against the Fnools »
« Guerre sainte » : « Holy Quarrel »

H
« Heure du wub (L') »* : « Beyond Lies the Wub »
« Histoire pour mettre fin à toutes les histoires pour l'anthologie d'Harlan Ellison *Dangereuses visions* » : « The Story to End All Stories for Harlan Ellison's *Dangerous Visions* »
« Homme doré (L') » : « The Golden Man »
« Homme sacrifié (L') » : « Expendable »
« Homme variable (L') » : « The Variable Man »
« Homme-variable (L') » : « The Variable Man »

I
« Immunité » :* « The Hood Maker »
« Imposteur (L') » : « Impostor »
« Inconnu du réverbère (L') »* : « The Hanging Stranger »
« Infatigable grenouille (L') » : « The Indefatigable Frog »
« Infinis (Les) » : « The Infinites »
« Interférence »* : « Meddler »

J
« James P. Crow » : « James P. Crow »
« Jeu de guerre » : « War Game »
« Jeu de malchance » : « A Game of Unchance »
« Joueur de pipeau vit tout au fond... (Le) » : « Piper in the Woods »
« Jour où M. Ordinateur perdit les... (Le) » : « The Day Mr. Computer Fell Out of Its Tree »

L
« Loué soit Mercer »* : « The Little Black Box »

M
« M inaltérable (Le) »* : « The Unreconstructed M »

« Reug »* : « Roog »
« Révolte des jouets (La) »* : « The Little Movement »
« Roi des elfes (Le) » : « King of the Elves »
« Roug »* : « Roog »

S

« Sacrifié (Le) »* : « Expendable »
« Service avant achat »* : « Sales Pitch »
« Service de réparation » : « Service Call »
« Si Cemoli n'existait pas » : « If there Were No Benny Cemoli »
« Sortie mène à l'intérieur (La) »* : « The Exit Door Leads In »
« Sortie vous fout dedans (La) »* : « The Exit Door Leads In »
« Soulier qui trouva chaussure à son pied (Le) »* : « The Short Happy Life of the Brown Oxford »
« Souvenir » : « Souvenir »
« Souvenirs à vendre »* : « We Can Remember It for You Wholesale »
« Souvenirs étranges d'outre-mort »* : « Strange Memories of Death »
« Souvenirs garantis, prix raisonnables »* : « We Can Remember It for You Wholesale »
« Stabilité » : « Stability »
« Sur la terre sans joie »* : « Upon the Dull Earth »
« Syndrome de retrait »* : « Retreat Syndrome »
« Syndrome de retraite »* : « Retreat Syndrome »

T

« Tant qu'il y a de la vie » : « Some Kinds of Life »
Tony et les scarabées : « Tony and the Beetles »/« Retreat from Rigel »
« Tour de roue (Le) »* : « The Turning Wheel »

U

« Un auteur éminent » : « Prominent Author »
« Un monde de talents » : « A World of Talent »
« Un numéro inédit »* : « Novelty Act »
« Un vaisseau fabuleux »* : « Prize Ship »
« Une odyssée terrienne » : « A Terran Odyssey »
« Une sinécure » : « Stand-By/Top Stand-By Job »

V

« Vente à outrance » : « Sales Pitch »
« Vie courte et heureuse du soulier animé (La)* » : « The Short Happy Life of the Brown Oxford »
« Voix venue du ciel (La) » : « What the Dead Men Say »
« Voyage gelé (Le) » : « Frozen Journey »/« I Hope I Shall Arrive Soon »

Y

« Yeux voltigeurs (Les) » : « The Eyes Have It »

Autres

B

« Bombe atomique sera-t-elle jamais mise au point, et si oui, qu'adviendra-t-il de Robert Heinlein? (La) » : « Will the Atomic Bomb Ever Be Perfected, and if So, What Becomes of Robert Heinlein? »

C

« Comment construire un univers qui ne s'effondre pas deux jours plus tard » : « How to Build A Universe That Doesn't fall Apart Two days Later »

D

« Drogues, hallucinations, et la quête de la réalité » : « Drugs, Hallunications, and the Quest for Reality »

E

« Evolution d'un amour vital (L') » : « The Evolution of A Vital Love »

H

« Homme et l'androïde (L') » : « The Android and the Human »
« Homme, l'androïde et la machine (L') » : « Man, Android, and Machine »

N

« Nazisme et le Haut château (Le) » : « Naziism and the High Castle »
« Notes rédigées tard le soir par un écrivain de science-fiction fatigué » : « Notes Made late at Night by a Weary Science Fiction Writer »

S

« Schizophrénie et le Livre des Changements (La) » : « Schizophrenia and the Book of Changes »
« Si vous trouvez ce monde mauvais, vous devriez en voir quelques autres » : « If you Find this World Bad, You Should See Some of the Others »
« Souvenirs trouvés dans une facture de vétérinaire pour petits animaux » : « Memories Found in A Bill from A Small Animal Vet »

U

« Une nouvelle passion » : « Another Passion »

V

« Vie courte et heureuse d'un écrivain de science-fiction (La) » : « The Short Happy Life of A Science Fiction Writer »

Philip K. Dick:
Une bibliographie primaire

I. ŒUVRES DE FICTION

A. Romans

1. *The Broken Bubble (The)*. Arbor House/Morrow, 1988 [1956]. Contient: «Introduction» de T. Powers; préf. de J.P. Blaylock). — (trad. I. Delord-Philippe) *La bulle cassée*, UGE «10/18», 1993. — Manuscrit: *The Broken Bubble of Thisbe Holt*.

2. *Clans of the Alphane Moon*. Ace, 1964 [1963-64]. — (trad. F. Truchaud) *Les clans de la lune alphane*. Albin Michel «Science-Fiction», 1973; (J'ai lu, 1978); in *Omnibus [III]* (op. cit.).

3. *Confessions of a Crap Artist*. Entwhistle, 1975 [1959] Contient: P. Williams, «Introduction». — (trad. J. Hérisson) *Confessions d'un barjo*, Robert Laffont «Pavillons», 1978; — titré *Portrait de l'artiste en jeune fou*, UGE «10/18», 1982 (contient: P. Williams, «Introduction»). — [Adapt. cinéma de J. Boivin titrée *Confessions d'un barjo* (France, 1992)].

4. *Cosmic Puppets (The)*. — titré «A Glass of Darkness», in *Satellite*, déc. 1956 [1953]; — titré *The Cosmic Puppets* [étoffé], Ace Double, 1957 [avec Andrew North, [Andre Norton], *Sargasso of Space/Les naufrageurs de l'espace*]; (Berkley, 1983). — (trad. J.-L. Estèbe) *Les pantins cosmiques*, Presses de la Cité «Superlights», 1984; in *Omnibus [I]* (op. cit.). — Manuscrit: *A Glass of Darkness*.

5. *Counter-Clock World*. Berkley, 1967 [1965]. — (trad. M. Deutsch) *A rebrousse-temps*, Opta «C.L.A.», 1968. Contient: J. Brunner, «Introduction»); (J'ai lu, 1975); in *Omnibus [III]* (op. cit.). Manuscrits: *The Dead Grow Young, The Dead Are Young*. — [Adapté de «Your Appointment Will Be Yesterday» (nouvelle)].

6. *Crack* in *Space (The)*. Ace, 1966 [1963-64]. — (trad. C. Meisterman) *Brèche dans l'espace*, Verviers: Marabout, 1974; — titré *La brèche dans l'espace*, Livre de poche, 1990; in *Omnibus [III]* (op. cit.). — Manuscrit: Cantata 140. — [Adapté, pour la 1re moitié, de «Cantata 140» (nouvelle, 1963, parue en 1964)].

7. *Deus Irae*. Doubleday, 1976 [1964-75, avec R. Zelazny]. — (trad. F. Cartano) *Deus iræ*, Denoël «PdF», 1977. — Manuscrit: *The Kneeling Legless Man* (48 pages, ± les 3 premiers chapitres et une partie du 4ème). — [Tiré notamment de «The Great C» & «Planet for Transients» [nouvelle].

8. *Divine Invasion (The)*. Simon & Schuster/Timescape, 1981 [1980]. — (trad. F. Cartano) *L'invasion divine*. Denoël «PdF», 1982. — Manuscrit: *Valis Regainéd*.

9. *Do Androids Dream of Electric Sheep?* Doubleday, 1968 [1966]; — titré *Blade Runner*, Del Rey, 1982. — (trad. S. Quadruppani) *Robot blues*, Lattès «Champ Libre», 1976; — titré *Les androïdes rêvent-ils de moutons électriques?*, Lattès «Titres SF», 1979; — titré *Blade Runner,* J'ai lu, 1985; in *Omnibus [IV]* (op. cit.). — Manuscrits: *The Electric Toad, Do Androids Dream?, The Killers Are Among Us! Cried Rick Deckard to the Special Man*. — [Nomination au Prix Nebula, 1968; adapt. cinéma. de R. Scott titrée *Blade Runner* (U.S.A., 1982)].

10. *Dr. Bloodmoney, Or How We Got Along After the Bomb*. Ace, 1965 [1963]. — (trad. B. Martin) *Dr. Bloodmoney*, Opta «C.L.A.», 1970; (J'ai lu, 1975); (in *Omnibus [II]* (op. cit.). — Manuscrits: *In Earth's Diurnal Course, A Terran Odyssey*. — [Nomination au prix Nebula, 1965; titre inspiré du film *Dr. Strangelove, Or How I Learned to Stop Worrying and Love the Bomb* (S. Kubrick, U.S.A., 1963)].

11. *Dr. Futurity*. Ace Double, 1960 [1953, rév. 1959]; Ace Double, 1972 [avec *The Unteleported Man/Mensonges et Cie*]. — (trad. F. Robinet) *Le voyageur de l'inconnu*, Le Masque, 1974; — (trad. F. Robinet & D. Defert) titré *Docteur Futur*, Livre de poche, 1988; (in *Omnibus [I]* (op. cit.). — [Adapté de «Time Pawn» (nouvelle, 1954)].

12. *Eye* in *the Sky*. Ace, 1957 [1955]. — (trad. G. Klein) *Les mondes divergents*, in Satellite «Cahiers de la SF» n°7, 1959; — titré *L'œil dans le ciel*, Robert Laffont «A&D-Classiques», 1976; (J'ai lu, 1976); (Livre de poche, 1988); in *Omnibus [I]* (op. cit.). — Manuscrit: *With Opened Mind*.

13. *Flow My Tears, the Policeman Said*. Doubleday, 1974 [1970, rév. 1973]. — (trad. M. Deutsch) *Le prisme du néant*, Le Masque, 1975 [tronqué]; — titré *Coulez mes larmes, dit le policier* (trad. M. Deutsch, I. Delord), Robert Laffont «A&D-Classiques», 1985 [intégral; contient: G. Klein, «Préface — Des pages surgies du néant... », p. 7-10]; (J'ai lu, 1988 [intégral]); (in *Omnibus [IV], Aurore sur un jardin de palmes* (op. cit.) [intégral]). — [Prix J.W. Campbell 1975; nomination au prix Nebula 1974, et au prix Hugo 1975].

14. *Galactic Pot-Healer*. Berkley, 1969 [1967-68]. — (trad. F. Lourbet) *Manque de pot!*, Lattès «Champ Libre», 1977; — titré *Le guérisseur de cathédrales* (trad. et préf.: M. Thaon [«La création et la créature»], Presses Pocket, 1980; in *Omnibus [VI]* (op. cit.).

15. *Game-Players of Titan (The)*. Ace, 1963 [1963]. — (trad. M. Barrière) *Les joueurs de Titan*. Presses de la Cité «Superlights», 1985; Presses Pocket, 1990; (in *Omnibus [II]* (op. cit.).

16. *Ganymede Takeover (The)*. Ace, 1967 [1964-66, avec Ray Nelson]. — (trad. I. Tate) *Les machines à illusions*, J'ai lu, 1980; in *Omnibus [IV]* (op. cit.). — Manuscrit: *The Stones Rejectéd*. — [Contenait à l'origine «The Little Black Box» (nouvelle)].

17. *Gather Yourselves Together*. Asheville [N.C.]: W.C.S., 1994 [1952].

18. *Humpty Dumpty* in *Oakland*. Londres: Gollancz, 1986 [1960, adapté du roman inédit *A Time for George Stavros*]. — (trad. J.-P. Naudon) *Humpty Dumpty à Oakland*, Terrain Vague/Losfeld, 1990.

19. *In Milton Lumky Territory*. Pleasantville [N.Y.]: Dragon Press, 1985 [1958-59]. — (trad. I. Delord-Philippe) *Aux pays de Milton Lumky*, UGE « 10/18 », 1992.

20. *Lies, Inc.* [var. *The Unteleported Man* (op. cit.)].

21. *Man* in *the High Castle*. Putnam's, 1962 [1960]. — (trad. J. Parsons) *Le maître du Haut château*, Opta «C.L.A.», 1970; (J'ai lu, 1974); (in *Omnibus [II]*, *Dédales sans fin*) (op. cit.). — [prix Hugo 1963].

22. *Man Who Japed (The)*. Ace, 1956 [1955]. — (trad. P. Lorrain & B. Panloup) *Le détourneur*, Le Sagittaire, 1977; — titré *Le profanateur*, Livre de poche, 1991; in *Omnibus [I]* (op. cit.).

23. *Man Whose Teeth Were All Exactly Alike (The)*. Willimantic [Conn.]: Mark V. Ziesing, 1984 [1960]. — (trad. J.-P. Gratias) *L'homme dont les dents étaient toutes exactement semblables,* Terrain vague/Losfeld, 1989.

24. *Martian Time-Slip*. — titré « All We Marsmen » in *Worlds of Tomorrow* [1è série n°3-4-5], août-oct.-déc. 1963 [1962]; — titré *Martian Time-Slip,* Ballantine, 1964 [augmenté]. — (trad. P. Billon) «Nous les Martiens» in *Galaxie* nouvelle série n°32-33-34, déc. 1966-janv.-fév. 1967; — (trad. H.-L. Planchat) titré *Glissement de temps sur Mars,* Robert Laffont «A&D», 1981; (Presses Pocket, 1986); in *Omnibus [II]* (op. cit.). — Manuscrit: *Goodmember Arnie Kott of Mars*.

25. *Mary and the Giant*. Arbor House, 1987 [1953-55]. — (trad. J.-P. Aoustin) *Pacific Park*, UGE « 10/18 », 1994).

26. *A Maze of Death*. Doubleday, 1970 [1968]. — (trad. A. Dorémieux) *Au bout du labyrinthe*, Robert Laffont «A&D», 1972; (J'ai lu, 1977); in Omnibus [VI] (op. cit.). — Manuscrit: *The Name of the Game Is Death*.

27. *Nick and the Glimmung*. Londres: Gollancz, 1988 (ill.: P. Demeyer) [1966]. — (trad. M. de Pracontal; ill.: P. Demeyer) *Nick et le Glimmung*, Gallimard «Folio Junior», 1989. — Manuscrit: T*he Glimmung of Plowman's Planet*.

28. *Now Wait for Last Year*. Doubleday, 1966 [1963, rév. circa 1965]. — (trad. M. Deutsch) *En attendant l'année dernière,* Opta «C.L.A.», 1968 (contient: J. Brunner, «Introduction», PKD, «Ce que j'écris»); (Livre de poche, 1977); in *Omnibus [II]* (op. cit.).

29. *Our Friends from Frolix 8*. Ace, 1970 [1968-69]. — (trad. R. Louit) *Le message de Frolix 8*, Opta «Antimondes», 1972; — titré *Message de Frolix 8*, Le Masque, 1978; (J'ai lu, 1990); in Omnibus [VI] (op. cit.).

30. *Penultimate Truth (The)*. Belmont, 1964 [1964]. — (trad. A. Dorémieux) *La vérité avant-dernière*, Robert Laffont «A&D», 1974; (J'ai lu, 1979); (Livre de poche, 1989); in *Omnibus [III]* (op. cit.). — Manuscrit: *In the Mold of Yancy.* — [Inspiré des nouvelles «The Defenders», «The Mold of Yancy», «War Veteran» & «The Unreconstructed M»].

31. *Puttering about* in *a Small Land*. Chicago: Academy, 1985 [1957-58]. — (trad. J. Georgel) *Mon royaume pour un mouchoir,* UGE « 10/18 », 1993.

32. *Radio Free Albemuth*. Arbor House, 1985 [1976]. — (trad. E. Jouanne) *Radio libre Albemuth*, Denoël «PdF», 1987. — Manuscrit: *Valisystem A* [première version de *Valis/Siva*].

33. *Scanner Darkly (A)*. Doubleday, 1977 [1973, rév. 1975]. — (trad. R. Louit) *Substance mort*, Denoël «PdF», 1978.

34. *Simulacra (The)*. Ace, 1964 [1963; reprend partiellement «Novelty Act»]. — (trad. C. Guéret) *Simulacres*, Calmann-Lévy «Dimensions», 1973; (trad. M. Thaon & C. Guéret), J'ai lu, 1975; (Presses-Pocket, 1991); (in *Omnibus [II]* (op. cit.). — Manuscrit: *The First Lady of Earth*.

35. *Solar Lottery*. Ace Double [avec L. Brackett, *The Big Jump*], 1955 [1953-54; éd. G.-B. remaniée par PKD et — retitrée *A World of Chance*, 1956]; Gregg Press, 1976: Préface de Thomas M. Disch. — (trad. F. Straschitz) *Loterie solaire*, Opta «Galaxie Bis» n°7, 1968; (J'ai lu, 1974); in *Omnibus [I]* (op. cit.).

36. *Three Stigmata of Palmer Eldritch (The)*. Doubleday, 1964 [1964]. — (trad. F. Straschitz) *Le dieu venu du Centaure*, Opta «Galaxie Bis» n°11, 1969; (Opta «Antimondes», 1974); (Verviers: Marabout, 1976); (J'ai lu, 1982); in *Omnibus [III]* (op. cit.). — [Nomination au Prix Nebula, 1965].

37. *Time out of Joint*. Philadelphia: Lippincott, 1959 [1958]. — (trad. Ph. R. Hupp) *Le temps désarticulé*, Calmann-Lévy «Dimensions», 1975; (Livre de poche, 1978); in *Omnibus [I]* (op. cit.). — Manuscrit: *Biography* in *Time*.

38. *Transmigration of Timothy Archer (The)*. Simon & Schuster/Timescape, 1982 [1981]. — (trad. A. Dorémieux) *La transmigration de Timothy Archer*, Denoël «PdF», 1983. — Manuscrit: *Bishop Timothy Archer*.

39. *Ubik*. Doubleday, 1969 [1966]. — (trad. A. Dorémieux) *Ubik*, Robert Laffont «A&D», 1970; (J'ai lu, 1976); (Livre de poche, 1989); in *Omnibus [IV]* (op. cit.). — Manuscrit: *Death of an Anti-Watcher*.

40. *Unteleported Man (The)*. In *Fantastic* n°12, déc. 1964 [1è partie] [1964-65]; Ace Double [avec H.L. Cory, *The Mind Monsters*], 1966 [1è partie]; — Berkley, 1983 [1è & 2è parties (± 30 000 mots)]; — titré *Lies, Inc.* Londres: Gollancz, 1984 [4 pages manquantes, interpolations de J. Sladek]. — (trad. H.-L. Planchat) *Mensonges et Cie*, Robert Laffont «A&D», 1984 [[1è & 2è parties, 4 pages manquantes, sans interpolations]; (Livre de poche, 1989) [[1è & 2è parties, 4 pages manquantes, sans interpolations]; in *Omnibus [III]* (op. cit.). [pages manquantes réintégrées, sans interpolations].

41. *Valis*. Bantam, 1981 [1978]. — (trad. R. Louit) *Siva*, Denoël «PdF», 1981. — Manuscrits: *To Scare the Dead, Zebra.* — [Adapt. lyrique de T. Machover, *Valis — The Opera*, Bridge Records, 1988].

42. *Vulcan's Hammer*. In *Future* n°29, 1956; Ace Double [avec J. Brunner, *The Skynappers*], 1960 [1953, rév. 1954]; in I. Howard éd., *6 and the Silent Scream* (Belmont, 1963). — (trad. M. Benatre) *Le marteau de Vulcain* in *Satellite* n°20, août 1959-mars 1961; — titré *Les marteaux de Vulcain*, Le Masque, 1974; (Presses de la Cité «Superlights», 1983); in *Omnibus [I]* (op. cit.).

43. *We Can Build You*. — titré «Abraham Lincoln, Simulacrum» in *Amazing*, nov. 1969 [dernier chap. (3 000 mots) de T. White, 1962]; DAW, 1972 [sans le chap. de T. White]. — (trad. G. & A. Dutter) *Le bal des schizos*, Lattès «Champ Libre», 1975; (Lattès «Titres SF», 1979); (trad. A. Mousnier-Lompié), Presses Pocket, 1991; in *(Omnibus [IV], Aurore sur un jardin de palmes)* (op. cit.). — Manuscrit: *The First in Your Family*.

44. *World Jones Made (The)*. Ace, 1956 [1954]. — (trad. J. Huet) *Les chaînes de l'avenir*, Le Masque, 1975; (trad. J. Huet, D. Defert), Le Livre de Poche, 1988; in *Omnibus [I]* (op. cit.). — Manuscrit: *Womb for Another*.

45. *Zap Gun (The)*. — titré «Project Plowshare», in *Worlds of Tomorrow*, nov. 1965-janv. 1966; titré *The Zap Gun*, Pyramid, 1967. — (trad. R. Albeck) *Deda-lusman*, Le Masque, 1974; titré *Le zappeur de mondes*, Livre de poche, 1988; in *Omnibus [III]* (op. cit.).

B. Editions omnibus en français:

1. *Edition omnibus des romans de Philip K. Dick*, J. Goimard, éd., Presses de la Cité.

— *Tome I: Substance rêve*, 1993. Contient: J. Goimard, «Une mort, une vie» (préface); Quarante-Deux [pseud.], «Bibliographie des œuvres de fiction de Philip K. Dick (1928-1982»; *Le maître du Haut château, Glissement de temps sur Mars, Dr. Bloodmoney, Les joueurs de Titan, Simulacres, En attendant l'année dernière*.

— *Tome II: Dédales sans fin*, 1993. Contient: J. Goimard, «Une écriture, une œuvre»; *Les clans de la lune alphane, Brèche dans l'espace, Le dieu venu du Centaure, Le zappeur de mondes, La vérité avant-dernière, Mensonges et compagnie, A rebrousse-temps*.

— *Tome III: La porte obscure*, 1994. Contient: *Les pantins cosmiques, Docteur Futur, Loterie solaire, Le marteau de Vulcain, Les chaînes de l'avenir, L'œil dans le ciel, Le profanateur, Le temps désarticulé*.

— *Tome IV: Aurore sur un jardin de palmes*, 1994. Contient: J. Goimard, «Une génération, une culture»; L. Murail «La science-fiction américaine»; P. Duvic, «La terreur»; E. Vonarburg, «La fantasy»; G. Cordesse, «Le mainstream»; R. Bozzetto, «La science-fiction française»; D. Riche, «Les idées»; J. Goimard, «La critique»; D. Riche, «Le cinéma»; B. Lecigne, «La bande dessinée»; M. Demuth, «La musique»; *Les machines à illusions, Blade Runner, Le bal des schizos, Ubik, Le guérisseur de cathédrales, Au bout du labyrinthe, Message de Frolix-8, Coulez mes larmes, dit le policier*.

C. Nouvelles, novelettes, novellas[1]

1. «Abraham Lincoln», Simulacrum. in *Amazing* 2e série, nov. 1969-janv. 1970 [roman titré *We Can Build You* (op. cit.) avec chapitre final de 3 000 mots par T. White].

2. «Adjustment Team». In *Orbit Science Fiction* n°4, sept.-oct. 1954 [1953]; in *The Sands of Mars and Other Stories* (Jubilee, 1958); in *The Book of Philip K. Dick /The Turning Wheel* (op. cit.). — (trad. H. Collon) «Rajustement», in *Souvenir* (op. cit.); in *Nouvelles (1952-1953)* (op. cit., 1996) & *Nouvelles 1947-1953* (op. cit., 2000).

---

[1] Pour les Etats-Unis, seules sont recensées les premières et/ou principales éditions. En France, les nouvelles de Philip K. Dick ont fait l'objet d'une publication intégrale aux éditions Denoël, en traductions révisées. Pour les références complètes des recueils, se reporter infra à «Recueils». Portent la mention «in *The Collected Stories of Philip K. Dick*» les textes n'ayant fait l'objet d'aucune autre parution en recueil de langue anglaise avant cette intégrale.

3. «Alien Mind (The) ». In *The Yuba City High Times*, 20 fév. 1981; in *Fantasy & Science Fiction*, oct. 1981; in *Magical Blend* n°17, oct. 1987; in E.L. Ferman éd., *The Best from « The Magazine of Fantasy & Science Fiction »: 24th Series* (Charles Scribner's Sons, 1982); in *I Hope I Shall Arrive Soon* (op. cit.). — (trad. L. Stajn) «L'âme des aliens», in *Science & Fiction n°7-8* (Cf. Bibliogr. secondaire); — (trad. E. Jouanne) «L'esprit étranger», in *Le voyage gelé* (op. cit.); — (trad. H. Collon) titré «l'Autremental» in *Nouvelles (1963-1981)* (op. cit., 1998) & *Nouvelles 1953-1981* (op. cit., 2000).

4. «Autofac». In *Galaxy* n°2, nov. 1955 [1954]; in *The Variable Man* (op. cit.); in T.M. Disch éd., *The Ruins of Earth* (Putnam, 1971); in R. Silverberg éd., *Beyond Control* (Nelson, 1972); in *Robots, Androids, and Mechanical Oddities* (op. cit.); in E.J. Farrell, Th. E. Gage, J. Pfordresher & R.J. Rodrigues éd., *Science Fact / Fiction* (Scott Foresman & Co., 1974); in *The Best of Philip K. Dick* (op. cit.). — (trad. D. Halin) «Le règne des robots», in *Galaxie* anc. série, n°33, 1956; in *Marginal* n°5 (sept.-oct. 1974); — «Autofac», in J. Goimard, D. Ioakimidis & G. Klein éd., *[La grande antho. de la S.-F.] Histoires mécaniques* (Livre de poche, 1985); in *Le père truqué* (op. cit.); titré «Autofab», in *Nouvelles (1953-1963)* (op. cit., 1997) & *Nouvelles 1953-1981* (op. cit., 2000).

5. «Beyond The Door». In *Fantastic Universe*, janv. 1954 [1952]; in *The Collected Stories of Philip K. Dick* (op. cit.). — (trad. A. Dorémieux) «Derrière la porte», in *Derrière la porte* (op. cit.); in *Nouvelles (1947-1952)* (op. cit., 1994) & *Nouvelles 1947-1953* (op. cit., 2000). — Manuscrit: «The Cuckoo Clock.»

6. «Beyond Lies The Wub». In *Planet Stories* n°7, juil. 1952; in *The Preserving Machine* (op. cit.); in R. Silverberg éd., *Alpha 3* (Ballantine, 1972); in *The Best of Philip K. Dick* (op. cit.); in M. Edwards éd., *Constellations* (Londres: Gollancz, 1980); in D. Knight, M.H. Greenberg & J.D. Olander éd., *First Voyages* (Avon, 1981) [avec PKD, Introduction]; in P. Davison éd., *Peter Davison's Book of Alien Monsters* (Sparrow, 1982). — (trad. X.) «Où se niche le wub», in *Nyarlathotep* n°11 (1976); in *Univers* n°11 (J'ai lu, 1977). — (trad. P.-P. Durastanti) «Aux confins de l'espace guette le wub», in *Le crâne* (op. cit.). — (trad. H. Collon) «L'heure du wub», in *Nouvelles (1947-1952)* (op. cit., 1994) & *Nouvelles 1947-1953* (op. cit., 2000) [1ᵉ nouvelle publiée].

7. «Breakfast at Twilight». In *Amazing* n°3, juil. 1954; in *The Best of Philip K. Dick* (op. cit.); in *The Book of Philip K. Dick /The Turning Wheel* (op. cit.); in M.H. Greenberg éd., *The Wild Years, 1946-1955* (T.S.R., 1987). — (trad. P.-P. Durastanti) «Petit déjeuner au crépuscule», in *Un auteur éminent* (op. cit.); in *Nouvelles (1952-1953)* (op. cit., 1996) & *Nouvelles 1947-1953* (op. cit., 2000).

8. «Builder (The) ». In *Amazing* Vol. I n°3, déc. 1953-janv. 1954 [1952]; in *A Handful of Darkness* (op. cit.); in K. Mohan, éd: *More Amazing Stories*, Tor, 1998 [intro. R. Silverberg. — (trad. B. Martin) «Le constructeur», in *Fiction* n°224, 1972; in *L'homme doré* (op. cit.); in in *Nouvelles (1947-1952)* (op. cit., 1994) & *Nouvelles 1947-1953* (op. cit., 2000).

9. «Cadbury, The Beaver Who Lacked». In P.D.K.: *The Collected Stories of Philip K. Dick* (trad. E. Jouanne) «Cadbury, le castor à la traîne», in *Nouvelles (1963-1981)* (op. cit., 1998) & *Nouvelles 1953-1981* (op. cit., 2000).

10. «Cantata 140». In *Fantasy & Science Fiction* n°1 (juil. 1964). — (trad. M. Deutsch) «Cantate 140», in *Fiction* n°182 (1969) [forme la première moitié de *The Crack* in *Space* (op. cit.)].

11. «Captive Market». In *If* n°2, avril 1955 [1954]; in J.L. Quinn & E. Wulff éd.,

The First World of If (Quinn, 1957); in *The Preserving Machine* (op. cit.); in M.H. Greenberg & J.D. Olander éd., *Tomorrow, Inc.* (Taplinger, 1976); in I. Asimov & M.H. Greenberg éd., *The Great SF Stories* (DAW, 1988). — (trad. A. Dorémieux) « Clientèle captive », in *Les délires divergents* (op. cit.); in *Le père truqué* (op. cit.); — (trad. H. Collon) « Marché captif », in *Nouvelles (1953-1963)* (op. cit., 1997) & *Nouvelles 1953-1981* (op. cit., 2000).

12. « Chains of Air, Web of Æther ». In J.-L. del Rey éd., *Stellar* n°5 (Ballantine, 1980) [1979]; in *I Hope I Shall Arrive Soon* (op. cit.). — (trad. F.-M. Watkins) « Chaînes d'air, réseau d'éther », in *L'homme doré* (op. cit.); — (trad. H. Collon) in *Nouvelles (1963-1981)* (op. cit., 1998) & *Nouvelles 1953-1981* (op. cit., 2000). — [Incluse dans *The Divine Invasion*]. — Manuscrit: « The Man Who Knew How to Lose. »

13. « Chromium Fence (The) ». In *Imagination* n°7, juil. 1955 [1954]; in *The Collected Stories of Philip K. Dick* (op. cit.); in *The Philip K. Dick Reader* (op. cit.). — (trad. H. Collon) « Chrome et châtiment », in *Au service du maître* (op. cit.); — titré « Où il y a de l'hygiène... », in *Nouvelles (1953-1963)* (op. cit., 1997) & *Nouvelles 1953-1981* (op. cit., 2000).

14. « Colony ». In *Galaxy* n°3, juin 1953 [1952]; in *A Handful of Darkness* (op. cit.); in B.W. Aldiss éd., *Space Opera — An Anthology of Way-Back-When Futures* (N.Y., Doubleday, 1974); in *The Best of Philip K. Dick* (op. cit.); in R. Silverberg éd., *Robert Silverberg's Worlds of Wonder* (Warner, 1987). — « Défense passive » (trad. B. & C. Zimet), in *Galaxie* ancienne série n°10, sept. 1954; — « Colonie », in *Marginal* n°1 (nov.-déc. 1973); in *Le crâne* (op. cit.); in *Nouvelles (1947-1952)* (op. cit., 1994) & *Nouvelles 1947-1953* (op. cit., 2000).

15. « Commuter (The) ». In *Amazing* n°6, août-sept. 1953; in B.W. Aldiss éd., *Space Opera* (Orbit, 1974); in *The Book of Philip K. Dick /The Turning Wheel* (op. cit.); in L. Harding éd., *Beyond Tomorrow* (Wren, 1976). — (trad. M. Thaon) « Le banlieusard », in *La planète impossible* (op. cit.)*; Nouvelles (1952-1953)* (op. cit., 1996) & *Nouvelles 1947-1953* (op. cit., 2000).

16. « Cookie Lady (The) ». In *Fantasy Fiction*, juin 1953 [1952]; in *A Handful of Darkness* (op. cit.); in D.A. Wolheim éd., *More Macabre* (Ace, 1961); in A. Hitchcock éd., *Alfred Hitchcock Presents: The Master's Choice* (Random House, 1979); in R. Adams & M.H. Greenberg éd., *Hunger for Horror* (DAW, 1988). — (trad. D. Hersant) « La dame aux biscuits », in *Fiction* n°193, janv. 1970; in *L'homme doré* (op. cit.); in *Nouvelles (1947-1952)* (op. cit., 1994) & *Nouvelles 1947-1953* (op. cit., 2000).

17. « Cosmic Poachers (The) ». In *Imagination* n°6, juil. 1953 [1952]; in R. Elwood éd., *Alien Worlds* (Paperback Library, 1974). — (trad. P.-P. Durastanti) « Les braconniers du cosmos », in *Le grand O* (op. cit.); in *Nouvelles (1947-1952)* (op. cit., 1994) & *Nouvelles 1947-1953* (op. cit., 2000). — Manuscrit: « Burglar. »

18. « Crawlers (The) ». In *Imagination* n°7, juil. 1954 [1953]; in *The Preserving Machine* (op. cit.); in B. Hollister éd., *You and Science Fiction* (National Textbook Co., 1976); in *The Philip K. Dick Reader* (op. cit.). — (trad. A. Dorémieux) « Les rampeurs », in *Les délires divergents* (op. cit.); in *Le père truqué* (op. cit.); in *Nouvelles (1952-1953)* (op. cit., 1996) & *Nouvelles 1947-1953* (op. cit., 2000). — Manuscrit: « Foundling Home. »

19. « Crystal Crypt (The) ». In *Planet Stories* n°4, janv. 1954; in *The Collected Stories of Philip K. Dick* (op. cit.). — (trad. P.K. Rey) « La crypte de cristal », in

Derrière la porte (op. cit.); in *Nouvelles (1947-1952)* (op. cit., 1994) & *Nouvelles 1947-1953* (op. cit., 2000).

20. « Day Mr. Computer Fell out of Its Tree (The) ». In *The Collected Stories of Philip K. Dick* (op. cit.). — (trad. E. Jouanne) « Le jour où M. Ordinateur perdit les pédales », in *L'œil de la sibylle* (op. cit.); — (trad. H. Collon) in *Nouvelles (1963-1981)* (op. cit., 1998) & *Nouvelles 1953-1981* (op. cit., 2000).

21. « Days of Perky Pat (The) ». In *Amazing* n°12, déc. 1963 [1963]; in *The Most Thrilling Science Fiction Ever Told* n°9, été 1968; in *The Best of Philip K. Dick* (op. cit.); in W.F. Nolan & M.H. Greenberg éd., *SF Origins* (Popular Library, 1980) [avec PKD, « Afterword »]; in I. Asimov & M.H. Greenberg éd., « *Amazing Stories* »: *60 Years of the Best Science Fiction* (T.S.R., 1985). — « Au temps de Poupée Pat » (trad. M. Thaon) in *[Le Livre d'or de la S.-F.] La planète impossible* (op. cit.); — (trad. H. Collon) in *Nouvelles (1963-1981)* (op. cit., 1998) & *Nouvelles 1953-1981* (op. cit., 2000). — Manuscrit: « In The Days of Perky Pat. »

22. « Defenders (The) ». In *Galaxy* n°4, janv. 1953; in R. Elwood éd., *Invasion of the Robots* (Paperback Library, 1965); in *The Book of Philip K. Dick /The Turning Wheel* (op. cit.); in *Robots, Androids, and Mechanical Oddities* (op. cit.); in J. Pournelle & T. Carr éd., *There Will Be War* (Tor, 1983); in C.E. Waugh & M.H. Greenberg éd., *Battlefields beyond Tomorrow* (Crown & Bonanza, 1987). — (trad. M. Demuth) « Les défenseurs », in *Galaxie* nouvelle série n°5, sept. 1964; in J. Sternberg éd., *Les chefs-d'œuvre de la science-fiction* (Planète, 1970); in J. Goimard, D. Ioakimidis & G. Klein éd., *[La grande antho. de la S.-F.] Histoires de guerres futures* (Livre de poche, 1985); in *Les défenseurs* (op. cit.); (trad. H. Collon) in *Nouvelles (1947-1952)* (op. cit., 1994) & *Nouvelles 1947-1953* (op. cit., 2000). — [Incluse dans PKD, *The Penultimate Truth* (op. cit.)].

23. « Electric Ant (The) ». In *Fantasy & Science Fiction* n°4, oct. 1969 [1968]; in H. Harrison & B.W. Aldiss éd., *Best Science Fiction of The Year: 1969* (Putnam, 1970); in R. Silverberg éd., *Windows into Tomorrow* (Hawthorn, 1974); in *The Best of Philip K. Dick* (op. cit.); in H. Harrison & B.W. Aldiss éd., *Decade: The 60's* (Londres: Macmillan, 1977); in R. Silverberg éd., *The Androids Are Coming* (Elsevier & Nelson, 1979; Wildside Press, 2000); in *Robots, Androids, and Mechanical Oddities* (op. cit.); in I. Asimov, M.H. Greenberg, P.S. Warwick éd., *Machines That Think. The Best Science Fiction Stories About Robots & Computers* (Holt Rinehart & Winston, 1984). — (trad. B. Martin) « La fourmi électronique » in *Fiction* n°198, juin 1970; in J. Goimard, D. Ioakimidis & G. Klein éd., *[La grande antho. de la S.-F.] Histoires d'automates* (Livre de poche, 1983); in *Total Recall* (op. cit.); — (trad. H. Collon) in *Nouvelles (1963-1981)* (op. cit., 1998) & *Nouvelles 1953-1981* (op. cit., 2000); in *Minority Report et autres récits* (op. cit.).

24. « Exhibit Piece ». In *If* n°6, août 1954 [1953]; in *A Handful of Darkness* (op. cit.); in *The Philip K. Dick Reader* (op. cit.). — (trad. A. Dorémieux) « Reconstitution historique », in Dorémieux éd., *Après-demain la Terre* (Casterman, 1971); in *Un auteur éminent* (op. cit.); in *Nouvelles (1952-1953)* (op. cit., 1996) & *Nouvelles 1947-1953* (op. cit., 2000).

25. « Exit Door Leads in (The) ». In *Rolling Stone College Papers* n°1, 1979 [1979]; in T. Carr éd., *Best Science Fiction of the Year n°9: 1979* (Ballantine, 1980); in *I Hope I Shall Arrive Soon* (op. cit.); in *Robots, Androids, and Mechanical Oddities* (op. cit.). — (trad. X) « La sortie vous fout dedans », in *Opzone*

n°7 (avril 1980) ; — (trad. F.-M. Watkins) — titré « La sortie mène à l'intérieur », in *L'homme doré* (op. cit.) ; — (trad. H. Collon) in *Nouvelles (1963-1981)* (op. cit., 1998) & *Nouvelles 1953-1981* (op. cit., 2000).

26. « Expendable ». In *Fantasy & Science Fiction*, juil. 1953 ; in *A Handful of Darkness* (op. cit.) ; in C. Kornbluth éd., *Science Fiction Showcase* (Doubleday, 1959) ; in *The Best of Philip K. Dick* (op. cit.) ; in M. O'Shaughnessy éd., *The Monster Book of Monsters* (Xanadu, 1988). — (trad. X) « Le sacrifié », in *Fiction* n°4, mars 1954 ; in J. Goimard, D. Ioakimidis & G. Klein éd., *[La grande antho. de la S.-F.] Histoires de guerres futures* (Livre de poche, 1985) ; in *Les défenseurs* (op. cit.). — (trad. H. Collon) — titré « L'homme sacrifié », in *Nouvelles (1947-1952)* (op. cit., 1994) & *Nouvelles 1947-1953* (op. cit., 2000). — Manuscrit : « He Who Waits. »

27. « Explorers We » (var. « Explorers' Return »). In *The Magazine of Fantasy & Science Fiction*, janv. 1959 [1958] ; in *Venture*, janv. 1964 ; in *I Hope I Shall Arrive Soon* (op. cit.). — (trad. P. Billon) « Le retour des explorateurs », in *Fiction* n°137, avril 1965 ; in *Le retour des explorateurs* (Wissembourg : L'Aube enclavée, 1977 [éd. limitée pour le 2è Festival International de science-fiction de Metz, 19-25 sept., 1977]) ; (trad. E. Jouanne) in *Le voyage gelé* (op. cit.) ; — (trad. H. Collon) in *Nouvelles (1953-1963)* (op. cit., 1997) & *Nouvelles 1953-1981* (op. cit., 2000).

28. « Eye of The Sibyl (The) ». In D.S. Apel, *Philip K. Dick: The Dream Connection* (Cf. Bibliogr. secondaire) [1975]. — (trad. E. Jouanne) « L'œil de la sibylle », in *L'œil de la sibylle* (op. cit.) ; — (trad. H. Collon) in *Nouvelles (1963-1981)* (op. cit., 1998) & *Nouvelles 1953-1981* (op. cit., 2000).

29. « Eyes Have It (The) ». In *Science Fiction Stories* n°1, 1953 [1953] ; in P.S. Warrick, *Mind in Motion: The Fiction of Philip K. Dick* (op. cit.) ; in M.H. Greenberg & C.E. Waugh éd., *101 SF Stories* (Crown & Avenel, 1986) ; in *The Philip K. Dick Reader* (op. cit.). — (trad. A. Dorémieux) « Les yeux voltigeurs », in *Derrière la porte* (op. cit.). — (trad. H. Collon) « A vue d'œil », in *Nouvelles (1952-1953)* (op. cit., 1996) & *Nouvelles 1947-1953* (op. cit., 2000).

30. « Fair Game ». In *Worlds of If* n°4, sept. 1959 [1953] ; in *The Collected Stories of Philip K. Dick* (op. cit.) ; in *The Philip K. Dick Reader* (op. cit.). — (trad. E. Jouanne) « Une belle prise », in *Le voyage gelé* (op. cit.) ; — (trad. H. Collon) « Une proie rêvée », in *Nouvelles (1952-1953)* (op. cit., 1996) & *Nouvelles 1947-1953* (op. cit., 2000).

31. « Faith of Our Fathers ». In H. Ellison éd., *Dangerous Visions* (Doubleday, 1967) [1966] [l'éd. « Signet » (à partir de 1975) contient PKD, « Postface »] ; in R. Silverberg éd., *Alpha 2* (Ballantine, 1971) ; in *The Best of Philip K. Dick* (op. cit.) ; in N. Spinrad éd., *Modern Science Fiction* (Anchor, 1974). — (trad. G. Abadia) « La foi de nos pères », in *Fiction* n°188, août 1969 ; in H. Ellison éd., *Dangereuses visions* (J'ai lu, 1975) ; in *Total Recall* (op. cit.) ; — (trad. H. Collon) in *Nouvelles (1963-1981)* (op. cit., 1998) & *Nouvelles 1953-1981* (op. cit., 2000) ; in *Minority Report et autres récits* (op. cit.). — [Nomination au Prix Hugo, catégorie « Novelette », 1967].

32. « Father-Thing (The) ». In *Fantasy & Science Fiction* n°6, déc. 1954 [1953] ; in I. Asimov éd., *Tomorrow's Children* (Doubleday, 1966) ; in M.A. Kapp éd., *The Unhumans* (Popular Library, 1965) ; in L.P. Kelley éd., *Themes in Science Fiction. A Journey into Wonder* (Webster -McGraw-Hill, « Patterns In Literary Art », 1972) ; in M.H. Greenberg, J.W. Milstead, J.D. Olander & P.S. Warrick éd.,

Social Problems Through Science Fiction (St. Martin's, 1975); in *The Best of Philip K. Dick* (op. cit.); in Warrick, Greenberg & Olander éd., *Science Fiction: Contemporary Mythology* (Harper & Row, 1978); in A. Boucher éd., *A Treasury of Great SF* (Vol. 1((Doubleday, 1959); in A. Liebman éd., *SF: Masters of Today* (Richards Rosen, 1981); in *The Philip K. Dick Reader* (op. cit.). — (trad. A. Dorémieux) « Le père truqué », in *Fiction* n°29, 1956 [fin modifiée]; in H. Juin éd., *Les univers de la S.-F.* (« Club des Libraires de France », 1957) [fin modifiée]; in Juin éd., *Les vingt meilleurs récits de science-fiction* (Verviers: Marabout, 1964) [fin modifiée]; in J. Sternberg et al. éd., *Les chefs-d'oeuvre de l'épouvante* (Planète, 1965) [fin modifiée]; in J. Goimard, D. Ioakimidis & G. Klein éd., *[La grande antho. de la S.-F.] Histoires d'envahisseurs* (Livre de poche, 1982) [fin fidèle]; in *Le père truqué* (op. cit.) [fin fidèle]; in *Science Fiction: I. — Nouvelles annotées* (Hatier, « Lire en v.o. anglais », 1991) [fin fidèle; contient: N. Spinrad, « The Golden Age of Science Fiction » (intro)]; (trad. H. Collon) in *Nouvelles (1952-1953)* (op. cit., 1996) & *Nouvelles 1947-1953* (op. cit., 2000) [fin fidèle].

33. « Foster, You're Dead! ». In F. Pohl éd., *Star Science Fiction Stories* n°3 (Ballantine, 1955) [1953]; in *The Best of Philip K. Dick* (op. cit.); in *The Philip K. Dick Reader* (op. cit.). — (trad. B. Martin) « Foster, vous êtes mort! », in J. Goimard, D. Ioakimidis & G. Klein éd., *[La grande antho. de la S.-F.] Histoires de fin du monde* (Livre de poche, 1974); in *Le père truqué* (op. cit.); (trad. H. Collon) in *Nouvelles (1953-1963)* (op. cit., 1997) & *Nouvelles 1953-1981* (op. cit., 2000).

34. « Frozen Journey ». In *Playboy*, déc. 1980; in T. Carr éd., *Best Science Fiction of the Year* n°10 (Pocket/Timescape, 1981); in *Robots, Androids, and Mechanical Oddities* (op. cit.); — titrée « I Hope I Shall Arrive Soon », in *I Hope I Shall Arrive Soon* (op. cit.); in U.K. LeGuin & B. Atterbery éd., *The Norton Book of Science Fiction: North American SF (1960-1980)* (N.Y. & Londres: Norton, 1993); in K. Kacobson éd., *Simulations. 15 Tales of Virtual Realities*, Londres: Citadel « Twilight », 1993. — (trad. E. Jouanne) « Le voyage gelé », in *Le voyage gelé* (op. cit.); — (trad. H. Collon) in *Nouvelles (1963-1981)* (op. cit., 1998) & *Nouvelles 1953-1981* (op. cit., 2000). — Manuscrit: « I Hope I Shall Arrive Soon » [*Playboy* Award, 1981].

35. « Game of Unchance (A) ». In *Amazing* n°7, juil. 1964 [1963]; in *SF Greats*, automne 1970; in *The Golden Man* (op. cit.); in Robots, Androids, and Mechanical Oddities (op. cit.). — (trad. M. Thaon) « Jeu de malchance », in *La planète impossible* (op. cit.); — (trad. H. Collon) titré « Qui perd gagne » in *Nouvelles (1963-1981)* (op. cit., 1998) & *Nouvelles 1953-1981* (op. cit., 2000).

36. « Glass of Darkness (A) ». In *Satellite Science Fiction*, déc. 1956 [roman paru sous le titre *The Cosmic Puppets* (op. cit.); début différent].

37. « Golden Man (The) ». In *Worlds of If* n°2, avril 1954 [1953]; in J. Merril éd., *Beyond the Barriers of Space and Time* (Random House, 1954); in R. Silverberg éd., *Strange Gifts* (Nelson, 1975); in B.W. Aldiss éd., *Evil Earths* (Londres: Weindenfeld & Nicholson, 1975); in *The Golden Man* (op. cit.); in F. Pohl, M.H. Greenberg & J.D. Olander éd., *Worlds of If: A Retrospective Anthology* (Bluejay, 1986); in *The Philip K. Dick Reader* (op. cit.). — (trad. F.-M. Watkins) « L'homme doré » in *L'homme doré* (op. cit.); (trad. H. Collon) in *Nouvelles (1952-1953)* (op. cit., 1996) & *Nouvelles 1947-1953* (op. cit., 2000). — Manuscrit: « The God Who Runs. »

38. « Good-bye Vincent. » In *The Dark-Haired Girl* (op. cit.) [1972]. — (trad. E.

Jouanne) « Au revoir Vincent », in *L'œil de la sibylle* (op. cit.) ; — (trad. H. Collon) in *Nouvelles (1963-1981)* (op. cit., 1998) & *Nouvelles 1953-1981* (op. cit., 2000).

39. « Great C. (The) ». In *Cosmos Science Fiction & Fantasy* n°1, sept. 1953 [1952] ; in *The Collected Stories of Philip K. Dick* (op. cit.). — « Le grand O » (trad. P.-P. Durastanti), in *Le grand O* (op. cit.) ; (trad. H. Collon) in *Nouvelles (1947-1952)* (op. cit., 1994) & *Nouvelles 1947-1953* (op. cit., 2000). — [Adaptée pour PKD, *Deus Irae* (op. cit.)]

40. « Gun (The) ». In *Planet Stories*, sept. 1952 ; in *The Collected Stories of Philip K. Dick* (op. cit.). — (trad. P.-P. Durastanti) « Le canon », in *Le crâne* (op. cit.) ; (trad. H. Collon) in *Nouvelles (1952-1953)* (op. cit., 1996) & *Nouvelles 1947-1953* (op. cit., 2000).

41. « Hanging Stranger (The) ». In *Science Fiction Adventures* n°1, déc. 1953 [1953] ; in *The Collected Stories of Philip K. Dick* (op. cit.) ; in *The Philip K. Dick Reader* (op. cit.). — (trad. A. Dorémieux) « Le pendu dans le square », in *Derrière la porte* (op. cit.). — (trad. H. Collon) titré « L'inconnu du réverbère », in *Nouvelles (1952-1953)* (op. cit., 1996) & *Nouvelles 1947-1953* (op. cit., 2000).

42. « Holy Quarrel. » In *Worlds of Tomorrow* n°7, mai 1966 [1965] ; in *I Hope I Shall Arrive Soon* (op. cit.). — (trad. M. Deutsch) « Quel agresseur ? », in *Galaxie* nouvelle série, n°43, nov. 1967 ; — (trad. A. Dorémieux), « Guerre sainte » in *Dédales démesurés* (op. cit.) ; — (trad. H. Collon) in *Nouvelles (1963-1981)* (op. cit., 1998) & *Nouvelles 1953-1981* (op. cit., 2000).

43. « Hood Maker (The) ». In *Imagination*, juin 1955 [1953] ; in *The Collected Stories of Philip K. Dick* (op. cit.). — (trad. H. Collon) « Immunité », in *Au service du maître* (op. cit.) ; — (trad. H. Collon) titré « La chasse aux capuchons », in *Nouvelles (1952-1953)* (op. cit., 1996) & *Nouvelles 1947-1953* (op. cit., 2000). — Manuscrit : « Immunity ».

44. « Human Is ». In *Startling Stories* n°3, hiver 1955 [1953] ; in *The Best of Philip K. Dick*. — (trad. M. Thaon) « Définir l'humain », in *La planète impossible* (op. cit.). — (trad. H. Collon) titré « Être humain, c'est… », in *Nouvelles (1952-1953)* (op. cit., 1996) & *Nouvelles 1947-1953* (op. cit., 2000).

45. « If There Were No Benny Cemoli ». In *Galaxy* n°2, déc. 1963 [1963] ; in F. Pohl éd., *The Eighth « Galaxy » Reader* (Doubleday, 1965) ; in *The Preserving Machine* (op. cit.) ; in *The Best of Philip K. Dick* (op. cit.) ; in I. Asimov, M.H. Greenberg, P.S. Warrick éd., *Machines That Think* (Holt Rinehart & Winston, 1984). — « Si Cemoli n'existait pas » (trad. M. Deutsch), in *Galaxie* nouvelle série, n°22, fév. 1966 ; in *L'homme doré* (op. cit.) — (trad. H. Collon) in *Nouvelles (1953-1963)* (op. cit., 1997) & *Nouvelles 1953-1981* (op. cit., 2000). — Manuscrit : « Had There Never Been a Benny Cemoli. »

46. « Impossible Planet (The) ». In *Imagination* n°9, oct. 1953 [1953] ; in *A Handful of Darkness* (op. cit.) ; in B.W. Aldiss éd., *Space Odysseys* (Orbit, 1974). — (trad. M. Thaon) « La planète impossible », in *La planète impossible* (op. cit.) ; in J. Goimard éd., *L'année 1978-1979 de la science-fiction et du fantastique* (Julliard, 1980) ; (trad. H. Collon) in *Nouvelles (1952-1953)* (op. cit., 1994) & *Nouvelles 1947-1953* (op. cit., 2000). — Manuscrit : « Legend. »

47. « Impostor ». In *Astounding*, juin 1953 [1953] ; in *A Handful of Darkness* (op. cit.) ; in G. Conklin éd., *Science Fiction Terror Tales* (Gnome Press, 1955) ; in E. Crispin éd., *Best SF 2* (Faber, 1956) ; in D. Wolheim éd., *The End of the World* (Ace, 1956) [var. Imposter] ; in D. Knight éd., *The Metal Smile* (Belmont, 1968) ;

in A.F. Barter & R. Wilson éd., *Untravelled Worlds* (Macmillan, 1966); in R. Silverberg éd., *Dark Stars* (Ballantine, 1969); in H. Harrison & B.W. Aldiss éd., *The «Astounding-Analog» Reader* (Vol. 2) (Doubleday, 1973); in *The Best of Philip K. Dick* (op. cit.); in M. Ashley éd., *Souls in Metal* (Hale, 1977); in R. Silverberg & M.H. Greenberg éd., *The Arbor House Treasury of Modern Science Fiction* (Arbor House, 1980); in *Robots, Androids, and Mechanical Oddities* (op. cit.) [var. «Imposter»]; in *Great SF of the 20th Century* (Crown & Avenel, 1987); in Fenner éd., *Wide-Angle Lens* (Morrow, 1980); in I. Asimov & M.H. Greenberg éd., *The Great SF Stories 15* (DAW, 1986). — (trad. P. Billon) «L'imposteur», in *Galaxie* nouvelle série n°4, août 1964; in *Les défenseurs* (op. cit.); (trad. H. Collon) in *Nouvelles (1952-1953)* (op. cit., 1994) & *Nouvelles 1947-1953* (op. cit., 2000); in *Minority Report et autres récits* (op. cit.).

48. «Indefatigable Frog (The)». In *Fantastic Story Magazine* n°1, juil. 1953; in *A Handful of Darkness* (op. cit.). — (trad. A. Dorémieux) «L'infatigable grenouille», in *Les délires divergents* (op. cit.); in *Les défenseurs* (op. cit.); (trad. H. Collon) in *Nouvelles (1947-1952)* (op. cit., 1994) & *Nouvelles 1947-1953* (op. cit., 2000).

49. «Infinites (The)». In *Planet Stories* n°12, mai 1953; in *The Collected Stories of Philip K. Dick* (op. cit.). — (trad. J. Parsons) «Les Infinis», in J. Sadoul éd., *Les meilleurs récits de «Planet Stories»* (J'ai lu, 1975); in *Les défenseurs* (op. cit.); (trad. H. Collon) in *Nouvelles (1952-1953)* (op. cit., 1994) & *Nouvelles 1947-1953* (op. cit., 2000) .

50. «James P. Crow». In *Planet Stories* n°6, mai 1954 [1953]; in *The Collected Stories of Philip K. Dick* (op. cit.). — (trad. P.-P. Durastanti) «James P. Crow», in *Un auteur éminent* (op. cit.); (trad. H. Collon) in *Nouvelles (1952-1953)* (op. cit., 1996) & *Nouvelles 1947-1953* (op. cit., 2000).

51. «Jon's World». In A. Derleth éd., *Time to Come* (Farrar, 1954) [1952]. — (trad. H. Collon) «Le monde de Jon», in *Souvenir* (op. cit.); (trad. H. Collon) in *Nouvelles (1947-1952)* (op. cit., 1994) & *Nouvelles 1947-1953* (op. cit., 2000). — Manuscrit: «Jon.»

52. «King of The Elves (The)». In *Beyond Fantasy & Fiction* n°2, sept. 1953 [1952]; in *The Golden Man* (op. cit.); in D. Hartwell éd., *Masterpieces of Fantasy and Enchantement* (S.F. Book Club, 1988). — «Le roi des elfes» (trad. F.-M. Watkins), in *L'homme doré* (op. cit.); (trad. H. Collon) in *Nouvelles (1947-1952)* (op. cit., 1994) & *Nouvelles 1947-1953* (op. cit., 2000). — Manuscrit: «Shadrach Jones and The Elves».

53. «Last of The Masters (The)». In *Orbit Science Fiction* n°5, nov.-déc. 1954 [1953]; in *Space Station 42 and Other Stories* (Sydney [Austr.]: Jubilee, mars 1958); in *The Golden Man* (op. cit.); in *Robots, Androids, and Mechanical Oddities* (op. cit.); in *The Philip K. Dick Reader* (op. cit.). — (trad. J.-P. Pugi) «Le dernier des maîtres», in *Dédales démesurés* (op. cit.); (trad. H. Collon) in *Nouvelles (1952-1953)* (op. cit., 1996) & *Nouvelles 1947-1953* (op. cit., 2000). — Manuscrit: «Protection Agency».

54. «Little Black Box (The)». In *Worlds of Tomorrow* n°3, août 1964 [1963]; in *The Golden Man* (op. cit.). — (trad. P. Billon) «Loué soit Mercer», in *Galaxie* nouvelle série n°38, juin 1967. — (trad. A. Dorémieux) «La petite boîte noire», in *Dédales démesurés* (op. cit.). — Manuscrit: «From Ordinary House Objects»; — (trad. H. Collon) in *Nouvelles (1963-1981)* (op. cit., 1998) & *Nou-*

velles 1953-1981 (op. cit., 2000). — [A l'origine contenue dans *The Ganymede Takeover* (op. cit.)].

55. «Little Movement (The) ». In *Fantasy & Science Fiction* n°7, nov. 1952; in A. McComas éd., *The Eureka Years: Boucher-McComas's « Magazine of Fantasy & Science Fiction »* (1949-54) (Bantam, 1982); in *Robots, Androids, and Mechanical Oddities* (op. cit.). — «Mini-révolte» (trad. P. Billon), in *Fiction* n°162, mai 1967; in *Les défenseur* (op. cit.); — (trad. H. Collon) titré «La révolte des jouets», in *Nouvelles (1947-1952)* (op. cit., 1994) & *Nouvelles 1947-1953* (op. cit., 2000).

56. «Little Something for Us Tempunauts (A) ». in E.L. Ferman & B. Malzberg éd., *Final Stage* (Penguin & Charterhouse, 1974) [1973] [contient: PKD, «Afterword»; in T. Carr éd., *Best Science Fiction of the Year* n°4 (Ballantine, 1975); in *The Best of Philip K. Dick* (op. cit.); in D. Hartwell éd., *The Dark Descent* (Tor, 1987). — (trad. B. Raison) «Pitié pour les tempnautes! », in J. Goimard, D. Ioakimidis & G. Klein, *[La grande antho. de la S.-F.] Histoires paradoxales* (Livre de poche, 1984); in *Total Recall* (op. cit.); — (trad. H. Collon) titré «Un p'tit quelque chose pour nous, les temponautes! », in *Nouvelles (1963-1981)* (op. cit., 1994) & *Nouvelles 1953-1981* (op. cit., 2000).

57. «Martians Come in Clouds.» In *Fantastic Universe* n°1, juin-juil. 1953 [1952]. — (trad. P.-P. Durastanti) Des nuées de Martiens, in *Le grand O* (op. cit.); (trad. H. Collon) in *Nouvelles (1952-1953)* (op. cit., 1996) & *Nouvelles 1947-1953* (op. cit., 2000). — Manuscrit: «The Buggies. »

58. «Meddler». In *Future* n°3, oct. 1954 [1952]; in *The Golden Man* (op. cit.). — (trad. S. Rondard) «Touche à tout», in *Satellite* n°12, déc. 1958. — (trad. H. Collon) titré «Interférence», in *Souvenir* (op. cit.); in *Nouvelles (1947-1952)* (op. cit., 1994) & *Nouvelles 1947-1953* (op. cit., 2000).

59. «Minority Report (The) ». In *Fantastic Universe* n°6, janv. 1956 [1954]; in *The Variable Man* (op. cit.); in *The Philip K. Dick Reader* (op. cit.). — (trad. M. Rosenthal) «Rapport minoritaire», in *L'homme variable* (op. cit.); in *Le père truqué* (op. cit.); in *Minority Report et autres récits* (op. cit.); (trad. H. Collon) in *Nouvelles (1953-1963)* (op. cit., 1997) & *Nouvelles 1953-1981* (op. cit., 2000). — [Adaptation cinématographique: «Minority Report» (op. cit.)].

60. «Misadjustment.» In *Science Fiction Quarterly* n°6, fév. 1957 [1954]; in *The Collected Stories of Philip K. Dick* (op. cit.). — (trad. M. Thaon) «Méfiez-vous les uns des autres», in *La planète impossible* (op. cit.); — (trad. H. Collon) titré «Question de méthode» in *Nouvelles (1953-1963)* (op. cit., 1997) & *Nouvelles 1953-1981* (op. cit., 2000).

61. «Mold of Yancy (The) ». In *Worlds of If*, août 1955 [1954]; in J.L. Quinn & E. Wulff éd., *The Second World of If* (Quinn, 1958); in *The Golden Man* (op. cit.). — (trad. J.-P. Pugi) «A l'image de Yancy», in *Dédales démesurés* (op. cit.); (trad. H. Collon) in *Nouvelles (1953-1963)* (op. cit., 1997) & *Nouvelles 1953-1981* (op. cit., 2000).

62. «Mr. Spaceship». In *Imagination*, janv. 1953; in *The Collected Stories of Philip K. Dick* (op. cit.). — «Monsieur le vaisseau» (trad. P.-P. Durastanti), in *Le crâne* (op. cit.); in *Nouvelles (1952-1953)* (op. cit., 1996) & *Nouvelles 1947-1953* (op. cit., 2000).

63. «Nanny». In *Startling Stories* n°1, printemps 1955 [1952]; in *The Book of Philip K. Dick /The Turning Wheel* (op. cit.). — (trad. H. Collon) «La nanny»,

in *Souvenir* (op. cit.); in *Nouvelles (1947-1952)* (op. cit., 1994) & *Nouvelles 1947-1953* (op. cit., 2000).

64. «Not by Its Cover». In *Famous Science Fiction*, été 1968 [1965]; in *The Golden Man* (op. cit.). — (trad. A. Dorémieux) «De par sa couverture», in *Dédales démesurés* (op. cit.); — (trad. H. Collon) titré «Ne pas se fier à la couverture» in *Nouvelles (1963-1981)* (op. cit., 1998) & *Nouvelles 1953-1981* (op. cit., 2000).

65. «Novelty Act». In *Fantastic*, fév. 1964 [1963]; in W.F. Nolan éd., *The Human Equation* (Los Angeles: Sherbourne, 1971); in M.H. Greenberg & P.L. Price éd., *Fantastic Stories: Tales of the Weird and Wondrous* (T.S.R., 1987). — (trad. E. Jouanne) «Un numéro inédit» in *Le voyage gelé* (op. cit.) — (trad. H. Collon) in *Nouvelles (1953-1963)* (op. cit., 1997) & *Nouvelles 1953-1981* (op. cit., 2000). — [Incluse dans *The Simulacra* (roman, op. cit., 1964)]. — Manuscrit: «At Second Jug».

66. «Null-O». In *Worlds of If* n°1, déc. 1958 [1953]; in *The Collected Stories of Philip K. Dick* (op. cit.); in *The Philip K. Dick Reader* (op. cit.). — (trad. E. Jouanne) «Non-O», in *Le voyage gelé* (op. cit.); (trad. H. Collon) in *Nouvelles (1952-1953)* (op. cit., 1996) & *Nouvelles 1947-1953* (op. cit., 2000). — Manuscrit: «Loony Lemuel».

67. «Of Withered Apples». In *Cosmos Science Fiction & Fantasy* n°4, juil. 1954 [1953]; in *The Collected Stories of Philip K. Dick* (op. cit.). — (trad. P.-P. Durastanti) «Des pommes ridées» in *Un auteur éminent* (op. cit.); (trad. H. Collon) in *Nouvelles (1952-1953)* (op. cit., 1996) & *Nouvelles 1947-1953* (op. cit., 2000).

68. «Oh to Be a Blobel». In *Galaxy* n°3, fév. 1964 [1963]; in *The Preserving Machine* (op. cit.); in D.A. Wolheim & T. Carr éd., *World's Best Science Fiction: 1965* (Ace, 1965); in R. Silverberg éd., *Infinite Jests* (Philadelphia: Chilton, 1974); in *The Best of Philip K. Dick* (op. cit.); in F. Pohl, M.H. Greenberg & J.D. Olander éd., *«Galaxy»: Thirty Years of Innovative Science Fiction* (Chicago: Playboy Press, 1980) [+ «Memoir»]; in G. Dozois & J. Dann éd., *Aliens* (Pocket, 1980); in Pohl éd., *Frederick Pohl's Favourite Stories* (Berkley, 1989). — «Quelle chance d'être un Blobel!» (trad. C. Renard), in *Galaxie* nouvelle série, n°7, nov. 1964; in *L'homme doré* (op. cit.); — (trad. H. Collon) titré «Ah, être un Gélate!», in *Nouvelles (1963-1981)* (op. cit., 1998) & *Nouvelles 1953-1981* (op. cit., 2000); in *Minority Report et autres récits* (op. cit.);. — Manuscrit: «Well, See, There Were These Blobels... »

69. «Orpheus with Clay Feet». In *Escapade*, circa 1964 [sous le pseudo. de Jack Dowland]; in *The Collected Stories of Philip K. Dick* (op. cit.). — «L'orphée aux pieds d'argile» (trad. E. Jouanne), in *L'œil de la sibylle* (op. cit.); (Mille et une nuits, 1995; avec «Notes rédigées tard le soir par un écrivain de S.-F. fatigué» [op. cit.] et R. Crumb, «L'expérience religieuse de Philip K. Dick» [bande dessinée]) — (trad. H. Collon) in *Nouvelles (1953-1963)* (op. cit., 1997) & *Nouvelles 1953-1981* (op. cit., 2000).

70. «Out in (The) Garden». In *Fantasy Fiction* n°3, août 1953 [1952]; in V. Ghidalia éd., *Satan's Pets* (Manor, 1972). — «Dans le jardin» (trad. P.-P. Durastanti), in *Le grand O* (op. cit.); (trad. H. Collon) in *Nouvelles (1947-1952)* (op. cit., 1994) & *Nouvelles 1947-1953* (op. cit., 2000).

71. «Pay for The Printer». In *Satellite Science Fiction* n°2, oct. 1956 [1954]; in *The Preserving Machine* (op. cit.); in *The Philip K. Dick Reader* (op. cit.).

— (trad. M. Thaon) « Payez l'imprimeur ! », in *La planète impossible* (op. cit.) ;
— (trad. H. Collon) titré « Copies non conformes », in *Nouvelles (1953-1963)* (op. cit., 1997) & *Nouvelles 1953-1981* (op. cit., 2000). — Manuscrit : « Printer's Pay ».

72. Paycheck. In *Imagination* n°2, juin 1953 [1952] ; in *The Best of Philip K. Dick* (op. cit.) ; in *The Philip K. Dick Reader* (op. cit.). — (trad. P.-P. Durastanti) « La clause du salaire », in *Le grand O* (op. cit.). — (trad. H. Collon) « La clause de salaire », in *Nouvelles (1947-1952)* (op. cit., 1994) & *Nouvelles 1947-1953* (op. cit., 2000).

73. « Piper in The Woods ». In *Imagination*, fév. 1953 [contient : courte auto-biogr.] ; in S. Moscowitz & R. Elwood éd., *Other Worlds, Other Times* (MacFadden, 1969). — (trad. P.-P. Durastanti) « Le joueur de pipeau vit tout au fond des bois », in *Le crâne* (op. cit.). — (trad. H. Collon) « Les joueurs de flûte », in *Nouvelles (1947-1952)* (op. cit., 1994) & *Nouvelles 1947-1953* (op. cit., 2000).

74. « Planet for Transients ». In *Fantastic Universe*, oct.-nov. 1953 [1953] ; in *A Handful of Darkness* (op. cit.). — (trad. A. Dorémieux) « Planète pour hôtes de passage », in *Dédales démesurés* (op. cit.) ; (trad. H. Collon) in *Nouvelles (1952-1953)* (op. cit., 1996) & *Nouvelles 1947-1953* (op. cit., 2000). — Manuscrit : « The Itinerants. » [adaptée pour *Deus Irae* (op. cit., 1976)].

75. « Pre-Persons (The) ». In *Fantasy & Science Fiction*, oct. 1974 [1973] ; in *The Golden Man* (op. cit.). — (trad. X.) « Les pré-humains », in *Nouvelles Frontières* n°1, 1975 ; (trad. A. Dorémieux, in *Les délires divergents*, op. cit., 1979) ; in *Total Recall* (op. cit.) ; — (trad. H. Collon) in *Nouvelles (1963-1981)* (op. cit., 1998) & *Nouvelles 1953-1981* (op. cit., 2000).

76. « Precious Artifact ». In *Galaxy*, oct. 1964 [1963] ; in *The Golden Man* (op. cit.). — « Simulacre » (trad. M. Deutsch), in *Galaxie* nouvelle série n°23, mars 1966. — (trad. A. Dorémieux) « Précieuse relique », in *Les délires divergents* (op. cit.) ; in *Total Recall* (op. cit.) ; — (trad. H. Collon) titré « Un précieux artefact » in *Nouvelles (1963-1981)* (op. cit., 1998) & *Nouvelles 1953-1981* (op. cit., 2000).

77. « Present for Pat (A) ». In *Startling Stories*, janv. 1954 [1953] ; in *The Book of Philip K. Dick /The Turning Wheel* (op. cit.) ; in *The Science Fiction Year Book : A Treasury of Science Fiction* n°4, 1970. — (trad. F.-M. Watkins) « Un cadeau pour Pat » in *Univers* n°15 (J'ai lu, 1978) ; (trad. P.-P. Durastanti) in *Un auteur éminent* (op. cit.) ; (trad. H. Collon) in *Nouvelles (1952-1953)* (op. cit., 1996) & *Nouvelles 1947-1953* (op. cit., 2000).

78. « Preserving Machine (The) ». In *Fantasy & Science Fiction*, juin 1953 ; in *The Preserving Machine* (op. cit.) ; in R. Silverberg & T. Nelson éd., *The Science Fiction Bestiary* (Nelson, 1971 [sauf éd. de poche]) ; in *Robots, Androids, and Mechanical Oddities* (op. cit.). — (trad. M. Deutsch) « La machine à sauver la musique », in *Univers* n°12 (J'ai lu, 1978). — (trad. P.-P. Durastanti) « La machine à conserver » in *Le grand O* (op. cit.). — (trad. H. Collon) titré « La machine à préserver », in *Nouvelles (1947-1952)* (op. cit., 1994) & *Nouvelles 1947-1953* (op. cit., 2000).

79. « Prize Ship ». In *Thrilling Wonder Stories*, hiver 1954 [1952] ; in *The Collected Stories of Philip K. Dick* (op. cit.). — (trad. P.K. Rey) « Un vaisseau fabuleux », in *Derrière la porte* (op. cit.) ; (trad. H. Collon) titré « Le vaisseau arraisonné » in *Nouvelles (1952-1953)* (op. cit., 1996) & *Nouvelles 1947-1953* (op. cit., 2000). — Manuscrit : « Globe from Ganymede »

80. « Progeny ». In *Worlds of If*, nov. 1954 [1952] ; in *A Handful of Darkness* (op. cit.) ; in J.D. Olander & M.H. Greenberg éd., *School and Society through SF* (Random House, 1974) ; in P.S. Warrick, M.H. Greenberg & J.D. Olander éd., *Marriage and the Family through SF* (N.Y., St. Martin's, 1976). — « Progéniture », in *Fiction* n°226, oct. 1972 ; (trad. H. Collon) in *Souvenir* (op. cit.) ; (trad. H. Collon) in *Nouvelles (1947-1952)* (op. cit., 1994) & *Nouvelles 1947-1953* (op. cit., 2000).

81. « Project Plowshare ». In *Worlds of Tomorrow*, nov. 1965-janv. 1966. — (trad. M. Deutsch) « Les convertisseurs d'armes », in *Galaxie* anc. série, n°54-55, nov.-déc. 1968. — [Adaptée pour *The Zap Gun* (op. cit.)].

82. « Project : Earth ». In *Imagination*, déc. 1953 [1953] ; in *The Collected Stories of Philip K. Dick* (op. cit.). — (trad. P.K. Rey) « Projet : Terre », in *Derrière la porte* (op. cit.) ; (trad. H. Collon) in *Nouvelles (1952-1953)* (op. cit., 1996) & *Nouvelles 1947-1953* (op. cit., 2000). — Manuscrit : « One Who Stole. »

83. « Prominent Author ». In *Worlds of If*, mai 1954 [1953] ; in *A Handful of Darkness* (op. cit.). — (trad. M. Deutsch) « Un auteur éminent », in *Fiction* n°185, mai 1969 ; (trad. P.-P. Durastanti) in *Un auteur éminent* (op. cit.) ; (trad. H. Collon) in *Nouvelles (1952-1953)* (op. cit., 1996) & *Nouvelles 1947-1953* (op. cit., 2000).

84. « Psi-Man ». In *Imaginative Tales*, nov. 1955 [1954] ; — var. « Psi-Man, Heal My Child ! » in *The Book of Philip K. Dick / The Turning Wheel* (op. cit.). — (trad. H. Collon) « Le psi et l'enfant », in *Au service du maître* (op. cit.) ; — titré « Consultation externe » in *Nouvelles (1953-1963)* (op. cit., 1997) & *Nouvelles 1953-1981* (op. cit., 2000). — Manuscrit : « Outside Consultant. »

85. « Rautavaara's Case ». In *Omni*, oct. 1980 [1980] ; in *I Hope I Shall Arrive Soon* (op. cit.) ; in J. Pournelle & T. Carr éd., *Nebula Awards Stories* n°16 (Holt, Rinehart & Winton, 1982) ; in B. Bova & Myrus éd., *The Best of Omni SF* n°5 (1953) ; in E. Datlow éd., *The Third Omni Book of SF* (Zebra, 1985). — (trad. E. Jouanne) « Le cas Rautavaara », in *Le voyage gelé* (op. cit.) ; — (trad. H. Collon) in *Nouvelles (1963-1981)* (op. cit., 1998) & *Nouvelles 1953-1981* (op. cit., 2000).

86. « Recall Mechanism ». In *Worlds of If*, juil. 1959 ; in *The Collected Stories of Philip K. Dick* (op. cit.). — (trad. M. Thaon) « Souvenir-écran », in *La planète impossible* (op. cit.) ; — (trad. H. Collon) titré « Phobie or not phobie » in *Nouvelles (1953-1963)* (op. cit., 1997) & *Nouvelles 1953-1981* (op. cit., 2000).

87. « Retreat Syndrome ». In *Worlds of Tomorrow*, janv. 1965 [1963] ; in *The Preserving Machine* (op. cit.). — (trad. P. Billon) « Syndrome de retraite », in *Galaxie* nouvelle série, n°30, oct. 1966 ; — (trad. A. Dorémieux) « Syndrome de retrait », in *Les délires divergents* (op. cit.) ; in *Total Recall* (op. cit.) ; — (trad. H. Collon) titré « Le retour du refoulé » in *Nouvelles (1963-1981)* (op. cit., 1998) & *Nouvelles 1953-1981* (op. cit., 2000).

88. « Return Match ». In *Galaxy*, fév. 1967 [1965] ; in *The Golden Man* (op. cit.) ; in *Starlog*, oct. 1981. — (trad. M. Deutsch) « Match retour », in *Galaxie* nouvelle série, n° 42, oct. 1967 ; (trad. A. Dorémieux, in *Les délires divergents,* op. cit., 1979) ; in *Total Recall* (op. cit.) ; — (trad. H. Collon) in *Nouvelles (1963-1981)* (op. cit., 1998) & *Nouvelles 1953-1981* (op. cit., 2000).

89. « Roog ». In *Fantasy & Science Fiction,* fév. 1953 [1951] ; in *Unearth*, hiver 1979 (Vol. I n°4) [contient : PKD, Introduction] ; in *The Preserving Machine* (op. cit.) ; in T. Carr éd., *The Others* (Fawcett, 1969) ; in R. Silverberg éd., *Invaders*

from Space (Hawthorn, 1972); in *The Best of Philip K. Dick* (op. cit.); in R. Hill éd., *Reflections of the Future* (Ginn & Co., 1975 [avec note de PKD]). — (trad. A. Dorémieux) «Reug», in *Les délires divergents* (op. cit.); in *Les défenseurs* (op. cit.). — (trad. H. Collon) titré «Roug» in *Nouvelles (1947-1952)* (op. cit., 1994) & *Nouvelles 1947-1953* (op. cit., 2000). [1è nouvelle placée; Manuscrit: «Friday Morning»].

90. «Sales Pitch». In *Future*, juin 1954 [1953]; in *The Golden Man* (op. cit.); in *Robots, Androids, and Mechanical Oddities* (op. cit.); in *The Philip K. Dick Reader* (op. cit.). — (trad. C. Gaudelette) «Vente à outrance», in *Satellite* n°14, fév. 1959; — (trad. P.-P. Durastanti) «Service avant achat», in *Un auteur éminent* (op. cit.); (trad. H. Collon) in *Nouvelles (1952-1953)* (op. cit., 1996) & *Nouvelles 1947-1953* (op. cit., 2000).

91. «Second Variety». In *Space Science Fiction*, mai 1953 [1952]; in E.F. Bleiler & T.E Dikty éd., *Year's Best Science Fiction Novels: 1954* (Frederick Fell, 1954; Grayson, 1955); in *The Variable Man* (op. cit.); in K. Amis & R. Conquest éd., *Spectrum II* (Londres: Gollancz, 1962); in M. Stapleton éd., *The Best Science Fiction Stories* (Londres: Hamlyn, 1977); in *The Best of Philip K. Dick* (op. cit.); in *Robots, Androids, and Mechanical Oddities* (op. cit.); in F. Saberhagen & M.H. Greenberg éd., *Machines That Kill* (Ace, 1984); in I. Asimov, M.H. Greenberg & C.E. Waugh éd., *Robots* (Signet, 1989); in D. Hartwell éd., *The World Treasury of SF* (Little, Brown, 1989); in *The Philip K. Dick Reader* (op. cit.). — (trad. M. Rosenthal) «Deuxième variété», in *L'homme variable* (op. cit.); in *Les défenseurs* (op. cit.). — (trad. H. Collon) «Nouveau modèle», in *Nouvelles (1947-1952)* (op. cit., 1994) & *Nouvelles 1947-1953* (op. cit., 2000); in *Minority Report et autres récits* (op. cit.).

92. «Service Call». In *Science Fiction Stories*, juil. 1955 [1954]; in I. Howard éd., *Masters of Science Fiction* (Belmont, 1964); in *The Best of Philip K. Dick* (op. cit.); in *Robots, Androids, and Mechanical Oddities* (op. cit.). — (trad. A. Dorémieux) «Service de réparation», in *Satellite* n°41, janv.- fév. 1962; — «Service après-vente», in *Dédales démesurés* (op. cit.); — (trad. H. Collon) «Visite d'entretien», in *Nouvelles (1953-1963)* (op. cit., 1997) & *Nouvelles 1953-1981* (op. cit., 2000).

93. «Shell Game». In *Galaxy*, sept. 1954 [1953]; in *The Book of Philip K. Dick / The Turning Wheel* (op. cit.); in *The Philip K. Dick Reader* (op. cit.). — (trad. M. Thaon) «Dans la coque», in *La planète impossible* (op. cit.). — (trad. H. Collon) «Les assiégés» in *Nouvelles (1952-1953)* (op. cit., 1996) & *Nouvelles 1947-1953* (op. cit., 2000). — [Adaptée pour *Clans of The Alphane Moon* (op. cit.)].

94. «Short Happy Life of The Brown Oxford (The)». In *Fantasy & Science Fiction*, janv. 1954; in *I Hope I Shall Arrive Soon* (op. cit.). — (trad. X) Le soulier qui trouva chaussure à son pied., in *Fiction* n°9, août 1954; in J. Goimard, D. Ioakimidis & G. Klein éd., *[La grande antho. de la S.-F.] Histoires fausses* (Livre de poche, 1984). — (trad. H. Collon) titré «La vie courte et heureuse du soulier animé» in *Nouvelles (1947-1952)* (op. cit., 1994) & *Nouvelles 1947-1953* (op. cit., 2000). — Manuscrit: «Left Shoe, My Foot!».

95. «Skull (The)». In *Worlds Of If*, sept. 1952. — «Le crâne» (trad. P.-P. Durastanti), in *Le crâne* (op. cit.); (trad. H. Collon) in *Nouvelles (1947-1952)* (op. cit., 1994) & *Nouvelles 1947-1953* (op. cit., 2000).

96. «Small Town». In *Amazing*, mai 1954 [1953]; avril 1967; in *The Golden Man*

(op. cit.). — «La petite ville» (trad. M. Thaon), in *La planète impossible* (op. cit.); (trad. H. Collon) in *Nouvelles (1952-1953)* (op. cit., 1996) & *Nouvelles 1947-1953* (op. cit., 2000). — Manuscrit: «Engineer.»

97. «Some Kinds of Life». In *Fantastic Universe*, oct.-nov. 1953 [pseudo.: «Richard Philipps», 1952]. — (trad. P.K. Rey) «Tant qu'il y a de la vie», in *Derrière la porte* (op. cit.); (trad. H. Collon) in *Nouvelles (1952-1953)* (op. cit., 1996) & *Nouvelles 1947-1953* (op. cit., 2000). — Manuscrit: «The Beleaguered».

98. «Souvenir». In *Fantastic Universe*, oct. 1954 [1953]; in *The Collected Stories of Philip K. Dick* (op. cit.). — (trad. H. Collon) «Souvenir», in *Souvenir* (op. cit.); in *Nouvelles (1952-1953)* (op. cit., 1996) & *Nouvelles 1947-1953* (op. cit., 2000).

99. «Stability». In *The Collected Stories of Philip K. Dick* (op. cit.) [1947]. — (trad. E. Jouanne) «Stabilité», in *L'œil de la sibylle* (op. cit.); — (trad. H. Collon) in *Nouvelles (1963-1981)* (op. cit., 1998) & *Nouvelles 1953-1981* (op. cit., 2000).

100. «Stand-by». In *Amazing*, oct. 1963 [1963]; var. «Top Stand-by Job» in *The Preserving Machine* (op. cit.); in A. Mowskowitz éd., *Inside Information* (Addison-Wesley, 1977); in R. Lupoff éd., *What If?* (Vol. 2) (Pocket Library, 1981). — «Une sinécure» (trad. M. Thaon), in *La planète impossible* (op. cit.); — (trad. H. Collon) titré «Le suppléant» in *Nouvelles (1963-1981)* (op. cit., 1998) & *Nouvelles 1953-1981* (op. cit., 2000). — Manuscrit: «Top Stand-by Job»

101. «Story to End All Stories for Harlan Ellison's *Dangerous Visions* (The)». [synopsis] In *Niekas* n°20, automne 1968; in *The Collected Stories of Philip K. Dick* (op. cit.). — (trad. E. Jouanne) «L'histoire pour mettre fin à toutes les histoires pour l'anthologie d'Harlan Ellison *Dangereuses visions*», in *Le voyage gelé* (op. cit.); — (trad. H. Collon) in *Nouvelles (1963-1981)* (op. cit., 1998) & *Nouvelles 1953-1981* (op. cit., 2000).

102. «Strange Eden». In *Imagination*, déc. 1954 [1953]; in *The Collected Stories of Philip K. Dick* (op. cit.); in *The Philip K. Dick Reader* (op. cit.). — (trad. H. Collon) «Etrange Eden», in *Au service du maître* (op. cit.); in *Nouvelles (1952-1953)* (op. cit., 1996) & *Nouvelles 1947-1953* (op. cit., 2000). — Manuscrit: «Immolation».

103. «Strange Memories of Death». In *Interzone* n°8, été 1984 (G.-B.); in *I Hope I Shall Arrive Soon* (op. cit.); in L. Sutin, *The Shifting Realities of Philip K. Dick* (cf. Bibliogr. secondaire). — (trad. B. Sigaud) «Souvenirs étranges d'outre-mort», in *Science & Fiction n°7-8 (Cf. Bibliogr. secondaire)*; — titré «Etranges souvenirs de la mort» (trad. E. Jouanne) in *L'œil de la sibylle* (op. cit.); — (trad. H. Collon) titré «Etranges souvenirs de mort» in *Nouvelles (1963-1981)* (op. cit., 1998) & *Nouvelles 1953-1981* (op. cit., 2000).

104. «Surface Raid (A) ». In *Fantastic Universe*, juil. 1955 [1952]; in *The Collected Stories of Philip K. Dick* (op. cit.). — «Expédition de surface» (trad. H. Collon) in *Au service du maître* (op. cit.). — (trad. H. Collon) titré «Expédition en surface» in *Nouvelles (1952-1953)* (op. cit., 1996) & *Nouvelles 1947-1953* (op. cit., 2000).

105. «Survey Team». In *Fantastic Universe*, mai 1954 [1953]; in *The Collected Stories of Philip K. Dick* (op. cit.). — (trad. P.-P. Durastanti) «Mission d'exploration», in *Un auteur éminent* (op. cit.); (trad. H. Collon) in *Nouvelles (1952-1953)* (op. cit., 1996) & *Nouvelles 1947-1953* (op. cit., 2000).

106. « Terran Odyssey (A) ». In *The Collected Stories of Philip K. Dick* (op. cit.) [1974, composée de fragments de *Dr Bloodmoney*]. — (trad. E. Jouanne) « Une odyssée terrienne », in *L'œil de la sibylle* (op. cit.); — (trad. H. Collon) in *Nouvelles (1963-1981)* (op. cit., 1998) & *Nouvelles 1953-1981* (op. cit., 2000).

107. « Time Pawn. In *Thrilling Wonder Stories*, été 1954. Adaptée pour *Dr. Futurity* (op. cit.)].

108. « To Serve The Master ». In *Imagination*, fév. 1956 [1953]; in *Robots, Androids, and Mechanical Oddities* (op. cit.); in *The Philip K. Dick Reader* (op. cit.). — (trad. H. Collon) « Au service du maître », in *Au service du maître* (op. cit.); in *Nouvelles (1952-1953)* (op. cit., 1996) & *Nouvelles 1947-1953* (op. cit., 2000). — Manuscrit: « Be as Gods! »

109. « Tony and The Beetles ». In *Orbit Science Fiction* n°2, 1954 [1953]; var.: « Retreat From Rigel »], in *Planet of Doom and Other Stories* (Sydney [Austr.]: Jubilee, mars 1958); in *The Collected Stories of Philip K. Dick* (op. cit.); in *The Philip K. Dick Reader* (op. cit.). — (trad. P.K. Rey) « Tony et les scarabées », in *Derrière la porte* (op. cit.); (trad. H. Collon) in *Nouvelles (1952-1953)* (op. cit., 1996) & *Nouvelles 1947-1953* (op. cit., 2000).

110. « Trouble with Bubbles (The) ». In *Worlds of If*, sept. 1953; in *The Collected Stories of Philip K. Dick* (op. cit.). — (trad. P.-P. Durastanti) « Le problème des bulles », in *Le grand O* (op. cit.); (trad. H. Collon) in *Nouvelles (1952-1953)* (op. cit., 1996) & *Nouvelles 1947-1953* (op. cit., 2000). — Manuscrit: « Plaything. »

111. « Turning Wheel (The) ». In *Science Fiction Stories* n°2, 1954 [1953]; in *A Handful of Darkness* (op. cit.); in I. Howard éd., *Now and Beyond* (Belmont, 1965); in *The Book of Philip K. Dick /The Turning Wheel* (op. cit.); in J. Pournelle éd., *Imperial Stars Vol. 2 [Republic and Empire]* (Baen, 1987); in *The Philip K. Dick Reader* (op. cit.). — (trad. H.G. Develay) « La roue tourne », in *Satellite* n°37, sept. 1961; in *Satellite Sélection* n°6, 1961; — (trad. H. Collon) « Le tour de roue », in *Au service du maître* (op. cit.); in *Nouvelles (1952-1953)* (op. cit., 1996) & *Nouvelles 1947-1953* (op. cit., 2000).

112. « Unreconstructed M (The) ». In *Science Fiction Stories*, janv. 1957 [1955]; in *The Golden Man* (op. cit.). — (trad. M. Pilotin) « La machine à détruire », in *Satellite* n°13, janv. 1959; — (trad. J.-P. Pugi) « Le M inaltérable », in *Dédales démesurés* (op. cit.); — (trad. H. Collon) titré « Machination » in *Nouvelles (1953-1963)* (op. cit., 1997) & *Nouvelles 1953-1981* (op. cit., 2000).

113. « Upon The Dull Earth ». In *Beyond Fantasy & Fiction* n°9, nov. 1954 [1953]; in *A Handful of Darkness* (op. cit.); in *The Preserving Machine* (op. cit.); in J. Campbell éd., *Fine Frights* (Tor, 1988); in *The Philip K. Dick Reader* (op. cit.). — (trad. M. Deutsch) « En ce bas monde », in A. Dorémieux éd., *Histoires des temps futurs* (Casterman, 1968); (trad. H. Collon) in *Souvenir* (op. cit.); — titré « Sur la terre sans joie » in *Nouvelles (1952-1953)* (op. cit., 1996) & *Nouvelles 1947-1953* (op. cit., 2000).

114. « Variable Man (The) ». In *Space Science Fiction*, sept. 1953; in *The Variable Man* (op. cit.). — (trad. M. Rosenthal) « L'homme variable », in *L'homme variable* (op. cit.); in *Les défenseurs* (op. cit.). — (trad. H. Collon) « L'homme-variable », in *Nouvelles (1947-1952)* (op. cit., 1994) & *Nouvelles 1947-1953* (op. cit., 2000).

115. « War Game ». In *Galaxy*, déc. 1959 [1958]; in *The Preserving Machine* (op. cit.); in I. Asimov, M.H. Greenberg & C.E. Waugh éd., *The Thirteen Crimes of Science Fiction* (Doubleday, 1979); in *Robots, Androids, and Mechanical Oddi-*

ties (op. cit.). — (trad. P. Billon) «Jeu de guerre», in *Galaxie* nouvelle série, n°13, mai 1965; (trad. A. Dorémieux) in *Les délires divergents* (op. cit.); in *Le père truqué* (op. cit.); — (trad. H. Collon) titré «Un jeu guerrier» in *Nouvelles (1952-1953)* (op. cit., 1996) & *Nouvelles 1947-1953* (op. cit., 2000); in *Minority Report et autres récits* (op. cit.). — Manuscrit: «Diversion.»

116. «War Veteran.» In *Worlds of If*, mars 1955 [1954]; in *The Preserving Machine* (op. cit.); in *The Philip K. Dick Reader* (op. cit.). — (trad. F.-M. Watkins) «L'ancien combattant», in *Univers* n°10 (J'ai lu, 1977); — (trad. H. Collon) «Le vétéran» in *Au service du maître* (op. cit.); in *Nouvelles (1953-1963)* (op. cit., 1997) & *Nouvelles 1953-1981* (op. cit., 2000).

117. «War with The Fnools (The)». In *Galactic Outpost* n°2, printemps 1964; in *Galaxy*, fév. 1969; in *The Golden Man* (op. cit.). — (trad. F.-M. Watkins) «La guerre contre les Fnouls», in *L'homme doré* (op. cit.); — (trad. H. Collon) in *Nouvelles (1963-1981)* (op. cit., 1998) & *Nouvelles 1953-1981* (op. cit., 2000).

118. «Waterspider». In *Worlds of If*, janv. 1964 [1963]; in *The Collected Stories of Philip K. Dick* (op. Cit.); in M. Resnick, *Inside the Funhouse*, AvoNova, 1992. — (trad. M. Demuth) «Projet Argyronète», in *Galaxie* nouvelle série, n°19, nov. 1965; in *L'homme doré* (op. cit.) — (trad. H. Collon) in *Nouvelles (1953-1963)* (op. cit., 1997) & *Nouvelles 1953-1981* (op. cit., 2000).

119. «We Can Remember It for You Wholesale». In *Fantasy & Science Fiction*, avril 1966 [1965]; in E.L. Ferman éd., *The Best From Fantasy & Science Fiction 16* (Doubleday, 1967); in B.W. Aldiss & H. Harrison, éd., *Nebula Award Stories* n°2 (Doubleday, 1967); in D.A. Wolheim & T. Carr, éd., *World's Best Science Fiction: 1967* (Ace, 1967); in *The Preserving Machine* (op. cit.); in E.L. Ferman & R.P. Mills, éd., *Twenty Years of «The Magazine of Fantasy & Science Fiction»* (Putnam's, 1970); in R. Silverberg éd., *Alpha 5* (Ballantine, 1974); in S. Schwartz éd., *Earth in Transit* (Dell, 1976); in E.L. Ferman éd., *«The Magazine of Fantasy & Science Fiction»: A Thirty-Year Retrospective* (Doubleday, 1980); in J. Gunn éd., *The Road to SF 3* (Mentor, 1979); in *Reel Future,* F.J. Ackerman & J. Stine éd., Science Fiction Book Club, 1994; in *Reel Terror*, S. Wolfe, éd. (Xanadu, 1992); in *The SF Collection,* Edel Brosnan, éd., Chancellor Press, 1994; in *The Philip K. Dick Reader* (op. cit.). — (trad. B. Raison) «Souvenirs garantis, prix raisonnables», in *Fiction* n°153, août 1966; — «De mémoire d'homme», in J. Goimard, D. Ioakimidis & G. Klein éd., *[La grande antho. de la S.-F.] Histoires de mirages* (Livre de poche, 1984); in *Total Recall* (op. cit.); — (trad. H. Collon) titré «Souvenirs à vendre», in *Nouvelles (1963-1981)* (op. cit., 1998) & *Nouvelles 1963-1981* (op. cit., 2000); in *Minority Report et autres récits* (op. cit.). — [Adaptation cinématographique: *Total Recall* (Cf. Bibliogr. secondaire)].

120. «What The Dead Men Say». In *Worlds of Tomorrow*, juin 1964 [1963]; in *The Collected Stories of Philip K. Dick* (op. cit.). — (trad. P. Billon) «La voix venue du ciel», in *Galaxie* nouvelle série n°6, oct. 1964. — (trad. A. Dorémieux) «Ce que disent les morts», in *Les délires divergents* (op. cit.); in *Le père truqué* (op. cit.) — (trad. H. Collon) in *Nouvelles (1953-1963)* (op. cit., 1997) & *Nouvelles 1953-1981* (op. cit., 2000); in *Minority Report et autres récits* (op. cit., 2002). — Manuscrit: «Man with A Broken Match». — [Adaptée pour *Ubik* (op. cit.)].

121. «What'll We Do with Ragland Park?». In *Amazing* n°7, nov. 1963 [1963]; in *The Most Thrilling Science Fiction Ever Told*, n°13, été 1969; in *I Hope I Shall*

Arrive Soon (op. cit.). — (trad. E. Jouanne «Qu'allons-nous faire de Ragland Park?»), in *Le voyage gelé* (op. cit.); — (trad. H. Collon) in *Nouvelles (1963-1981)* (op. cit., 1998) & *Nouvelles 1953-1981* (op. cit., 2000). — Manuscrit: «No Ordinary Guy».

122. «World of Talent (A)». In *Galaxy*, oct. 1954 [1954]; in *The Variable Man* (op. cit.). — (trad. B. Raison) «Un monde de talents», in J. Goimard, D. Ioaki-midis & G. Klein éd, *[La grande antho. de la S.-F.] Histoires de mutants* (Livre de poche, 1974); (trad. M. Battin) in *Le père truqué* (op. cit.); (trad. H. Collon) in *Nouvelles (1953-1963)* (op. cit., 1997) & *Nouvelles 1953-1981* (op. cit., 2000). — Manuscrit: «Two Steps Right.»

123. «World She Wanted (The)». In *Science Fiction Quarterly*, mai 1953 [1952]; in *The Collected Stories of Philip K. Dick* (op. cit.). — (trad. P.-P. Durastanti) «Le monde qu'elle voulait», in *Le crâne* (op. cit.); (trad. H. Collon) in *Nouvelles (1952-1953)* (op. cit., 1996) & *Nouvelles 1947-1953* (op. cit., 2000).

124. «Your Appointment Will Be Yesterday». In *Amazing*, août 1966 [1965]; in *The Collected Stories of Philip K. Dick* (op. cit.). — (trad. M. Thaon) «Rendez-vous hier matin», in *La planète impossible* (op. cit.); — (trad. H. Collon) in *Nouvelles (1963-1981)* (op. cit., 1998) & *Nouvelles 1953-1981* (op. cit., 2000). — [Adaptée pour *Counter-Clock World* (op. cit.)].

D. Recueils

En anglais (sélection)

1. *Best of Philip K. Dick (The)*. J. Brunner éd. (Ballantine, 1977). Contient: Brunner, «The Reality of Philip K. Dick»; «Afterthoughts by the Author»; «Beyond Lies the Wub», «Roog», «Second Variety», «Paycheck», «Impostor», «Colony», «Expendable», «The Days of Perky Pat», «Breakfast at Twilight», «Foster, You're Dead!», «The Father-Thing», «Service Call», «Autofac», «Human Is», «If There Were No Benny Cemoli», «Oh to Be a Blobel!», «Faith of Our Fathers», «The Electric Ant», «A Little Something for Us Tempunauts.»

2. *Book of Philip K. Dick (The)* (DAW, 1973). Contient: «Nanny», «The Turning Wheel», «The Defenders», «Adjustment Team», «Psi-Man», «The Commuter», «A Present for Pat», «Breakfast at Twilight», «Shell Game.» — var. *The Turning Wheel* (Londres: Coronet, 1977).

3. *Collected Stories of Philip K. Dick (The)* (Long Beach (Va.): Underwood & Miller, 1987) [Edition intégrale des nouvelles de PKD en 5 volumes]. Contient: (Vol. I) PKD, «Préface», R. Zelazny, «Introduction», «Author's Notes»; (Vol. II): N. Spinrad, «Introduction»; (Vol. III) J. Brunner, «Introduction»; (Vol. IV): J. Tiptree Jr, «Introduction»; (Vol. 5): T.M. Disch, «Introduction»; (Londres: Grafton, 1988-1990; Acacia Press, 1997).

4. *Collected Stories of Philip K. Dick (The)*. Citadel Paperback, 1990-1992: Vol. 1: *The Short Happy Life of the Brown Oxford*; Vol. 2: *We Can Remember It for You Wholesale*; Vol. 3: *Second Variety;* Vol. 4: *The Minority Report*; Vol. 5: *The Eye of the Sibyl.* [**Note**: les rééditions américaines et britanniques comportent des titres différents et des variantes au sommaire].

5. *Golden Man The.* M. Hurst éd. (Berkley, 1980). Contient: Hurst, «Foreword»;

PKD, « Introduction », « Afterword », « Story Notes » ; « The Golden Man », « Return Match », « The King of the Elves », « The Mold of Yancy », « Not by Its Cover », « The Little Black Box », « The Unreconstructed M », « The War with the Fnools », « The Last of the Masters », « Meddler », « A Game of Unchance », « Sales Pitch », « Precious Artifact », « Small Town », « The Pre-Persons. »

6. *Handful of Darkness (A)* (Londres : Rich & Cowan, 1955) ; (Granada, 1966) ([Boston] Gregg Press, 1978 [Contient : R.A. Lupoff, « Introduction ». Contient : « Colony », « Impostor », « Expendable », « Planet for Transients », « Prominent Author », « The Builder », « The Impossible Planet », « The Indefatigable Frog », « The Turning Wheel », « Progeny », « Upon the Dull Earth », « The Cookie Lady », « Exhibit Piece. »

7. *I Hope I Shall Arrive Soon* (M. Hurst & P. Williams éd., Doubleday, 1985). Contient : « How to Build a Universe That Doesn't Fall Apart Two Days Later » ; « The Short Happy Life of the Brown Oxford », « Explorers We », « Holy Quarrel », « What'll We Do with Ragland Park ? », « Strange Memories of Death », « The Alien Mind », « The Exit Door Leads In », « Chains of Air, Web of Æther », « Rautavaara's Case », « I Hope I Shall Arrive Soon. »

8. *Minority Report. 18 Classic Stories by Philip K. Dick (The).* (Citadel, 2002, 380 p.) Contient J. Tiptree, « Introduction ».

9. *Philip K. Dick Reader (The)* (Pantheon, 2002, 624 p). Contient : J. Lethem, « Introduction » ; PKD, « Fair Game », « The Hanging Stranger », « The Eyes Have It », « The Golden Man », « The Turning Wheel », « The Last of the Masters », « The Father-Thing », « Strange Eden », « Tony and the Beetles », « Null-O », « To Serve the Master », « Exhibit Piece », « The Crawlers », « Sales Pitch », « Shell Game », « Upon the Dull Earth », « Foster, You're Dead », « Pay for the Printer », « War Veteran », « The Chromium Fence », « We Can Remember It For You Wholesale », « The Minority Report », « Paycheck », « Second Variety. »

10. *Preserving Machine (The)* (Ace, 1969). Contient : « The Preserving Machine », « War Game », « Upon the Dull Earth », « Roog », « War Veteran », « Top Stand-by Job », « Beyond Lies the Wub », « We Can Remember It for You Wholesale », « Captive Market », « If There Were No Benny Cemoli », « Retreat Syndrome », « The Crawlers », « Oh to Be a Blobel ! », « Pay for the Printer. »

11. *Robots, Androids, and Mechanical Oddities.* P.S. Warrick & M.H. Greenberg éd. (Carbondale & Edwardsville [Ill.] : Southern Illinois University Press, 1984). Contient : Warrick, « Introduction » ; PKD, « The Little Movement », « The Defenders », « The Preserving Machine », « Second Variety », « Imposter » [sic], « Sales Pitch », « The Last of the Masters », « Service Call », « Autofac », « To Serve the Master », « War Game », « A Game of Unchance », « The Electric Ant », « The Exit Door Leads In », « Frozen Journey. »

12. *Turning Wheel and Other Stories (The)* [var. *The Book of Philip K. Dick*].

13. *Variable Man and Other Stories (The)* (Ace, 1967). Contient : « The Variable Man », « Second Variety », « The Minority Report », « Autofac », « A World of Talent. »

En français (sélection)

1. *Intégrale des nouvelles de Philip K. Dick.* (antho. de J. Chambon, traductions révisées et harmonisées par H. Collon), Denoël « Présences ».

— *Nouvelles (1947-1952)*, 1995. Contient: J. Chambon, «Préface»; PKD (trad. J. Chambon), «En guise d'introduction — I. Pour une définition de la science-fiction» [1981], «II. Roman et nouvelle» [1971] (trad. H. Collon); H. Collon, «Bibliographie».

— *Nouvelles (1952-1953)*, 1996. Contient: J. Chambon, «Préface»; PKD, «En guise d'introduction — I. L'auteur» [1953]], «II. Lettre à M. Haas» [1954] (trad. H. Collon); H. Collon, «Bibliographie».

— *Nouvelles (1953-1954)*, 1997. Contient: H. Collon, «Préface»; PKD, «Le pessimisme en science-fiction» [1955]; H. Collon, «Bibliographie».

— *Nouvelles (1954-1981)*, 1998. Contient: H. Collon & J. Chambon, «Préface»; PKD, «Introduction» [1976]; H. Collon, «Bibliographie».

2. *Intégrale des nouvelles de Philip K. Dick.* (idem). Réédition en 2 vol. de *supra* [19], (Denoël, «Lunes d'encre», 2000).

— *Nouvelles Tome 1 / 1947-1953.* Contient: Emmanuel Carrère, «Avant-propos».

— *Nouvelles Tome 2 / 1953-1981.*

3. *Au service du maître.* (Denoël «PdF», 1989) (trad. H. Collon). Contient: E. Jouanne, «Introduction»; PKD, «La vie courte et heureuse d'un écrivain de science-fiction» («The Short Happy Life of a Science Fiction Writer») (trad. Jouanne); «Le tour de roue», «Le vétéran», «La nanny», «Immunité», «Chrome et châtiment», «Expédition de surface», «Le psi et l'enfant», «Au service du maître.»

4. *Un auteur éminent.* (Denoël «PdF», 1989) (trad. P.-P. Durastanti, A. Dorémieux). Contient: E. Jouanne, «Introduction»; PKD; «Drogue, hallucinations et quête de la réalité» («Drugs, Hallucinations, and the Quest of Reality») (trad. Jouanne); «Un cadeau pour Pat», «James P. Crow», «Un auteur éminent», «Mission d'exploration», «Service avant achat», «Petit déjeuner au crépuscule», «Des pommes ridées», «Reconstitution historique.»

5. *Crâne (Le).* (Denoël «PdF», 1986) (trad. P.-P. Durastanti, E. Jouanne, B. & C. Zimet). Contient: Jouanne, «Introduction»; PKD, «Comment construire un univers qui ne s'effondre pas deux jours plus tard» («How to Build a Universe That Doesn't Fall Apart Two Days Later»); «Aux confins de l'espace guette le wub», «Le canon», «Le crâne», «Monsieur le vaisseau», «Le joueur de pipeau vit tout au fond des bois», «Le monde qu'elle voulait», «Colonie.»

6. *Dédales démesurés* (Casterman, 1982); (Presses Pocket, 1988) (antho. d'A. Dorémieux; trad. A. Dorémieux & J.-P. Pugi). Contient: Dorémieux, «Avant-propos»; PKD, «Préface de l'auteur» («The Lucky Dog Pet Store» [op. cit.]); «Planète pour hôtes de passage», «Le dernier des maîtres», «Service après-vente», «A l'image de Yancy», «Le M inaltérable», «La petite boîte noire», «Guerre sainte», «De par sa couverture».

7. *Défenseurs (Les)* (UGE «10/18», 1989) (antho. de J.-C. Zylberstein; trad. M. Demuth, J. Parsons, M. Rosenthal, P. Billon, A. Dorémieux). Contient: PKD, «L'homme, l'androïde et la machine» (trad. B. Mathieussent); «Mini-révolte», «Les défenseurs», «Reug», «Les infinis», «Deuxième variété», «L'imposteur», «Le sacrifié», «L'infatigable grenouille», «L'homme variable.»

8. *Délires divergents (Les)* (Casterman, 1979) (antho. d'A. Dorémieux; trad. A. Dorémieux). Contient: Dorémieux, «Mosaïque en forme de préface»; PKD, Notules; «Reug», «L'infatigable grenouille», «Les rampeurs», «Clientèle cap-

tive », « Jeu de guerre », « Ce que disent les morts », « Précieuse relique », « Syndrome de retrait », « Match retour », « Les pré-humains. »

9. *Derrière la porte* (Denoël « PdF », 1988) (trad. A. Dorémieux, P.K. Rey). Contient : E. Jouanne, « Introduction » ; PKD (trad. E. Jouanne), « L'évolution d'un amour vital » ; « Tant qu'il y a de la vie », « Le pendu dans le square », « Projet : Terre », « Des yeux voltigeurs », « Tony et les scarabées », « Un vaisseau fabuleux », « Derrière la porte », « La crypte de cristal. »

10. *Grand O (Le)* (Denoël « PdF », 1988) (trad. A. Dorémieux, P.-P. Durastanti). Contient : E. Jouanne, « Introduction » ; PKD, « L'homme et l'androïde » (trad. M. Bastide) ; « Des nuées de Martiens », « La clause du salaire », « La machine à conserver », « Les braconniers du cosmos », « Dans le jardin », « Le grand O », « Le problème des bulles. »

11. *Homme doré (L')* (J'ai lu, 1982) (trad. F.-M. Watkins, M. Demuth, B. Martin, C. Renard, D. Hersant & M. Deutsch). Contient : « L'homme doré », « Projet Argyronète », « Le constructeur », « La guerre contre les Fnouls », « Quelle chance d'être un Blobel ! », « Le roi des elfes », « La dame aux biscuits », « Chaînes d'air, réseau d'éther », « Si Cemoli n'existait pas », « La sortie mène à l'intérieur. »

12. *Homme variable (L')* (Le Masque, 1975) (trad. M. Rosenthal). Contient : « L'homme variable », « Deuxième variété », « Rapport minoritaire ».

13. *Livre d'or de la science-fiction (Le) : Philip K. Dick* (Presses Pocket, 1979) (antho. de M. Thaon ; trad. M. Thaon). Contient : Thaon, « Labyrinthes de mort : quelques réflexions sur l'œuvre de Philip K. Dick » + « Bibliographie » ; PKD, « Payez l'imprimeur ! », « La planète impossible », « Définir l'humain », « La petite ville », « Le banlieusard », « Jeu de malchance », « Dans la coque », « Souvenir-écran », « Méfiez-vous les uns des autres », « Rendez-vous hier matin », « Une sinécure », « Au temps de poupée Pat. » — [Rééd. sous le titre *La planète impossible* (1989) ; contient : Marcel Thaon, « Notes après le crépuscule » (cf.)].

14. *Minority Report et autres récits* (Folio-SF, 2002). Contient : M. Edwards, « Introduction » ; PKD (trad. H. Collon), « Rapport minoritaire », « Un jeu guerrier », « Ce que disent les morts », « Ah, être un Gélate… », « Souvenirs à vendre », « la foi de nos pères », « La fourmi électrique », « Nouveau modèle », « L'imposteur. »

15. *Œil de la sibylle (L')* (Denoël « PdF », 1991 ; Folio « SF », 2002) (trad. E. Jouanne). Contient : « La bombe atomique sera-t-elle jamais mise au point, et si oui, qu'adviendra-t-il de Robert Heinlein ? » (« Will the Atomic Bomb Ever Be Perfected and If So, What Becomes of Robert Heinlein ? »), « Notes rédigées tard le soir par un écrivain de SF fatigué » (« Notes Made Late at Night by a Weary SF Writer ») (trad. Jouanne) ; « Stabilité », « L'œil de la sibylle », « L'Orphée aux pieds d'argile », « Cadbury, le castor à la traîne », « Le jour où M. Ordinateur perdit les pédales », « Etranges souvenirs de la mort », « Au revoir Vincent », « Une odyssée terrienne ».

16. *Paycheck* (Folio « SF », 2004) (trad. H. Collon). Contient : « La claude de salaire », « Nanny », « Le monde de Jon », « Petit déjeuner au crépuscule », « Une petite ville », « Le père truqué », « Là où il y a de l'hygiène… », « Autofab », « Au temps de Poupée Pat », « Le suppléant », « Un p'tit quelque chose pour nous, les temponautes ! », « Les pré-personnes ».

17. *Père truqué (Le)* (UGE « 10/18 », 1989) (trad. A. Dorémieux, M. Battin, D. Halin & M. Rosenthal). Contient : « Foster, vous êtes mort ! », « Les rampeurs »,

«Un monde de talents», «Le père truqué», «Clientèle captive», «Autofac», «Rapport minoritaire», «Jeu de guerre», «Ce que disent les morts».

18. *Planète impossible (La)* (Presses Pocket [Le grand temple de la science-fiction], 1989) [var. de *Le Livre d'Or de la science-fiction: Philip K. Dick* (op. cit.).

19. *Souvenir* (Denoël «PdF», 1989 ; Folio «SF», 2003) (trad. H. Collon). Contient: E. Jouanne, «Introduction»; PKD (trad. Jouanne), «Le nazisme et le Haut château», «La schizophrénie et le Livre des changements»; «Rajustement», «Interférence», «Souvenir», «Progéniture», «En ce bas monde», «Etrange Eden», «Le monde de Jon».

20. *Total Recall* (UGE «10/18», 1991) (antho. de J.-C. Zylberstein; trad. A. Dorémieux, B. Raison, G. Abadia & B. Martin). Contient: P. Duvic, «Rencontre avec Philip K. Dick» [+ présentation inédite]; PKD (trad. M. Thaon), «Si vous trouvez ce monde mauvais, vous devriez en voir quelques autres» («If You Find This World Bad, You Should See Some of the Others»); «Précieuse relique», «Syndrome de retrait», «De mémoire d'homme», «La foi de nos pères, «Match retour», «La fourmi électronique», «Les pré-humains», «Pitié pour les tempnautes!».

21. *Voyage gelé (Le)* (Denoël «PdF», 1990 ; Folio «SF», 2003) (trad. Jouanne). Contient: Jouanne, «Introduction»; PKD, «Souvenirs trouvés dans une facture de vétérinaire pour petits animaux» («Memories Found in A Bill from A Small Animal Vet») (trad. Jouanne); «Non-O», «Le retour des explorateurs», «Une belle prise», «Qu'allons-nous faire de Ragland Park «?, «Un numéro inédit», «L'histoire pour mettre fin à toutes les histoires pour l'anthologie d'Harlan Ellison *Dangereuses visions*», «Le cas Rautavaara», «Le voyage gelé», «L'esprit étranger.»

E. Synopsis

1. «The Acts of Paul». Synopsis de roman (inachevé) diffusé avec l'éd. de luxe des *Collected Stories of Philip K. Dick* (op. cit.).

2. «Fawn, Look Back» Synopsis de la 1è version du projet de roman (inachevé) *The Owl in Daylight* (op. cit.). In *Science Fiction Eye* n°12, août 1987.

3. «Joe Protagoras Is Alive and Living on Earth» [synopsis de roman (1967).] In D. Garnett, éd., *New Worlds* (Londres: Gollancz/V.G.S.F., 1992), p. 255-270. Contient: P. Williams, «Introduction» (1991), illustr. de J. Burns (1992); in L. Sutin, *The Shifting Realities of Philip K. Dick* (op. cit.).

4. «The Name of the Game Is Death» [synopsis de roman inachevé] In D. Garnett, éd., *New Worlds 2* (Londres: Gollancz/V.G.S.F., 1992), p. 271-283. Contient: illustr. de Jim Burns (1992).

5. «Outline for *Our Friends From Frolix 8*» [synopsis du roman (op. cit.)]. In *The Philip K. Dick Society Newsletter* n°19, janv. 1989 [contient: P. Williams, «Introduction», ill.: D. Nassar].

6. «The Owl in Daylight» [synopsis de roman en préparation à la mort de PKD (daté 21/05/1981), reprenant la structure de la *Divine comédie* de Dante; cf. «Fawn Look Back» (op. cit.)]. In *Forced Exposure*; in J. Merrifield, éd., *Philip K. Dick. A Celebration* (brochure, colloque «Connections» (19-20/10/1991), Lou-

ghton (G.-B.). — (trad. H. Collon) « Le hibou ébloui » in *Nouvelles (1963-1981)* (op. cit., 1998) & *Nouvelles 1953-1981* (op. cit., 2000).

7. « The Zap Gun » [synopsis pour *The Zap Gun* (op. cit.)]. In *The Philip K. Dick Society Newsletter* n°16, janv. 1988, p. 1, 13-14.

F. Fragments, poèmes, textes rares (sélection)

1. « Missing Pages of the Unteleported Man ». In *The Philip K. Dick Society Newsletter* n°8, sept. 1985. — Réintégrées dans l'édition française de *The Unteleported Man* (op. cit.).

2. « The Different Stages of Love. A Previously Unpublished Passage from *Flow My Tears, the Policeman Said* ». In *The Philip K. Dick Society Newsletter* n°28, mars 1992, p. 3-5. [Pages manquantes au chap. 11 mais présentes dans l'éd. fr. de *Flow My Tears, the Policemen said* (op. cit.)].

3. Textes publiés par la *Berkeley Daily Gazette* [« Young Authors' Club »] et attribués à Philip K. Dick (1942-1945, par ordre chronologique) :

— « Le Diable » (23/01/1942)

— « The Handy Puddle » (5/02/1942)

— « Jungle People » (17/02/1942)

— « The Black Arts » [var. « The Black Box », « The Pirate »] (7/10/1942)

— « He's Dead » (poème, 11/11/1940 ; in G. Rickman, *To the High Castle. Philip K. Dick, a Life* (Cf. Bibliogr. secondaire).

— « Knight Fight ! » (27/10/1942)

— « The Highbrow » (26/10/1943)

— « Crunch ! Crunch ! » (signé « Teddy », 6/12/1943)

— « Santa's Return » (4/01/1944 ; in G. Rickman, *To the High Castle. Philip K. Dick, a Life* (Cf. Bibliogr. secondaire)

— « The Hope of Christmas » (signé « Teddy », 7/01/1944)

— « A Satire on the Translating of Sixteenth Century Prophetic Verse », « The Magician's Box » (7/02/1944)

— « Marcus and His End » (poème signé « Mark Van Dyke », 21/02/1944)

— « Jet » (signé « Teddy », 28/02/1944)

— « The Slave Race » (8/05/1944 ; in G. Rickman, *To the High Castle. Philip K. Dick, a Life* (Cf. Bibliogr. secondaire).

— « The First Presentation Motif » (signés « Teddy », 19/06/1944)

— « Benediction » (signé « Teddy », 3 juil. 1944), « The Visitation » (signé « Mark Van Dyke », 14/08/1944)

— The « Clock Strikes 13 » [var. « The Clock Struck Thirteen »] (signé « Teddy », 19/091944)

— « Program Notes on a Great Composer », « Companions » signés « Teddy », 6/11/1944)

— « The Past » (signé « Teddy », 20/11/1944 ; in G. Rickman, *To the High Castle. Philip K. Dick, a Life* (Cf. Bibliogr. secondaire).

— « A Parable » (signé « Teddy », 27/1/1944)

— « Comments Sent in by Teddy » [lettre] (29/12/1944)

— « Autumn Mood » (signé « Teddy », 5/12/1944), Faust (signé « Teddy », 19/02/1945)

— « Why Weep ? » (signé « Teddy », 12/03/1945)

— « Knowledge » (signé « Teddy », 26/03/1945)

— « How Can We Fail ? » (signé « Teddy », 14/05/1945 ; in G. Rickman, *To the High Castle. Philip K. Dick, a Life (1928-1962)* (Cf. Bibliogr. secondaire).

— « Crescent Romance » (signé « Teddy », 11/06/1945)

— « Tomorrow Is Another Day » (signé « Teddy », 2/07/1945).

4. Poèmes parus dans le recueil *Child's Hat* (Gulyas, 1966) :

— « An Old Snare »

— « The Above and Melting »

— « Why Am I Hurt ? »

5. « On a Cat Which Fell Three Stories and Survived », in *Last Wave* été 1984 ; in *The Philip K. Dick Society Newsletter* n°13, fév. 1987, p. 1. — (trad. L. Sztajn) « D'un chat qui est tombé du troisième étage et a survécu » [var. au sommaire : « A propos d'un chat qui est tombé du troisième étage et a survécu »], in [Collectif], *Science & Fiction* n°7/8, op. cit.).

6. « Today the World ». Texte inachevé [circa 1963]. In *The Philip K. Dick Society Newsletter* n°3, avril 1984, p. 2-3.

G. Scénarios

1. *Plot Idea for Mission : Impossible (1967)* in L. Sutin, *The Shifting Realities of Philip K. Dick* (op. cit.).

2. *TV Series Idea* (1967) in L. Sutin, *The Shifting Realities of Philip K. Dick* (op. cit.).

3. *Ubik : The Screenplay.* (Corroboree Press, 1985), 154 p. [Scénario]. Contient : P. Williams, « Introduction » ; T. Powers, « Introduction ».

4. *Warning : We Are Your Police.* Scénario TV non tourné pour un épisode des « Envahisseurs. » Supplément à la *Philip K. Dick Society Newsletter* n°7, juil. 1985 ; in U. Anton éd., *Welcome to Reality. The Nightmares of Philip K. Dick* (op. Cit.) ; in *Knights of Madness : Further Comic Tales of Fantasy,* Peter Haining, éd. (Souvenir Press, 1998). — (trad. L. Murail) *Ibid,* in [Collectif], *Science & Fiction* n°7/8, (op. cit.).

II. TEXTES HORS FICTION

1. Préfaces, notes, introductions, etc.

1. « Afterthoughts by the Author ». In *The Best of Philip K. Dick* (op. cit.).

2. « Afterword » [postface à « Faith of Our Fathers » (op. cit.)]. In H. Ellison, *Dangerous Visions* (Doubleday, 1967) [développé dans l'éd. Signet et suivantes].

3. « Afterword » to *The Golden Man*. In *The Golden Man* (op. cit.).

4. « Afterword » [to K.W. Jeter, *Dr Adder* (Bluejay, 1984, p. 228-231]. — trad. M. Lederer, in K.W. Jeter, *Dr Adder* (Denoël « PdF », 1985).

5. Afterword to « "The Days of Perky Pat" ». In W.F. Nolan & M.H. Greenberg éd., *Science Fiction Origins* (Fawcett Books, 1980, p. 98-101); [Extrait] in L. Sutin, *Divine Invasions: A Life of Philip K. Dick* (op. cit.).

6. « Afterword to *A Maze of Death* ». In *A Maze of Death* (op. cit.). — (trad. A. Dorémieux) « Avant-propos de l'auteur », in *Au bout du labyrinthe* (op. cit.).

7. « Author's Note for *A Scanner Darkly* ». In *A Scanner Darkly* (op. cit.). — (trad. R. Louit) Note de l'auteur, in *Substance mort* (op. cit.).

8. « Foreword to *The Collected Stories of Philip K. Dick* ». In *The Collected Stories of Philip K. Dick* Vol. 1, p. XIII-XVI.

9. « Headnote for « "Beyond Lies the Wub" ». In L. Sutin, *The Shifting Realities of Philip K. Dick* (op. cit.).

10. « Introduction ». In D. Knight, M.H. Greenberg & J.D. Olander, éd., *First Voyages* (Avon, 1981) [antho. de 1ères nouvelles publiées par 20 auteurs de SF (J.G. Ballard, A.C. Clarke, U.K. LeGuin...)]; — titrée « The Wub Lives! — PKD Reflects on the Meaning of His First Published Short Story, "Beyond Lies the Wub" » [titre de la rédaction], in *Radio Free PKD* n°3, oct. 1993, p. 1; — titrée « The Soul of the Wub » [par la rédaction], in *Philip K. Dick Society Newsletter* n°24, mai 1990, p. 1.

11. « Introduction to "The Android and the Human" ». In B. Gillespie éd., *Philip K. Dick: Electric Shepherd* (op. cit.).

12. « Introduction to *Dr. Bloodmoneyï* ». In L. Sutin, *The Shifting Realities of Philip K. Dick* (op. cit.).

13. « Introduction to *The Golden Man* » (cf. « The Lucky Dog Pet Store »).

14. « Introduction to « "Roog" »], in *Unearth*, hiver 1979; in *The Collected Stories of Philip K. Dick* (op. cit.).

15. « Notes on "Oh to Be a Blobel!" » In F. Pohl, J.D. Olander & M.H. Greenberg éd., « *Galaxy* »: *Thirty Years of Innovative Science Fiction* (Playboy Press, 1980); in *The Collected Stories of Philip K. Dick* (op. cit.).

16. « Notes on *The Golden Man* ». In F. Pohl, J.D. Olander & M.H. Greenberg, *Worlds of If: A Retrospective Anthology* (Bluejay, 1986); in *The Collected Stories of Philip K. Dick* (op. cit.).

17. « Notules » [portant sur 33 nouvelles] In *The Collected Stories of Philip K. Dick* (op. cit.). — [rédigées par PKD pour leur première édition en anthologie].

18. « PKD's Blade Runner ». In *The Philip K. Dick Society Newsletter* n°18, août 1988, p. 1-4. [Titre de la rédaction. Notes pour l'adaptation cinématographique de *Do Androids Dream of Electric Sheep?/Blade Runner.*]

19. « Prologue to *Eye in the Sky* ». In *The Philip K. Dick Society Newsletter* n°13, fév. 1987, p. 10-11.

20. « Unpublished Prescript to *Flow My Tears, the Policeman Said* ». In *The Philip K. Dick Society Newsletter* n°12, oct. 1986.

21. « Unpublished Foreword to *The Preserving Machine* ». In *Science Fiction Stu-*

dies n°5 Vol. 2 (I), mars 1975, p. 22-23 ; in *The Collected Stories of Philip K. Dick* (op. cit.) [extrait] ; in [Collectif] : *On Philip K. Dick* (op. cit., p. 16-17).

2. Extraits de l'*Exégèse*

1. « A Brief Excerpt from *The Exegesis* ». In *The Philip K. Dick Society Newsletter* n°3, avril 1984 & in G. Rickman, *Philip K. Dick. The Last Testament* (op. cit.).

2. « An Excerpt from the *Exegesis* ». In *The Philip K. Dick Society Newsletter* n°12, oct. 1986, p. 3-5 ; in G. Rickman, *To the High Castle Philip K. Dick : A Life* (op. cit.).

3. *In Pursuit of Valis : Selections from the Exegesis.* (Cf. Sutin, Bibliogr. secondaire).

4. *Cosmogony and Cosmology* (Kerosina, 1987) 45 p.) [distr. à 325 ex. avec l'éd. de luxe de *Valis* (op. cit.) ; 500 ex. avec l'éd. de *Valis* (op. cit.) préf. par K. Roberts] ; in L. Sutin, *The Shifting Realities of Philip K. Dick* (op. cit.).

3. Articles, essais (sélection)

En anglais

1. *The Shifting Realities of Philip K. Dick. Selected Literary and Philosophical Writings,* Lawrence Sutin, éd. (Pantheon, 1995) ; (Vintage, 1996), 350 p. Contient : PART ONE : AUTOBIOGRAPHICAL WRITINGS. « Two Fragments from the Mainstream Novel *Gather Yourselves Together* », « Introducing the Author », « Biographical Material on Philip K. Dick » (1968), « Self-Portrait », « Notes Made at Night by A Weary SF Writer », « Biographical Material on Philip K. Dick » (1972), « Biographical Material on Philip K. Dick » (1973), « Memories Found in A Bill from A Small Animal Vet », « The Short Happy Life of A Science-Fiction Writer », « Strange Memories of Death » [nouvelle], « Philip K. Dick on Philosophy : A Brief Interview Conducted by Frank C. Bertrand ». PART TWO : WRITINGS ON SCIENCE FICTION AND RELATED IDEAS. « Pessimism in Science-Fiction », « Will the Atomic Bomb Ever Be Perfected, and if So, What Becomes of Robert Heinlein ? », « The *Double : Bill* Symposium : Replies to A Questionnaire for Professional SF Writers and Editors », « That Moon Plaque », « Who Is An SF Writer ? », « Michelson-Morley Experiment Reappraised », « Introduction to *Dr. Bloodmoney* », « Introduction to *The Golden Man* », « Book Review of *The Cybernetic Imagination in Science-Fiction* », « My Definition of Science-Fiction », « Predictions », « Universe Makers... and Breakers », « Headnote for Beyond Lies the Wub ». PART THREE : WORKS RELATED TO *THE MAN IN THE HIGH CASTLE* AND ITS PROPOSED SEQUEL. « Naziism and the High Castle », « Biographical Material on Hawthorne Abendsen », « The Two Completed Chapters of A Propose Sequel to *The Man in the High Castle* ». PART FOUR : PLOT PROPOSALS AND OUTLINES. « Joe Protagoras Is Alive and Living on Earth », « Plot Idea for *Mision : Impossible* », « TV Series Idea », « Notes on *Do Androids Dream of Electric Sheep ?* ». PART FIVE : ESSAYS AND SPEECHES. « Drugs, Hallucinations, and the Quest for Reality », « Schizophrenia and the Book of Changes », « The Androids and the Human », « Man, Android, and

Machine», «If You Find this World Bad, You Should See Some of the Others», «How to Build A Universe That Does Not Fall Apart Two Days Later», «Cosmogony and Cosmology», «The Tagore Letter». PART SIX: SELECTIONS FROM THE EXEGESIS (c. 1975-1980).

2. *The Dark-Haired Girl* (Mark Ziesing, 1988, 246 p.) [Contient: «Introduction», «The Dark-Haired Girl», «The Android and the Human», «Poem (1972)», «The Evolution of A Vital Love», «Letters (1973)», «Man, Android, and Machine», «Letter (1981)», «Goodbye, Vincent (1972).»

3. «The Android and the Human». Allocution à la convention de science-fiction de Vancouver (Université de Colombie Britannique [Canada], fév. 1972). In *SF Commentary* n°31, déc. 1972, p. 4-26 [avec «Introduction» sous forme de lettre (Cf. «Lettre à B. Gillespie», déc. 1972, op. cit.); in *Vector*, mars-avril 1973; in B. Gillespie éd., *Philip K. Dick: Electric Shepherd* (op. cit.); in *The Dark-Haired Girl* (op. cit.); in L. Sutin, *The Shifting Realities of Philip K. Dick* (op. cit.). — (trad. M. Bastide) «L'homme et l'androïde», in B. Eizykman, *Inconscience-Fiction* (Kesselring, 1979, p. 66); in *Le grand O* (op. cit.) — (trad. Ch. Wall-Romana) titré «Androïde contre humain», in Valensi (antho.) *Si ce monde vous déplaît... et autres écrits* (op.cit.).

4. «Another Passion». In *Niekas* nov. 1981, p. 30-31. — (trad. B. Sigaud) «Une nouvelle passion», in *Science & Fiction* n° 7-8 (op. cit., p.151).

5. «Anthony Boucher». In *Fantasy & Science Fiction,* août 1968.

6. «*The Divine Invasion,* by Philip K. Dick. Simon & Schuster, $12.95. Reviewed by Chipdip K. Kill.» [c.r. humoristique par PKD de son propre roman; pseudo.]. In *Venom* (San Francisco), 29 sept. 1981; in *Philip K. Dick Society Newsletter* n°29, sept. 1992, p. 5-6.

7. «Drugs, Hallucinations, and the Quest for Reality.» In *Lighthouse* n°11, nov. 1964 [fanzine, T. Carr, éd.]; in L. Sutin, *The Shifting Realities of Philip K. Dick* (op. cit.). — (trad. E. Jouanne) «Drogues, hallucinations, et la quête de la réalité», in *Un auteur éminent* (op. cit.).

8. «Predictions by Philip K. Dick». In D. Wallechinsky éd., *The Book of Predictions* (Morrow, 1981, p. 328-329); in L. Sutin, *The Shifting Realities of Philip K. Dick* (op. cit.).

9. «How to Build a Universe That Doesn't Fall Apart Two Days Later» [écrit sous forme de discours, probablement jamais prononcé]. In P.S. Warrick, *I Hope I Shall Arrive Soon* (op. cit.), p. 1-23; in L. Sutin, *The Shifting Realities of Philip K. Dick* (op. cit.). — (trad. E. Jouanne) «Comment construire un univers qui ne s'effondre pas deux jours plus tard», in *Le crâne* (op. cit.) — (trad. Ch. Wall-Romana) in Valensi (antho.) *Si ce monde vous déplaît... et autres écrits* (op.cit.). — *Ibid.,* adaptation théâtrale de L. Castel, Festival d'Avignon, 9-30 juillet 1993.

10. «How to Write Science Fiction». In A. Panshin éd., *Transmutations. A Book of Personal Alchemy* (Elephant, 1982).

11. «If You Find this World Bad, You Should See Some of the Others.» Allocution au 2è Festival international de Science-fiction de Metz, 24 sept. 1977 [prononcée avec de fortes variantes]. In *The Philip K. Dick Society Newsletter* n°27, août 1991 [avec mention des coupures de PKD]; in L. Sutin, *The Shifting Realities of Philip K. Dick* (op. cit.). — (trad. M. Thaon) «Si vous trouvez ce monde mauvais, vous devriez en voir quelques autres», in J. Goimard, *L'an-*

née 1977-78 de la SF et du fantastique (Julliard, 1978) ; in *Total Recall* (op. cit.)
— (trad. Ch. Wall-Romana) in Valensi (antho.) *Si ce monde vous déplaît... et autres écrits* (op.cit.).

12. « Introducing the Author ». In *Imagination* (Vol. 4 n°2), fév. 1953, p. 2 ; in G. Rickman, *To the High Castle Philip K. Dick, A Life 1928-1962* (op. cit.) ; in L. Sutin, *The Shifting Realities of Philip K. Dick* (op. cit.).

13. « The Lucky Dog Pet Store » [1979]. In *Foundation* n°17, sept. 1979, p. 41-48 [contribution à la série « The Profession of Science Fiction » n°XVII ; titre de la rédaction ; essai de nature autobiogr.] ; titré « Introduction », in *The Golden Man* (op. cit.), p. XV-XVII ; — titré « Now Wait for This Year », in M.H. Greenberg & J.D. Olander, *Philip K. Dick* (op. cit.), p. 215 [rév.] ; in L. Sutin, *The Shifting Realities of Philip K. Dick* (op. cit.). — (trad. A. Dorémieux) « Préface de l'auteur » in *Les dédales démesurés* (op. cit.).

14. « Man, Android, and Machine ». In P. Nicholls, éd. *Science Fiction at Large* (Harper, 1976 ; Fontana, 1978 ; Londres : Gollancz, 1996 ; in PKD, *The Dark-Haired Girl* (op. cit.) ; in Sutin, *The Shifting Realities of Philip K. Dick. Selected Literary and Philosophical Writings* (op. cit.) ; — (trad. B. Mathieussent) « L'homme, l'androïde et la machine » in *Les défenseurs* (op. cit.) ; — (trad. Ch. Wall-Romana) titré « Hommes, androïdes et machines », in Valensi (antho.) *Si ce monde vous déplaît... et autres écrits* (op.cit.).

15. « Memoir ». In F. Pohl, M.H. Greenberg & J.D. Olander éd., *Worlds of If : A Retrospective Anthology* (Bluejay, 1986). [Notes sur la nouvelle « Oh to Be A Blobel ! »].

16. « Memories Found in A Bill from A Small Animal Vet ». In *The Real World* n°5, fév.-mars 1976, p. 4-5 in L. Sutin, *The Shifting Realities of Philip K. Dick* (op. cit.). — (trad. E. Jouanne) « Souvenirs trouvés dans une facture de vétérinaire pour petits animaux », in *Le voyage gelé* (op. cit.).

17. « Naziism and the High Castle ». In *Niekas* n°9, sept. 1964 ; in *The Philip K. Dick Society Newsletter* n°14, juin 1987 ; in L. Sutin, *The Shifting Realities of Philip K. Dick* (op. cit.). — (trad. E. Jouanne) « Le nazisme et le Haut château », in *Souvenir* (op. cit.).

18. « My Definition of Science Fiction » [Lettre à John Betancourt, 14/05/1981]. In L. Sutin, *The Shifting Realities of Philip K. Dick* (op. cit.). — (trad. J. Chambon) « Pour une définition de la science-fiction ? » In *Nouvelles I (1947-1952)* (op. cit.)].

19. « The Nixon Crowd ». In *SF Commentary* n°39, nov. 1973 ; in *The Philip K. Dick Society Newsletter* n°17, avril 1988, p. 2.

20. « Notes Made at Night by a Weary Science Fiction Writer. » In *Eternity Science Fiction* n°1, juil. 1972, p. 26 ; in *The Philip K. Dick Society Newsletter* n°22-23, déc. 1989, p. 19 in L. Sutin, *The Shifting Realities of Philip K. Dick* (op. cit.). — (trad. E. Jouanne) « Notes rédigées tard le soir par un écrivain de science-fiction fatigué », in *L'œil de la sibylle* (op. cit.).

21. « Now Wait for This Year » [var., cf. « The Lucky Dog Pet Store »].

22. « Pessimism in Science Fiction ». In *Oblique* n°6, déc. 1955 ; in L. Sutin, *The Shifting Realities of Philip K. Dick* (op. cit.). — « Le pessimisme en science-fiction », in *Nouvelles (1953-1963)* (op. cit.) & *Nouvelles 1953-1981* (op. cit. 2000).

23. « [Sans titre] » [Réponse à un questionnaire adressés à des auteurs et

des éditeurs de SF)]. In W. Bowers & W. Mallardi, *The Double: Bill Symposium* (D.B. Press [« SF Writers' Symposium »], 1969 [annales]); in L. Sutin, *The Shifting Realities of Philip K. Dick* (op. cit.).

24. « Schizophrenia & the Book of Changes » [circa 1964]. In *Niekas* n°11, mars 1965; in *Cover*, mai 1974; in *Philip K. Dick Society Newsletter* n°14, juin 1987; in L. Sutin, *The Shifting Realities of Philip K. Dick* (op. cit.). — (trad. E. Jouanne) « La schizophrénie et le Livre des Changements », in *Souvenir* (op. cit.).

25. « Scientists Claim: We Are the Center of the Universe ». In *New Worlds* n°216, sept. 1979.

26. « The Short Happy Life of a Science Fiction Writer ». In *Scintillation* (Vol. 3 n°3), juin 1976, p. 11-14; in L. Sutin, *The Shifting Realities of Philip K. Dick* (op. cit.). — (trad. E. Jouanne) « La vie courte et heureuse d'un écrivain de science-fiction », in *Au service du maître* (op. cit.).

27. « That Moon Plaque ». In D.A. Wolheim éd., *Men on the Moon* (Ace, 1969) [ne figure pas dans la 1è éd. de 1958]; in L. Sutin, *The Shifting Realities of Philip K. Dick* (op. cit.).

28. « Three Sci-Fi Authors View the Future » [avec M. Crichton & K. Vonnegut]. In *Voice* (Vol. 55 n°14), 17 janv. 1974.

29. « Transcript of a Seance ». In *The Philip K. Dick Society Newsletter* n°12, oct. 1986, p. 5-6.

30. « Who Is an SF Writer? ». In W.E. McNelly éd., *Science Fiction: The Academic Awakening* (Shreveport [LA.]: College English Association, 1974, p. 46-50); in L. Sutin, *The Shifting Realities of Philip K. Dick* (op. cit.).

31. « Will the Atomic Bomb Ever Be Perfected., and If So, What Becomes of Robert Heinlein? ». In *Lighthouse* n°14, oct. 1966, p. 3-6; in L. Sutin, *The Shifting Realities of Philip K. Dick* (op. cit.). — (trad. E. Jouanne) « La bombe atomique sera-t-elle jamais mise au point, et si oui, qu'adviendra-t-il de Robert Heinlein? », in *L'œil de la sibylle* (op. cit.).

En français

1. *Si ce monde vous déplaît... et autres écrits.* (Anthologie établie et préfacée par Michel Valensi, trad. Christophe Wall-Romana). Editions de l'Eclat, 1998, 2004, 248 p. Contient: Valensi, « Note de l'Editeur », « Notes »; PKD, « Androïde contre humain », « Hommes, androïdes et machines » (op.cit.), « Si vous trouvez ce monde mauvais, vous devriez en voir quelques autres » (op.cit.), « Comment construire un univers qui ne tombe pas en morceaux au bout de deux jours » (op.cit.).

4. Entretiens (sélection, classée par auteurs)

1. « Interview with Philip K. Dick ». In R. Hill éd., *Reflections of the Future*, (Lexington [Mass.]: Ginn & Co., 1975, p. 57-58). Contient: « We Can Remember It for You Wholesale » (op. cit.).

2. « Ninety Minutes with Philip K. Dick »/»Philip K. Dick Alone ». [Extraits d'entrevue]. Contient: « Notes on Work-in-Progress » [enregistrées par PKD pour

la suite de *Man in the High Castle*, circa août 1974]. Cassette audio diffusée par la « Philip K. Dick Society » avec la *Philip K. Dick Society Newsletter* n° 9-10, janv. 1986.

3. Elisabeth Antebi. *Les Evadés du futur* [doc. TV (1974) réalisé en 1974 à Disneyland (Calif.); contient: interviews de PKD, N. Spinrad, R. Silverberg, T. Sturgeon...]. Document déposé à l'I.N.A.

4. John Boonstra. « Philip K. Dick, 1928-1982: Twilight Zone Interview » [oct. 1981]. In *Twilight Zone Magazine* n°2 juin 1982, p. 47-52; titrée « Horselover Fat and the New Messiah » in *The Hartford Advocate,* 22 avril 1981; — titrée « Comments on *Confessions of A Crap Artist* » in *The Philip K. Dick Society Newsletter* n°1, août 1982 [extrait]; in *The Philip K. Dick Society Newsletter* n°29, sept. 1992, p. 3-4]. — (trad. D. Haas & al.) « Interview », in *L'Ecran fantastique* n°26, sept. 1982, p. 14-25.

5. John Boonstra. « Horselover Fat and the New Messiah ». [Cf. « Philip K. Dick, 1928-1982: Twilight Zone Interview » (op. cit.).

6. John Boonstra. « Two Telephone Conversations with Philip K. Dick » [1er/03/1981 & 28/06/1981]. Cassette audio, 110 mn. — [Extrait] in *The Philip K. Dick Society Newsletter* n°29, sept. 1992, p. 3-4.

7. Arthur Byron Cover. « *Vertex* Interviews Philip K. Dick ». In *Vertex* (Vol. I n°6), fév. 1974, p. 34-98 [avec photos]. — (Trad. G. Goullet) « Petite discussion avec Philip K. Dick », in *Bifrost* n°18 (cf. Bibliogr. secondaire).

8. Daniel DePrez. « An Interview with Philip K. Dick. » In Geis, Richard E., éd.: *Science Fiction Review* n°19, août 1976, p. 6-12.

9. Patrice Duvic. « Rencontre avec Philip K. Dick » [1971, Marin County (Calif.)]. In *Galaxie* n°100, sept. 1972, p. 135-149; in *Total Recall* (op. cit.) [+ présentation inédite].

10. Tony Hiss. « [Sans titre] ». In *The New Yorker* (rubrique « Talk of the Town »), 23/01-3/021975.

11. Mike Hodell [non crédité]. « The Mainstream That Through the Ghetto Flows. » Diffusée dans l'émission « Hour 25 » sur Pacifica Radio (KPFK) [Los Angeles (Calif.)] le 13/06/1976; in *The Missouri Review* Vol. 7 n°2, 1984, p. 164-185.

12. Gwen Lee & Doris E. Sauter. *What if Our World Is Their Heaven? — The Final Conversations of Philip K. Dick.* Woodstock & New York: The Overlook Press (2000), 204 p. [Contient: avant-propos de Tim Powers].

13. F. Luxereau, Y. Breux & R. Lubin. *Entretien avec Philip K. Dick.* [Film réalisé à Metz, sept. 1977, 22 mn]. Doc. déposé au C.N.R.S. (1978), dépt. « Audiovisuel ». Première diffusion TV intégrale sous le titre général d'*Adikted*, Canal Jimmy, 03/10/2002.

14. Charles Platt. « Reality in Drag » [+ profil biogr.]. In *Science Fiction Review* n°36, août 1980; in Platt éd., *Who Writes Science Fiction?* (Savoy, 1980); in Platt, *Dream Makers: The Uncommon People Who Write Science Fiction* (Berkley, 1980, p. 152. — (trad. J. Chambon) « Entretien avec Philip K. Dick », in *Univers 1981* (J'ai lu, 1981).

15. B. Stéphan & R. Milési. « Entretien avec Philip K. Dick » [31/09/1977, Metz]. In *Fiction* n°306, 1980.

16. Joe Vitale. « The Worlds of Philip K. Dick. An Interview with America's Most Brilliant Science Fiction Writer ». In *The Aquarian* 11-18 oct. 1978.

17. Paul Williams. « The True Stories of Philip K. Dick ». [+ profil biogr.]. In *Rolling Stone* n°199, 6 nov. 1975 ; in Williams, *Only Apparently Real: The World of Philip K. Dick* (cf. Bibliogr. secondaire).

5. Lettres (sélection, par ordre chronologique)

En anglais

1. *The Selected Letters of Philip K. Dick,* Lancaster (Pa.) : Underwood-Miller.
   — *1938-1971.* 1997, 376 p. Contient : J. Blaylock, « Introduction ».
   — *1972-73.* 1993, 416 p. Contient : D. Etchison, « Introduction ».
   — *1974.* P. Williams éd., 1991, 311 p. Contient : W. Gibson, « Introduction » ; P. Williams, « Editorial Preface » ; « Chronology of Philip K. Dick's Life » ; P. Fitting, « Statement » ; S. Lem, « Statement ».
   — *1975-1976.* D. Herron éd., 1992, 351 p. Contient : Tim Powers, « Introduction » ; D. Herron, « Editorial Preface » ; « A PKD Chronology », « Chronology for this Volume ».
   — *1977-1979.* D. Herron, éd., 1993, 260 p. Contient : R.A. Wilson, « Fore-Words : PKD Deconstructed and Reconstructed [Introduction] » ; D. Herron, « Editorial Preface » ; Katherine Kurtz, « Statement » ; « A PKD Chronology ; Chronology for this Volume ». « Was Horselover Fat a Flake ?, by Philip K. Dick » [lettres à R. Galen, 12/11/1981 & 12/07/1980], in *The Philip K. Dick Society Newsletter* n°15, août 1987, p. 5-6.

2. *The Dark-Haired Girl* (Cf. « Articles, Essais »).

3. « The Invisible » [Lettre à M. Edwards, datée du 6 juin 1973]. In *Vector* « Letters from Amerika »] n°67-68, printemps 1974.

4. « Letter » [à Mrs. Hollis, 16/12/1949]. In *The Philip K. Dick Society Newsletter* n°11, mai 1986, p. 9.

5. « PKD-Editors Correspondence » [lettres datées des 8/11/1951 & 19/03/1952]. In A. Peltz McComas éd., *The Eureka Years: Boucher and McComas's « Magazine of Fantasy & Science Fiction »*, 1949-54 (Bantam Books, 1982, p. 205-6.

6. « Dear Mr. Haas » [16/09/1954]. In *The Philip K. Dick Society Newsletter* n°29, sept. 1992, p. 7.

7. « A Letter from Philip K. Dick. February 1st, 1960 » [à E. Dimoff, de Harcourt, Brace & World, à propos de ses romans non-s-f]. In *The Philip K. Dick Society Newsletter Pamphlet* n°1, août 1983.

8. « A Letter to Anthony Boucher » [25/04/1962]. In *The Philip K. Dick Society Newsletter* n°30, déc. 1992, p. 1-4.

9. « Letter » [à S. Meredith, 2/08/1970]. In *The Philip K. Dick Society Newsletter* n°12, oct. 1986.

10. « Letter » [à B. Gillespie, déc. 1972]. In *SF Commentary* n°31, déc. 1972, p. 4 ; [intro. à « The Android and the Human » (op. cit.)].

11. «Mob Rule». [Lettre à M. Edwards, 1er sept. 1973;. In *Vector,* «Letters from Amerika» n°67-68, printemps 1974.

12. «Letter». In *Rolling Stone*, 12 déc. 1975.

13. « Notes (Possibly Contaminated) On An Information Virus, by Philip K. Dick» 15//04/1981]. In *The Philip K. Dick Society Newsletter* n°24, mai 1990, p. 3-4.

14. «Letter» [à *Venom* (San Francisco [Calif.]), 29/09/1981]. In *The Philip K. Dick Society Newsletter* n°29, sept. 1992, p. 5-6. Contient: PKD, «The Divine Invasion, by Philip K. Dick. — Simon & Schuster, $12.95 — Reviewed by Chipdip K. Kill (op. cit.).

15. «Letter» [à D.G. Hartwell, 21/05/1981; contient le synopsis de «The Owl in Daylight» (op. cit.)]. In Merrifield, colloque «Philip K. Dick, A Celebration», Loughton (G.-B.), 19-20 oct. 1991].

16. «The "Tagore" Letter» [23/09/1981, pour *Niekas*). In D.S. Apel, *Philip K. Dick: The Dream Connection* (Cf. Bibliogr. secondaire); in G. Rickman, *Philip K. Dick: The Last Testament* (cf. Bibliogr. secondaire).; in L. Sutin, *The Shifting Realities of Philip K. Dick — Selected Literary and Philosophical Writings* (op. cit.).

En français

1. «Lettre» [3/09/1975]. In I. & G. Bogdanoff, *L'Effet science-fiction* (Robert Laffont «A&D-Essais», 1979, p. 293.

2. *Fille aux cheveux noirs (La).* (Trad. Gilles Goullet), Folio SF n°87, 2002, 180 p. Contient: Norman Spinrad, «Préface»; «The Dark-Haired Girl» (cf.).

Bibliographie secondaire sélective

ARTICLES, COMPTES RENDUS, ESSAIS, PRÉFACES, LETTRES À L'AUTEUR, COLLECTIFS, MONOGRAPHIES, THÈSES, ALLOCUTIONS, DOCUMENTS AUDIOVISUELS, ETC.

Avertissement: On n'a conservé que les références concernant des textes substantiels et disponibles. Pour plus d'information, voir la rubrique «Sites Web. »

Note bibliographique: Sauf mention contraire, les références en anglais concernent des publications américaines, et les références en français des publications françaises. Les volumes sont en italiques, les textes isolés entre guillemets. Les informations subsidiaires et les commentaires figurent entre crochets. Nous remercions nos prédécesseurs.

I. VOLUMES:

1. **Scott Apel**. *Philip K. Dick: The Dream Connection*. San José [Ca.]: Permanent Press, 1987; Impermanent Press, 1999. Contient: Philip K. Dick, «The Eye of the Sibyl» [nouvelle], «The "Tagore" Letter»; «Interview with Dick», «Letter»; D.S. Apel, «Introduction», «Phil as I Knew Him», «The Dream Connection»; R.F. Nelson, «A Dream of Amerasia»; R.A. Wilson, «Afterwards»; T. Sturgeon, «On Philip K. Dick».

2. **Gordon Benson Jr**. & **Phil Stephenson-Payne**. *Philip Kindred Dick: Metaphysical Conjurer — A Working Bibliography*. (Albuquerque [NM]: Galactic Central, 1990) (Leeds, 1995 [Fourth Revised Édition].

3. **Andrew M. Butler**. *Philip K. Dick: The Pocket Essential*. Harpenden: Pocket Essentials, 2000. Contient: I. «BEYOND THE VEIL (The Early Years, The Boom Years, The Crash, Rebirth, The Afterlife, A Guide to This Book).» II. LEARNING THE ROPES 1941-1953. *Return to Lilliput, The Earthshaker, Gather Yourselves Together, Voices from the Street, The Cosmic Puppets*. III. A DOUBLE LIFE 1954-1960 *Solar Lottery/A World of Chance, The World Jones Made, Eye in the Sky, Mary*

255

and the Giant, The Man Who Japed, A Time for George Stavros, Pilgrim on the Hill, The Broken Bubble, Puttering About in A Small Land, Nicholas and the Higs, Time Out of Joint, In Milton Lumky Territory, Dr Futurity, Confessions of A Crap Artist, Vulcan's hammer, The Man Whose Teeth Were All Exactly Alike, Humpty Dumpty in Oakland, VI. AT THE PEAK 1961-1969 *The Man in the High Castle, We Can Build You, Martian Time-Slip, Dr. Bloodmoney, The Game-Players of Titan, The Simulacra, Now Wait for last year, Clans of the Alphane Moon, The Crack in Space, The Three Stigmata of Palmer Eldritch, The Zap Gun, The Penultimate Truth, The Unteleported Man, Counter-Clock World, Do Androids Dream of Electric Sheep? Nick and the Glimmung, Ubik, Galactic Pot-Healer, A Maze of Death.* V. OVER THE EDGE? 1970-1982. *Our Friends from Frolix-8, Flow My Tears, The Policeman Said, A Scanner Darkly, Radio Free Albemuth, Valis, Lies, Inc., The Divine Invasion, The Transmigration of Timothy Archer, The Owl in Daylight.* VI. SELECTED SHORT FICTION. «Roog», «Beyond Lies the Wub», «Second Variety», «Impostor», «The Minority Report», «We Can Remember It For You Wholesale.» VII. NON-FICTION *The Dark-Haired Girl, The Exegesis, The Selected Letters of Philip K. Dick, The Shifting Realities of Philip K. Dick: Selected Literary and Philosophical Writings.* VIII. COLLABORATIONS. *The Ganymede Takeover, Ubik: The Screenplay, Deus Irae.* IX. REFERENCE MATERIALS. «Books. ([Novels, Selected Secondary Materials] », « Videos [Barjo/Confessions d'un barjo (1992), Blade Runner (1982), Screamers (1995), Total Recall (1990), In Production] ». « Documentaries.» «Websites.»

4. **[Collectif]**. *On Philip K. Dick. 40 Articles from «Science Fiction Studies».* Greencastle [Ill.]: SF-TH [DePauw University], 1992, 320 p. Contient: I. Csicsery-Ronay, «Introduction. Pilgrims in Pandemonium: Philip K. Dick and the Critics»; W.E. McNelly & S.K. Perry, «The Manuscripts and Books at CSU Fullerton»; bibliogr. primaire chronologique et bibliogr. secondaire par R.D. Mullen, I. Csicsery-Ronay Jr, A.B. Evans, V. Hollinger. I. THE SCIENCE FICTION OF PHILIP K. DICK (*SFS* n°5, MARCH 1975). D. Suvin, «Introductory Note», «The Opus: Artifice as Refuge and World View (Introductory Reflections) », Foreword to *The Preserving Machine,* C. Pagetti, «Dick and Meta-SF»; F. Jameson, «After Armaggedon: Character Systems in *Dr Bloodmoney* »; B.W. Aldiss, «Dick's Maledictory Web: About and around *Martian Time-Slip* »; P. Fitting. «*Ubik*: The Deconstruction of Bourgeois SF»; S. Lem «Philip K. Dick: A Visionary Among the Charlatans»; I. Watson, «LeGuin's *Lathe of Heaven* and the Role of Dick: The False Reality as Mediator». II. ARTICLES 1975-1987. «A Clarification», P.S. Warrick, «The Encounter of Taoism and Fascism in Philip K. Dick's *Man in the High Castle* », «In Memory of Philip K. Dick»; P. Fitting, «Reality as Ideological Construct: A Reading of Five Novels by Philip K. Dick»; C. Freedman, «Towards a Theory of Paranoia: The Science Fiction of Philip K. Dick»; J. Fekete, «The Transmigration of Philip K. Dick»; M. Abrash, «A Failure of Scholarship»; K.S. Robinson, «Whose Failure of Scholarship? »; G. Slusser, «Scholars and Pedants»; M. Abrash, «In Response to George Slusser»; P. Fitting, «Philip K. Dick in France», «Futurecop: The Neutralization of Revolt in *Blade Runner*». III. SPECIAL ISSUE: PHILIP K. DICK (*SFS* N°45, JULY 1988). C. Freedman, «Editorial Introduction: Dick and Criticism»; R. Bozzetto, «Dick in France: A Love Story» (trad. du fr.); D. Fondanèche, «Dick, the Libertarian Prophet» (trad. du fr.); J. Huntington, «Authenticity and Insincerity»; E.S. Rabkin, «Irrational Expectations: Or, How Economics and the Post-Industrial World Failed Philip K. Dick»; S. Durham. «From the Death of the Subject to a Theology of Late Capitalism » ; G. Slusser, «History, Historicity, Story»; J. Rieder, «The Me-

tafictive World of *Man in the High Castle*: Hermeneutics, Ethics, and Political Ideology»; E. Jouanne, «How Dickian Is the New French Science Fiction?» (trad. du fr.); J.-P. Barricelli, «Afterword: The Morigny Conference» (trad. du fr.); G.K. Wolfe, «Not Quite Coming to Terms»; J.-N. Dumont, «Between Faith and Melancholy: Irony and the Gnostic Meaning of Dick's *"Divine Trilogy"* ». IV. Articles 1989-1992. P. Fitting, «Philip K. Dick Is Dead», R.M. Philmus, «The Two Faces of Philip K. Dick»; C. Freedman, «In Search of Dick's Boswell»; G. Rickman, «Dick, Deception, and Dissociation: A Comment on "The Two Faces of Philip K. Dick" »; C. Palmer, «Post-Modernism and the Birth of the Author in *Valis*», J. Jakaitis, «Ridley Scott and Philip K. Dick».

5. **[Collectif]**. *Bifrost* n° 18 «*Spécial Philip K. Dick*» Éditions du Bélial [Fr.], mai 2000. Titre gén.: «Les univers de Philip K. Dick». Contient: P.-P. Durastanti, «Introdicktion»; G. Goullet, «Une bulle au milieu de la mousse — Huit rencontres de Philip K. Dick»; G. Klein, «Philip K. Dick ou l'Amérique schizophrène»; (trad. Goullet) A. Byron Cover, «Petite discussion avec Philip K. Dick» [entretien, op. cit.]; L. Queyssi, «Un artisan de génie: personnages et structures narratives chez Philip K. Dick»; E. Barillier, «D'après un roman de... Philip K. Dick»; J. Margot, «Entretien avec K.W. Jeter»; «Petit guide de lecture à l'usage de l'explorateur dickien. Les incontournables»: 1. J. Raymond, *Loterie solaire*, 2. Queyssi, *L'Œil dans le ciel*, 3. Y. Potin, *Le temps désarticulé*, 4. Raymond, *Le maître du haut-château*, 5. Queyssi, *Glissement de temps sur Mars*, 6. G. Bormand, *Les clans de la lune alphane*, 7. P.J. Thomas, *Le dieu venu du Centaure*, 8. Goullet, *Dr. Bloodmoney*, 9. Thomas, *En attendant l'année dernière*, 10. Raymond, *Blade Runner*, 11. Queyssi, *Ubik*, 12. Goullet, *Le guérisseur de cathédrales*, 13. Queyssi, *Au bout du labyrinthe*, 14. Goullet, *Coulez mes larmes, dit le policier*, 15. Goullet, *Substance mort*, 16. J. Chambon, *Radio libre Albemuth*, 17. Potin, «La trilogie divine» — *Siva, L'invasion divine, La transmigration de Timothy Archer*. Durastanti, «Bibliographie».

6. **[Collectif]**. *Science & Fiction* «*Spécial Philip K. Dick*» n°7-8. Denoël, 1986. Contient: D. Riche, «Éditorial»; J. Wagner, «Dans le monde qu'il décrivait: la vie de Philip K. Dick»; Th. Disch, «Le premier roman de Dick»; P. Duvic, «Entretien avec Philip K. Dick»; S. Lem, «Un visionnaire parmi les charlatans»; K.W. Jeter, «Le chat de Phil»; Philip K. Dick, «Warning: We Are Your Police», «À propos d'un chat tombé du troisième étage et qui a survécu», «L'Âme des aliens», «Lettre à Joan», «Une nouvelle passion»; «Souvenirs étranges d'outre-mort» (cf. Bibliogr. primaire); R. Zelazny, «Dick à Metz»; J.-N. Dumont, «La gnose de San Francisco»; É. Pieiller, «*La vérité avant-dernière*»; Y. Hernot, «Science-fiction et totalité» + «Dick, fictions multiples»; M. Swanwick, «La transmigration de Philip K. Dick» [nouvelle]; G. Rickman, «Bibliographie de Philip K. Dick» [adapt.: P.-P. Durastanti].

7. **[Collectif]**. «*Special Philip K. Dick Issue*», *The New York Review of Science Fiction*, juin 1994, n°70. Contient: P.C. Tumey, «The First Annual Philip K. Dick Convention: Opening Address»; D.A. Smith (Mod.), K. Cramer, P. Di Filippo, D.G. Hartwell, A. Jablokov & E. Van, «Philip K. Dick: The Greatest Novels» [«Memories and Visions. Fans and Fellows Remember Philip K. Dick (titre gén.)]; G. Lee, «Why I Dig PKD»; L. Goldstein, «An Anecdote»; P. Di Filippo, «I Dreamed I Saw Phil Dick Last Night»; R.A. Lupoff, «A Rainy Afternoon with Phil and Joan»; M. Swanwick, «Eight Takes on Kindred Themes [1. "Philip K. Dick Is Dead", 2. "The White Whale of Truth", 3. "A Cheap Commodity", 4. "The Emperor in the Garden", 5. "In A Box in the Basement", 6. "A Plague of

Dybbuks", 7. "Isles of the Blest", 8. "Envoi".] ; M. Laidlaw, « My Luncheon with Philip. »

8. **Bruce Gillespie**, éd. *Philip K. Dick: Electric Shepherd* [Best of *SF Commentary* n°1]. Carlton [Austr.] : Norstrilla Press, 1975, 106 p. Contient : R. Zelazny, « Philip K. Dick : Electric Shepherd. An Introduction » ; Gillespie, « Foreword », « Mad, Mad Worlds : Seven Novels of Philip K. Dick », « Contradictions » ; G. Turner, « Letter of Comment » ; Philip K. Dick, « Letters of Comment I & II » ; Gillespie, « The Real Thing » ; G. Turner, « Now Wait for Last Year », « Philip K. Dick Saying It All over Again » ; Philip K. Dick, « The Android and the Human » ; S. Lem, « Science Fiction : A Hopeless Case with Exceptions » ; G. Turner, « Philip K. Dick by 1975 : *Flow My Tears, the Policeman Said* » ; Patten, « Bibliography ».

9. **Martin Harry Greenberg** & **Joseph D. Olander**. *Philip K. Dick*. N.Y. : Taplinger, 1983 [« Writers of the 21st Century » Series]. Contient : Greenberg. « Introduction » ; Th. Disch. « Towards the Transcendent : An Introduction to *Solar Lottery* and Other Works » ; P. Warrick. « The Encounter of Taoism and Fascism in Philip K. Dick's *The Man in the High Castle* » ; Hayles. « Metaphysics and Metafiction in *The Man in the High Castle* » ; D. Suvin, « Artifice as Refuge And World View : Philip K. Dick's Foci » ; B.W. Aldiss. « Dick's Maledictory Web : About and around *Martian Time-Slip* » ; 261, M. Bishop. « In Pursuit of *Ubik* », P. Fitting. « Ubik : The Deconstruction of Bourgeois SF » ; Warren. « The Search for Absolutes » ; Warrick. « The Labyrinthian Process of the Artificial : Philip K. Dick's Androids and Mechanical Constructs » ; Philip K. Dick, « Now Wait for this Year » [« Introduction » à Dick, *The Golden Man* (op. cit.)] ; Anon., « Philip K. Dick : A Biographical Note » ; M.B. Tymm, « Philip K. Dick : A Bibliography ».

10. **Judith B. Kerman**. *Retrofitting « Blade Runner » : Issues in Ridley Scott's « Blade Runner » and Philip K. Dick's « Do Androids Dream of Electric Sheep ? »*. Bowling Green [Ohio.] : Popular Press (Bowling Green State University), 1992, 2003. Contient : Kerman, « Introduction ». I. « SOCIAL IMPLICATIONS : BLADE RUNNER AS THOUGHT EXPERIMENT » : J. Francavilla, « The Android as Doppelgänger » ; Kerman, « Technology and Politics and the *Blade Runner* Dystopia » ; M. Barr, « Metahuman "Kipple" or, Do Male Movie Makers Dream of Electric Women ? : Speciesism and Sexism in *Blade Runner* » ; M. Gwaltney, « Androids as A Device for Reflection on Personhood ». II. « GENRE ISSUES : SOURCES AND SYNTHESIS » : L.G. Heldreth, « The Cutting Edges of *Blade Runner* » ; D. Desser, « The New Eve : The Influence of *Paradise Lost* and *Frankenstein* on *Blade Runner* » ; W. Russel Gray, « Entropy, Energy, Empathy : *Blade Runner* and Detective Fiction » ; A. Barlow, « Philip K. Dick's Androids : Victimized Victimizers ». III. « FILM SOURCES AND ADAPTATION ISSUES » : B. Landon, « There's Some of Me in You » : *Blade Runner* and the Adaptation of Science Fiction Literature into Film » ; G. Rickman, « Philip K. Dick on *Blade Runner*. « They Did Sight-Stimulation on My Brain » ; D. Desser, « Race, Space and Class : The Politics of the SF Film from *Metropolis* to *Blade Runner* » ; C. Carter Colwell, « Primitivism in the Movies of Ridley Scott : *Alien* and *Blade Runner* » ; W.M. Kolb, « Script to Screen : *Blade Runner* in Perspective », « *Blade Runner* Film Notes ». IV. « ÆSTHETICS AND THE CREATION OF SCIENCE FICTION WORLDS » : R. Wagner, « A Silver-Paper Unicorn » ; S. Carper, « Subverting the Disaffected City : Cityscape in *Blade Runner* » ; A. Stiller, « The Music in *Blade Runner* » ; J.J. Pierce, « Creative Synergy and the Art of World Creation » ; J. Boozer Jr, « Crashing the Gates of Insight : *Blade Runner* ». W.M. Kolb, « Bibliography ».

11. **Daniel J. Levack**. *Philip K. Dick: A Philip K. Dick Bibliography*. Underwood Miller, 1981 [prétendument révisée en 1988].

12. **Douglas Mackey**. *Philip K. Dick*. Boston: Twayne Publishers [« United States Authors Series »], 1988, 157 p.

13. **Evelyne Pieiller**. *Dick, le zappeur de mondes*. La Quinzine littéraire/Louis Vuitton, coll. « Voyager avec... », 2004, 231 p. Textes choisis et présentés, chronologie, bibliographie.

14. **Hazel Pierce**. *Philip K. Dick*. Mercer Island [Wash.]: Starmont House, 1982, 64 p. [Starmont Reader's Guide n°12]. Contient: « Chronology », « Overview of Life and Works », « *The Man in the High Castle* », « *The Three Stigmata of Palmer Eldritch* », « *Ubik* », « *Flow My Tears, the Policeman Said* », « Short Fiction », « Philip K. Dick's Critical Statements », « Epilogue/Prologue: Resurgence in the Eighties », « Primary Bibliography, « Secondary Bibliography ».

15. **Gregg Rickman**. *Philip K. Dick: in His Own Words*. Long Beach [Ca.]: Fragments West/The Valentine Press, 1984, 250 p. [Contient: R. Zelazny, « Foreword »].

16. **Gregg Rickman**. *Philip K. Dick: The Last Testament*. Long Beach [Ca.]: Fragments West/The Valentine Press, 1985. [Contient: R. Silverberg, « Philip K. Dick: A Premature Memoir »].

17. **Gregg Rickman**. *To the High Castle. Philip K. Dick: A Life 1928-1962*. Long Beach [Ca.]: Fragments West/The Valentine Press, 1989, 451 p. [Contient: T. Powers, « Foreword »].

18. **Kim Stanley Robinson**. *The Novels of Philip K. Dick* [Thèse. Université de Californie à San Diego, 1982, révisée]. Ann Arbor [Mich.]: UMI Research Press [« Studies in Speculative Fiction » n°9], 1984, 150 p.

19. **Christopher P. Stephens**. *Checklist of Philip K. Dick* [bibliographie]. Ultramarine Publishing Company, Inc., 1991.

20. **Lawrence Sutin**. *Divine Invasions: A Life of Philip K. Dick*. N.Y.: Harmony Books, 1989, 352 p.; Citadel Twilight, 1990; Londres: Paladin, 1991. Contient: « Foreword by Paul Williams » [1989]. — (Trad. H. Collon) *Invasions divines* (Denoël « Présences », 1995); (Folio « SF », 2002).

21. **Lawrence Sutin**. *In Pursuit of Valis. Selections from the Exegesis*. Lancaster [Pa.]: Underwood-Miller, 1991 [contient: Sutin, « Preface »; J. Kinney, « Introduction »; T. McKenna, « Afterword »].

22. **Lawrence Sutin**, éd. *The Shifting Realities of Philip K. Dick. Selected Literary and Philosophical Writings,* Pantheon, 1995; Vintage, 1996; 350 p. [Cf. Bibliographie primaire.

23. **Angus Taylor**. *Philip K. Dick and the Umbrella of Light*. Baltimore: T-K Graphics, 1975 [tiré de « "Can God Fly? Can He Hold Out His Arms and Fly?" The Fiction of Philip K. Dick », in *Foundation* n°4, avril 1974, p. 32-47] [titre tiré de Philip K. Dick, *Our Friends from Frolix 8/Message de Frolix 8* (chap. 27)].

24. **Samuel J. Umland**, éd. *Philip K. Dick: Contemporary Critical Interpretations*. Westport [CT]: Greenwood Press, 1995. Contient: Umland, « Introduction; C. Freedman, « Towards A Theory of paranoia: The Science-Fiction of Philip K. Dick; N. Easterbrook, « Dianoia/Paranoia: Dick's Double "Impostor" »; K. Wessel, « Worlds of Chance and Counterfeit: Dick, Lem, and the Preestablished Cacophony »; Ch. Palmer, « Philip K. Dick and the Nuclear Family »; Umland,

« To Flee from Dionysus : *Enthousiasmos* from "Upon the Dull Earth" to *VALIS* » ; A. Wolk, « The Swiss Connection : Psychological Systems in the Novels of Philip K. Dick » ; R.A. Umland, « Unrequited Love in *We Can Build You* » ; G. Rickman, « *"What Is This Sickness ?"*: Schizophrenia and *We can Build You* » ; M. Abrash, « "Man Everywhere in Chains" : Dick, Rousseau, and *The Penultimate Truth* » ; J. Jakaitis, « Two Cases of Conscience : Loyalty and Race in *The Crack in Space* and *Counter-Clok World* » ; M. Feehan, « Chinese Finger-Traps or "A Perturbation in the Reality Field" : Paradox as Conversion in Philip K. Dick's Fiction » ; Primary Bibliography, Secondary Bibliography ; Index.

25. **Patricia S. Warrick**. *Mind in Motion : The Fiction of Philip K. Dick*. Carbondale & Edwardsville [Ill.] : Southern Illinois University Press [« Alternative Series »], 1987, 222 p. Contient : Warrick, « Préface », « Chronology », « Introduction », « Power Struggles and *The Man in the High Castle* », « Madness, Schizophrenia, and *Martian Time-Slip* », « Holocaust, Survival, and *Dr. Bloodmoney* », « Illusions, Reality, Evil, and *The Three Stigmata of Palmer Eldritch* », « Mechanical Mirrors, the Double, And *Do Androids Dream of Electric Sheep ?* », « Entropy, Death, and *Ubik* », « Drugs, Hallucinations, and *A Scanner Darkly* », « The Search for God and the *Valis* Novels », « Philip K. Dick's Moral Vision », « Bibliography ».

26. **Paul Williams**. *Only Apparently Real. The World of Philip K. Dick*. N.Y. : Arbor, 1986 ; N.Y. : Morrow, 1986, vii & 184 p. [révision de « The True Stories of Philip K. Dick », in *Rolling Stone,* 6 nov. 1975].

II. TEXTES

1. **Merrit Abrash**. « Elusive Utopias : Societies as Mechanisms in the early Fiction of Philip K. Dick. » In R.D. Erlich & Th. P. Dunn, éds, *Clockwork Worlds : Mechanized Environments in Science Fiction*. Westport (CT) : Greenwood Press, 1983, p. 115-123.

2. **Brian W. Aldiss**. « Philip K. Dick : A Whole New Can of Worms », in *Foundation* n°26, oct. 1982, p. 11-14. [Allocution au « City Literary Institute », 9 juin 1982] ; in Aldiss, *The Pale Shadow of Science*. Londres : Serconia, 1985.

3. **Brian W. Aldiss/David Wingrove**. « Philip K. Dick », in *Trillion-Year Spree : The History of Science Fiction* Londres : Paladin, 1988.

4. **Jean-Claude Alizet**. « "Un auteur éminent", "Souvenir", "Au service du maître" » in Alizet, éd., *L'année 1989 du Polar, de la SF, du fantastique et de l'espionnage*. Amiens : Encrage Éditions, 1990, 364 p., p. 112.

5. **Jean-Claude Alizet**. « Philip K. Dick : *L'œil de la sibylle* » in Alizet, éd., *L'année de la fiction. Polar, SF, fantastique, espionnage* [Vol. 3]. Amiens : Encrage Éditions, 1993, 412 p., p. 107.

6. **Jean-Claude Alizet**. « Philip K. Dick : *Le bal des schizos* » in Alizet, éd., *L'année de la fiction. Polar, SF, fantastique, espionnage* [Vol. 4]. Amiens : Encrage Éditions, 1994, 407 p., p. 119.

7. **Brian Ash**. « War Game », in *Faces of the Future : The Lessons of Science Fiction*. N.Y. : Taplinger, 1975, p. 169-170.

8. **Brian Ash**. « Philip K. Dick », in *Who's Who in Science Fiction*. N.Y. : Taplinger, 1976, p. 84-85 ; Londres : Elm Tree, 1976.

9. **Michael Ashley**. [Sans titre, bibliogr., avril 1956-mars 1966], in *The History of the Science Fiction Magazine (Part 4: 1956-1965)*, Londres: New English Library, 1978.

10. **Richard Astle**. «*Martian Time-Slip*», in F.N. Magill, *Survey of Science Fiction Literature* Vol 3 (Englewood Cliffs [N.J.]: Salem Press, 1979), p. 1357-1361.

11. **Hélène Auffret**. «Le messie dérisoire d'univers illusoires: *Le dieu venu du Centaure* de Philip Kindred Dick (1964)», in J.-M. Grassin éd., *Mythes, Images, Représentations*. Didier, 1981.

12. **Stan Barets**. «Dick, Philip K. (USA, 16-12-1928)», in Barets, *Catalogue des âmes et cycles de la SF* Denoël, 1979, p. 96-104.

13. **Jacques Baudou**. «Philip K. Dick», in *Que sais-je: la Science-fiction*. PUF, 2003.

14. **Steven Best** & **Douglas Kellner**. «La vision apocalyptique de Philip K. Dick» (trad. F. Ollier & H. Vaugrand), in *X-Alta* n°6 (oct. 2002), p. 101-112.

15. **Paul Brians**. «Dick, Philip K.», in Brians, *Nuclear Holocausts: Atomic War in Fiction*. 1895-1984. Kent State University Press, 1987, p. 180-184.

16. **Valerie Broege**. «Electric Eve: Images of Female Computers in Science Fiction», in Richard D. Erlich and Thomas P. Dunn, *Clockwork Worlds: Mechanized Environments in SF*. Westport, [CT] & Londres: Greenwood Press, 1984.

17. **Scott Bukatman**. «*Ubik*», in *Terminal Identity: The Virtual Subject in Postmodern Science Fiction*. Durham & London: Duke University Press, 1993.

18. **Andrew M. Butler**. «Science Fiction as Postmodernism: The Case of Philip K Dick», in P. Stockwell & D. Littlewood, éds: *Impossibility Fiction. Alternativity, Extrapolation, Speculation*, Amsterdam & Atlanta: Rodopi (1996).

19. **Robert H. Canary**. «Science Fiction as Fictive History», in *Extrapolation* n°16, 1974, p. 81-95; in T.D. Clareson, *Many Futures, Many Worlds*. Kent State University Press, 1977).

20. **Emmanuel Carrère**: [Sans titre, étude du *Maître du Haut château*], in *Le Détroit de Behring. Introduction à l'uchronie*. P.O.L., 1986, p. 100-102.

21. **Emmanuel Carrère**: *Je suis vivant et vous êtes morts. Philip K. Dick (1928-1982)* [biogr.], Seuil, 1993. — (tr. U.S. Timothy Bent), *I Am Alive and You Are Dead: The Strange Life and Times of Philip K. Dick* (Metropolitan Books, 2003, 352 p.)

22. **Peder Christiansen**. «The Classical Humanism of Philip K. Dick», in *Women Worldwalkers: New Dimensions of Science Fiction and Fantasy*, Jane B. Weedman, éd., Lubbock: Texas Tech University Press, 1985, p. 71-82.

23. **John Clute** & **Peter Nicholls**. «Philip K. Dick» in Clute & Nicholls, *Encyclopedia of Science Fiction*, Londres: Orbit, 1993.

24. **Linda De Feo**. *P. K. Dick. Dal corpo al cosmos*. Naples: Cronopio, 2001.

25. **Lester Del Rey**. «Philip K. Dick», in Del Rey, *The World of Science Fiction: The History of a Subculture*. N.Y.: Ballantine, 1979, p. 175, 205, 244, 388.

26. **Gilbert De Meester**: *The Universe of Philip K. Dick. Systemic Analysis* [Thèse]. Université d'Anvers, 1981, 153 p.

27. **Dick, Anne R.** *Search for Philip K. Dick, 1928-1982: A Memoir and Biography of the Science Fiction Writer*. Lampeter: Edwin Mellen Press, 1995, 374 p.

28. **Lorenzo DiTommaso**. « Redemption in Philip K. Dick's *The Man in the High Castle.* » *Science Fiction Studies* n°77 (Vol. 26, Part 1), mars 1999.

29. **Thomas M. Disch**. « In the Mold of 1964 : An Afterword », in *The Penultimate Truth* (cf. Bibliogr. primaire).

30. **Boris Eizykman**. « *Substance mort, Ubik :* l'inconscience-fiction comme zone de stimulation pulsionnelle », in Eizykman, *Inconscience-fiction.* Yverdon [CH] : Kesselring, 1979, p. 99-128.

31. **Denise Fauconnier**. « La fourmi électrique, de Philip K. Dick, une métaphore de l'aliénation », in *Cahiers du C.E.R.L.I.* n°6. Université de Grenoble III, 1984, p. 185-192.

32. **William Fisher**. « Of Living Machines and Living-Machines : *Blade Runner* and The Terminal Genre ». Johns Hopkins University Press : *New Literary History,* n°20 [Vol. 1], 1990.

33. **Peter Fitting**. « Idéologie et construction du réel dans l'œuvre de Philip K. Dick », in *Revue de l'Université libre de Bruxelles,* 1983 ; in G. Hottois, *Science-fiction et fiction spéculative* (Bruxelles : Editions de l'Université de Bruxelles, 1985) [révisé sous le titre « Reality as Ideological Construct : A Reading of Five Novels by Philip K. Dick », in *On Philip K. Dick* (op. cit.)].

34. **Carl Freedman**. « Style, Fiction, Science Fiction : The Case of Philip K. Dick », in Geaorge Slusser & Eric S. Rabkin, éds, *The SF Writer as Demiurge. Styles of Creation : Æsthetic Technique and the Creation of Fictional Worlds* (Athens & London : University of Georgia Press, 1992. ix + 71 p.).

35. **Adam J. Frisch**. « Language Fragmentation in Recent Science-Fiction Novels », in *The Intersection of Science Fiction and Philosophy*, Robert Myers, éd. [Westport, Conn.] Greenwood Press, 1983, p. 147-158.

36. **Robert Galbreath**. « Salvation-Knowledge : Ironic Gnosticism in *Valis* and Harold Bloom's *The Flight to Lucifer* », in G. Wolfe, *Science Fiction Dialogues.* Chicago [Ill.] : Academy Chicago, 1982, p. 115-132.

37. **Laurent Greusard**. « Philip K. Dick : *Au pays de Milton Lumky* » in J.C. Alizet, éd., *L'année de la fiction. Polar, SF, Fantastique, Espionnage* vol. 4, p. 119. Encrage Éditions, 1994, 407 p.

38. **Andrew P. Hoberek**. « The "Work" of Science Fiction : Philip K. Dick and Occupational Masculinity in the Post-World War II United States. » Johns Hopkins University Press : *Modern Fiction Studies* n°43, p. 374-404.

39. **Patrick G. Hogan Jr**. « Philip K. Dick », in D. Cowart & Th. L. Wymer, *Twentieth Century American Science Fiction Writers — Part I : A-L.* Detroit : Gale Research Company « Dictionary of Literary Biography », 1981, p. 134-140.

40. **Robert Hunt**. « Visionary States and the Search for Transcendance in Science Fiction : *The Three Stigmata of Palmer Eldritch*/"Faith of Our Fathers"/ *Deus Irae* », in G. Slusser, G.R. Guffey & M. Rose., *Bridges to Science Fiction.* Carbondale [Ill.] : Southern Illinois University Press, 1980, p. 64-77.

41. **Sam Hunting.** « Science Fiction : Philip Kindred Dick », in P. Buhle, éd., *Popular Culture in America.* University of Minnesota Press, p. 197-204.

42. **Frederic Jameson**. « *Time out of Joint* », « *Now Wait for Last Year* », in *Postmodernism, Or the Cultural Logic of Late Capitalism.* Londres & New York : Verso, 1991.

43. **Philip E. Kaveny**. « From Pessimism to Sentimentality : *Do Androids Dream*

of Electric Sheep? becomes *Blade Runner*», in D.M. Hassler éd., *Patterns of the Fantastic II.* Mercer Island [Wash.]: Starmont House, 1985, p. 77-80.

44. **Judith B. Kerman**. «Private Eye: A Semiotic Comparison of the Film *Blade Runner* and the Book *Do Androids Dream of Electric Sheep?* », in *Patterns of the Fantastic II.* Mercer Island [Wash.]: Starmont House, 1985, p. 69-75.

45. **David Ketterer**. «*Man in the High Castle/Time out of Joint*», in *New Worlds for Old: The Apocalyptic Imagination. Science Fiction and American Literature.* Bloomington [Ind.]: Indiana University Press, 1974, p. 242-249, 263-265.

46. **Damon Knight**. «Philip K. Dick», in D. Knight, *In Search of Wonder.* Chicago: Advent, 1960-1967, p. 131-134, 228-234.

47. **Kenneth Krabbenhoft**. «Uses of Madness in Cervantes and Philip K. Dick», *Science Fiction Studies* n°81 (Vol 27, Part 2), Juil. 2000.

48. **Donald L. Lawler**. «*Do Androids Dream of Electric Sheep?*», in F.N. Magill, *Survey of Science Fiction Literature* (vol. 2). Englewood Cliffs [NJ]: Salem Press, 1979, p. 554-559.

49. **David Le Breton**. «Philip K. Dick, un contrebandier de la science-fiction», in *Esprit* n°10, juil. 1988, p. 81-89.

50. **Stanislaw Lem**. «Science and Reality in Philip K. Dick's *Ubik*», in C. Chauvin, *A Multitude of Visions.* Baltimore: T-K Graphics, 1975, p. 35-39.

51. **Stanislaw Lem**. «Science Fiction: A Hopeless Case With Exceptions», in Gillespie, éd., *Philip K. Dick: Electric Shepherd* (op. cit.); in F. Rottensteiner, éd., *Microworlds.* Harcourt, 1984, p. 45-105.

52. **Stanislaw Lem**. «Philip K. Dick: A Visionary Among The Charlatans», in [Collectif] *On Philip K. Dick. 40 Articles from «Science Fiction Studies»* (op. cit.); in F. Rottensteiner, éd., *Microworlds.* Harcourt, 1984, p. 106-135.

53. **Douglas Mackey**. «*Eye in the Sky*», in F.N. Magill, éd., *Survey of Science Fiction Literature.* Englewood Cliffs [NJ]: Salem Press [vol. 2], 1979, p. 744-748.

54. **Frank McConnell**. «From Astarte to Barbie: The Serious History of Dolls», in G.E. Slusser & E.S. Rabkin, éd., *Aliens: The Anthropology of Science Fiction.* Carbondale & Edwardsville [Ill.]: Southern Illinois University Press, 1987, p. 199-207.

55. **Willis McNelly**. «*The Man in the High Castle*», in F.N. Magill, éd., *Survey of Science Fiction Literature.* Englewood Cliffs [NJ]: Salem Press [vol. 5], 1979, p. 1323-27.

56. **Carl D. Malmgren**. «Philip K. Dick's *Man in the High Castle* and the Nature of Science Fictional Worlds», in G. Slusser, G.R. Guffey & M. Rose, *Bridges to Science Fiction.* Carbondale & Edwardsville: Southern Illinois University Press, 1980, p. 120-130.

57. **José-Manuel Mota**. «Media, Messages, and Myths: Three Fictionists for the Near Future», in *Storm Warnings: Science Fiction Confronts the Future.* G.E. Slusser, C. Greenland & E.S. Rabkin, éd. [Carbondale]: Southern Illinois University Press, 1987 [sur George Orwell, Philip K. Dick et J.-G. Ballard].

58. **R.D. Mullen** & **D. Suvin** «The Science Fiction of Philip K. Dick», in *Science Fiction Studies: Selected Articles on Science Fiction: 1973-1975.* Boston: Gregg Press, 1976.

59. **Lorris Murail**. «Philip K. Dick», in *Les maîtres de la science-fiction.* Bordas «Les compacts», 1993, p. 109-112.

60. **Keith Neilson**. « Philip K. Dick's Short Fiction », in F.N. Magill, *Survey of Science Fiction Literature* Vol. 5. Englewood Cliffs [NJ] : Salem Press, 1979, p. 1260-1266.

61. **Peter Nicholls**. « Introduction to [Dick:] "Man, Android, and Machine" (cf. Bibliogr. primaire) », in Nicholls, *Science Fiction at Large.* Londres : Gollancz, 1976, [titré *Explorations of the Marvelous* : Londres : Fontana, 1978].

62. **Fabien Ollier** & **Henri Vaugrand**. « Meurtre avec préméditation : Steven Spielberg noir Philip K. Dick », in *X-alta* n°6 (oct. 2002), p. 99-100.

63. **Carlo Pagetti & Gianfranco Viviani éd.** *P. K. Dick. Il sogno dei simulacri.* Milan : Editrice Nord., 1989.

64. **Christopher Palmer**. « Postmodernism and the Birth of the Author in Philip K. Dick's *Valis.*» *Science Fiction Studies* n°55 (Vol. 18, Part 3), Nov. 1991.

65. **Patrick Parrinder**. «*Martian Time-Slip*», in P. Parrinder, *Science Fiction : Its Criticism and Teaching.* Londres : Methuen, 1980, p. 119-121.

66. **Pierre-Yves Pétillon**. « Philip K. Dick » in *Histoire de la littérature américaine. Notre demi-siècle : 1939-1989.* Fayard, 1992, p. 364-366.

67. **Hazel Pierce**. «*Flow My Tears, the Policeman Said*», in F.N. Magill, *Survey of Science Fiction Literature* vol. II. Englewood Cliffs [NJ], Salem Press, 1979, p. 797-801.

68. **John J. Pierce**. « Philip K. Dick », in *Great Themes in Science Fiction : A Study in Imagination and Evolution.* Westport [Conn.] : Greenwood Press, 1987, p. 170-174.

69. **Charles Platt**. « Philip K. Dick », in Platt, éd., *Dream Makers : The Uncommon People Who Write Science Fiction.* N.Y. : Berkley, 1980 (— titré *Dream Makers : Science Fiction and fantasy Writers at Work,* Londres : Xanadu, 1987) ; in *Science Fiction Review* n°36, août 1980, p. 145-158. — « Interview » [datée de 1979] (trad. J. Chambon), in *Univers 1981.* J'ai lu n° 1208, 2è trimestre 1981.

70. **Tim Powers**. « Foreword », in Lee & Sauter, *What If Our World is Their Heaven ?* (Cf. Bibliogr. primaire).

71. **Tim Powers**. « Foreword », in Rickman, *To the High Castle* (Cf. Bibliogr. primaire)

72. **David Pringle**. «*Dr Bloodmoney*», « *The Three Stigmata of Palmer Eldritch* », «*Martian Time-Slip*», « *The Man in the High Castle* », « *Time out of Joint* », «*Do Androids Dream of Electric Sheep ?* », in Pringle, *Science Fiction : The Best 100 Novels.* N.Y. : Carroll & Graf, 1985 ; Londres : Xanadu, 1985.

73. **Robert Reginald**. « Philip K. Dick », in Reginald, éd, *Contemporary Science Fiction Authors II : Science Fiction and Fantasy Literature : A Checklist 1700-1974.* Detroit : Gale Research, 1979.

74. **Francesca Rispoli**. *Universi che cadono a pezzi. La fantascienza di P.K Dick.* Milan : Mondadori, 2001.

75. **François Rouiller.** « Philip K. Dick, maître psychonaute », in *Stups et fiction. Drogue et toxicomanie dans la science-fiction.* Amiens : Encrage « Travaux Bis », 2002, 298 p.

76. **Rucker, Rudy**. « Haunted by PKD », in *Seek !.* Four Walls Eight Windows, 1999.

77. **Jacques Sadoul**. « Philip K. Dick », in *Histoire de la science-fiction moderne*. Laffont, « Ailleurs et demain-Essais », p. 194, 249, 252.

78. **Robert Scholes** & **Eric S. Rabkin**. « Philip K. Dick », in Scholes & Rabkin, *Science Fiction. History, Science, Vision*. N.Y.: Oxford University Press, 1977, p. 71-75.

79. **David Seed**. « Mediated Realities in the Works of Philip K. Dick », in Th. D'Haen & H. Bertens, éd., *Narrative Turns and Minor Genres in Postmodernism*. Amsterdam: Rodopi, 1995, p. 203-225.

80. **Robert Silverberg**. « "Colony": I Trusted the Rug Completely », in Silverberg, *Robert Silverberg's World of Wonder*. N.Y.: Warner, 1987.

81. **Robert Silverberg**. « Introduction to Philip K. Dick », in Philip K. Dick, *Clans of the Alphane Moon*. Gregg Press, cf. Bibliogr. primaire.

82. **Robert Silverberg**. « Introduction », in Rickman, *The Last Testament* (cf. Bibliogr. primaire).

83. **Smith, Curtis C.** « Dick, Philip K(indred) », in James Vinson éd.: *Contemporary Novelists* (3è éd), New York: St. Martin's Press (1982), p. 177-79.

84. **Smith, Curtis C.** « Philip K. Dick », in *Twentieth-Century Science-Fiction Writers*. N.Y.: St. Martin's, 1981.

85. **Norman Spinrad**. « Introduction », in Philip K. Dick, *La fille aux cheveux noirs* (cf Bibliogr. primaire).

86. **Norman Spinrad**. « Introduction », in Philip K. Dick, *Dr. Bloodmoney*. Gregg Press, cf Bibliogr. primaire.

87. **Norman Spinrad**. « Introduction », in Philip K. Dick, *Second Variety, The Collected Stories of Philip K. Dick, Vol. II*. Londres: Gollancz (cf Bibliogr. primaire).

88. **Brian M. Stableford**. « Dick, Philip Kendred [sic] », in *The Science Fiction Encyclopædia*. Doubleday, 1979, p. 168-169.

89. **Brian M. Stableford**. « Philip K. Dick », in E.F. Bleiler, *Science Fiction Writers: Critical Studies of the Major Writers from the Early Nineteenth Century to the Present Day*. Scribner's Sons, 1982, p. 337-343.

90. **Brian Stableford**. « Philip K. Dick », in P. Nicholls, *The Encyclopædia of Science Fiction*. Londres: Granada, 1978, p. 168.

91. **Brian Stableford**. « *The Three Stigmata of Palmer Eldritch* », in F.N. Magill, *Survey of Science Fiction Literature* Vol. 3. Englewood Cliffs [N.J.]: Salem Press, 1979, p. 2269-2273.

92. **Leon E. Stover**. « Philip K. Dick », in Stover, *La Science-fiction américaine*. Aubier-Montaigne, 1972, p. 54.

93. **Marcel Thaon**. « Philip K. Dick, le texte comme écho à la souffrance psychique » (p. 44-45), « Philip K. Dick: le roman familial psychotique » (p. 190-220), in M. Thaon, J. Goimard, G. Klein, & al. éd., *Science-fiction et psychanalyse. L'imaginaire social de la S.F.* Dunod, 1986.

94. **James Tiptree, Jr**. « Introduction: How Do You Know You're Reading Philip K. Dick? », in Philip K. Dick, *The Collected Stories of Philip K. Dick Vol. 4 — The Days of Perky Pat* (Gollancz, cf. Bibliogr. primaire).

95. **Donald H. Tuck**. « Philip K. Dick », in *The Encyclopædia of Science Fiction and Fantasy*. Advent Chicago, p. 267-269.

96. **Pierre Versins**. « Philip K. Dick » in *Encyclopédie de l'Utopie, des Voyages Extraordinaires et de la Science-Fiction*. Lausanne: L'Âge d'Homme (1972; 1984), 1042 p.

97. **Jason P. Vest**. « Double Jeopardy: The Sexual Dynamic of *Blade Runner* », in W. Wright & Steve Kaplan, éd., *The Image of the Twentieth Century in Literature, Media, and Society*. Pueblo [Co.]: Society for the Interdisciplinary Study of Social Imagery, University of Southern Colorado, p. 249-257.

98. **Patricia S. Warrick**. « Into the Electronic Future », in Warrick éd., *The Cybernetic Imagination in Science Fiction*. Cambridge [Ma]: The MIT Press, 1980.

99. **Patricia S. Warrick**. « Philip K. Dick », in J. Gunn, *The New Encyclopædia of Science Fiction*. N.Y.: Viking, 1988.

100. **Patricia S. Warrick**. « Philip K. Dick's Answers to the Eternal Riddles », in R. Reilly, éd., *The Transcendent Adventure: Studies of Religion in Science Fiction/Fantasy*. Westport [Conn.]: Greenwood Press, 1985, p. 107-126.

101. **Paul Williams**. « Introduction », in Philip K. Dick, *Confessions of A Crap Artist*. Entwistle, 1975; Londres: Methuen, 1979, cf. Bibliogr. primaire.

102. **Paul Williams**. « Introduction », in Philip K. Dick, *The Three Stigmata of Palmer Eldritch*. Gregg Press, cf. Bibliogr. primaire.

103. **Paul Williams**. « Introduction », in Philip K. Dick, *The Dark-Haired Girl* (cf. Bibliogr. primaire).

104. **Paul Williams**. « Introduction », in Philip K. Dick, *Cosmology and Cosmogony* (cf. Bibliogr. primaire).

105. **Paul Williams**. « *Martian Time*-Slip » in *The 20th Century's Greatest Hits. A « Top 40 List*. Forge, 2000, 304 p.

106. **Robert Anton Wilson**. « Fore-Words: Philip K. Dick deconstructed and reconstructed », in Philip K. Dick, *The Selected letters of Philip K. Dick — 1977-1979* (cf. Bibliogr. primaire).

107. **Robert Anton Wilson**. « Philip K. Dick », in *Everything Is Under Control. Conspiracies, Cults, and Cover-Ups*. HarperPerennial, 1988, p. 152-155.

108. **David Wingrove.** « Dick, Philip K(endred) », in Wingrove éd., *The Science Fiction Source Book*. N.Y.: Van Nostrand Reinhold Company Inc., 1984.

109. **Brian Winston**. « Tyrell's Owl: The Limits of the Technological Imagination in an Epoch of Hyperbolic Discours. », in B. Adam & S. Allan, éd., *Theorizing Culture: An Interdisciplinary Critique after Postmodernism*. New York University Press, 1995, p. 225-235.

110. **Anthony Wolk**. « Dick, Philip K(indred) », in C.C. Smith éd., *Twentieth Century Science Fiction Writers*. N.Y.: St. Martin's Press, 1981, p. 154-156; St. James Press, 1986 [2è édition], p. 194-197.

111. **Roger Zelazny**. « Introduction », in Philip K. Dick, *The Collected Stories of Philip K. Dick — Beyond Lies the Wub*. Londres: Gollancz (cf. Bibliogr. primaire).

112. **Jianjiong Zhu**. « Reality, Fiction, and Wu in *The Man in he High Castle* », in N. Ruddick, éd., *State of the Fantastic*. Wesport [Conn.]: Greenwood Press, 1992, p. 107-113.

III. DOCUMENTAIRES

1. **Nicola Roberts**: *Philip K. Dick: A Day in the Afterlife* (documentaire, 52 mn). Arena Productions pour la BBC. Participants: Nicholas Roeg, Terry Gilliam, Elvis Costello, etc.

2. **Steensland, Mark** (réal.). *The Gospel According to Philip K. Dick*. (Documentaire). Prod. Mark Steensland & Andy Massagli. 2000. VHS & DVD. First Run Features, 2001

IV. ADAPTATIONS

Cinéma

1. **Jérôme Boivin**. *Confessions d'un barjo*. Long-métrage (France, 1992). Adapté de Philip K. Dick, *Confessions d'un barjo/Portrait de l'artiste en jeune fou* (cf. Bibliogr. primaire). Avec R. Bohringer, A. Brochet, H. Girardot.

2. **Christian Duguay**. *Screamers*. Long-métrage (Can., 1996). Adapté de Philip K. Dick, «Second Variety» (cf. Bibliogr. primaire). Avec P. Weller. (Titre fr.: *Planète hurlante*).

3. **Gary Felder**. *Impostor*. Long métrage (USA, 2002). Adapté de Philip K. Dick, «Impostor» (cf. Bibliogr. primaire). Avec: G. Sinise, V. D'Onofrio, M. Stowe. Non distribué en France.

4. **Ridley Scott**. *Blade Runner*. Long-métrage (USA, 1982, 1992). Adapté de *Do Androids Dream of Electric Sheep?* (cf. Bibliogr. primaire). Avec H. Ford, R.Hauer, S. Young, D. Hannah.

5. **Steven Spielberg**. *Minority Report*. Long-métrage (USA, 2002). Adapté de «Minority Report» (cf. Bibliogr. primaire). Avec Tom Cruise, Max Von Sydow.

6. **Paul Verhoeven**. *Total Recall*. Long-métrage (USA, 1990). Adapté de «We Can Remember It for You Wholesale» (cf. Bibliogr. primaire). Avec A. Schwarzenegger, S. Stone. (Titre fr.: *Total Recall — Voyage au centre de la mémoire*).

7. **John Woo**. *Paycheck*. Long-métrage (USA, 2003). Adpaté de «Paycheck» (cf. Bibliogr. primaire). Avec: Ben Affleck, Uma Thurman.

Théâtre, opéra

1. **Louis Castel**. *Comment construire un univers qui ne s'effondre pas deux jours plus tard* (cf. Bibliogr. primaire). Création au Festival d'Avignon, 9-30 juillet 1993.

2. **Joel Gersmann**. *Martian Time-Slip* (cf. Bibliogr. primaire). Création au «Broom Street Theater» (Madison, [Wisc.]) le 18 sept. 1987.

3. **Linda Hartinian**. *Flow My Tears, the Policeman Said* (cf. Bibliogr. primaire). Création par la troupe «Mabou Mines» [co-fondée par Philip Glass], au «Bos-

ton Shakespeare Theatre» (Boston, 18/06/1985-30/06/1985). Texte publié par The Dramatic Publishing Company (1990).

4. **Tod Machover**. *Valis* (cf. Bibliogr. primaire). Opéra. Création au «Centre Georges Pompidou», Paris, janvier 1986. Reprise: «The Cube», Massachusetts Institute of Technology, Cambridge [Mass.], 116 & 17/06/1989. Cassette & CD: Bridge Records (1988). Livret: Paris, Ricordi (1988).

5. **Geoff Ryman**. *The Transmigration of Timothy Archer* (cf. Bibliogr. primaire). Création à la «Tynecon II» le 27 mai 1984. Lecture à la «Philip K. Dick Celebration», Epping (G.-B.), les 19-20 oct. 1991.

V. ŒUVRES INSPIRÉES DE PHILIP K. DICK

Théâtre

1. **John Dowie**. *Philip K. Dick: The Play*. Pièce composée à partir de divers essais, entretiens et textes isolés de Philip K. Dick. Création: Londres, «Finborough Theatre Club», 18/10/1989.

2. **John Joyce**. *God and Infinity too*. Pièce inspirée par l'expérience vécue par de Philip K. Dick en 1974. Colloque «Philip K. Dick, The Other Side of Infinity». Institute of Contemporary Arts (Londres), 02/03/1992.

3. **Jeff Merrifield**. *Finding the Dark-Haired Girl*. Pièce tirée de lettres et autres écrits des femmes qui ont compté dans la vie de Philip K. Dick. Institute of Contemporary Arts (Londres), 2/03/1992.

Littérature

1. **Kingsley Amis**: *The Alteration* [roman où apparaît P.K. Dick]. N.Y.: Viking, 1979.

2. **Piers Anthony**. *Total Recall* [«novélisation» du film de P. Verhoeven (op. cit.)]. New York: William Morrow, 1989. — *Total Recall - Voyage au centre de la mémoire*, Presses Pocket, 1990.

3. **Uwe Anton**, éd. *Welcome to Reality. The Nightmares of Philip K. Dick*. Cambridge [Ma]: Broken Mirror Press, 1991. Contient: U. Anton, «The Half-Life of Philip K. Dick»; P. Williams, «Introduction»; M. Swanwick, «The Transmigration of Philip K.»; R. Lupoff, «The Digital Wristwatch of Philip K. Dick»; J. Sladek, «Solar Shoe Salesman»; U. Anton, «Welcome to Reality»; N. Ferguson, «A Man from the Future»; M. Bishop, «Rogue Tomato»; N. Spinrad, «Ubik Does the Trick» [chanson]; G. Reimann, «Dick. A Gnostic Death in Life»; T. Disch, «The Girl with the Vita-Gel Hair»; R.M. Hahn, «Philip K. Dick Is Dead and Living Happily in Wuppertal»; T. Ziegler, «A Little Something For Us Reincarnauts»; Philip K. Dick, «Warning: We Are Your Police» [scénario]; R. Lupoff, «Agony and Remorse on Rhesus IX»; R. Silverberg, «The Changeling».

4. **David Bischoff**. *Philip K. Dick High. The Truth Is In Your Head* [roman]. Wildside Press (2000)

5. **Michael Bishop**. *The Secret Ascension* [personnage principal Philip K. Dick]. Tor Books, 1987, 1994; — titré *Philip K. Dick Is Dead, Alas!*, Londres: Grafton,

1988. — (trad. E. Jouanne) *Requiem pour Philip K. Dick,* Denoël [« Présences »], 1997 ; Gallimard [« Folio SF »] (2002).

6. **K.W. Jeter**. *Blade Runner 2. The Edge of Human.* Bantam, 1995. (Trad. Michel Demuth) *Blade Runner II* (J'ai lu « Millénaires », 1999).

7. **K.W. Jeter**. *Blade Runner. Replicant Night.* (Bantam, 1996). — (Trad. Guy Abadia) *Blade Runner III* (J'ai lu, 2001).

8. **Richard Lupoff**. *Hyperprism. The Digital Wristwatch of Philip K. Dick.* Canyon Press, 1985, Gryphon Publications, 1994 ; in U. Anton, éd. *Welcome to Reality. The Nightmares of Philip K. Dick* (op. Cit.)

9. **Rob Hollis Miller**. *Ocean of Glass and Fire.* Wordcraft of Oregon, La Grande [OR] (USA), 1992, 84 p. Contient : « Ocean of Glass and Fire » [in *New Pathways,* déc 1988] ; « The Name of the Crystal » ; « The Crazy Kazi Bros. Super Computer Mart » ; « Come Up and See Me Sometime » ; « I Know Just How Columbus Felt » ; « The Whirlwind » ; « The Alpha-Red Romantic, The Fire Gem and Megan, the Completist » ; « Looking Into the Sun ». [Huit nouvelles « ayant en commun les écrits visionnaires de "Dickens K. Phillips" et la secte qui s'est crée autour de son œuvre. »]

10. **Robert Silverberg**. *The Changeling* [nouvelle "à la mémoire de P.K.D."], in *Amazing Science Fiction Stories,* nov. 1982 ; in U. Anton, *Welcome to Reality. The Nightmares of Philip K. Dick* (op. cit.). — (trad. J. Chambon) *La substitution*, in Silverberg, *Compagnons secrets* (Denoël, 1990).

11. **John Sladek**. « Solar Shoe-Salesman, by Chipdip K. Kill » [nouvelle], in *Fantasy & Science Fiction,* mars 1973 ; in J. Sladek, *The Steam-Driven Boy and Other Stories* Londres : Panther, 1973, p. 172-179 ; in U. Anton, *Welcome to Reality. The Nightmares of Philip K. Dick* (op. cit.). — (trad. X) « Le chausseur déchaussé », in J. Sladek, *Un garçon à vapeur. Récits et contrefaçons* (Opta « Nébula », 1977).

12. **Vallorani, Nicoletta**. *Réplicante*, Payot/Rivages (2000).

Cinéma, vidéo

1. **Judy Bee**. *The Nervous Breakdown of Philip K. Dick. A Short Film.* Court-métrage de fiction (22 mn). Avec : Brian Brophy, Lisa Zane. : Production : USA, Big Film Shorts, 1996.

2. **Hervé Nisic**. *La dissimulation.* Court-métrage de fiction (10 mn). Personnage principal Philip K. Dick. Production : I.N.A. (France, 1993). Avec : ???

3. **Gary Walkow**. *The Trouble with Dick.* Court-métrage de fiction (86 mn). Avec : Tom Villard, Susan Dey, Elaine Giftos. Production : USA ; G. Walkow, 1987.

Musique :

1. **Stuart Hamm**. *Radio Free Albemuth* (Relativity Records, 1988). Contient : « Radio Free Albemuth », « Flow My Tears... ».

2. **Hiroyuki Namba**. *Party Tonight* (RVC-Air records/BMG, 1981). Contient :

«The Three Stigmata of Palmer Eldrich» [sic] («1. Eyes», «2. Hands», «3. Teeth»).

3. **Richard Pinhas/Heldon**. *DWW* (Cuneiform Records (1992). Contient: «Ubik», «The Joe Chip Song (Parts I-IV)».

4. **Richard Pinhas/Heldon**. *It's always Rock and Roll* (Disjuncta, 1975; Cuneiform, 1990). Contient: «Dr. Bloodmoney.»

5. **The Sonic Youth**. *Sister* [réf. à «The Owl in Daylight» & *Valis*].

Bande dessinée

1. **Crumb, Robert**. «The Religious Experience of Philip K. Dick.» In *Weirdo* n°17 (1986), p. 9-16; in *Rosebud* n°23 (Rosebud, Inc., Cambridge [WI], 2002, 136 p.) — (trad. X) «L'expérience religieuse de Philip K. Dick», in *Métal Hurlant* n°106 (1986); in Philip K. Dick, *L'Orphée aux pieds d'argile/Notes rédigées tard le soir par un écrivain de SF fatigué* (Mille et une nuits n°67, 1995, p. 37-44).

Arts plastiques

« **Looking for Dick.** » Exposition collective, Open Studio (Toronto, Canada). 6 juin-20 juil. 2002.

VI. SITES WEB (SÉLECTION)

En français

1. « **Le ParaDick**. » : http://www.noosfere.com/heberg/Le_ParaDick/
Site entretenu par Gilles Goullet. — Bibliographie, biographie, textes critiques, etc.
2. « **Substance mort.** » : http://www.chez.com/pkd/
Textes critiques, liens, bibliographie, etc.
3. « **Dossier Chronicart — La Ballade du mécano.** » : http://www.chronicart.com/dick/ev1.php3
Critiques, entretien, liens, documents sonores, textes de Philip K. Dick, etc.

En anglais

1. « **philipdick.com** » : http://www.philipdick.com
Biographie, bibliographie, actualité, textes, textes critiques, liens, etc.
2. « **PKD Central/The Phildickian** » : http://www.thephildickian.com/
Bibliographie, bibliophilie

Ce volume,
le quinzième
de la collection « Travaux »,
publié par Encrage
aux Editions Les Belles Lettres
a été achevé d'imprimer
en janvier 2006
dans les ateliers de l'imprimerie
France Quercy
46001 Cahors (France)

N° d'éditeur : 6383
N° d'imprimeur : 60210

Dépôt légal : janvier 2006